行政判例研究　XXⅢ-2

社團
法人　韓國行政判例研究會　編

2018

博英社

Studies on Public Administration Cases

Korea Public Administration Case Study Association

Vol. XXⅢ-2

2018

Parkyoung Publishing & Company

간 행 사

2018년도 하반기를 마무리하면서 행정판례연구 제23집 제2호를 발간하게 되었습니다.

제가 2017년부터 한국행정판례연구회 회장을 맡으면서, 회장을 지내신 선대회장님들께서 고희, 희수, 산수, 미수, 백수등을 맞이하거나, 고인이 된 경우 탄신 100주년을 맞이하는 때에는, 이를 축하드리기 위하여 기념논문집을 봉정하는 축하의 마당을 마련하여 드리는 전통을 만들어 나갔으면 좋겠다는 제의를 한 바 있습니다.

그 결과 회원여러분들의 적극적인 참여로, 2018. 7. 5. 청담 최송화 선생님의 희수기념논문집으로 "행정판례와 공익"(박영사간)을 발간하였고, 이를 선생님께 봉정하는 행사를 성대하게 개최하기도 하였습니다. 희수기념논문집 봉정식의 열기와 감동이 채 가시기도 전에 2018. 9. 1. 안타깝게도 청담 선생님께서는 유명을 달리하셨습니다. 우리 행정법학의 발전을 위한 선생님의 헌신을 기억하고, 선생님의 뜻을 잘 이어나가야 할 것입니다. 이 자리를 빌려 다시 한 번 진심으로 선생님의 명복을 빌면서, 회원 여러분께도 감사를 드립니다.

또한 우리 학회는 1990년에 개원한 서울행정법원의 개원 20주년을 맞이하면서, 2018. 9. 7. 서울행정법원과 함께 이를 기념하는 학술대회를 개최하였습니다. 서울행정법원의 개원은 우리 행정판례와 행정법학의 발전에 크게 기여한 바 있습니다. 앞으로도 행정법원을 통하여 우리 나라에 법지주의가 더욱 공고하게 될 것이라 확신합니다. 이를 위하여 학계와 실무계의 끊임없는 상호 교류와 연구가 필요할 것으로 생각되고, 우리 연구회가 학계와 실무계의 가교로서의 역할을 더욱 충실히 하여야 할 것으로 생각합니다.

우리 행정판례연구회에서는 이번 12.21 "행정판례와 사법정책"이라는 주제로 대법원 산하 사법정책연구원과 매우 유익하고 성공적인 학술세미나를 개최하였습니다. 이 자리를 빌려 학술세미나를 공동으로 개최하여 주신 강현중 사법정책연구원장님께 깊은 감사를 드립니다.

2018년도 하반기에도 6차례의 월례발표회를 통하여 총 12분의 회원님께서 행정판례에 대한 귀한 평석을 발표해 주셨습니다. 이번 제23집 제2호의 논문은 월례발표회의 발표문을 포함하여 여러 회원님들께서 심도 있게 연구하여 주신 연구논문들 중에서 엄격한 심사를 통하여 선정되었습니다. 옥고를 보내주신 학계의 교수님과 실무 법조계 여러분, 아울러 이러한 학술지가 계획에 따라 순조롭게 출간될 수 있도록 헌신적으로 노력해주신 김중권 간행편집위원장님을 비롯한 편집위원님, 최진수 출판이사님, 이진수, 계인국, 이재훈, 이채영 출판간사님께 감사의 마음을 표합니다.

2018. 12. 31.
사단법인 한국행정판례연구회
회장 김동건

차 례

Table of Contents

行政法의 基本原理

社會保障分野에서 行政裁判의 意義와 役割 (김중권)

社會保障分野에서
行政裁判의 意義와 役割

김중권*

Ⅰ. 처음에 – 일반행정법의 실험장인 동시에 혁신의 원동력으로서의 사회보장행정법[1]

　　사회보장행정법은 행정법의 실험장으로 발전되어, 한편으로는 그것의 실험이 비판적인 행정법적, 헌법적 분석을 필요로 하며, 다른 한편으로는 행정법적 기초연구를 본질적으로도 촉진할 수 있다.[2] 즉, 사회보장

---

* 중앙대학교 법학전문대학원 교수
1) 이 글은 2018.9.7.에 개최된 '서울행정법원 개원 20주년 기념학술대회'에서 발표한
 것을 수정, 보완한 것이다.
2) Kingree/Rixen, Sozialrecht: Ein verwaltungsrechtliches Utopia?, DÖV 2008,

행정법은 일반행정법의 실험장인 동시에 혁신의 원동력으로 여겨진다. 가령 최근 행성법의 새로운 화두로 등장한 보장국가론은 그 발원이 사회행정법에서 비롯되어 전체 행정법 분야에 결정적인 영향을 주고 있다.[3] 그리고 오늘날 독일에서 새로운 행정법학(Neue Verwaltungswissenschaft)은 행정법을 머리끝에서 발끝까지 새롭게 정립하고자 하는데, 특히 거버넌스의 측면은 사회행정법이 그 착안점을 제공한다.[4]

사회보장행정과 관련한 행정재판의 모든 고객은 사회적 기본가치와 관련해서 새로운 지향점을 발견하고 정의를 내려야 한다. 경제발전과 인구통계상의 변위(고령화)로 인해 사회정책적 모든 준칙과 자산에 관한 심사가 요구된다. 새로운 사회정책적인 향도에 관한 논의에서 정치는 독점권을 가지지 못하고, 시민단체, 경제계, 자력부조단체 그리고 판례의 협

S.741(745).

3) 김남진 선생님이 법률신문(2011.10.17)을 통해 "자본주의 4.0과 보장국가·보장행정론"을 처음으로 설파한 이후에 지속적으로 학문적 논의를 견인하여 지금은 행정법의 대표적인 트렌드가 되었다(김남진, "한국에서의 보장국가론과 규제개혁", 학술원통신 제261호, 2015.4.1.; "보장국가시대의 입법과 관련문제", 학술원통신 제225호, 2014. 10.10; "자본주의 4.0과 보장국가·보장책임론", 학술원통신 제221호, 2011.12.1.; "사회국가와 보장국가와의 관계", 법연 2012 December; "개혁대상으로서의 규제와 보장국가적 규제", 법연 2012 September 42면 이하; "한국에서의 보장국가론과 규제개혁", 학술원통신 제261호, 2015.4.1.). 참고문헌: 김현준, "공공갈등과 행정법학 - 보장국가에서의 갈등해결형 행정법 서설", 서강법학 제11권 제1호, 2009; 박재윤, 「독일공법상 국가임무론에 관한 연구」, 서울대, 2010; 홍석한, "민영화에 따른 국가의 책임에 관한 독일에서의 논의", 조선대학교 법학논총 제17권 제3호, 2010; 조태제, "공사협동시대에 있어서의 보장국가, 보장행정 및 보장행정법의 전개", 한양법학 제23권 제2집, 2012; 김환학, "법률유보 - 중요성설은 보장행정에서도 타당한가", 행정법연구 제40호(2014.11), 1면 이하; 성봉근, "보장국가로 인한 행정법의 구조변화", 지방자치법연구 제15권 제3호, 2015.9.; 정기태, 현대국가에 있어서 행정의 역할변화와 보장국가적 책임, 공법연구 第44-1輯(2015.10.31.); 계인국, "규제개혁과 행정법", 공법연구 제44집 제1호, 2015. 10, 645면 이하; 박정연, 복지서비스의 민간공급에 관한 공법적 규율, 고려대, 2016 등

4) Rixen, Taking Governance Seriously. Metamorphosen des Allgemeinen Verwaltungsrechts im Spiegel des Sozialrechts der Arbeitsmarktregulierung, DV 42(2009), S.309(309).

력에 의지한다. 이런 의미에서 행정재판은 사회국가의 미래를 위하여 공동책임을 지며,[5] 이런 방식으로 "법의 지속적 갱신"을 위한 소임을 수행한다.

사회국가의 필연적인 진전에 따라 사회보장행정사건에 대한 행정재판의 각별한 관심이 요구되지만, 사회보장행정법은 해당 사건 수가 보여주듯이,[6] 아직 행정법의 가장자리에 머물고 있다. 그런데 사회보장행정사건이 비록 사건 수에서는 다른 사건에 비할 바 없지만, 다른 행정사건과 비교해서 그 재판의 의의가 남다르다. 여타 다른 행정사건에서 재판의 의의가 기본적으로 당사자에 국한되어 상대적으로 국소적이라 할 수 있지만, 사회보장행정 사건에서는 기본적으로 재원 즉, 돈의 문제이어서 그 재판의 의의가 직접적인 당사자를 넘어서 잠재적인 당사자는 물론, 법제도와 공동체의 질서에 대해 직접적인 영향을 미친다. 사회보장 사건의 이런 함의는, 서울행정법원 개원 20주년을 맞이하여 선정된 대표 판결 20선에서 사회보장과 관련한 건수가 4건인 점에서[7] 잘 나타난다.

이하에서 사회보장행정을 행정법 및 행정재판의 발본적 개혁을 위한 동인으로 삼고자 하는 차원에서 논의를 전개한다.

---

5) H. Plagemann, Prozessrecht. Wandel des Sozialstaates – Herausforderungen an den Sozialrechtsschutz, in: Wulffen/Krasney(Hrsg.), Festschrift 50 Jahre Bundessozialgericht, 2004, S.813(815).

6) 가령 행정소송사건 종류별 접수 건수 통계에 의하면(2017년 사법연감 918면) 2017년의 경우 제1심은 전체 건수 19541 건 가운데 공무상 재해와 산업재해, 국가유공자의 건수가 2430 건이고(서울행정법원은 9437 건수 가운데 1389 건), 항소심은 7515 건 가운데 922 건, 상고심은 3778건 가운데 424 건이다.

7) 서울행정법원 2008.7.17. 선고 2007구합46005 판결(중노위재심판정); 서울행정법원 2008.11.20. 선고 2007구단15424 판결(요양급여); 서울행정법원 2011.1.7. 선고 2010구합33337 판결(산업재해); 서울행정법원 2008.5.14. 선고 2007구합44702 판결(산업재해).

Ⅱ. 사회보장행정법 내지 사회행정법의 의의 및 그 편재

1. 의의

사회법 내지 사회행정법이나 사회보장행정법(이하에서는 사회보장행정법으로 통일하여 사용한다)은 20세기 후반기에 들어서 독립된 법분야로 형성되었다.[8] 그것은 여러 상이한 층에 속하였던 특징적인 공통점이 보호를 필요로 하는 자와 정치적 조직화된 공동체 사이의 법적 관계를 성립, 형성하는 데 있는 법적 대상을 집약한 것이다. 이런 법관계의 특징은 사회적 보호의 중요사항이다. 왜냐하면 빈곤, 질병, 궁핍으로부터의 보호는 고대 이래로 반드시 법적으로 바탕을 둘 필요는 없고, 가족연대, 구성원, 기독교의 이웃사랑과 같은 사회적 규범에 의해서도 결합되어 있는 연대결합체의 핵심과제이기 때문이다. 사회적 보호는 기관에서 보장되고, 그리하여 이들 기관을 위해 규준이 되는 정책적 관계에 좌우된다. 사회보장행정법의 역사는 국가법의 역사이기도 하다. 국가 사회법의 성립과 국가 사회행정의 구축은 세속화의 동반현상이기도 하다.

사회보장행정법은 사회적 수요상황에 직접 손을 대고, 이런 수요상황을 만족시키는 데 이바지하는 법을 담고 있다. 고권적 개입은 사법적 거래의 규율에 국한하지 않고, 수요충족의 급부제공의 동원을 고려한다. 그리하여 사회급부법이나 형식적 의미의 사회법이라 말해질 수 있다. 이런 의미의 사회보장행정법은 공법이다.[9] 사회보장행정법은 특수한 급부부담자와 수급자의 법관계를 설정하고 구조화한 법규범을 담고 있기에,

---

8) 명칭의 정리가 필요하다. 독일에서는 사회법, 사회행정법의 명칭이 사용되는데, 국내문헌에서는 사회보장(social security)법의 명칭이 많이 사용되는데(대표적 문헌으로 전광석/박지순/김복기, 사회보장법. 2018), 사회보장, 사회보장법의 명칭은 그 어원이 영미에서 비롯되었다. 김남진/김연태, 행정법Ⅱ, 2018, 487면 주 1) 참조.
9) Becker/Kingreen/Rixen, Allgemeines Sozialrecht, in: Ehlers/Fehling/Pünder(Hrsg.), Besonderes Verwaltungsrecht, 3. Aufl., 2013, Bd.3, §75, Rn.12.

행정법이다. 그것의 법관계가 기본적으로 행정행위에 의해 창설된다는
점이 이 점을 분명히 한다.

2. 전체 편재

개념정의와 그 내용에서 다소간 의견의 일치를 보고 있는 독일과는
달리 우리의 경우 사회행정 또는 사회보장행정의 의의에 관해 매우 다양
하다. 사회적 사고가 사회법의 근거이자 한계이다. 일단 광의의 사회행정
법은 "사회국가의 이념을 구체화하여 실천하는 법"으로, 좁은 의미의 사
회행정법은 "사회구성원의 생존을 배려해주기 위하여 행하는 공공부조,
사회보호, 원호 등에 관한 급부행정법"으로 정의한다.[10] 사회보장행정법
의 전체 내용은 문헌에 따라 다른데, 여기서는 독일 및 우리의 다수 문헌
이 취하듯이, 사회보험,[11] 공공부조,[12] 특별원호(사회보상),[13] 사회복지서
비스로[14] 구성한다.

---

[10] 김남진/김연태, 행정법Ⅱ, 489.
[11] 해당 법률은 다음과 같다: 「국민건강보험법」, 「국민연금법」, 「공무원연금법」, 「사
　　립학교교직원연금법」, 「군인연금법」, 「산업재해보상보험법」, 「고용보험법」, 「노인
　　장기요양보험법」 등.
[12] 해당 법률은 다음과 같다: 「국민기초생활 보장법」, 「의료급여법」 등.
[13] 해당 법률은 다음과 같다: 「국가유공자 등 예우 및 지원에 관한 법률」, 「범죄피해
　　자보호법」, 「고엽제후유의증환자지원 등에 관한 법률」 등.
[14] 해당 법률은 다음과 같다: 「아동복지법」, 「노인복지법」, 「장애인복지법」, 「기초연
　　금법」, 「장애인연금법」, 「장애인 등에 대한 특수교육법」, 「장애인활동지원에 관한
　　법률」, 「장애아동복지지원법」, 「장애인고용촉진 및 직업재활법」, 「발달장애인 권
　　리보장 및 지원에 관한 법률」 등.

Ⅲ. 사회국가원리

1. 의의

사회국가원리(Sozialstaatsprinzip)는 헌법상의 기본원리의 하나이다.[15]
사회국가란 한마디로, 사회정의의 이념을 헌법에 수용한 국가, 사회현상
에 대하여 방관적인 국가가 아니라 경제·사회·문화의 모든 영역에서 정의
로운 사회질서의 형성을 위하여 사회현상에 관여하고 간섭하고 분배하고
조정하는 국가이며, 궁극적으로는 국민 각자가 실제로 자유를 행사할 수
있는 그 실질적 조건을 마련해 줄 의무가 있는 국가이다.[16] 독일의 경우
그것이 기본법상으로 규정되어 있는(제20조 제1항) 반면, 우리는 그것의 구
체화된 여러 표현을 통하여 헌법상으로 자리매김하고 있다.[17]

헌법의 기본원리로서의 사회국가원리는 국가기관을 구속하는 국가
목표이자, 자유권의 제한 및 차별대우를 정당화하는 헌법적 근거로 기능
하여 나름의 규범적 효력을 가지지만, 그것은 강력하지 않다. 소송을 통
해 관철할 수 있을 정도로 국가의 구체적인 법적 의무나 개인의 주관적
권리가 사회국가원리로부터 도출되지 않는다. 즉, 사회국가원리 그 자체
가 자유와 재산권에 관한 공권력의 개입을 전적으로 정당화시킬 수는 없

---

15) 신자유주의의 극성에 대응하여 사회적 기업의 증가가 보여주듯이 '사회적' 제도가
    활발히 논의되고 있는데, 우리 사회 전반에 새로운 물결인 점에서, '사회적' 의미
    에 관해 새롭게 성찰할 필요가 있다. 일각에서는 여전히 그것을 전체주의적 공산
    주의로 환치시키고자 하는 반면, 다른 일각에서는 시장주의에 대한 반대적 의미
    를 부여하고자 한다. 새로운 공동체질서를 구축하기 위한 일환으로 바른 이해의
    마련이 시급하다.
16) 헌재 2002.12.18. 2002헌마52
17) 헌재 2002.12.18. 2002헌마52: 우리 헌법은 사회국가원리를 명문으로 규정하고 있
    지는 않지만, 헌법의 전문, 사회적 기본권의 보장(헌법 제31조 내지 제36조), 경제
    영역에서 적극적으로 계획하고 유도하고 재분배하여야 할 국가의 의무를 규정하
    는 경제에 관한 조항(헌법 제119조 제2항 이하) 등과 같이 사회국가원리의 구체화
    된 여러 표현을 통하여 사회국가원리를 수용하였다.

고, 기본권과 기본권제한법률의 해석을 위해 그 의의가 주어질 수 있다. 당연히 사회국가원리로부터 '의심스러우면 청구인에게 유리하게'(In dubio pro petitor)의 원칙이 도출되지는 않는다.[18] 그리고 독일 연방헌재는 사회국가적 조치에서 의회입법자의 광범한 형성여지를 강조한다. 왜냐하면 사회국가적 규율은 통상 기본권심사를 이겨내기 때문이다.[19]

2. 다른 국가목표결정과의 결합

사회국가원리는 국가목표결정으로서 다른 기본원리 즉, 민주주의, 법치국가원리에 편입되는데, 이들에 대해 우위는 주어지지 않는다. 따라서 사회국가원리는 국가에 대해 임의적인 사회형성을 수권하지 않는다. 국가의 사회형성은 오히려 의회의 민주주의적 규율특권과 공권력의 기본권적, 법치국가원리적 개입제한에 구속된다.[20] 즉, 헌법이 지향하는 사회국가의 형상은 전반적 사회국가(der totale Sozialstaat)가 아니라, 법치국가형식의 사회적 민주주의라고 할 수 있다.

사회국가원리의 상대적 개방성은 민주주의와의 결합에서 비롯된다. 다수결원리는 결정이 개방적, 투명한 절차에서 발해졌으며, 원칙적으로도 번복가능다는 점에 내적 정당성을 지닌다. 이런 번복가능성이 사회국가원리의 개방성을 보완한다. 사회국가원리의 규범적 불학실성은 민주적 절차나 결정의 법칙에 의해 완화된다. 사회국가적 국가목표의 개방성은, 분배정의에 관한 실체적 헌법화의 극히 제한적인 가능성을 나타낸다. 결정주체의 정당성과 결정절차의 개방성과 투명성이 사회국가의 give and

---

18) Reiter, Sozialstaatsgebot in der Rechtsprechung des Bundessozialgerichts, in: Ruland/v. Maydell/Papier(Hrsg.), Verfassung, Theorie und Praxis des Sozialstaats, FS für Hans F. Zacher zum 70. Geburtstag, 2004, S.777(784).

19) Vgl. BVerfGE 39, 302(314f.); 52, 264(274).

20) Papier, Staatsrechtliche Vorgaben für das Sozialrecht, in: Wulffen/Krasney(Hrsg.), Festschrift 50 Jahre Bundessozialgericht, 2004, S.23(25).

take의 바탕이다.

　사회국가원리적 행정을 위해서 사회국가원리와 법치국가원리를 결합시키는 것이 매우 중요하다.[21] 여기서 기본권적 자유는 사회국가원리적 활동을 위한 근거인 동시에 한계가 된다. 전자와 관련해서 사회국가는 기본권주체로 하여금 보장된 자유를 실제로도 행사할 수 있게 하는 기관을 제공하여야 하고, 재정적 장려수단을 사용할 수 있어야 한다. 사회국가는 상충한 이익의 상당한 균형을 위하여, 만인을 위한 상당한 생활조건의 조성을 위하여 노력하여야 한다.[22] 사회국가원리는 그에 맞춰 사람간의 사회적 불평등의 조절을 특별한 정도로 목표로 하고 먼저 인간의 존엄의 유지와 확실성에 이바지한다.[23] 사회적 균형은 특히 기회의 정의의 조성과 사회적 배분의 개방을 목표로 한다. 사회국가원리는 국가로 하여금 결과의 평등을 만들도록 의무를 지우지는 않고, - 사회안에서 경제적 사회적 차이와 무관하게 - 실제로 동등한 발전기회를 보장하도록 의무를 지운다.[24] 이런 의미는 교육기관에의 접근과 관련해서[25] 또한 가족정책에서도 매우 중요하다. 다른 한편 자유권은 사회국가적 활동을 위한 한계이기도 하다. 사회적으로 형성하는 국가는 노사정에서 최저임금 결정 등을 통해 기본권에 대해 개입한다. 사회국가원리는 헌법적 근거는 되지만, 결코 기본권개입을 위한 백지전권은 될 수 없다.[26]

---

21) Becker/Kingreen/Rixen, Allgemeines Sozialrecht, in: Ehlers/Fehling/Pünder(Hrsg.), Besonderes Verwaltungsrecht, §75, Rn.37.
22) BVerfGE 1, 97(105).
23) BVerfGE 35, 348(355).
24) Herzog, in: Maunz/Dürig(Begr.), Kommentar zum Grundgesetz, Art. 20 Ⅷ Rn.37, 40.
25) BVerfGE 33, 303(329ff.).
26) BVerfGE 59, 231(263).

Ⅳ. 사회보장행정법에 관한 기초적 이해

1. 행정법으로서의 성격

사회보장행정법이 급부책임자인 행정주체와 급부수급자간의 법관계를 창설하고 구조화하는 법규범을 담고 있기에 행정법에 속한다. 사회보장행정법은 행정행위를 토대로 한 행정작용법적 구조를 지니기에 일반행정법이 통용된다. 그리고　　　기여금을 재원으로 하는 보험시스템과 조세를 재원으로 하는 보상시스템을 위한 개개의 규범도 사회법에 속하기에, 사회보장행정법은 특별행정법이기도 하다.27) 사회보장행정법은 대부분 사회급부법(Sozialleistungsrecht)이다. 왜냐하면 보조, 증진, 보장 그리고 손실보상이 사회급부인 사물·서비스·금전급부의 형식으로 실현되기 때문이다. 아울러 급부제공자의 법적 지위와 법관계에 관한 규범 역시 사회보장행정법의 구성요소이다. 따라서 사회보장행정법은 급부제공법(Leistungserbringungsrecht)이기도 하다.

2. 사회보장행정법의 과제

사회보장행정법은 일반행정법에 사회국가원리를 투영시킨 것이다. 사회보장행정법의 사고틀은 (어떤 이의) 자유상실과 결부된 (다른 이의) 자유의 행정적 실현을 실행가능하게 하는 것이다. 사회국가원리에 바탕을

---

27) 특기할 점은 독일의 경우 일반행성설차법은 이유제시청구권을 두고 있지 않지만, 생존배려의 의미를 반영한 독일 사회행정절차법(사회법전 제10권)은 두고 있다 (제35조 제3항). 한편 독일의 경우 제1심 사회법원(Sozialgericht)은 개개의 재판부가 지업법관인 재산상과 명예법관인 2인의 배석판사로 구성되는데, 후자는 서면 심리에 의한 결정에는 참여하지 못한다(사회법원법 제12조 제1항). 반면 제2심 (Landessozialgericht)과 상고심(Bundessozialgericht)의 경우 3인의 직업법관과 2인 의 명예법관으로 재판부가 구성된다(제33조 제1항, 제40조).

둔 사회적 혜택은 (일인의) 법적 자유의 실제 행사를 가능케 하면서도 (다른 이의)자유를 축소시킬 수도 있다. 이런 행정법적 구조를 매개로 하여 급부수여 행정청과 급부수급자로서의 시민간의 관계에서 결합이 성립한다. 동시에 이런 행정법적 구조는 급부수여하는 집행부로 하여금 일정 거리를 견지하도록 모색한다.[28] 왜냐하면 행정이 사고, 궁핍 등과 관련된 수급자를 자비심의 대상으로 대응해서는 아니 되기 때문이다. 사회보장행정법은 -주관적 권리에 바탕을 둔 법관계를 자비심을 내세워 무색하게 만드는- 탈주관화(Desubjektivierung)의 요구를 실행가능한 방법으로 물리쳐야 한다. 급부수여와 급부박탈의 경우에도 그리하여 자기가치의식이 미약한 상황에서도 이런 주의(경각심)가 허물어지지 않게 하는 것이 사회보장행정법의 최우선 과제이다.[29]

3. 사회보장행정법에서의 일반행정법적 구조
: 행정작용법의 차원에서

(1) 행정행위의 존재

특히 사회급부법에서 연금지급결정이 보여주듯이, 행정행위는 행정의 지배적인 행위형식이다. 그것은 사회급부법의 중핵(Gravitationszentrum)이다. 그것은 대개 급부승인의 목적을 위해 동원된다. 사회법에서 행정행위가 광범하게 사용된다는 것은 행정행위란 조종수단의 구조적인 상응능

---

28) 오늘날 행정에서 협력이 강조되지만, 다른 한편으로는 일정 거리의 유지 역시 강조된다. 법치국가원리의 핵심은 법을 통한 인간의 자기결정의 보장이다. 법치국가적 사고의 착안점이 개인의 자유이므로 이런 방법으로 법치국가적 상태는 자율을 유지하는 거리의 국가형식(eine Staatsform autonomiewahrender Distanz)으로 입증된다. 법치국가에서의 거리요청(Distanzgebot)에 관해서는 Schmidt-Aßmann, Das allgemeine Verwaltungsrecht als Ordnungsidee, 2.Aufl., 2004, 44f.; 김남진, "공사협력과 행정법상 주요문제", 학술원통신 제269호, 2015.12.1., 2면 이하.

29) Rixen, Das Sozialverwaltungsrecht im Spiegel der Rechtsprechung, DV 49(2016), S.557(578).

력을 잘 나타내지만, 다른 한편으로는 그것의 법적 성질을 정하는 것이
실무상으로 잘못되기 쉬운 모험일 수도 있다는 것은 시사한다. 왜냐하면
행정행위가 존재하느냐 존재하지 않느냐가 쟁송의 관건이 되기 때문이
다. 사정이 이렇기에 행정절차법이나 행정소송법상의 처분정의에 의거하
여 세세히 심사하기보다는 종종 행정행위의 존재가 대략적으로 긍정되기
도 한다. 그리하여 행정행위의 비대(과잉)가 경고되기도 한다.[30] 사회(급
부)법에서의 이런 행정행위 일변도의 경향은 행정절차법의 보호메커니즘
을 활성화시킨다. 독일 사회법원은 공법계약의 체결의 거부를 행정행위
로 보는 경향이다.[31]

(2) 사회보장행정법관계

　행정청이 행정행위로써 활동하는 사회행정법, 특히 사회급부법에서
행정법관계(Verwaltungsverhältniss)가 중요한 역할을 한다. 여기서 법관계
는 긴밀히 프로그래밍된 의무집적의 집합적 표현이다. 사회적 관계가 법
적 규율로부터 비롯된 ―적어도 두 권리주체간의― 법적 관계의 특징을
지니게 되면 그것은 법관계라 할 수 있다.[32] 행정을 둘러싼 법관계가 행
정법관계이다. 사회급부가 행정행위나 법률에 의해 성립한 다음, 그에 따
른 후속 관계가 법관계로 이루어진다. 즉, 이런 법관계에 바탕을 두고서
사회급부는 원칙적으로 장기간에 걸쳐 제공되며, 국가와 시민은 상호 계
속적인 특별관계에 처한다. 그들에게 사회급부의 승인이나 거부는 ―법형
식상으로 행정행위로서― 국가와 시민간의 중요한 접촉이긴 하나 전적으
로 순간적으로 응축된(심화된) 접촉이다. 여기서 행정행위는 일종의 스냅
촬영인 셈이다.[33] 그런데 사회보장행정법관세에서 수급자는 여러 가지

30) Dörr/Jährling―Rahnefeld, Hypertrophie des Verwaltungsaktes, SCb 2003, 3.49ff.
31) 여기서 확인힐 수 있는 섬은 행정행위 발급의 비대(Hypertrophie)가 아니라, 비행
　　정행위와 공법계약의 행정작용을 소송상으로 구조화하는 것의 저하(부전,
　　Hypotrophie)이다.
32) Remmert, in: Ehlers/Pünder(Hrsg.), Allg. VerwR, 15.Aufl., 2015. §18 Rn.1.

협력의무는 지는데, 사회행정법에서의 결정발견상의 수급적격자의 협력
의무는 다른 행정법에서보다 강하게 구성되어 있다.[34] 이런 상황을 정연
하게 설정하기 위해서는 행정법관계론이 필요하고, 이런 법관계의 존재
가 -행정행위의 존재만이 문제되는- [35] 행정법의 다른 분야와 사회보장
행정법을 구분하게 한다. 유의할 점은 사회급부법관계는 일종의 공법의
채무관계인데, 다만 급부청구권을 중심으로 형성됨으로써 민사법에서와
는 달리 급부부담자와 시민간에 대립된 이익의 상황으로 형성된 것은 아
니다. 한편 새로운 행정법학 논의에서의 핵심개념 가운데 하나인 협력
(Kooperation)이[36] 여기서 국가와 시민간의 행정관계에서의 구성원리로

---

33) 사회보장행정법관계는 위법한 행정행위에 의해 성립할 수 없다. 따라서 승인결정
   이 취소되면, 제공된 급부의 법적 근거가 소멸하고 그 관계는 반환관계로 변한다.
   승인결정이 취소되지 않으면 행정행위의 구성요건적 효력으로 인해 부당급여의
   상환을 강구할 수 없다. 그러나 잘못된 장애등급에 의거한 원래의 장해급여결정
   을 취소한 다음 과오급된 장해급여 부분에 대한 징수처분으로 나아가지 않고 곧
   바로 징수처분으로 나간 사안에서, 대법원 2014.4.10. 선고 2011두31697판결은 부
   당이득의 법리에 충실하여 선행 급여지급결정의 취소처분이 없음을 문제 삼았어
   야 하는데, 그렇게 하지 않고, -판례가 나타내진 않았지만- 징수처분에 수익적
   행정행위의 취소의 측면을 삽입하여 그것에 대해 이익형량적 접근을 한 것은 문
   제가 있다.
34) 비슷하게 조세의 납부를 둘러싼 법적 관계를 법관계로 설정한다.
35) 우리의 경우 문헌에서 행정법관계란 용어를 사용하지만 행정작용법에서의 그것의
   바른 이해가 제시되지 않고 있다. 전통적으로 행정법(행정작용법론)은 행정행위와
   같은 행정작용으로부터 형성된 법관계보다는 그 원인행위에 초점을 맞추어 구축되
   었다. 원인행위에 초점을 맞추는 것이 일종의 스냅촬영인데, 이런 접근은 분쟁의
   조기해결에 이바지한다. 일종의 스냅촬영인 셈인 행정행위가 절대적으로 지배하는
   행정법상황을 타개하기 위해 고안한 것이 행정법관계론이다. 관헌국가가 행정법의
   기원이어서 그 관헌국가적 잔흔이 여전히 통용되거니와 경우에 따라선 행정법의
   현대화를 위한 향상된 인식을 방해하곤 한다. 행정작용관계를 권력관계의 차원에
   서 접근하는 것이 대표적인 예이다. 이에 행정법관계론을 통해 행정과 시민간의
   법관계를 민주적 법치국가에 맞춰 더욱 체계적으로 조망하고 접근할 수 있다. 행
   정작용형식론과 행정법관계론, 양자는 지향점에서 다툼은 없고 상호 보완관계에
   있다(Schmidt-Aßmann, Das allgemeine Verwaltungsrecht als Ordnungsidee, 302).
   행정법관계에 관한 상론은 김중권, 행정법, 2016, 111면 이하; 山本隆司, 行政上の
   主觀法と法關係, 2000.

서 유효하다. 사회법관계는 특히 결정과 관련이 있는 사안에 권리자(수급
자)를 더 강하게 연결시키는 것을 의미한다. 그리하여 사회보장행정에서
행정재판(사회법원)은 협력과 조언의 변증법(Dialektik)과 시민의 자기책임
과 국가의 자기책임강화책임의 변증법을 조화시켜야 한다.[37]

(3) 사회보장행정법에서의 공법계약

사회보장행정법은 공법계약에 대해 새로운 주의를 기울인다. 공법계
약의 의의가 증대되는 것처럼, 그것은 사회법관계를 성립시키는 경우와
행정행위를 사전에 성립시키는 경우에 점차 중요한 역할을 한다.[38] 더해
서 사회법은 압도적으로 사회급부법만은 아니다. 일반적인 예산법에 바
탕을 둔, 사적 급부제공자를 포함시키는 조달법(급부제공법) 역시 사회법
에 속한다. 사회법의 일부 분야에서 강력하게 동원된 계약의 수단의 도그
마틱적 결과는 만족스럽게 종합적으로 고찰되지 않았다. 행정행위를 준
비하거나 대체하는 공법계약이 가능하듯이, 공법계약의 도그마틱은 특히
다른 조종수단과의 교호작용을 감안하면 확장가능하다고 판명된다. 사회
보장행정법은 공법계약의 법학적 건설적 문제점을 위하여 진정한 寶庫
(Fundgrube)가 될 수 있다.[39]

---

36) 사회법에서의 사적 주체와의 협력에 관해서는 vgl. Wissmann, Kooperation im
   Wettbeweerb, in: v. Arnauld/Musil(Hrsg.), Strukturfragen des Sozialverfassungsrechts,
   2009, S.139(165ff.).
37) Becker/Kingreen/Rixen, Allgemeines Sozialrecht, in: Ehlers/Fehling/Pünder(Hrsg.),
   Besonderes Verwaltungsrecht, §75, Rn.53.
38) 특히 독일에서는 都市計劃과 環境에 관련된 法의 영역에서 "계약에 의한 입법"이
   주로 전개되고 있다. 이런 사정에 관해서는 특히 김남진, 契約과 協約을 통한 立法,
   법연 Vol. 54. Spring 2017. 66–69.
39) Becker/Kingreen/Rixen, Allgemeines Sozialrecht, in: Ehlers/Fehling/Pünder(Hrsg.),
   Besonderes Verwaltungsrecht, §75, Rn.53.

V. 行政裁判의 意義에 관한 일반론

1. 行政裁判의 意義: 법치국가원리의 구체화를 담보하는 제도적 장치

법치국가는 국가적 방어로 국한하지 않고, 다음과 같은 이중적 임무를 지닌다.[40] 즉, 국가권력을 상대로 해서는 물론 개인 상호간의 관계에서도, "인간존엄성, 자유, 정의와 법적 안정성"을 보장하기 위하여, 국가활동을 제한하는 것과 아울러 동일하게 그것을 보장하는 것이다. 법은 국가의 생명수(Lebenselixier)에 해당하며, 법적 정당성은 모든 국가활동의 전제가 된다. 법치국가적 활동의 지도원칙(Leitmaxime)은 합리성(合理性)이다. 보다 자세히 말하면, 입법과 법률집행의 가치합리적인 불변성 및 목적합리적인 정연성이 그에 해당한다.[41] 따라서 법치국가는 법과 합리성을 통해서, 자신의 활동을 사전에는 예상가능하게, 사후에는 통제가능하게 만든다. 그런 식으로 규율되어 있을 때, 법치국가는 제어된 개입적 권력일 뿐만 아니라, 개인에게 유리한 보호권력 즉, 개인적 인간존엄성, 자유, 재산권 그리고 주관적 권리에 관한 보증인이기도 하다. 그리하여 당연히 법치국가원리는 국가에 대해, 그의 위법한 행위의 결과를 가능한 광범하게 제거할 것과 위법하게 행사된 공권력으로 인해 손해를 입은 국민에게 효과적인 상당한 손해보전을 행할 것을 명한다.[42] 행정재판(행정소송)은 국가책임제도와 더불어 법치국가원리의 구체화를 담보하는 기능한다.

요컨대 법치국가원리를 구체화하는 것이 행정법인 이상,[43] 좋은 행

---

40) Vgl. Schmidt-Aβ mann, Der Rechtsstaat, in: HStR, Bd. I , 1995, §24 Rn.2.
41) Vgl. Breuer, Konkretisierungen des Rechtsstaats- und Demokratigebotes, in: Festgabe 50 BVerwG, 2003, S.223(228).
42) Vgl. BVerfGE 94, 100(103); BGHZ 11, 197(218); 22, 383(388).
43) 고전적 행정법은 보통 권력분립, 법원의 독립성, 행정의 법률적합성, 행정조치에

정재판(행정소송법)은 궁극적으로 법치국가원리의 구체화를 제도적으로 실현시킨다. 행정재판(행정소송법)은 법치국가원리를 구현하는 데 있어서 화룡점정(畵龍點睛)의 의미를 갖는다.

2. 行政裁判의 任務[44]

(1) 무기대등의 원칙의 차원

권력분립의 헌법적 시스템의 범주에서 행정소송 및 행정재판(행정법원)은 집행권을 법적으로 저지시키는 임무를 이행한다. 그리하여 개인의 자유를 공고히 하고, 법률 앞의 평등을 보장하며, 이런 법의 규준을 통일적으로 형성한다. 권력분립의 기초에서 헌법국가는 고권주체를 위해 공권력을 나눈다. 행정부는 집행권을, 입법부는 규준제공자로서 입법권을, 사법부는 이런 규준의 보장자로서 사법권을 갖는다. 정치적 권력을 상이한 국가조직으로 나누고 그로써 제지하는 권력분립의 고전적인 기능에서,[45] 제3자의 권력으로서 사법부는 원칙적으로 행정수범자인 시민을 법을 위한 분쟁에서 대등한 분쟁당사자로 만들기 위해, 즉, 시민에게 다른 국가권력을 상대로 한 武器對等의 原則(Waffengleiheiten)을 매개하기 위해 고유하게 설립되었다. 법치국가에서 시민이 국가에 대해 자신의 권리를 주장할 수 있게 하는 고유한 제도가 행정재판이다. 여기에 행정소송 및 행정재판의 제1차적 정당성과 핵심임무가 있다. 따라서 소송절차는 기본적으로 원고에 친화적으로(klägerfreundlich) 형성되어야 하고, 시행되어야 하는데, 특히 사회보장행정 사건에서는 -법치국가원리의 테두리안에서- 이런 원고친화성의 원칙이 강조될 필요가 있다.[46]

대한 사법구제, 국가책임법의 여러 원칙과 같은 다섯 가지 징표가 기본요소인네, 이들은 법치국가원리의 구체화로서 생겨났다.

44) P. Kirchhof, Der Auftrag des Bundesverwaltungsgerichts zur kontinuierlichen Erneuerung des Rechts, in: Festgabe 50 BVerwG, 2003, S.255(255).

45) Vgl. BVerfGE 3, 225(247); 34, 52(59); 49, 89(124).

(2) 행정법적 통제의 차원

행정소송 및 행정재판은 행정법적 통제에서 특화된 권력이다. 권력
분립에서 사법권은 고권적 활동이 하자가 많다는 것과 국가에 의한 영향
을 심사할 필요가 있다는 것의 표현이다. 사람에 의한 활동에 실수와 자
의가 많은데, 이는 행정의 책임과 심사(통제)의 책임의 나눔으로써 저하
될 수 있다. 사법권은 이런 일반적인 생활경험의 표현이기도 하다. 행정
은 법률의 제1차 해석자이고 종종 광범한 판단여지와 재량여지를 메워야
한다. 행정재판은 ─행정이 법률을 준수하였는지 여부를 단지 심사하여
야 할─ 법률의 제2차적 해석자이다. 행정이란 법률적 근거에 의거하여
그리고 법률의 한계안에서 실제상황을 형성해야 하고, 나름의 규준을 전
개하고 적용해야 한다. 반면 행정재판에 대해서는 예정된 법률규준의 준
수를 보장할 임무가 부여된다. 사법심사의 범위와 밀도는 피심사자의 법
구속의 정도에 의존한다. 그리하여 법률제정정자와 명령제정자에 의한
실체적인 법정립에 정해진다. 그렇지만 입법자가 충분한 명료성과 밀도
에서 심사규준을 마련하지 않고 행정법원의 판사에게 심사기능을 이전시
키는 경우, 집행부의 행정법적 구속에 관한 최종보장자로서 행정법원에
대해 법창조적인 판례가 촉구된다.

3. 行政訴訟法에 대한 法治國家原理的 要請

소송법은 결코 목적 그 자체를 의미하는 것이 아니라, 실체법의 실

---

46) 가령 독일 사회법원법(SGG) 제183조는 피보험자, 급부수급자 등이 소송당사자로
　　나설 때 소송비용의 면제를 규정하고 있다. 입법목적은 사회적 약자가 높은 비용
　　으로 소송에 나서지 못함을 없게 하면서 자신의 사회적 권리를 주장할 수 있게 하
　　는 데 있다. 행정법원이 관할하는 사회보장사건은 행정법원법 제154조 등에 의해
　　소송비용이 정해진다. 그리고 소송대리가 강제되지 않아(제73조), 장애인단체에
　　의한 소송대리도 허용된다.

현을 목표로 삼는다(소송법의 봉사적 기능). 그리고 실체법은 그것의 보호를 위하여 제공된 해당 소송법질서에게 결정적인 영향을 미친다. 물론 일방적으로 영향을 미치진 않는다. 왜냐하면 실체법은 다양하게 소송법에 의하여 비로소 성립하거나 형상을 갖추기 때문이다. 실체법과 소송법은 상호 밀접한 관련을 갖으며, 이들간에는 交互作用(Wechselwirkung)이 존재한다.[47] 그리고 다른 한편으론 소송법은 그때그때 추구하는 소송목적인 주관적 권리보호, 객관적 법질서의 보전, 확정력있는 재판에 의한 법적 평화의 회복, 개별사건에서 법에 관한 구속적 확인에 의한 법적 안정성의 보장, 법적 통일성의 확보, 최고법원에 의한 법의 지속적 형성 등에 의하여 그 특징이 지워진다. 이들 여러 소송목적은 대립하여 서로 배타적이지 않고 相補的이다. 가령 개인적 권리보호는 객관적 법의 보전에도 이바지하고, 역으로 객관적 법통제가 주관적 권리의 보호에 유용할 수 있다. 그럼에도 불구하고 소송법의 모습과 형태를 가다듬는 데 있어선, 어떤 소송목적이 토대가 될지 그리고 어떤 소송목적에 따라 소송법의 골간을 정할지가 결정적으로 중요하다. 그 물음에 대한 답은 바로 法治國家原理에서 찾아야 한다. 다시 말해, 소송법이 자신의 기능에 적합하려면 법치국가원리적 요청을 충족하여야 한다. 법치국가원리는 법적 다툼에 관한 결정을 내리기 위한 재판(권)이 존재할 것만을 요구하는 것이 아니라, 그 재판이 법치국가원리적 관점에서 규율되는 것까지 요구한다. 법치국가에서 국가는 사인의 자력집행의 부인에 대한 보전수단으로써, 효과적인 권리보호체계를 마련하고 적합한 결정을 위한 합절차적 요건을 만들어야 한다.[48]

---

47) D. Lorenz, Verwaltungsprozessrecht, 2000, S.2; Maurer, Rechtsstaatliches Prozessrecht, in: Festschrift 50 Jahre Bundesverfassungsgericht Bd. Ⅱ., 2001, S.467.
48) Maurer, a.a.O., S.468.

Ⅵ. 法의 持續的인 更新과 行政裁判

1. 判例를 통한 法의 現在化[49]

(1) 국가권력(입법, 행정 그리고 사법)의 시간적 의미

판례는 사법기관의 재판작용의 축적된 결과물인 동시에, 법학이 실무를 만나는 곳이다.[50] 판례는 원칙적으로 다른 국가권력과는 달리 과거사를 다루는 점에서도 구분된다. 권력분립은 시간에서 국가적 상태를 조직화한다. 입법은 법률을 미래에 향도하는 규칙(규범), 장래의 국가활동을 위한 규준으로 강조한다. 이런 규준설정에서 입법자는 과거의 경험과 현재의 준수로부터 추출하고 일반화하면서 미래를 형성하는 국가권력이다. 반면 행정권은 현재를 다룬다. 일반적인 규칙(규범)을 개별사례에 대해 개별적으로 구체적으로 적용한다. 판례는 —판시하는 시점에서 보면— 과거에 존재하는 완결된 사안을 판단하고, 이들에 법률적 규준을 적용한다. 그리고 법의 내용과 사실적 형성력에 관한 —법적 지속성을 견지하는 — 끊임없는 확인을 공고히 한다. 그리하여 판례는 과거를 다루는 국가권력이다. 그리하여 법원은 과거사를 다루지만 과거분석과 과거평가로부터 현재는 물론, 미래를 결정하는 권력이 된다.

(2) 판례의 본질

판례(Rechtsprechung)는 법(Recht)을 말하는 것(Sprechen)이다. 법을 말한다는 것은 민주적 법치국가에서는 개별사례를 위해 법률의 언명을

---

49) P. Kirchhof, a.a.O., S.255(257ff.).
50) 여기서 예링의 다음의 지적을 상기할 필요가 있다: 실천적 학문의 경우에 이론은 타락하지 않고자 한다면 실무와 계속적인 관계를 가져야 한다. 양창수(역), 예링, "다시 지상에서—어떻게 개선할 것인가?", 서울대 법학 제39권 제3호, 1998, 82면. 100년 전에 독일 법학과 법학교육의 방향전환을 강조한 이 글은 지금 우리에게도 많은 시사점을 제시한다.

현재에 맞게 해석(설명)하는 것을 의미한다. -법에 대해 미래에도 답해질- 일반적 추상적 규범은 분업적인 말하는 과정(Sprechvorgang)을 필요로 한다. 입법자가 지속적으로 구속력을 갖는 장기적인 규준을 규율하는데 대해서, 판례는 이 규준을 개별적으로 적합하게, 현재적으로 그리고 사안과 관련해서 분명히 하고, 구체화한다. 입법과 사법은 명령과 시행처럼 상호 작용하는 것이 아니라, 원칙과 구체화처럼 상호 작용한다. 합리적인 법용어는 모든 관련인을 위하여 동일한 구속력을 발생시킬 것이고, 권리구제의 객관성을 -주관적 느낌, 경향, 해석자의 선판단에 관계없이- 공고히 할 것이고, 법적 규준 및 그것의 적용을 둘러싼 다툼에서 법의 지속성을 견지할 것이고, 법률상으로 조정된 현실적 관점을 법률의 시각으로 전달할 것이고, 앞서 말한 입법자와 뒤에 말하는 해석자 사이에 권한을 분명히 나눌 것이다.

(3) 판례를 통한 법의 갱신

판례는 사전에 규정된 것(입법)을 사후에 말하는 것 以上이며, 항상 불완전한 규정을 숙고하는 것이다. 법관은 현재의 법구속성에 대해 책임을 지며, 따라서 법치국가의 현재적 대변자(Gegenwartssprecher)이다(判例의 日新又日新).[51] 법관은 법률규준으로부터 자신의 정당성을 부여받고, 그에 대해 헌법상 법형성의 신뢰가 주어진다. 그리하여 판결의무를 지는 법관이 충분히 명확하지 않은 법률적 규준과 만난 경우, 그는 법률보완적, 법률보충적인 판례를 내릴 적격자이다. 따라서 법관은 법률내용을 현재에 맞게 계속 숙고해야 하고, 그래서 발전(전개)을 동반한 숙고를 필요로 한다. 특히 최고법원의 법관은 과거와 현재의 매개자이기도 하다. 또한 입법권의 使者에 그치지 않고, 법률적 규준의 동반적 해석자이다. 법관은 국가 및 법의 갱신능력의 保증인이기도 하나. 결국 법원은 법률에

---

51) 여기서 지체된 정의는 정의가 아라는 法諺처럼 신속한 재판에 관한 요청 역시 자명하다.

의한 민주적 미래선취의 범주에서 법치국가의 미래개방성을 보장한다.

2. 행정법과 행정재판(판례)의 관계

다른 법영역의 총칙(총론)에 해당하는 부분이 일반행정법인데, 그것은 행정법의 개별영역을 위하여 통상적인 통용을 요구하는 법률, 헌법규정, 법제도 그리고 법원칙의 總和를 일컫는다. 법원, 입법자, 행정법학계 그리고 행정실무의 일종의 공동업적의 결과물이 바로 일반행정법의 구축이다.52) 이런 일반행정법을 구축하는 데 아교와 같은 역할을 하는 것이 행정법도그마틱이다. 行政法史를 돌이켜 보면 비례원칙 등과 같은 행정법의 일반원칙마냥 행정법도그마틱은 판례를 통해 형성되었으며, 나아가 입법을 통해 그것이 확인되거나 제도화되기도 하였다. 따라서 행정법은 다른 법영역에 비할 수 없을 정도로 판례의존도가 높다고 하겠다.53)

행정법원의 법관은 행정법을 말하는 자이다. 행정사건에서 법관은 행정법의 대변자(Sprecher)이다. 행정법원의 법관은 헌법적 규준에서 장기간의 형성과 발전을 맡은 국가의 갱신가능성(Erneuerungsfähigkeit)의 보장자이기도 하다. 따라서 행정법원은 법률에 의한 민주적인 미래적 선취의 테두리안에서 법치국가의 미래개방성을 보장한다. 헌법국가에서는 오로지 법률의 어의에 의해 모든 수범자에 대해 동일한 법효과를 전달할 수 있다고 하는 것은 중대한 과오이다. 판례에 관한 학계의 지속적인 문제의식이 법관으로 하여금 현재에 맞는 바른 법을 발견할 수 있게 한다.

---

52) 일찍이 일반행정법의 의의에 대해 Schmidt-Aßmann은, "무릇 질서이념으로서의 일반행정법은 개별법제도상의 정렬(법규정)의 상관관계, 지속적인 발전계보와 적합성을 항상 재차 확인하는 데 이바지한다. 따라서 당연히 그것의 바탕은 일반화되어야 할 분석적 사고의 합리화효력에 관한 통찰이다."고 지적하였다. Ders., Das allgemeine Verwaltungsrecht als Ordnungsidee, S.1.

53) 법학과 법실무의 연결고리로서의 판례의 의의와 기능에 관해선 박정훈, 한국행정법학의 성과와 전망, 행정판례연구 제11권, 2012, 50면 이하 참조.

이에 법원 및 법관은 역시 늘 학계의 지적에 대해 개방적 성찰을 견지해야 한다.

Ⅶ. 사회보장행정과 관련한 최근 판례의 문제점

1. 명확한 급여지급메커니즘의 확립

현행 사회보장행정과 관련한 개별법률이 지닌 공통된 문제가 급여지급의 메커니즘이 실정법상으로 명확히 규정되어 있지 않은 점이다. 가령 산재보험법의 경우 동법 제36조 제2항은 동조 제1항에 규정된 요양급여 등의 보험급여가 동 법률에 따라 보험급여를 받을 수 있는 자(수급권자)의 청구에 따라 지급한다고 규정하고 있을 뿐, 구체적인 결정메커니즘을 나타내지 않는다. 행정행위가 존재하느냐 존재하지 않느냐가 쟁송의 관건이 되기 때문에, 행정의 행위가 행정행위가 되는지 여부의 물음은 사법실무상의 장기흥행물이다. 이런 법상황에서 대법원 2008.2.1. 선고 2005두12091판결이, "구 산업재해보상보험법(2007. 4. 11. 법률 제8373호로 전문 개정되기 전의 것, 이하 '산재보험법'이라 한다) 제14조 제3호, 제38조 제2항, 제50조, 제51조, 제88조의 규정을 종합하면, 산재보험법이 규정한 보험급여의 지급요건에 해당하여 보험급여를 받을 수 있는 자, 이른바 수급권자라고 할지라도 그 요건에 해당하는 것만으로 바로 수급권자에게 구체적인 급여청구권이 발생하는 것이 아니라 수급권자의 보험급여 청구에 따라 근로복지공단이 보험급여에 관한 결정을 행함으로써 비로소 구체적인 급여청구권이 발생한다고 할 것이다."고 판시하였는데,54) 여기서

---

54) 이에 2018.6.15. 선고 2017두49119판결이 산재보험법 제36조 제2항에 따른 보험급여 청구는 행정청인 근로복지공단을 상대로 보험급여 지급결정을 구하는 공법상 의사표시로 볼 수 있어 민법상 최고와는 법적 성격이 다르다고 판시한 것은 정당

판례의 법형성기능을 분명히 확인할 수 있다.

　일반행정법관계가 일회직 괸게인 데 대해서 사회보장행정은 계속적 법(률)관계이다. 전체 법관계를 체계적으로 구축하기 위한 출발점으로 사회보장행정법 전체에서 명확한 급여지급메커니즘을 실정법상으로 구체화하는 것이 시급하다.

2. 사회보장행정에서 신뢰보호의 원칙의 고양 및 그 문제점

　독일의 미망인판결이[55] 유족연금에 관한 것인 점에서 유사하게 최근 판례는 사회보장행정에서 부당이득징수처분 사건에서 신뢰보호의 원칙을 두드러지게 강조하여 부당이득징수(환수)처분의 위법성을 적극적으로 확인하고 있다.[56] 특히 대법원 2013두27159판결은 부당이득징수처분의 적법성여부의 물음을 선행 지급취소결정의 적법성과는 분리시켜 신뢰보호의 원칙의 관점에서 접근하여 부당이득징수처분의 위법성을 확인하였다. 통상 금전급부제공과 관련해서는 주어진 급부를 이미 사용한 경우나 수인할 수 없는 불이익을 동반해서(만) 되돌려질 수 있는 재산적 지위가 인정되는 경우에, 법상황의 장래의 존속에 관한 신뢰보호가 인정될 수

하다.

55) 제2차 세계대전패전까지 연금을 받아온 동베를린거주의 미망인에 대해 베를린시 당국은 유족연금청구권이 있음을 확인하여 그것에 대해 확약하였고, 이에 그녀는 서베를린으로 이주하여 베를린시당국으로부터 연금수급결정을 받았다. 그 후 베를린시당국이 그녀가 독일 항복일(1945.5.8.) 당시에 베를린밖에 거주하였음을 확인하여 이를 이유로 연금지급을 중단하였는데, 이에 그녀는 신의성실의 원칙을 위반하였다고 주장하였다. 독일 연방행정법원은 미망인의 신뢰를 보호하기 위해 -비록 신의성실의 원칙에 의거하였지만- 행정의 법률적합성의 원칙을 뒤로 물려 베를린시당국의 연금지급중단조치가 위법하다고 판시하였다(BVerwGE 9, 251ff.: Witwen-Urteil). 이로써, 신뢰보호의 원칙은 행정의 최고의 원칙인 행정의 법률적합성원칙에 견줘 특별한 의의를 갖게 되었다.

56) 대법원 2014.4.10. 선고 2011두31697판결; 2014.7.24. 선고 2013두27159판결; 2014.10.30. 선고 2012두17223판결; 2017.6.29. 선고 2014두39012판결.

있다는 점에서, 이들 판례를 계기로 신뢰보호의 원칙의 의의가 제고된 점
은 나름 의미가 있다.

　　그런데 -설득력있는 근거를 제시하지 않고서- 부당이득징수처분을
선행처분과 독립되게 접근하는 것은 자칫 지급결정의 위법성을 도외시하
며, 부당이득법리를 무색하게 만들 우려가 있다.[57][58] 그리고 징수처분의
근거규정(특수임무수행자 보상에 관한 법률 제18조 제1항 등)이 기속규정으로
되어 있는 명문에도 반한다. 아무리 신뢰보호의 원칙이 헌법상의 원칙이
고 연금수급권이 사회보장수급권이라 하더라도, 그리고 사회국가원리가
헌법의 기본원리의 하나라 하더라도, 명문의 기속규정을 재량규정으로
바꿀 수는 없다. 환수처분규정을 기속규정으로 둔 입법상황은 입법자가
연금지급의 적법성을 다른 여지 없이 실현하기 위함이다.[59] 즉, 침익적
처분을 행정재량에 맡겼을 때 공평하지도 정의롭지도 않은 법집행의 가
능성을 처음부터 배제하기 위함이다.

　　법의 갱신을 가능케 하는 판례의 법형성기능 역시 전체 법질서의 테
두리안에서 이루어진다. 법률구체화적, 법률보충적 판례법만이 존재할 수
있고, 결코 법률수정적 판례법은 존재할 수 없다.[60] 따라서 판례가 부당
이득 징수처분에서 이익형량을 내용으로 한 재량적 접근을 하는 것은 아

---

57) 김중권, 행정법, 2016, 49면.
58) 대법원 2011두31697판결의 사안에서 잘못된 장애등급에 의거한 원래의 장해급여
　　결정을 취소한 다음 과오급된 장해급여 부분에 대한 징수처분으로 나아가지 않고
　　곧바로 징수처분으로 나아갔기에, -판례가 나타내진 않았지만- 징수처분에 수
　　익적 행정행위의 취소의 측면을 삽입한 것으로 선해할 수 있긴 하나, 부당이득의
　　법리에 충실하여 선행 급여지급결정의 취소처분이 없음을 문제 삼았어야 한다.
　　분명히 선행 급여지급결정의 취소처분이 존재하고 별도로 징수처분이 내려진 사
　　안의 경우(대법원 2013두27159판결; 2015두43971판결)에 대법원 2011두31697판결
　　과 마찬가지로 접근한 것은 바람직하지 않다
59) 이는 독일의 경우에도 동일하다. 사회법전 제10권(SGB X) 제50조,
60) 일찍이 독일 연방헌법재판소는 법의 후속적 형성이란 법원의 임무와 권능을 인정
　　하면서도 동시에, 그들 기본법 제20조 제3항의 법관의 법·법률의 구속에 의해 도
　　출된 한계 역시 강조하였다(BVerfGE 34, 269(286ff.)).

무리 판례의 법형성기능을 내세우더라도 정당화되기 어렵다.[61]

3. 독립유공자보상법에서의 유족의 권리보호 문제

원심(서울고등 2012.12.27. 선고 2012누5369판결)은 유족의 원고적격을 인정하고 무권한무효의 원칙에서 입각하여 인용판결을 내렸지만, 대법원 2014.9.26. 선고 2013두2518판결은 정반대의 입장을 취하였다. 그 주된 착안점은 유족의 원고적격의 부정이다. 이 사건 서훈취소를 유족을 상대방으로 하는 행정행위로 볼 수 없는 이상, 서훈취소가 유족인 원고 등에 대한 서훈취소처분이라고 볼 수 없다고 판시하였다. 기본적으로 서훈대상자의 유족은 서훈과 관련해서 간접적인 법효과를 향유할 뿐이라는 입장이다. 취소소송의 대상적격은 처분의 존재만으로 부족하고 계쟁처분이 원고에 대해 직접적으로 법적 영향을 미쳐야 한다. 망인의 서훈이 법률상으로 허용되는 이상, 그에 대한 서훈취소 역시 그 자체로 문제가 없다. 문제는 그것이 망인의 유족에 대해 어떤 법적 의미를 갖느냐 하는 것이다. 서훈취소에 따른 후속효과를 살펴보면, 영예감의 박탈이라는 불명예와 국립묘지에서의 이장은 물론, ㅡ서훈에 따라 제공된ㅡ 보상금지급의 중단과 같은 법효과를 낳는다. 이런 법효과가 망인에게는 원천적으로 생길 수 없기에, 망인의 유족만이 서훈취소를 다툴 수 있다. 서훈 및 서훈취소에 따른 법효과의 발생이 망인의 유족에 대해 직접적인지 여부가 관건이다. 망인의 서훈에 따라 유족이 상훈법과 독립유공자법에 의해 향유하는 이익을 반사적 이익으로 접근하면, 망인에 대한 역사적 평가의 변경에 관한 당부를 사법적으로 확인하는 기회가 원천적으로 봉쇄된다. 이는 재판청구권의 차원에서 법치국가원리에도 부합하지 않는다. 대법원 2013두2518판결의 원심의 지적대로 유족에 대해 서훈취소는 직접적 법효과를

---

61)　상론: 김중권, 사회보장급부지급취소처분과 환수처분간의 관계, 법조 제730호 (2018.8.28.),

발생시킨다고 할 수 있다. 망인에 대한 서훈취소의 법적 성격을 보면, 설령 대법원 2013두2518판결처럼 망인의 서훈취소가 상대방이 없는 것이라 해도, 그것이 분명히 망인의 유족에 대해 법적 효과를 미친다고 할 때, 통상적인−상대방에 대해서는 授益的, 제3자에 대해서는 侵益的인− 제3자효 행정행위와는 다른 의미의 제3자효 행정행위에 해당한다고 하겠다.[62]

Ⅷ. 사회보장행정의 실효성을 제고하기 위한 행정재판상의 개선사항

1. 전제: 사회국가원리와 행정재판

사회국가원리는 실체적인 사회법은 물론, 독립된 법원에 의한 권리보호에 의해서도 −사회적 법치국가원리와 결합하여 더 좋게− 실현된다. 행정재판의 임무는 사회국가의 개념을 내용적으로 확정하고, 구체화하고, 개개의 법률적 규율을 청구권자에게 유리하게 사회국가원리에 의거 하여 가늠하는 것이다. 사회국가원리는 우선적으로 입법자에 대한 요청이고, 적합한 사회질서를 어떻게 실현할 것인지는 입법자의 정치적 결단이고, 입법자는 광범한 형성여지를 가진다. 사회국가원리는 그것의 광범성과 불확정성으로 인해 −법원에 의해 법률적 근거가 없더라도 개별법으로 전환될 수 있을 직접적인 행위지시를 통상 담고 있지 않다. 따라서 판례가 사회정책적 종류의 불충분함을 제거할 수는 없다.[63] 그리고 그 적용

---

62) 상론: 김중권, 독립유공자 망인에 대한 법척 평가의 변경에 따른 그 유족에 대한 법효과 문제, 법률신문 2018.7.12.; 2014년도 主要 行政法(行政)判決의 分析과 批判에 관한 小考, 안암법학 제47호(2015.5.31.), 17면.
63) BSGE 62, 149(155).

에서 곤란하거나 부당한 개별규정을 사회국가원리를 이용하여 수정될 수
있는 양 사회국가원리를 해석해서도 아니 된다.64) 일찍이 Zacher 교수
가, "사회적인 것 그 자체가 결코 예외를 정당화시키지는 않으나. 개별적
결정이 개별사례에서 비사회적인(unsozial) 결과를 초래하더라도 그 개별
적 결정은 법률에 구속된다."고 지적하였다.65)

2. 근본적인 시스템 개혁 문제
  : 잠정적 권리구제시스템의 개혁의 필요

(1) 잠정적 권리구제에 관한 새로운 시각

사회보장행정법의 모토는 사회급부가 시민에게 신속하게 효과적으
로 주어지게 하는 데 있다. 그런데 현실에서 원고는 긴 호흡을 필요로 한
다. 독일의 경우 사회법전 제1권(SGB I) 제17조가 모든 시민에 대해 그
의 사회급부가 신속하게 효과적으로 주어지도록 천명하고 있지만, 소송
절차에서 소송의 일상적 양상으로 인해 그 약속은 잘 지켜지지 않는다.
우리 소송의 현실 역시 마찬가지이다.66) 우리의 경우 독일과는 달리 행
정소송에서 집행부정지가 원칙이어서 신속한 급부의 제공이 요구되는 사
회보장행정의 요청과의 마찰이 더욱 두드러진다.67)

권리보호의 효과성은 우선 시간의 요소에 좌우된다. 너무 늦게 강구

---

64) Reiter, Sozialstaatsgebot in der Rechtsprechung des Bundessozialgerichts, in:
Verfassung, Theorie und Praxis des Sozialstaats, 777(781); BSGE 45, 114(118); 54,
166(169.
65) ders., Das soziale Staatsziel, in: Isensee/Kirchhof(Hrsg.), HStR Bd.1, §25 Rn.97.
66) 행정소송사건 평균처리기간을 보면 제1심은 평균 270.1일이고, 항소심은 224.0일,
상고심은 161.6일이다(사법연감 2017, 596면). 독일의 경우 망명 사건을 제외하고
선 행정소송의 제1심판결의 평균소요기간이 10.6개월이다.
67) 여기서 독일 사회법원법 제54조 제4항이 취소소송과 이행소송을 결합시킨 것은 시
사하는 점이 크다. 동 규정에 의하면 급부신청을 거부한 경우 소를 통해 거부결정
의 취소와 동시에 급부를 요구할 수 있다. 사회보장급여의 신속한 제공이 필요한
상황을 감안한 것이다.

된 권리보호는 그 중간에 행정이 기성사실을 조성하면 사실상 효과가 없
게 되어 버린다. 지체된 정의는 정의가 아니다.[68] 비록 행정소송법 제12
조의 후단에 의해 비록 집회기간이 경과된 이후에도 경우에 따라서는 다
툴 법률상의 이익이 인정될 수 있지만, 그것은 이론상 그렇다는 것이고,
현실적으로 소의 이익이 부인되는 것이 상례이다. 그런데 우리의 집행부
정지 메커니즘은 관헌국가의 유산이다. 잠정적 권리보호는 −법치국가원
리에 의해 배제되는− 자력구제와 판결에 의한 권리관철간의 불가피한
시간적 간격을 메운다.[69] 따라서 비단 사회국가원리의 실효성의 제고의
차원만이 아니라, 법치국가원리의 실천의 차원에서도 현행 잠정적 권리
구제 전반에 관한 새로운 접근이 필요하다. 과거 서울행정법원은 전교조
법외노조의 통보 사건에서,[70] 촛불집회신고에 대한 집회금지통보 사건에
서 적극적으로 나섰다.[71] 사회보장행정사건에서도 이런 기조는 유지되는
것이 바람직하다.

(2) 현행 집행정지제도의 제 문제점

1) 집행부정지의 원칙의 헌법적 문제점

통상 행정소송법상 임시구제제도에서 집행정지를 원칙으로 할 것인
지 아니면 집행부정지를 원칙으로 할 것인지 여부의 물음에 대해서는 입

---

68) 신속한 재판을 받을 권리는 새롭게 조명되어야 할 주제이다. 참고로 폴란드 헌법
　　제45조 제1항은 근거없는 지체 없이 재판을 받을 권리를 명시적으로 규정하고 있
　　으며, 독일의 경우 기본법 제19조 제4항의 효과적인 권리보호의 요청에서 도출하
　　고 있다.
69) Drescher, in: Münchener Kommentar zur ZPO, 4.Aufl. 2012, Rn1. 그리하여 집시
　　법에서는 법원이 잠정적 조치의 신청에 대해 신청한 지 몇 시간만에 판결을 내리
　　는 것이 드물지 않다. 독일 연방헌법재판소 역시 몇 시간만에 가명령을 내리곤 한
　　다.
70) 서울행정법원 2013.11.13. 2013아5553결정.
71) 김중권, 집회금지처분에 대한 잠정적 권리구제에 관한 소고, 법조 통권 제725호,
　　2017.10.28., 541−579; 공법재판에서 잠정적 권리구제시스템의 개혁에 관한 소고,
　　국가와 헌법 Ⅰ(성낙인 총장퇴임기념논문집), 2018.6.20., 1519−1541

법정책의 문제로 보는 것이 일반적이다. 그런데 법치국가원리적 의문점
과는 별개로 집행부정지의 원칙은, 특히 공정력과 관련해서 법치국가원
리에 입각한 행정법도그마틱의 전개를 결정적으로 방해한다. 독일 연방
헌법재판소는 집행정지원칙을 규정한 행정법원법 제80조 제1항을 효과적
인 권리보호의 기본법적 보장의 개별법적 표현으로, 또한 정지효의 원칙
을 공법쟁송의 근본원칙으로 본다.72) 행정법원에 의한 잠정적 권리보호
는 입법자가 임의로 부여하거나 제한하거나 빼앗을 수 있는 선물이 아니
라, 헌법상의 명령(원칙)이다.73) 잠정적 권리구제가 현행 공법소송상으로
매우 낮은 위상을 차지하고 있는 점에서,74) 이제 입법정책적 차원에서
접근하는 기왕의 태도가 획기적으로 바뀌어야 한다. 법치국가원리에 기
하여 근원적인 해결책을 도모하는 것이 바람직하다.75)

  2) 요건과 관련한 논증구조의 문제점

  집행정지의 요건과 관련한 논증은 궁극적으로 적극적 요건에 해당
하는 정지(연기)이익과 소극적 요건에 해당하는 즉시집행이익간의 이익형
량의 문제이다. 여기서 문제되는 것이 본안에서의 승소가능성여부이다.
신청인의 본안청구가 이유 없음이 명백하지 않아야 집행정지가 허용된
다. 종종 그것의 타당성이 문제되나, 판례는 시종 그것을 고수하지만, 가

---

72) 그리고 집행정지와 집행부정지가 원칙과 예외의 관계에 놓이며, 만약 이런 관계를
    역전시키는 행정실무는 위헌이라고 한다(BVerfGE 35, 382(402). 일본에서도 집행
    부정지원칙의 위헌성이 주장된다. 松井茂記, 『裁判を受ける権利』(日本評論社
    1993)´ 186頁 以下.
73) Finkelnburg/Dombert/Külpmann, Vorläufiger Rechtsschutz im Verwaltungsstreitverfahren,
    6. Aufl. 2011., Rn.1.
74) 30년에 가까운 헌법재판의 역사에서 이제껏 가처분 인용 건수가 5건에 불과하고,
    행정소송에서 가처분(가명령)은 대부분의 문헌상의 주장과는 반대로 판례상으로
    는 여전히 부인되고 있다.
75) 그런데 행정재판은 물론, 헌법재판에서도 민사소송법 및 민사집행법상의 가처분규
    정이 준용되기에 민사가처분적 관점이 공법적 잠정적 권리보호를 압도적으로 지
    배하고 있다. 공법소송에 기왕의 대심구조 및 민법상의 법률관계에 바탕을 둔 민
    사가처분의 기조가 그대로 투영되는 것은 사물의 본성에 반한다.

끔 배제하는 식으로 논증하여76) 심각한 논란이 빚어지고 있다.77)

그런데 본안의 승소가능성(전망)과 관련한 계쟁처분의 위법성에 관한 약식심사와 ─적극적 요건과 소극적 요건을 대상으로 한─ 이익형량 간의 관계가 불분명하다. 계쟁처분의 위법성이나 적법성에 관한 판단이 포괄적인 이익형량에 반영되면 자칫 계쟁처분의 명백한 위법성과 본안에서의 승소전망에도 불구하고 집행정지신청이 거부될 수 있다. 즉시집행의 이익과 같은 반대의 이익이 계쟁처분의 위법성을 압도할 우려가 있다. 따라서 먼저 계쟁처분의 명백한 적법성이나 위법성을 심사한 다음, 결과 예측이 불확실할 때(본안에서의 이유없음이 명백하지 않은 경우나 이유있음이 명백하지 않은 경우) 비로소 정지(연기)이익과 즉시집행이익간의 이익형량을 행해야 한다(이단계적 논증구조).78) 이단계적 논증구조에서 본안에서의 승소전망에 관한 제1단계는 일종의 동적 시스템으로 제2단계의 이익형량에 대해 영향을 미친다.79)

---

76) 대법원 2008.8.26. 자 2008무51결정. 그리고 4대강과 관련한 대법원 2011.4.21. 자 2010무111전원합의체결정에서 반대의견은 본안의 승소가능성에 관한 검토를 전제로 재항고의 이유가 적법하기에 재항고 이유의 당부를 판단해야 한다고 보았지만, 다수의견은 계쟁처분 자체의 적법여부(본안의 승소가능성)가 집행정지사건의 판단대상이 아님을 시사하고, '환경 및 생태계 훼손 등으로 인한 손해'와 관련된 재항고이유의 당부를 판단하지 않았다.

77) 잠정적 권리보호가 보전소송인 이상, 본안과의 연계해서 접근하는 것은 당연하다. 이번 법무부개정안은 종전의 개정작업과 마찬가지로 일본과 마찬가지로 소극적 요건으로 함께 성문화하였다. 개정안: 제24조(집행정지) ③ 집행정지는 공공복리에 중대한 영향을 미칠 우려가 있거나 신청인의 본안 청구가 이유 없음이 명백한 경우에는 허용되지 아니한다. 그런데 이렇게 함께 규정하면 이익형량에 본안에서의 승소가능성여부가 함께 어울려져 자칫 집행정지제두이 활성화를 지해힐 우려가 있다.

78) 이는 독일의 통설과 판례가 집행정지결정과 관련하여 취하는 논증구조이다. 그들은 본안에서의 승소가능성과 관련해서 바로 확인될 수준에 의기애시 반난을 내리는 명백성통제를 통해 집행정지에 적극적으로 나선다.

79) 여기서 유의할 점은 가해지는 부담이 중하면 중할수록, 행정조치가 불가변적 상황을 많이 야기하면 야기할수록, 적법성의 심사의 강도는 높아져야 한다. 따라서 집회금지처분과 관련해서는 집회자유의 고양된 의의에 비추어, 그리고 집회금지가

3) 집행정지요건에 관한 심사기조 및 태도의 문제점

보전의 필요성은 궁극적으로 집행정지가 공공복리에 미칠 중대한 영향(즉시집행의 이익)과 회복하기 어려운 손해를 예방할 긴급한 필요성(정지이익)간에 형량에 의해 판단이 내려진다. 명백히 위법한 행정행위의 경우 즉시집행에 대한 우월적 공익은 존재하지 않는다.[80] 원고의 청구가 명백한 이유가 있거나 계쟁처분의 적법성에 심각한 의문이 있을 때는 행정행위의 집행이익은 존재하지 않고, 집행정지가 내려져야 한다. 따라서 본안에서의 이유없음이 명백하지 않은 경우나 이유있음이 명백하지 않은 경우에 비로소 즉시집행이익과 정지이익간의 형량결정이 내려질 수 있다. 본안의 승소(성공)전망이 높으면 높을수록, 정지이익에 대한 요청은 더욱더 낮아지고, 반대로 본안의 승소전망이 낮으면 낮아질수록 집행정지를 정당화시키는 정지이익을 더 엄격히 사정해야 한다.

정지이익과 즉시집행이익간의 이익형량에서는 법률의 목적 역시 고려해야 하며, 법원은 원칙적으로 신청자와 처분청의 이익만이 아니라, 본안과 관련한 모든 공익과 사익을 고려해야 한다. 유의할 점은 추상적으로 공익의 우위와 사익의 후퇴를 판단의 출발점으로 삼아서는 아니 된다. 가령 집회자유와 같은 관련인의 기본권적 중요사항이나 생존권적 기본권이 형량에 포괄적으로 반영되어야 한다. 여기서 법관은 이중가설의 공식(Doppelhypothese)의 방법으로, 행정처분이 즉시 집행되었는데 만약 나중에 그 소송이 종내 인용될 경우에 일어날 상황은 어떠하며, 행정처분의 집행이 정지되었는데 만약 그 소송이 궁극적으로 이유가 없다고 판명될 경우에 일어날 상황은 어떠한지에 관해 물음을 제기하여야 한다.

지닌 심각하고 불가역적인 결과(재현불가능)를 감안할 때 설령 긴급절차라 하더라도 법원은 사안과 계쟁처분의 적법성을 매우 심도 있게 심사하여야 한다. 사회급부결정의 경우에도 동일한 기조에서 볼 필요가 있다.

80) 하지만 행정행위가 명백히 적법하다고 하여 그 자체가 즉시집행의 이익을 성립시킨다고 결론을 내려서는 아니 된다.

잠정적 권리보호의 목표는 본안오판의 리스크를 최소화하고 가능한 방지하는 것이기 때문에, 비록 현행 행정소송법이 집행부정지의 원칙을 취하지만, 재판청구권의 차원에서 집행정지에 유리하게 결정을 내릴 필요가 있다('집행이익과 정지이익이 비등하면 집행정지에 유리하게'). 공공복리에 대한 중대한 영향에 대해서는 엄격한 태도를, 반면 긴급한 필요성에 대해서는 덜 엄격한 태도를 취하는 것이 바람직하다. 한편 집행정지결정을 위한 사실과 법상황의 규준이 되는 시점은 처분의 위법기준시점과는 달리 집행정지결정을 내리는 시점(재판시점)이 되어야 한다. 상충하는 이익 가운데 어느 것이 재판시점에 우위에 있는지가 결정적으로 중요하다. 후술할 위법판단의 근거자료의 기준시점의 문제이기도 한다.

(3) 행정소송에서의 가처분 문제

수익적인 행정처분을 구하는 신청에 대한 위법한 거부처분의 경우에 집행정지메커니즘은 그다지 효과적이지 않고, 더욱이 행정청의 부작위에 대해서는 처음부터 집행정지가 동원될 수가 없다. 소극적 문제해결방식인 집행정지메커니즘으로선 당연한 한계이기에, 실정법제도로 인한 필연적인 권익구제의 공백을 어떻게 메울 것인지가 관건이다. 그리하여 국민의 권익침해를 효과적으로 구제하기 위해 가처분제도의 도입이 논의된다.

특별한 명문의 규정이 없는 이상, 그 논의의 출발점은 민사소송법의 가처분규정이 행정소송에 준용될 수 있는지 여부이다. 행정소송법 제8조 제2항의 민사소송법 준용여부를 두고서 분분하다. 대부분의 행정법 문헌은 적극설을 취하지만 판례는 시종 소극적이다.[81]

행정소송법 개정에 공히 가처분제도가 도입되기에 행정소송법이 개정되면 논외의 문제이나, 개정이전이라도 석극석으로 모색할 필요가 있

---

81) 시원적 판결로 대법원 1980.12.22 자 80두5결정. 최근의 것으로 대법원 2011.4.18. 자 2010마1576결정.

다. 가처분제도는 의무이행소송과 동반되어야 할 것이어서, 그것이 도입 되지 않은 이상, 판례의 차원에서 가처분적 접근을 강구하는 것이 쉽지 않을 뿐더러, 체계위반의 비판에서 자유롭지 못하다. 그렇지만 현행 집행 정지메커니즘의 태생적 한계를 분명히 인식할 것 같으면, 좀 더 설득력이 있는 해결책을 나름 탄력적으로 모색할 수 있었다. '효과적인 권리보호'의 관점에서 헌법상의 재판청구권으로부터 가처분제도가 요청된다는[82] 점 에서 현행 행정소송법의 상황은 위헌적 상황이다.

3. 행정재판과 헌법재판의 공동임무로서의 기본권보장

헌법재판소는 기본권보장을 최종적으로 수행한다. 사회보장행정법 의 분야에서의 기본권침해에 대해 자신의 권한의 테두리안에서 시민보호 를 보장하는 것이 헌법재판과 행정재판이 공동의 임무이다. 임무의 공동 성은 위헌법률제청절차에서 양 재판의 긴밀한 협력도 초래한다. 사회적 기본권은 기본적으로 구체적 형성이 입법에 맡겨져 있다. 항시 법원은 사 회국가원리의 차원에서 입법상황을 검토하여 입법형성의 여지를 전제로 하면서도 위헌적 입법상황을 확인하는 데 적극적으로 나서야 한다. 비록 규범통제의 메커니즘이 이원화되어 있고, 구체적 규범통제시스템에서 한 계가 내재되어 있지만, 시행령과 시행규칙과 같은 법률하위적 규범의 경 우에는 적극적으로 위헌위법성을 확인하고자 하여야 하고, 법률의 경우 는 위헌제청을 적극적으로 강구하여야 한다.[83] 후자의 경우 법원 차원에

---

80) 한수웅, 헌법학, 2018, 929면. 법원과 대비되게도 헌법재판소는 헌법재판소법에서 명문으로 규정하지 않은 헌법소원심판의 경우에도 가처분을 확대 적용하였다(헌 재 2000헌사471결정 등). 다만 아쉽게도 그것의 보전기능에 착안하여 적극적으로 헌법적 근거를 모색하지 않고, 금지할 이유가 발견되지 않는다는 것을 인정근거 로 내세웠다.

83) 대표적인 예로 헌법재판소는 구 고용보험법(2007.5.11. 법률 제8429호로 개정되고, 2008.12.31. 법률 제9315호로 개정되기 전의 것) 제35조 제1항이 지원금의 부당수 령자에 대한 제재의 목적으로 지원을 제한하도록 하면서 제한의 범위나 기간 등

서 위헌제청신청이 거부되었는데, 헌법재판소에서 인용결정이 내려진 사례(대표적 예로, 월급근로자로서 6개월이 되지 못한 자를 해고예고제도의 적용예외 사유로 규정한 구 근로기준법 제35조 제3호가 근무기간이 6개월 미만인 월급근로자의 근로의 권리를 침해하고, 평등원칙에 위배한 것으로 판시한 헌재 2015.12.23. 2014헌바3결정과 출퇴근재해와 관련하여, 근로자가 사업주의 지배관리 아래 출퇴근하던 중 발생한 사고로 부상 등이 발생한 경우만 업무상 재해로 인정한 구 산재보험법 제37조 제1항 제1호 다목을 평등원칙에 위배한 것으로 판시한 헌재 2016.9.29. 2014헌바254결정)의 현황에 관한 면밀한 검토가 필요하다.[84]

Ⅸ. 맺으면서-법치국가 및 사회국가의 미래개방성 보장

사회국가원리를 매개로 모든 구성원의 사회적 보장이 지속적 임무가 되는 국가가 사회국가이다. 시민과 국가간의 접촉을 합리성·투명성을 보장하는 사고와 해석의 틀에 의거하여 구조화하고 과정화함으로써 사회보장행정법은 사회국가임무가 법집행의 차원에서 성공적으로 수행되는 데 이바지한다.[85]

행정법의 역사는 관헌국가시대에 만들어진 행정법의 원형을 민주적 법치국가원리에 맞춰 새롭게 개혁하는 과정이다. 식민지근대모델이 여전히 지배하는 우리 행정법이 과연 시민적 법치국가원리는 물론, 사회적 법

에 관하여 기본적 사항도 법률에 규정하시 아니한 채 대통령령에 포괄적으로 위임하여 포괄위임금지원칙에 위배된다고 판시하였다(헌재 2013.8.29. 2011헌바390 결정).

84) 특히 출퇴근재해와 관련해시 현새 2014헌바254결정은 관점의 치열한 충돌을 드러낸 대법원 2007.9.28. 선고 2005두12572전원합의체판결과 극명하게 대비된다.

85) Rixen, Das Sozialverwaltungsrecht im Spiegel der Rechtsprechung, DV 43(2010), 545(565).

치국가원리를 여하히 효과적으로 반영하여 새로운 행정법으로 거듭날 수
있는지 여진히 강한 의문이 든다. 시대에 부응한 입법상의 발전이 매우
더딘 아닌 거의 정체된 상황에서도 사회적 가치의 균형추로서의 행정재
판의 역할과 기대는 갈수록 고조되고 있다. 사회국가원리의 실효성을 확
보하는 주된 임무가 비록 입법에 맡겨져 있지만, 사회국가원리의 실효성
을 제고하기 위해 행정재판은 -일종의 다른 의미의 입법이라는 차원에서
- 판례의 법형성기능을 적극적으로 발휘하여야 한다. 그리고 입법과 행
정은 행정재판의 숙고와 고민을 적극적으로 반영하여야 한다. 법학적 언
명은 바탕규준의 불변성은 견지하면서도, 미래의 향상된 인식에 개방적
이어야 한다.86) 마찬가지로 행정재판 역시 법치국가 및 사회국가의 미래
개방성을 보장하여야 한다.

---

86) Schmidt-Aßmann, Das allgemeine recht als Ordnungsidee,2.Aufl., 2004, S.1

참고문헌

김남진·김연태, 행정법Ⅱ, 2018
김중권, 행정법, 2016.
＿＿＿, EU행정법, 2018.
박재윤, 독일공법상 국가임무론에 관한 연구, 서울대, 2010.
박정연, 복지서비스의 민간공급에 관한 공법적 규율, 고려대, 2016.
전광석·박지순·김복기, 사회보장법. 2018.
한수웅, 헌법학, 2018.
山本隆司, 行政上の主觀法と法關係, 2000.

계인국, 규제개혁과 행정법, 공법연구 제44집 제1호, 2015.10,
김남진, 자본주의 4.0과 보장국가·보장행정론, 법률신문(2011.10.17.),
＿＿＿, 한국에서의 보장국가론과 규제개혁, 학술원통신 제261호, 2015.4.1.
＿＿＿, 보장국가시대의 입법과 관련문제, 학술원통신 제225호, 2014.10.10
＿＿＿, 자본주의 4.0과 보장국가·보장책임론, 학술원통신 제221호, 2011.12.1.
＿＿＿, 사회국가와 보장국가와의 관계, 법연 2012 December.
＿＿＿, 개혁대상으로서의 규제와 보장국가적 규제, 법연 2012 September.
＿＿＿, 한국에서의 보장국가론과 규제개혁, 학술원통신 제261호, 2015.4.1.
＿＿＿, 공사협력과 행정법상 주요문제, 학술원통신 제269호, 2015.12.1.
＿＿, 契約과 協約을 통한 立法, 법연 Vol. 54. Spring 2017.
김중권, 사회보장급부지급취소처분과 환수처분간의 관계, 법조 제730호 (2018.8.28.),

_____, 독립유공자 망인에 대한 법적 평가의 변경에 따른 그 유족에 대한 법효과 문제, 법률신문 2018.7.12.

_____, 2014년도 主要 行政法(行政)判決의 分析과 批判에 관한 小考, 안암법학 제47호(2015.5.31.),

_____, 집회금지처분에 대한 잠정적 권리구제에 관한 소고, 법조 통권 제725호, 2017.10.28.

_____, 공법재판에서 잠정적 권리구제시스템의 개혁에 관한 소고, 국가와 헌법 I (성낙인 총장퇴임기념논문집), 2018.6.20.

김환학, "법률유보 − 중요성설은 보장행정에서도 타당한가", 행정법연구 제40호(2014.11),

김현준, 공공갈등과 행정법학 − 보장국가에서의 갈등해결형 행정법 서설, 서강법학 제11권 제1호, 2009.

박정훈, 한국행정법학의 성과와 전망, 행정판례연구 제11권, 2012.

성봉근, "보장국가로 인한 행정법의 구조변화", 지방자치법연구 제15권 제3호, 2015.9.

홍석한, 민영화에 따른 국가의 책임에 관한 독일에서의 논의, 조선대학교 법학논총 제17권 제3호, 2010.

정기태, 현대국가에 있어서 행정의 역할변화와 보장국가적 책임, 공법연구 제44−1집(2015.10.31.).

조태제, 공사협동시대에 있어서의 보장국가, 보장행정 및 보장행정법의 전개, 한양법학 제23권 제2집, 2012.

v. Arnauld/Musil(Hrsg.), Strukturfragen des Sozialverfassungsrechts, 2009.

Ehlers/Pünder(Hrsg.), Allg. VerwR, 15.Aufl., 2015.

Ehlers/Fehling/Pünder(Hrsg.), Besonderes Verwaltungsrecht, 3. Aufl., 2013.

Festgabe 50 BVerwG, 2003.

Festschrift 50 Jahre Bundesverfassungsgericht Bd. Ⅱ., 2001.

Finkelnburg/Dombert/Külpmann, Vorläufiger Rechtsschutz im Verwaltungsstreitverfahren, 6.Aufl. 2011.

Lorenz, Verwaltungsprozessrecht, 2000.

Maunz/Dürig(Begr.), Kommentar zum Grundgesetz, 2018.

Münchener Kommentar zur ZPO, 4.Aufl. 2012.

Ruland/v. Maydell/Papier(Hrsg.), Verfassung, Theorie und Praxis des Sozialstaats, FS für Hans F. Zacher zum 70. Geburtstag, 2004.

Schmidt−Aßmann, Das allgemeine Verwaltungsrecht als Ordnungsidee, 2.Aufl., 2004. Wulffen/Krasney(Hrsg.), Festschrift 50 Jahre Bundessozialgericht, 2004.

Breuer, Konkretisierungen des Rechtsstaats− und Demokratigebotes, in: Festgabe 50 BVerwG, 2003, 223ff.

Maurer, Rechtsstaatliches Prozessrecht, in: Festschrift 50 Jahre Bundesverfassungsgericht Bd. Ⅱ., 2001, 467ff.

P. Kirchhof, Der Auftrag des Bundesverwaltungsgerichts zur kontinuierlichen Erneuerung des Rechts, in: Festgabe 50 BVerwG, 2003, 255ff.

Kingree/Rixen, Sozialrecht: Ein verwaltungsrechtliches Utopia?, DÖV 2008, 741ff. Papier, Staatsrechtliche Vorgaben für das Sozialrecht, in: Wulffen/Krasney(Hrsg.), Festschrift 50 Jahre Bundessozialgericht, 2004, 23ff.

Plagemann, Prozessrecht. Wandel des Sozialstaates − Herausforderungen an den Sozialrechtsschutz, in: Wulffen/Krasney(Hrsg.), Festschrift 50 Jahre Bundessozialgericht, 2004, 813ff.

Reiter, Sozialstaatsgebot in der Rechtsprechung des Bundessozialgerichts, in: Ruland(Hrsg.), Verfassung, Theorie und

Praxis des Sozialstaats, FS für Hans F. Zacher zum 70. Geburtstag, 2004, 777ff.

Rixen, Taking Governance Seriously. Metamorphosen des Allgemeinen Verwaltungsrechts im Spiegel des Sozialrechts der Arbeitsmarktregulierung, DV 42(2009), 309ff.

_____, Das Sozialverwaltungsrecht im Spiegel der Rechtsprechung, DV 43(2010), 545ff.

_____, Das Sozialverwaltungsrecht im Spiegel der Rechtsprechung, DV 49(2016), 557ff.

국문초록

　　사회국가원리는 헌법상의 기본원리의 하나이다. 사회국가원리를 매개로 모든 구성원의 사회적 보장이 지속적 임무가 되는 국가가 사회국가이다. 시민과 국가간의 접촉을 합리성·투명성을 보장하는 사고와 해석의 틀에 의거하여 구조화하고 과정화함으로써 사회보장행정법은 사회국가임무가 법집행의 차원에서 성공적으로 수행되는 데 이바지한다(Rixen). 사회보장행정법은 행정법의 혁식을 가능케 하는 행정법의 실험장이다. 행정법의 역사는 관헌국가시대에 만들어진 행정법의 원형을 민주적 법치국가원리에 맞춰 새롭게 개혁하는 과정이다. 식민지근대모델이 여전히 지배하는 우리 행정법이 과연 시민적 법치국가원리는 물론, 사회적 법치국가원리를 여하히 효과적으로 반영하여 새로운 행정법으로 거듭날 수 있는지 여전히 강한 의문이 든다. 시대에 부응한 입법상의 발전이 매우 더딘 아닌 거의 정체된 상황에서도 사회적 가치의 균형추로서의 행정재판의 역할과 기대는 갈수록 고조되고 있다. 사회국가원리의 실효성을 확보하는 주된 임무가 비록 입법에 맡겨져 있지만, 사회국가원리의 실효성을 제고하기 위해 행정재판은 판례의 법형성기능을 적극적으로 발휘하여야 한다.

　　주제어: 사회국가원리, 사회보장행정법, 행정법의 실험장, 법치국가원리, 사회적 가치의 균형, 판례의 법형성기능

Abstract

Die Bedeutung der Verwaltungsgerichtsbarkeit im Sozialverwaltungsrecht

Kim, Jung-Kwon*

Das Sozialstaatsprinzip bildet als Staatszielbestimmung das Verfassungsfundamentalprinzip. Das Sozialverwaltungsrecht beträgt dem Vollzug von Sozialstaatsaufgaben, indem es den Kontakt zwischen Bürger und Staat mithilfe übergreifender rationalitäts- und transparenzsicherender Denk- und Deutungsschemata strukturiert und prozeduralisiert(Rixen). Es bedeutet das verwaltungsrechtliches Laboratorium, das das geltende Verwaltungsrecht immer innovativer macht. Die ursprünglichen Grundlagen des Verwaltungsrechts wurden im Obrigkeitsstaat gegründet. Die Geschichte des Verwaltungsrechts ist der Reformierunsprozess des Verwaltungsrechts basierend auf demokratischer Rechtsstaatsprinzip. Das geltende Verwaltungsrecht geht vom kolonialen modernen Modell aus. Es ist nach wie vor eine starke Frage, ob das geltende Verwaltungsrecht zum neue Verwaltungsrecht verändert werden kann, das das Rechtsstaatsprinzip sowie das Sozialstaatsprinzip wirksam widerspiegelt. In jüngster Zeit nehmen die Rolle und Erwartungen von Verwaltungsgerichtsbarkeit als Gegengewicht zu den sozialen Werten immer mehr zu. Das Verwaltungsgericht sollte deshalb das Sozialverwaltungsrecht durch Rechtsprechung aktiv fortbilden, um das Sozialstaatsprinzip wirksam zu machen.

---

* Chung-Ang University Law School

Keywords: Sozialstaatsprinzip, Sozialverwaltungsrecht, Ort des Experiments für Verwaltungsrecht, Rechtsstaatsprinzip, Ausbalancing von sozialistische Werte, Rechtsfortbildung der Rechtsprechung

투고일 2018. 12. 7.
심사일 2018. 12. 22.
게재확정일 2018. 12. 27.

行政行爲의 概念과 類型

住民登錄番號가 意思와 無關하게 流出된 경우 條理上 住民登錄番號의 變更을 要求할 申請權의 存否

김창조*

대상판결: 대법원 2017. 6. 15. 선고 2013두2945 판결

Ⅰ. 사실관계

원고들은 인터넷 포털이나 온라인 장터에서 개인정보유출 또는 침해사건으로 주민등록번호가 불법 유출되었다는 이유로, 2011. 11. 경 각 관할 행정청에 각 주민등록번호 변경신청을 하였다. 이러한 신청에 대하여 각 관할 지방자치단체장인 피고들은 「주민등록번호가 불법 유출된 경우 주민등록법령상 변경이 허용되지 않는다」는 이유로 당해 신청들에 대하여 거부처분을 하였다. 이에 원고들은 각 주민등록번호변경 거부처분을 취소를 구하는 소를 제기하였다.

---

* 경북대학교 법학전문대학원 교수

II. 소송의 경과

1. 제1심: 서울행정법원 2012. 5. 4. 선고 2012구합 1204 판결, 대상적격성이 없다는 이유로 소를 각하함.

서울행정법원은 「국민의 적극적 신청행위에 대하여 행정청이 그 신청에 따른 행위를 하지 않겠다고 거부한 행위가 항고소송의 대상이 되는 행정처분에 해당하는 것이라고 하려면, 그 신청한 행위가 공권력의 행사 또는 이에 준하는 행정작용이어야 하고, 그 거부행위가 신청인의 법률관계에 어떤 변동을 일으키는 것이어야 하며, 그 국민에게 그 행위발동을 요구할 법규상 또는 조리상의 신청권이 있어야 한다……주민등록법 제13조, 동 시행령 제8조 제1항에 의하면 '가족관계등록신고 등에 따른 주민등록표의 정리에 따라 주민등록사항을 정정한 결과 주민등록번호를 정정하여야 하는 경우, 주민으로부터 주민등록번호 오류의 정정신청을 받은 경우, 주민등록번호에 오류가 있음을 발견한 경우'에 한하여 주민등록번호 정정만이 허용되는 점, 북한이탈주민법은 "주민등록번호로 북한이탈주민임을 식별 가능한 경우 받을 수 있는 불이익을 방지하기 위하여 1회에 한하여 정착지원시설 소재지를 기준으로 하는 종전 주민등록번호를 현 거주지 기준으로 하여 정정할 수 있다"는 규정을 명시적으로 두고 있는 점, 성별전환시에도 오류가 생긴 주민등록번호를 정정하는 것에 불과한 점, 주민등록번호는 개인마다 하나의 고유번호가 부여되기 때문에 표준적·통일적 개인식별번호로서의 기능을 갖게 되어 행정사무처리의 효율성을 제고할 뿐만 아니라, 주민들에게 신속하고 안정적인 각종 행정서비스·사회복지 등을 지속적으로 제공하기 위한 본인 여부 확인에 매우 유용한 점, 현재의 주민등록번호체계 자체를 일률적으로 변경하지 않고 개별적으로 주민등록번호변경만을 인정할 경우 주민등록번호의 개인식별기능과 본인동일성 증명기능이 약화되어 사회적 혼란을 초래할 수 있는 점, 한편 인터넷상에서 주민등록번호를 대체하는 아이핀(Internet Personal Identification Number)이 개발되어 사용되고 있는 점, 정부에서는 주민등록번호와 주민등록증번호를 이원화하고 필요시 주민등록증번호 변경을 허용하며, 향후 2015년까지 관련 법률을 개정하여 민간영역에서의 주민등록번호 수집 및 활용을 전면 금지하는 정책을 추진하고 있는 점 등을 고려할 때, 별도의 입법 전까지 현행 주민등록법령에서 허용한 주민등록번호 정정 외에 해석상 주민등록번호변경 신청권을 인정할 수 없고 조리상 신청권이 있다고 볼 수 없다. 또한 주민등록번호변경 허부 및 사유는 주민등록번호체계의 효율성, 폐해 및 그 보완책, 주민등록번호 변경에 따른 사회적 혼란과 비용, 주민등록번호 유출에 따른 개인의 피해 등을 종합적으로 고려하여 결정하여야 할 입법재량의 문제이므로, 주민등록번호 유출을 주민등록번호변경 사유로 정하지 않은 주민등록법령을 위헌이라고 보기 어렵다」고 하여 취소소송의 대상적격성을 부정하고 당해 소를 각하하였다.

2. 제2심; 서울고법 2013. 1. 17. 선고 2012누16727 판결, 청구기각

「이 법원이 이 사건에 관하여 설시할 이유는, 제1심 판결문 제3쪽 제6행의 "각 주민등록번호변경 거부처분을 하였다."를 "각 주민등록번호변경을 거부하는 취지의 통지를 하였다."로 고치고, 제5쪽 제9행의 "주민등록번호 유출"부터 같은 쪽 제10행의 "보기 어렵다."까지 부분을 아래와 같이,『주민등록번호 유출 등을 사유로 하는 수민등톡번호 변경 신청권에 관한 규정을 두지 않았다고 하여 주민등록법령이 위헌이라고 볼 수 없다.』로 고치며, 제6쪽 제3행부터 같은 쪽 제8행까지 부분을 삭제하는 것 외에는 제1심 판결의 이유 중 원고들에 대한 부분의 기재와 같으므로, 행정소송법 제8조 제2항, 민사소송법 제420조 본문에 의하여 이를 그대로 인용한다······그렇다면, 원고들의 이 사건 소는 부적법하여 모두 각하할 것인바, 제1심 판결은 이와 결론을 같이하여 정당하므로 원고들의 항소를 모두 기각하기로 하여, 주문과 같이 판결한다.」

3. 주민등록법 제7조 제3항 등 위헌소원에 대한 헌법불합치결정－2015. 12. 23. 2013헌바68, 2014헌마449(병합)

원고들은 원심 계속 중인 2012. 12. 3. 주민등록법 제7조 제3항, 제4항 등이 헌법에 위반된다고 주장하며 서울고등법원 2012아506호로 위헌법률심판제청을 신청하였는데 2013. 1. 17. 각하 결정이 내려지자, 2013. 2. 27. 위 법률조항들에 대하여 헌법재판소 2013헌바68호로 헌법소원심판을 청구하였다.

이에 대하여 헌법재판소는 「주민등록번호는 표준식별번호로 기능함으로써 개인정보를 통합하는 연결자로 사용되고 있어, 불법 유출 또는 오·남용될 경우 개인의 사생활뿐만 아니라 생명·신체·재산까지 침해될 소지가 크므로 이를 관리하는 국가는 이러한 사례가 발생하지 않도록 철저히 관리하여야 하고, 이러한 문제가 발생한 경우 그로 인한 피해가 최소화되도록 제도를 정비하고 보완하여야 할 의무가 있다. 그럼에도 불구하고 주민등록번호 유출 또는 오·남용으로 인하여 발생할 수 있는 피해 등에 대한 아무런 고려 없이 주민등록번호 변경을 일체 허용하지 않는 것은 그 자체로 개인정보자기결정권에 대한 과도한 침해가 될 수 있다. 비록 국가가 개인정보보호법 등으로 정보보호를 위한 조치를 취하고 있더라도, 여전히 주민등록번호를 처리하거나 수집·이용할 수 있는 경우가 적지 아니하며, 이미 유출되어 발생된 피해에 대해서는 뚜렷한 해결책을 제시해 주지 못하므로, 국민의 개인정보를 충분히 보호하고 있다고 보기 어렵다. 한편, 개별적인 주민등록번호 변경을 허용하더라도 변경 전 주민등록번호와의 연계 시스템을 구축하여 활용한다면 개인식별기능 및 본인 동일성 증명기능에 혼란이 발생할 가능성이 없고, 일정한 요건 하에 객관성과 공정성을 갖춘 기관의 심사를 거쳐 변경할 수 있도록 한다면 주민등록번호 변경절차를 악용하려는 시도를 차단할 수 있으며, 사회적으로 큰 혼란을 불러일으키지도 않을 것이다. 따라서 주민등록번호 변경에 관한 규정을 두고 있지 않은 심판대상조항은 과잉금지원칙에 위배되어 개인정보자기결정권을 침해한다」고 하였다.[1)

4. 대법원 : 대상판결, 파기환송

「국민의 적극적 신청행위에 대하여 행정청이 그 신청에 따른 행위를 하지 않겠다고 거부한 행위가 항고소송의 대상이 되는 행정처분에 해당하기 위해서는, 그 신청한 행위가 공권력의 행사 또는 이에 준하는 행정작용이어야 하고, 그 거부행위가 신청인의 법률관계에 어떤 변동을 일으키는 것이어야 하며, 그 국민에게 그 행위발동을 요구할 법규상 또는 조리상의 신청권이 있어야 한다…… 피해자의 의사와는 무관하게 주민등록번호가 불법 유출된 경우 개인의 사생활뿐만 아니라 생명·신체에 대한 위해나 재산에 대한 피해를 입을 우려가 있고, 실제 유출된 주민등록번호가 다른 개인정보와 연계되어 각종 광고 마케팅에 이용되거나 사기, 보이스피싱 등의 범죄에 악용되는 등 사회적으로 많은 피해가 발생하고 있는 것이 현실이다. 반면 주민등록번호가 유출된 경우 그로 인하여 이미 발생하였거나 발생할 수 있는 피해 등을 최소화할 수 있는 충분한 권리구제방법을 찾기 어려운데도 구 주민등록법(2016. 5. 29. 법

---

1) 헌법재판소의 결정 이후 주민등록법이 개정되어 주민등록번호 유출로 인해 생명·신체, 재산, 성폭력 등의 피해를 입거나, 피해 우려가 있는 경우, 심사를 통해 주민등록번호를 변경할 수 있는 「주민등록번호 변경제도」가 지난 2017년 5월 30일에 시행되고 있다.

률 제14191호로 개정되기 전의 것)에서는 주민등록번호 변경에 관한 아무런 규정을 두고 있지 않다.

그런데 주민등록법령상 주민등록번호 변경에 관한 규정이 없다거나 주민등록번호 변경에 따른 사회적 혼란 등을 이유로 위와 같은 불이익을 피해자가 부득이한 것으로 받아들여야 한다고 보는 것은 피해자의 개인정보자기결정권 등 국민의 기본권 보장의 측면에서 타당하지 않다. 주민등록번호를 관리하는 국가로서는 주민등록번호가 유출된 경우 그로 인한 피해가 최소화되도록 제도를 정비하고 보완하여야 할 의무가 있으며, 일률적으로 주민등록번호를 변경할 수 없도록 할 것이 아니라 만약 주민등록번호 변경이 필요한 경우가 있다면 그 변경에 관한 규정을 두어서 이를 허용하여야 한다.

이러한 사정들을 앞서 본 법리에 따라 살펴보면, 피해자의 의사와는 무관하게 주민등록번호가 유출된 경우에는 조리상 주민등록번호의 변경을 요구할 신청권을 인정함이 타당하고, 피고들의 이 사건 주민등록번호 변경신청 거부행위는 항고소송의 대상이 되는 행정처분에 해당한다」고 판시하였다.

Ⅲ. 대상판결의 검토

1. 개인정보유출의 의미

1) 개인식별정보로서 주민등록번호

개인정보보호법 제2조 제1호는 「개인정보란 살아있는 개인에 관한 정보로서 성명, 주민등록번호 및 영상을 통하여 개인을 알아볼 수 있는 정보를 말한다」고 규정하여 개인식별형 정보를 개인정보로서 정의하고 있다. 개인식별 가능 여부는 당해정보를 취급하는 자마다 다를 수 있는 상대적인 것이다. 메일주소의 정보만으로 일반적으로 개인식별을 할 수는 없다고 해석되지만, 당해 메일 주소를 이용하는 자가 소속단체, 당해 메일 주소를 조합하여 당해 본인을 식별하기 쉽게 되면 이러한 메일 주소도 개인정보에 해당하게 된다. 오늘날 개인정보 주체는 자신에 관한 정보의 생성과 유통, 소멸 등에 대해 주도적으로 관여할 권리인 개인정보자기결정권을 갖는 것으로 이해되고 있다. 이러한 개인정보자기결정권의 헌법적 근거에 대하여 헌법재판소는 다음과 같이 설시하고 있다. 즉,「인간의 존엄과 가치, 행복추구권을 규정한 헌법 제10조 제1문에서 도출되는 일반적 인격권 및 헌법 제17조의 사생활의 비밀과 자유에 의하여 보장되는 개인정보자기결정권은 자신에 관한 정보가 언제 누구에게 어느 범위까지 알려지고 또 이용되도록 할 것인지를 그 정보주체가 스스로 결정할 수 있는 권리이다. 즉 정보주체가 개인정보의 공개와 이용에 관하여 스스로 결정할 권리를 말한다. 개인정보자기결정권의 보호대상이 되는 개인정보는 개인의 신체, 신념, 사회적 지위, 신분 등과 같이 개인의 인격주체성을 특징짓는 사항으로서 그 개인의 동일성을 식별할 수 있게 하는 일체의 정보라고 할 수 있고, 반드시 개인의 내밀한 영역이나 사사(私事)의 영역에 속하는 정보에 국한되지 않고 공적 생활에서 형성되었거나 이미 공개된 개인정보까지 포함한다.」[2]

　　개인정보결정권은 개인정보의 수집·이용·제공에 관한 동의권을 토대로 자기정보에 대한 열람청구권, 정정·삭제·차단청구권, 처리정지·파기청구권으로 구체화될 수 있다. 동의권[3]은 개인정보자기결정권의 핵심을 구성하는 것으로서 자신에 관한 정보의 수집·이용·제공 등은 원칙적으로 정보주체의 의사에 따라야 한다는 것이다. 정보주체의 동의를 얻지 않고서 개인정보를 처리하는 공권력 작용은 개인정보자기결정권에 대한 제한에 해당함으로 그 경우에는 반드시 법률에 근거가 있어야

---

2) 2005. 7. 21. 2003헌마282·425(병합) 전원재판부

3) 개인정보보호법 제22조

한다. 열람청구권4)은 개인정보처리자를 상대로 개인정보열람을 청구할 수 있는 권리인데, 정보주체로 하여금 자신에 관한 정보가 어떤 내용으로 기록·보유되어 있는지, 어떠한 목적을 위해 이용되고 있는지, 그 관리상의 안전상태는 어떠한지 등에 대해 확인할 수 있게 한다. 정정청구권 및 삭제·차단청구권5)은 정보주체는 자신의 개인정보에 내용상 부정확하거나 불완전한 부분이 있음을 인식하게 된 때에는 언제든지 그 정보의 보유자에게 오류사항에 대해 지적하고 정정할 것을 요구할 수 있는 권리를 가진다. 이러한 정정요구가 있는 경우 정보보유자는 법률이 허용하는 특별한 사정이 없는 한 그 부분을 정정하여야 하며, 그 정정사실을 정보주체에게 통지하여야 한다. 정보주체는 정보보유자에게 자신에 관한 정보를 삭제할 것을 청구할 수 있다. 정보주체의 삭제청구가 있는 경우, 개인정보처리자는 그에 따라 삭제를 하여야 하나, 법적으로 혹은 현실적으로 삭제가 불가능하거나 곤란한 사정이 있는 경우에는 정보주체의 삭제청구에도 불구하고 개인정보처리자는 그 정보의 이용을 차단하는 조치를 취하는 것으로 삭제에 갈음할 수 있다. 개인정보가 수집당시 예정되었던 기간을 경과하여 이용되고 있거나 지속적인 처리가 업무상 불필요하게 된 경우 혹은 원래의 목적 외의 용도로 처리되고 있는 경우 정보주체는 언제든지 개인정보처리자에게 해당 개인정보처리의 정지를 청구할 수 있는 권리를 가진다.6) 또한 개인정보의 처리가 자신이나 타인에게 부당하고 실질적인 손해나 고통을 초래하고 있거나 초래할 가능성이 있는 경우에도 정보주체는 개인정보처리자에게 즉시 혹은 상당한 시간의 경과 후에 그 처리의 정지를 청구할 수 있다.7)

　　이러한 개인정보의 유출 여부가 쟁점이 되는 경우가 있는데 대법

---

4) 개인정보보호법 제35조
5) 개인정보보호법 제36조
6) 개인정보보호법 제37조
7) 권건보, "정보주체의 개인정보자기결정권" 「개인정보보호의 법과 정책」(고학수 편) (서울:2016년, 박영사), 62-86면.

원은 그 기준을 다음과 같이 제시하고 있다. 「개인정보를 처리하는 자가 수집한 개인정보를 피용자가 정보주체의 의사에 반하여 유출한 경우, 그로 인하여 정보주체에게 위자료로 배상할 만한 정신적 손해가 발생하였는지는 유출된 개인정보의 종류와 성격이 무엇인지, 개인정보 유출로 정보주체를 식별할 가능성이 발생하였는지, 제3자가 유출된 개인정보를 열람하였는지 또는 제3자의 열람 여부가 밝혀지지 않았다면 제3자의 열람 가능성이 있었거나 앞으로 열람 가능성이 있는지, 유출된 개인정보가 어느 범위까지 확산되었는지, 개인정보 유출로 추가적인 법익침해 가능성이 발생하였는지, 개인정보를 처리하는 자가 개인정보를 관리해온 실태와 개인정보가 유출된 구체적인 경위는 어떠한지, 개인정보 유출로 인한 피해 발생 및 확산을 방지하기 위하여 어떠한 조치가 취하여졌는지 등 여러 사정을 종합적으로 고려하여 구체적 사건에 따라 개별적으로 판단하여야 한다.」[8]

2) 주민등록번호제도와 개인정보보호

주민등록번호 주민등록번호는 주민등록의 대상자인 주민에 대하여 행정청이 부여하는 고유한 번호로서 주민등록제도의 일부이다. 「현행 주민등록번호는 OOOOOO-XXXXXXX 식으로 작성되는데, 앞의 6자리는 생년월일을 표시하고, 뒤의 7자리 중 첫 번째는 성별과 출생연대, 두 번째부터 다섯 번째까지는 최초 주민등록번호 발급기관의 고유번호, 여섯 번째는 신고당일 해당 지역의 같은 성을 쓰는 사람들 중에서 신고한 순서, 마지막 일곱 번째는 오류검증번호이다. 주민등록법은 1962. 5. 10. 법률 제1067호로 "주민의 거주관계를 파악하고 상시로 인구의 동태를 명확히 하여 행정사무의 적정하고 간이한 처리를 도모하기 위한 목적으로" 제정되었으며, 그에 따라 모든 국민에게 이름, 성별, 생년월일,

---

8) 대법원 2012. 12. 26. 선고 2011다59834,59858,59841 판결

주소, 본적 등을 시장 또는 읍·면장에게 등록하게 하고, 퇴거와 전입신고를 하도록 의무화하였다.

주민등록번호가 처음 규정된 것은 1968. 9. 16. 대통령령 제3585호로 개정된 주민등록법 시행령이었다. 1968. 5. 29. 법률 제2016호로 주민등록법이 개정되면서 주민등록증 발급제도가 도입됨에 따라, 위 시행령은 시장 또는 읍·면장이 주민등록을 한 주민에 대하여 개인별로 그 등록번호를 붙이도록 하면서 그 작성에 관하여 필요한 사항은 내무부령으로 정하도록 하였고, 그 위임을 받은 주민등록법 시행규칙(내무부령 제32호)은 '지역표시번호'와 '성별표시번호' 및 '개인표시번호'를 차례대로 배열하여 주민등록번호를 작성하되, 개인표시번호는 주민등록의 일시순과 주민등록표에 등재된 순위에 따라 차례로 일련번호를 붙이고 성별표시번호에 연결하여 6자리의 숫자로 배열하도록 하였다. 이에 따라 당시 주민등록번호는 12자리의 숫자로 작성되었는데, 앞의 6자리 숫자는 지역을, 뒤의 6자리 숫자는 거주세대와 개인번호를 각각 나타내는 것이었다.

그 후 1975. 10. 31. 내무부령 제189호로 주민등록법 시행규칙이 개정되면서 "주민등록번호는 생년월일, 성별, 지역 등을 표시할 수 있는 13자리의 숫자로 작성한다."고 규정함으로써 주민등록번호는 기존의 12자리에서 현재와 같은 13자리 체계로 변경되었다.

주민등록번호는 위와 같이 도입된 이후 오랫동안 법률상 근거 없이 시행되어 오다가, 2001. 1. 26. 법률 제6385호로 주민등록법이 개정되면서 심판대상조항이 신설됨으로써 비로소 그 법률상 근거가 마련되었다.」9)

우리나라에서 개인정보처리에 관하여 규율한 최초의 입법은 1980년 12월 18일 제정 공포된 「형의 실효 등에 관한 법률」(1890년 12. 12일

---

9) 2015. 12. 23. 2013헌바68, 2014헌마449(병합)

시행)이라고 할 수 있다. 이 법률은 범죄기록의 작성 및 관리에 관한 사항을 정한 것으로서, 다른 국가기관이 개인의 범죄기록을 조회할 수 있는 경우를 제한적으로 정하고 그 이상 제3자 제공을 금지하여 형의 실효 등 일정한 사유가 있는 때에는 해당기록을 삭제하도록 하고 있다. 이 법률은 엄밀히 말하면 개인정보보호법이라기 보다는 비밀보호법이라고 할 수 있다. 개인정보와 비밀의 차이는 비밀이 그 자체로 보호되어야 할 대상인 반면, 개인정보는 그것이 공포되거나 누설·유출되었을 경우 정보주체의 프라이버시가 침해될 수 있는 민감한 정보가 포함되기는 하지만, 기본적으로 그 자체로 보호되어야 하는 것은 아니라는 점을 들 수 있다.10)

　개인정보의 수집·이용·제공을 원칙적으로 허용하면서 그에 따른 오·남용을 막기 위한 안전장치로서 정보주체에게 정보처리과정에 일정하게 참여할 수 있는 권리를 부여하는 입법으로서 개인정보보호법은 「공공기관의 개인정보의 보호에 관한 법률」(1995년 1월 8일 시행)이 제정되었다. 이 법률을 그 후 몇 차례 개정과정을 거쳐 2011년부터는 공공기관에 한정되지 않고 민간 영역에까지 적용될 수 있는 「개인정보보호법」(2011년 9월 30일 시행)로 새롭게 제정되어 시행되고 있다. 이러한 일반법 이외에도 개인정보를 규율하는 대표적인 개별법으로 「신용정보의 이용 및 보호에 관한 법률」(1995년 7월 6일 시행), 「정보통신망 이용촉진 및 정보보호 등에 관한 법률」(2001년 1월 1일 시행) 등의 개별법이 다수 있다.11)

　주민등록번호제도가 제정되어 실시된 이후 상당기간이 경과한 뒤에 개인정보 법제의 형성 발전되었다는 점을 고려할 때, 주민등록번호가 도입될 당시에는 개인정보보호 및 처리에 대한 충분한 고려 없이 제도가 설계되었다고 볼 수 있다. 주민등록번호제도는 보편적 법제도로서

---

10) 김주영·손형섭 공저,「개인정보보호법의 이해」(서울: 법문사, 2012),112면.
11) 김주영·손형섭 공저, 전게서, 113면.

모든 나라에서 실시하는 제도가 아니다. 우리 제도와 유사성을 가진 제도로는 독일과 일본 제도를 들 수 있는데, 이들 나라에서는 주민등록번호와 유사한 개인식별정보의 이용 범위를 우리나라에 좁게 한정하고 있다.12)

2. 거부처분 개념

거부처분이란 국민의 공권력 행사 신청에 대하여 처분의 발령을 거부하는 행정청의 의사표시를 의미한다. 거부는 처분의 신청에 대한 명백한 거절의 의사표시라는 점에서 처음부터 아무런 의사표시를 하지 않은 부작위와 구별된다. 다만 법령상 일정기간의 경과에 의하여 거부로 간주되는 간주 거부와 묵시적 거부는 거부처분에 포함된다. 판례는 신청인에 대해 직접 거부의 의사표시는 하지 아니하더라도 본인이 알았거나 알 수 있었을 때에 거부처분이 있는 것으로 볼 수 있다고 한다.13) 대학교원의 임용권자가 임용기간이 만료된 조교수에 대하여 재임용을 거부하는 취지로 한 임용기간만료의 통지가 행정소송의 대상이 되는 처

---

12) 독일은 오래전부터 개인의 신분증명서에 관하여 「개인신분증명서 및 전자적 신분증명서에 관한 법률」(Gesetz über Personalausweise und den elektronischen Identitätsnachweis, Personalausweisgesetz - PAuswG)을 제정·운용하고 있으며, 일본은 「행정절차에 있어서 특정개인식별번호 이용 등에 관한 법률」(行政手続における特定の個人を識別するための番号の利用等に関する法律 (2013年5月31日法律第27号, 行政手続における特定の個人を識別するための番号の利用等に関する法律)을 최근에 제정·운용하고 있다. 이들 법에서는 개인식별번호정보의 이용범위를 엄격하게 제한하고 있다.

13) 대법원 1991. 2. 12. 선고 90누5825 판결. 「검사 지원자 중 한정된 수의 임용대상자에 대한 임용 결정은 한편으로는 그 임용대상에서 제외한 자에 대한 임용거부결정이라는 양면성을 지니는 것이므로 임용대상자에 대한 임용의 의사표시는 동시에 임용대상에서 제외한 자에 대한 임용거부의 의사표시를 포함한 것으로 볼 수 있고, 이러한 임용 거부의 의사 표시는 본인에게 직접 고지되지 않았다고 하여도 본인이 이를 알았거나 알 수 있었을 때에 그 효력이 발생한 것으로 보아야 한다.」

분에 해당하는지 여부가 쟁점이 된 사안에서 대법원은 「기간제로 임용되어 임용기간이 만료된 국·공립대학의 조교수는 교원으로서의 능력과 자질에 관하여 합리적인 기준에 의한 공정한 심사를 받아 위 기준에 부합되면 특별한 사정이 없는 한 재임용되리라는 기대를 가지고 재임용 여부에 관하여 합리적인 기준에 의한 공정한 심사를 요구할 법규상 또는 조리상 신청권을 가진다고 할 것이니, 임용권자가 임용기간이 만료된 조교수에 대하여 재임용을 거부하는 취지로 한 임용기간만료의 통지는 위와 같은 대학교원의 법률관계에 영향을 주는 것으로서 행정소송의 대상이 되는 처분에 해당한다」고 하였다.[14]

3. 판례상 거부처분개념의 성립요소

행정소송법 제2조 제1항 제1호에 「처분 등이라 함은 행정청이 행하는 구체적 사실에 관한 법집행으로서의 공권력의 행사 또는 그 거부와 그 밖에 이에 준하는 행정작용 및 행정심판에 대한 재결을 말한다」고 규정하고 있다. 이러한 개념 정의는 크게 2개의 핵심적 개념 요소 즉, 공권력적 작용(공권력의 행사 또는 그 거부와 그밖에 이에 준하는 행정작용 및 행정심판에 대한 재결)과 구체적 법효과성(행정청이 행하는 구체적 사실에 관한 법집행)으로 나누어 볼 수 있다. 대상판결에 의하면 「국민의 적극적 신청행위에 대하여 행정청이 그 신청에 따른 행위를 하지 않겠다고 거부한 행위가 항고소송의 대상이 되는 행정처분에 해당하기 위해서는, 신청한 행위가 공권력의 행사 또는 이에 준하는 행정작용이어야 하고, 거부행위가 신청인의 법률관계에 어떤 변동을 일으키는 것이어야 하며, 국민에게 행위발동을 요구할 법규상 또는 조리상의 신청권이 있어야 한다.」 이러한 개념 정의를 행정소송법상 처분 개념과 비교하면

---

14) 대법원 2004. 4. 22. 선고 2000두7735 전원합의체 판결

행정소송법이 요구하고 있는 공권력성과 구체적 법효과성 이외에 개념 요소로서 법규상 또는 조리상의 신청권의 존재를 추가적으로 요구하고 있다.

1) 「신청한 행위가 공권력의 행사 또는 이에 준하는 행정작용에 해당할 것」

행정청의 법령상 행위라고 하더라도 모두 공권력행사에 해당하는 것은 아니다. 당해 행위가 사법상 법률관계와 동일한 경우나 비권력작용에 속하는 경우에는 공권력 행사에 해당하지 않는다. 공권력 행사에 해당하기 위하여는 법률상 근거가 필요하다. 구체적으로는 행정상 강제집행이 수권되어 있다든가 혹은 당해 행위에 대한 불복에 관하여 행정심판 등의 불복절차를 규정하고 있는 경우에는 공권력 작용이 긍정될 수 있다.

지방자치단체장이 국유 잡종재산 대부신청을 거부한 것이 행정처분인지 여부가 쟁점이 된 사안에서 대법원은「 지방자치단체장이 국유 잡종재산을 대부하여 달라는 신청을 거부한 것은 항고소송의 대상이 되는 행정처분이 아니므로 행정소송으로 그 취소를 구할 수 없다」15)고 하였다.

2) 「거부행위가 신청인의 법률관계에 어떤 변동을 일으키는 것」

취소소송이 주관소송인 이상 소송의 대상이 되는 거부처분은 사인과의 관계에서 「법률상 쟁송」을 제기할 필요가 있다. 판례에서도 공권력의 행사 또는 이에 준하는 행정작용에 해당하는 행정작용에 의하여 신청인의 법률관계에 어떤 변동을 일으킬 것을 요구하고 있다. 이러한 의미에서 법률관계에 대하여 확정적인 영향을 미치지 않는 행위 혹은

---

15) 대법원 1998. 9. 22. 선고 98두7602 판결

법적 영향이 있다고 하더라도 그 효력범위가 행정청 내부에 한정된 경우는 이에 해당하지 않는다고 할 수 있다.

판례에 따르면 「신청인의 법률관계에 어떤 변동을 일으키는 것」이라는 의미는 신청인의 실체상의 권리관계에 직접적인 변동을 일으키는 것은 물론, 그렇지 않다 하더라도 신청인이 실체상 권리자로서 권리를 행사함에 중대한 지장을 초래하는 것도 포함한다」고 한다.[16] 법령상의 전형적인 처분의 신청에 대한 거부는 구체적 법효과성을 당연히 수반하기 때문에 쟁점이 되는 경우가 많지 않다.

판례상 「거부행위가 신청인의 법률관계에 어떤 변동을 일으키는 것」의 요건과 관련하여 쟁점이 된 사례로는 각종 공부에의 등재행위의 대상적격성 인정 여부를 들 수 있다. 종래 대법원은 지적도, 임야도, 건축물대장, 토지대장 등의 기재 및 기재변경행위에 대해 이를 통해 권리변동이 일어나는 것이 아니라는 이유로 대상적격성을 부인하여 왔으나[17] 헌법재판소가 지적공부상의 지목변경신청거부행위를 거부처분으로 판단한 이후[18] 대법원도 판례를 변경하여 공부에의 등재행위의 대상적격성을 인정하였다.

지적공부 소관청의 지목변경신청 반려행위가 항고소송의 대상이 되는 행정처분에 해당하는지 여부에 대하여 대법원은 「구 지적법 제20조, 제38조 제2항의 규정은 토지소유자에게 지목변경신청권과 지목정정신청권을 부여한 것이고, 한편 지목은 토지에 대한 공법상의 규제, 개발부담금의 부과대상, 지방세의 과세대상, 공시지가의 산정, 손실보상가액의 산정 등 토지행정의 기초로서 공법상의 법률관계에 영향을 미치고, 토지소유자는 지목을 토대로 토지의 사용·수익·처분에 일정한 제한을 받게 되는 점 등을 고려하면, 지목은 토지소유권을 제대로 행사하기 위

---

16) 대법원 2007. 10. 11. 선고 2007두1316 판결
17) 대법원 1993. 6. 11. 선고 93누3745 판결
18) 헌재 1999. 6. 24. 97헌마315

한 전제요건으로서 토지소유자의 실체적 권리관계에 밀접하게 관련되
어 있으므로 지적공부 소관청의 지목변경신청 반려행위는 국민의 권리
관계에 영향을 미치는 것으로서 항고소송의 대상이 되는 행정처분에 해
당한다」고 하였다.[19] 이 판결 이후, 건축물대장기재신청서 반려처분 취
소소송 대법원 판결[20]에서도 같은 취지로 대상적격성이 긍정되었다.

3) 「국민에게 행위발동을 요구할 법규상 또는 조리상의 신청권이 있을 것」

거부처분 대상적격성 심사시 검토되는 요건의 하나로서 법규상 또
는 조리상의 신청권의 존재는 현행의 행정소송법 체계가 형성·시행되기
이전부터 대법원 판례에 의하여 요구되었다. 즉, 지역주민의 도시계획
시설결정변경신청에 대한 거부통지가 항고소송의 대상이 되는가 여부
가 쟁점이 된 사안에서 대법원은 「행정청이 국민으로부터 어떤 신청을
받고서 그 신청에 따르는 내용의 행위를 하여 그에 대한 만족을 주지
아니하고 형식적 요건의 불비를 이유로 그 신청을 각하하거나 또는 이
유가 없다고 하여 신청된 내용의 행위를 하지 않을 뜻을 표시하는 이른
바 거부처분도 행정처분의 일종으로서 항고소송의 대상이 되는 것이지
만, 이 경우 그 거부행위가 행정처분이 된다고 하기 위하여는 국민이
행정청에 대하여 그 신청에 따른 행정행위를 해줄 것을 요구할 수 있는
법규상 또는 조리상의 권리가 있어야 하는 것이며, 이러한 근거 없이
한 국민의 신청을 행정청이 받아들이지 아니한 경우에는 이를 행정처분
이라고 할 수는 없는 것이다」고 하였다[21]

실정법상 신청권이 법령상 명문으로 규정되어 있는 경우에는 쟁점
이 되지 않지만, 이러한 규정이 없는 경우에 신청권의 인부에 대하여

---

19) 대법원 2004. 4. 22. 선고 2003두9015 전원합의체 판결
20) 대법원 2009. 2. 12. 선고 2007두17359, 판결
21) 대법원 1984. 10. 23. 선고 84누227 판결.

견해의 대립이 있을 수 있다. 판례는 일반적으로 명문의 규정이 없는 경우에도 조리상 신청권이 있는 경우에는 당해 거부처분의 대상적격성을 인정된다.

4) 신청권 인정근거의 유형

(1) 신청권의 존부에 대한 심사 없이 대상적격을 판단하는 경우

거부처분 상대방에게 법령의 규정상 신청권을 인정되는 경우에는 취소소송의 대상적격심사에서 신청권에 대한 특별한 언급 없이 「신청한 행위가 공권력의 행사 또는 이에 준하는 행정작용에 해당할 것」과 「거부행위가 신청인의 법률관계에 어떤 변동을 일으키는 것」이라는 2요건만 심사하여 대상적격성을 인정한다. 그러나 법령의 규정상 신청권의 존부가 불분명할 경우에는 법원은 관계규정의 해석이나 조리에 기초하여 신청권을 인정하고 있다.[22]

(2) 관련 규정의 헌법합치적 해석을 통하여 신청권이 인정된 경우

뉴타운개발 사업시행자가 사업시행으로 생활근거 등을 상실하는 주민들을 위한 주거대책 및 생활대책을 공고함에 따라 화훼도매업을 하던 甲이 사업시행자에게 생활대책신청을 하였으나 사업시행자가 이를 거부한 사안에서 대법원은 「공익사업을 위한 토지 등의 취득 및 보상에 관한 법률은 제78조 제1항에서 "사업시행자는 공익사업의 시행으로 인하여 주거용 건축물을 제공함에 따라 생활의 근거를 상실하게 되는 자(이하 '이주대책대상자'라 한다)를 위하여 대통령령으로 정하는 바에 따라 이주대책을 수립·실시하거나 이주정착금을 지급하여야 한다."고 규정하

---

22) 판례에 따라서는 법규상 신청권의 인정여부가 불분명하여 조리상 신청권의 인정 여부가 쟁점이 될 수 있는 사안에서, 신청권의 존재를 전제로 하여 본안에서 당해 처분의 위법성 여부를 판단하는 경우도 있다. 예컨대 새만금판결에서 대법원은 조리상 공유수면매립면허처분 취소변경권을 인정할 것인지의 여부에 관한 논의 없이 공유수면매립면허처분 여부의 적정성에 대하여 판단하고 있다. 대법원 2006. 3. 16. 선고 2006두330 전원합의체 판결

고 있을 뿐, 생활대책용지의 공급과 같이 공익사업 시행 이전과 같은
경제수준을 유지할 수 있도록 하는 내용의 생활대책에 관한 분명한 근
거 규정을 두고 있지는 않으나, 사업시행자 스스로 공익사업의 원활한
시행을 위하여 필요하다고 인정함으로써 생활대책을 수립·실시할 수
있도록 하는 내부규정을 두고 있고 내부규정에 따라 생활대책대상자 선
정기준을 마련하여 생활대책을 수립·실시하는 경우에는, 이러한 생활대
책 역시 "공공필요에 의한 재산권의 수용·사용 또는 제한 및 그에 대한
보상은 법률로써 하되, 정당한 보상을 지급하여야 한다."고 규정하고 있
는 헌법 제23조 제3항에 따른 정당한 보상에 포함되는 것으로 보아야
한다. 따라서 이러한 생활대책대상자 선정 기준에 해당하는 자는 사업
시행자에게 생활대책대상자 선정 여부의 확인·결정을 신청할 수 있는
권리를 가지는 것이어서, 만일 사업시행자가 그러한 자를 생활대책대상
자에서 제외하거나 선정을 거부하면, 이러한 생활대책대상자 선정기준
에 해당하는 자는 사업시행자를 상대로 항고소송을 제기할 수 있다고
보는 것이 타당하다」고 하여 대상적격성을 인정하였다.[23]

(3) 관련 법규정의 해석을 통하여 신청권이 인정된 경우

토지매수신청 거부처분 취소소송에서 대법원은 「거부처분의 처분
성을 인정하기 위한 전제요건이 되는 신청권의 존부는 구체적 사건에서
신청인이 누구인가를 고려하지 않고 관계 법규의 해석에 의하여 일반
국민에게 그러한 신청권을 인정하고 있는가를 살펴 추상적으로 결정되
는 것이고, 신청인이 그 신청에 따른 단순한 응답을 받을 권리를 넘어
서 신청의 인용이라는 만족적 결과를 얻을 권리를 의미하는 것은 아니
므로, 국민이 어떤 신청을 한 경우에 그 신청의 근거가 된 조항의 해석
상 행정발동에 대한 개인의 신청권을 인정하고 있다고 보이면 그 거부
행위는 항고소송의 대상이 되는 처분으로 보아야 하고, 구체적으로 그

---

23) 대법원 2011. 10. 13. 선고 2008두17905 판결

신청이 인용될 수 있는가 하는 점은 본안에서 판단하여야 할 사항이다」
라고 하면서 「『구 금강수계 물 관리 및 주민지원 등에 관한 법률』 제8
조 제1항, 제2항, 구 법 시행령 제9조 제1항 내지 제3항은, 금강수계 중
상수원 수질보전을 위하여 필요한 지역의 토지 등을 국가에 매도하고자
하는 자는 유역환경청장 등에게 일정한 서류를 제출하여 매수신청을 하
고 유역환경청장 등은 매수우선순위에 따라 그 매수 여부를 결정하여
토지 등의 소유자에게 이를 통보하여야 하며, 그 매수가격은 『공익사업
을 위한 토지 등의 취득 및 보상에 관한 법률』의 예에 의하여 산정하여
야 한다고 규정하고 있는바, 앞서 본 법리와 위와 같은 관계 규정의 내
용 및 법 제8조의 토지 등의 매수제도는 환경침해적인 토지이용을 예방
하여 상수원의 수질개선을 도모함과 아울러 상수원지역의 토지이용규
제로 인한 토지 등의 소유자의 재산권 침해에 대해 보상하려는 것을 목
적으로 하는 것으로서 손실보상을 대체하는 성격도 있는 점, 위 규정에
따른 매수신청에 대하여 유역환경청장 등이 매수거절의 결정을 할 경우
토지 등의 소유자로서는 재산권에 대한 제한을 피할 수 없게 되는데,
위 매수거절을 항고소송의 대상이 되는 행정처분으로 보지 않는다면 달
리 이에 대하여는 다툴 방법이 없게 되는 점 등에 비추어 보면, 유역환
경청장 등의 매수 거부행위는 공권력의 행사 또는 이에 준하는 행정작
용으로서 항고소송의 대상이 되는 행정처분에 해당한다고 봄이 상당하
다」고 하였다.[24]

(4) 조리상 신청권이 인정되는 사례
① 위법처분에 대한 일반적 직권취소권에 기초한 조리상 신청권의 인정 여부

산림 복구설계승인 및 복구준공통보에 대한 이해관계인의 취소신

[24] 대법원 2009. 9. 10. 선고 2007두20638 판결. 이 밖에도 관련법 규정의 해석을 통하
여 신청권을 확대한 예로는 대법원 2015. 3. 26. 선고 2014두42742 판결, 대법원
2017. 8. 29. 선고 2016두44186 판결 등을 들 수 있다.

청을 거부한 행위가 항고소송의 대상이 되는 행정처분에 해당하는가 여
부가 쟁점이 된 사례에서 대법원은「산림법령에는 채석허가처분을 한
처분청이 산림을 복구한 자에 대하여 복구설계서승인 및 복구준공통보
를 한 경우 그 취소신청과 관련하여 아무런 규정을 두고 있지 않고, 원
래 행정처분을 한 처분청은 그 처분에 하자가 있는 경우에는 원칙적으
로 별도의 법적 근거가 없더라도 스스로 이를 직권으로 취소할 수 있지
만, 그와 같이 직권취소를 할 수 있다는 사정만으로 이해관계인에게 처
분청에 대하여 그 취소를 요구할 신청권이 부여된 것으로 볼 수는 없으
므로, 처분청이 위와 같이 법규상 또는 조리상의 신청권이 없이 한 이
해관계인의 복구준공통보 등의 취소신청을 거부하더라도, 그 거부행위
는 항고소송의 대상이 되는 처분에 해당하지 않는다」고 하여 대상적격
을 부정하였다.25)

  ② 조리상 건축허가철회의 신청권

  건축주가 토지 소유자로부터 토지사용승낙서를 받아 토지 위에 건
축물을 건축하는 대물적 성질의 건축허가를 받았다가 착공에 앞서 건축
주의 귀책사유로 해당 토지를 사용할 권리를 상실한 경우, 토지 소유자
가 건축허가의 철회를 신청할 수 있는지 여부에 대하여 대법원은「건축
허가는 대물적 성질을 갖는 것이어서 행정청으로서는 허가를 할 때에
건축주 또는 토지 소유자가 누구인지 등 인적 요소에 관하여는 형식적
심사만 한다. 건축주가 토지 소유자로부터 토지사용승낙서를 받아 그
토지 위에 건축물을 건축하는 대물적(對物的) 성질의 건축허가를 받았다
가 착공에 앞서 건축주의 귀책사유로 해당 토지를 사용할 권리를 상실
한 경우, 건축허가의 존재로 말미암아 토지에 대한 소유권 행사에 지장
을 받을 수 있는 토지 소유자로서는 건축허가의 철회를 신청할 수 있다
고 보아야 한다. 따라서 토지 소유자의 위와 같은 신청을 거부한 행위

25) 대법원 2006. 6. 30. 선고 2004두701 판결

는 항고소송의 대상이 된다」고 하였다.[26]

③ 조리상 계획변경신청권

가. 구 국토이용관리법상의 국토이용계획변경신청에 대한 거부행위가 항고소송의 대상이 되는 행정처분에 해당여부가 쟁점이 된 사안에서 대법원은 「구 국토이용관리법상 주민이 국토이용계획의 변경에 대하여 신청을 할 수 있다는 규정이 없을 뿐만 아니라, 국토건설종합계획의 효율적인 추진과 국토이용질서를 확립하기 위한 국토이용계획은 장기성, 종합성이 요구되는 행정계획이어서 원칙적으로는 그 계획이 일단 확정된 후에 어떤 사정의 변동이 있다고 하여 그러한 사유만으로는 지역주민이나 일반 이해관계인에게 일일이 그 계획의 변경을 신청할 권리를 인정하여 줄 수는 없을 것이지만, 장래 일정한 기간 내에 관계 법령이 규정하는 시설 등을 갖추어 일정한 행정처분을 구하는 신청을 할 수 있는 법률상 지위에 있는 자의 국토이용계획변경신청을 거부하는 것이 실질적으로 당해 행정처분 자체를 거부하는 결과가 되는 경우에는 예외적으로 그 신청인에게 국토이용계획변경을 신청할 권리가 인정된다고 봄이 상당하므로, 이러한 신청에 대한 거부행위는 항고소송의 대상이 되는 행정처분에 해당한다」고 하였다.[27]

나. 구 국토의 계획 및 이용에 관한 법률 제139조 제2항 및 이에 근거하여 제정된 지방자치단체 조례에 따라 광역시장으로부터 납골시설 등에 대한 도시관리계획 입안권을 위임받은 군수는 관할구역 도시관리계획의 입안권자이므로, 도시관리계획 구역 내 토지 등을 소유하고 있는 주민의 납골시설에 관한 도시관리계획의 입안제안을 반려한 군수의 처분이 항고소송의 대상이 되는 행정처분에 해당하는가 여부기 쟁점이 된 사안에서 대법원은 「원심판결 이유에 의하면, 원심은 제1심판결 이유를 인용하여 그 판시와 같은 사실을 인정한 나음, 구 국도의 계획

---

26) 대법원 2017. 3. 15. 선고 2014두41190 판결
27) 대법원 2003. 9. 23. 선고 2001두10936 판결

및 이용에 관한 법률 중 그 판시와 같은 조항들과 헌법상 개인의 재산
권 보장의 취지에 비추어 보면, 피고는 관할구역인 이 사건 신청부서에
대한 도시관리계획의 입안권자이고, 원고는 도시관리계획구역 내 토지
등을 소유하고 있는 주민으로서 이 사건 납골시설에 관한 도시관리계획
의 입안을 요구할 수 있는 법규상 또는 조리상의 신청권이 있다」고 하
였다.28)

④ 공사중지명령의 철회를 요구할 수 있는 조리상 신청권

지방자치단체장이 공장시설을 신축하는 회사에 대하여 사업승인
내지 건축허가 당시 부가하였던 조건을 이행할 때까지 신축공사를 중지
하라는 명령을 한 경우, 위 회사에게 중지명령의 원인사유가 해소되었
음을 이유로 당해 공사중지명령의 해제를 요구할 수 있는 권리가 인정
되는지 여부가 쟁점이 된 사안에서「국민의 신청에 대하여 한 행정청의
거부행위가 취소소송의 대상이 되기 위하여는 국민이 그 신청에 따른
행정행위를 하여 줄 것을 요구할 수 있는 법규상 또는 조리상의 권리가
있어야 하는 것인데, 지방자치단체장이 공장시설을 신축하는 회사에 대
하여 사업승인 내지 건축허가 당시 부가하였던 조건에 따른 이행을 하
고 이를 증명하는 서류를 제출할 때까지 신축공사를 중지하라는 공사중
지명령에 있어서는 그 명령의 내용 자체로 또는 그 성질상으로 명령 이
후에 그 원인사유가 해소되는 경우에는 잠정적으로 내린 당해 공사중지
명령의 해제를 요구할 수 있는 권리를 위 명령의 상대방에게 인정하고
있다고 할 것이므로, 위 회사에게는 조리상으로 그 해제를 요구할 수
있는 권리가 인정된다고 할 것이다」라고 하여 조리상 신청권을 인정하
였다.29)

---

28) 대법원 2010. 7. 22. 선고 2010두5745 판결
29) 대법원 2007. 5. 11 선고 2007두1811 판결. 같은 취지 판결, 대법원 2005. 4. 14 선
　고 2003두7590 판결.

⑤ 조리상 개발부담금의 환급에 필요한 처분 신청권

개발사업시행자가 납부한 개발부담금 중 부과처분 후에 납부한 학교용지부담금에 대하여 조리상 환급에 필요한 처분을 신청할 권리가 인정되는지 여부가 쟁점이 된 사안에서 대법원은 「개발부담금 부과처분 후에 학교용지부담금을 납부한 개발사업시행자는 마땅히 공제받아야 할 개발비용을 전혀 공제받지 못하는 법률상 불이익을 입게 될 수 있는데도 구 개발이익 환수에 관한 법률은 불복방법에 관하여 아무런 규정을 두지 않고 있다. 위와 같은 사정을 앞서 본 법리에 비추어 보면, 개발사업시행자가 납부한 개발부담금 중 부과처분 후에 납부한 학교용지부담금에 해당하는 금액에 대하여는 조리상 개발부담금 부과처분의 취소나 변경 등 개발부담금의 환급에 필요한 처분을 신청할 권리를 인정함이 타당하다」고 하였다.[30]

⑥ 조리상 임용신청권

대학교원의 신규채용에 있어서 유일한 면접심사 대상자로 선정된 임용지원자에 대한 교원신규채용 중단조치가 항고소송의 대상이 되는 행정처분에 해당하는지 여부에 대하여 대법원은 「구 교육공무원법 및 구 교육공무원임용령 등 관계 법령에 대학교원의 신규임용에 있어서의 심사단계나 심사방법 등에 관하여 아무런 규정을 두지 않았다고 하더라도, 대학 스스로 교원의 임용규정이나 신규채용업무시행지침 등을 제정하여 그에 따라 교원을 신규임용하여 온 경우, 임용지원자가 당해 대학의 교원임용규정 등에 정한 심사단계 중 중요한 대부분의 단계를 통과하여 다수의 임용지원자 중 유일한 면접심사 대상자로 선정되는 등으로 장차 나머지 일부의 심사단계를 거쳐 대학교원으로 임용될 것을 상당한 정도로 기대할 수 있는 지위에 이르렀다면, 그러한 임용지원자는 임용에 관한 법률상 이익을 가진 자로서 임용권자에 대하여 나머지 심사를

30) 대법원 2016. 1. 28. 선고 2013두2938 판결

공정하게 진행하여 그 심사에서 통과되면 대학교원으로 임용해줄 것을
신청할 조리상의 권리가 있다고 보이야 할 깃이고, 또한 유일한 변접심
사 대상자로 선정된 임용지원자에 대한 교원신규채용업무를 중단하는
조치는 교원신규채용절차의 진행을 유보하였다가 다시 속개하기 위한
중간처분 또는 사무처리절차상 하나의 행위에 불과한 것이라고는 볼 수
없고, 유일한 면접심사 대상자로서 임용에 관한 법률상 이익을 가지는
임용지원자에 대한 신규임용을 사실상 거부하는 종국적인 조치에 해당
하는 것이며, 임용지원자에게 직접 고지되지 않았다고 하더라도 임용지
원자가 이를 알게 됨으로써 효력이 발생한 것으로 보아야 할 것이므로,
이는 임용지원자의 권리 내지 법률상 이익에 직접 관계되는 것으로서
항고소송의 대상이 되는 처분 등에 해당한다」31)고 하였다.32)

4. 거부처분에 대한 판례의 흐름과 대상판결의 의의

판례는 거부처분에 대하여 그 성립요소로서 「신청한 행위가 공권
력의 행사 또는 이에 준하는 행정작용이어야 할 것」, 「거부행위가 신청
인의 법률관계에 어떤 변동을 일으킬 것」, 「국민에게 그 행위발동을 요
구할 법규상 또는 조리상의 신청권이 있을 것」 등의 3가지를 들면서 이
들 개념 요소 각각에 대하여 그 요건을 완화하여 포섭범위를 확장하는
방법으로 거부처분의 대상적격을 확대하여 왔다. 이들 요건 중 외국 제
도와 비교하여 특징적인 것은 조리상 신청권의 인정이다. 조리상 신청
권은 전술한 바와 같이 조리상 신청권은 계획변경신청권, 임용신청권,

---

31) 대법원 2004. 6. 11. 선고 2001두7053 판결
32) 대법원은 검사임용신청에 대한 거부의 대상적격성이 문제된 사안(대법원 1991. 2.
    12. 선고 90누5825 판결)에서 조리상 임용신청권의 인정을 전제로 처분성을 인정
    한 이후, 일련의 판례에서 조리상 임용신청권을 인정하였다. 조리상 임용신청권을
    승인한 사례로 대법원 2004. 4. 22. 선고 2000두7735 전원합의체 판결 ; 대법원
    2008. 4. 10. 선고 2007두18611 판결.

건축허가철회 신청권 등 다수의 행정 영역에서 판례법상 인정되어 왔다. 대상판결은 조리상 주민등록번호의 변경을 인정함으로써 개인정보자기결정권 관련된 행정작용영역에서 조리상 신청권을 인정한 점에서 그 의의를 찾을 수 있다.

5. 거부처분 요건으로서 「국민에게 행위발동을 요구할 법규상 또는 조리상의 신청권이 있을 것」의 법적 성격

1) 신청권의 인정을 원고적격의 문제로 보는 입장

신청권을 대상적격으로 처리하는 판례의 입장은 문제가 있다고 지적하면서 신청권의 인정여부를 원고적격의 문제로 파악하는 견해가 있다. 이 입장의 주장의 근거는 다음과 같다.

첫째, 어떠한 거부행위가 행정소송의 대상이 되는 처분에 해당하는가 여부는 거부된 행위가 행정소송법 제2조 제1항 제1호의 처분에 해당하는가의 여부에 따라 판단하는 것이 논리적이다. 이러한 이해가 행정소송법 제2조 제1항 제1호에서 처분개념에 관한 정의규정을 두고 있는 취지에 부합한다. 둘째, 대상적격은 객관적·외형적으로 판단해야 하고, 신청권의 판단은 객관적·외형적 판단을 넘어서 사인의 개별·구체적 상황을 고려해야만 가능하다. 셋째, 판례의 입장은 대상적격과 원고적격의 구분을 무시한 것으로 거부처분의 개념을 부당하게 축소한 것이다. 넷째, 처분성의 판단을 주관적 권리의 존부와 결부시키면, 행정청이 동일한 행위가 주관적 권리를 가진 자에게는 처분이 되고, 주관적 권리를 가지지 못한 자에게는 처분이 아닌 것이 되어 부당한 결론이 도출될 수 있다.[33]

---

33) 김철용, 「행정법 전면개정 제7판」(서울:고시계사, 2018), 497면, 정하중, 「행정법개론 제12판」(서울: 법문사, 2018), 742면, 홍정선, 「신행정법특강」(서울: 박영사, 2017), 564면 이하. 박정훈 "행정심판법의 구조와 기능" 「행정법연구」(서울: 행정

2) 대상적격으로 보는 입장

이 견해는 신청권을 거부행위의 요건으로 보고, 신청권이 있는 자에게는 당연히 거부처분을 다툴 원고적격을 인정하는 견해이다. 이 견해의 논거는 다음과 같다.

첫째, 신청권은 신청에 대한 응답의무에 대응하는 형식적 또는 절차적 권리이다. 둘째, 현행 행정소송법이 신청권에 대응하는 처분의무를 부작위의 요소로 규정하고 있고 거부처분 개념은 부작위개념과 연결되어 있으므로 현행 행정소송법 하에서는 신청권을 거부행위의 요건으로 보는 것이 타당하다. 셋째, 신청권이 없는 경우에는 본안심리를 함이 없이 각하 판결을 할 수 있어 법원의 소송부담을 줄일 수 있다.[34]

3) 신청권의 존재를 본안문제로 보는 견해

행정청이 국민의 신청에 대하여 한 거부행위를 항고소송의 대상이 되는 처분으로 인정할 것인가의 여부는 그 거부행위가 행정소송법 제2조 제1항 제1호의 규정에 의한 정의, 즉「행정청이 행하는 구체적 사실에 관한 법집행으로서 공권력 행사 또는 그 거부와 그밖에 이에 준하는 행정작용」에 해당하는지 여부에 따라 판단할 문제이다. 거부행위가 신청인의 권리나 법적 이익에 영향을 미치는 것이어야 하고, 그 경우 신청인에게 그 신청에 따른 행정행위를 요구할 수 있는 법규상 또는 조리상의 권리가 있다고 인정된다면 당연히 그러한 법적 효과를 가진 처분이라고 볼 수 있을 것이다. 그러나 법규상 또는 조리상 권리가 없다고 하더라도 그 거부처분의 처분성을 부정하는 것은 위 정의규정에 비추어 정당화될 수 없다. 신청권의 존부확인은 본안판단의 문제로서 신청권의

법이론실무학회, 2004), 253면.

34) 김남진·김연태,「행정법Ⅰ 제22판」(서울:법문사, 2018) 846면, 박균성,「행정법강의 제12판」(서울: 박영사, 2015), 713면.

존재를 소송대상의 문제로 보면 행정소송법상 처분 개념을 부당하게 제한함으로써 국민의 권익구제의 길을 부당히 축소시키는 결과를 가져오며 신청권을 소송요건의 문제로 보면 본안문제를 소송요건에서 판단하게 되는 문제가 있다고 한다. 35)

4) 원고적격과 대상적격의 관련적 접근방법과 상대적 행정처분론

처분성유무를 판단함에 있어서, 분쟁의 이익상황에 따라서 상대적으로 검토되어야 한다는 상대적 행정처분론이 제기되어 왔다. 이 견해를 취하는 입장에서는 다음과 같이 논하고 있다. 대상적격성이라 함은 항고소송으로 당해 분쟁을 해결할 것인가의 문제인데, 종래의 판례를 전제할 경우 일정한 사람을 염두에 두고, 문제가 되는 행위가 당해 관계에서 처분이 아니라고 판단될 경우에, 그 행위는 모든 관계에서 대상적격성이 부정되어 왔다. 그러나 행정활동이 가져오는 이익상황은 상대방에 따라서 다르기 때문에, 다투는 각도 또는 다투는 사람에 따라서 대상적격성의 유무 및 그 이유가 달라지게 된다. 따라서, 이에 대응하여 이 문제에 대해서 개별, 구체적으로 검토할 필요가 있다.36) 예컨대, 환경기준이 항고소송의 대상이 될 수 있는가를 생각할 경우, 피해주민이 다툴 경우와 환경오염의 발생원인 사업자가 다툴 경우를 나누어서 고려할 필요가 있다. 왜냐하면, 환경기준을 완화하는 것은, 피해주민에게는 불리하게 작용하나, 환경오염의 발생원인 사업자에게는 유리하게 작용하며, 정부가 환경오염 방지사업 및 토지이용규제를 종래와 같이 강력히 추진할 것을 필요로 하지 않는 것을 의미하게 됨으로써, 환경기준의 완화에 의해서 받는 영향은 피해주민과 공해의 발생원인 사업자가 완전

---

35) 홍준형, "평생교육시설 설치자 지위승계와 설치자변경신청서 반려처분의 적법여부" 「행정판례연구Ⅷ(한국행정판례연구회편)」(서울: 박영사,2003) 93면 이하.
36) 阿部泰隆,「行政訴訟改革論」(東京: 有斐閣,1993), 87頁.

히 반대의 입장에 있기 때문이다. 따라서, 환경기준의 완화가 환경오염
발생원과의 관계에서는 행정치분으로시 힝고소송의 대상이 되시 않는
다고 하더라도 피해주민이 다툴 경우에는, 항고소송의 대상이 될 수 있
다고 볼 수 있다. 이와 같이 어떤 행위에 대해서 반대의 이해관계인이
있는 복효적 행정작용에 있어서는 이해관계인의 일방 관계에서 행정처
분이 아니라고 하더라도, 타방에 대해서는 행정처분으로서 처분성이 인
정되는 경우가 있을 수 있다.[37] 이와 같이 상대적 행정처분론은 행정활
동에 의해서 발생하는 법적 분쟁은 다투는 주체, 다투는 이유에 의해서
상반대는 이익상황이 발생한다는 것을 전제로 하여, 「항고소송의 대상
성을 행위의 성질에 의해서 일률적으로 결정하는 사고를 포기하고, 누
가 다투는가, 다투는 이유가 무엇인가라고 하는 분쟁의 이익상황에 따
라서」 항고소송의 대상이 되는가의 여부를 판단해야 한다고 한다.

이러한 접근방식을 거부처분요건으로서 조리상 신청권의 인정의
법리에 그대로 적용하기는 힘들 것이다. 그러나 이러한 견해가 시사하
는 바는 대상적격성과 원고적격의 문제를 항상 분리하여 접근하는 것이
아니고 경우에 따라서는 분리하지 않고 종합적으로 고려하여 유연하게
양자의 관계를 검토할 필요가 있다는 점이다.

5) 소결

통상적으로 취소소송의 원고적격은 대상적격성이 인정되는 경우
에, 그 처분의 취소를 구하여 소를 제기할 수 있는 자격을 의미한다.
즉, 위법한 행정처분에 의해서 자기의 권리·이익을 침해당하는 법적 상
태에 있는 자가 원고로서 당해 행정처분의 취소소송을 제기할 수 있는
법적 지위를 지칭한다. 이러한 원고적격은 처분의 상대방이 문제된 경
우는 거의 없으며 주로 처분의 제3자가 문제된다. 처분의 상대방의 경

---

37) 南博方·高橋滋, 條解行政訴訟法第2版(東京:有斐閣,2004), 51頁; 阿部泰隆, 前揭書, 87頁.

우 상대방이론38)에 따라 처분의 상대방이 지위가 확인될 경우, 일반적으로 취소소송의 원고적격이 인정된다. 「국민에게 그 행위발동을 요구할 법규상 또는 조리상의 신청권이 있을 것」이라는 요건이 대상적격 심사와 원고적격심사 중 어떤 영역에 속하는가는 다음의 경우로 나누어 볼 필요가 있다.

즉, 법령상 신청권이 명문으로 인정되는 경우와 그 인정에 관하여 해석상 쟁점이 되지 않는 경우에는 신청에 대한 거부처분이 대상적격성을 갖추었는가 여부는 「신청한 행위가 공권력의 행사 또는 이에 준하는 행정작용」일 것이라는 요건과 「거부행위가 신청인의 법률관계에 어떤 변동을 일으키는 것」이라는 요건만 문제로 되고 「국민에게 그 행위발동을 요구할 법규상 또는 조리상의 신청권이 있을 것」이라는 요건은 문제가 되지 않을 것이다. 즉 신청권이 법령에 의하여 인정될 경우에는, 이는 신청권을 가지는 상대방은 처분의 상대방으로서 지위를 인정하는 것으로서 원고적격에 대한 상대방이론에 따르면 신청에 대한 거부처분이 침익적 성격을 띠는 한 당연히 원고적격이 인정된다. 따라서 이 경우에는 당해 거부처분이 「신청한 행위가 공권력의 행사 또는 이에 준하는 행정작용」일 것의 요건과 「거부행위가 신청인의 법률관계에 어떤 변동을 일으키는 것」의 요건을 갖추었는가 여부만 심사하게 되어 전적으로 행정소송법 제2조 제1항 제1호에서 정의한 처분개념의 충족 여부만 문제된다.

신청권이 법령상 명문으로 인정되지 않는 경우에는 조리상 신청권의 인정 여부가 문제된다. 만약 조리상 신청권이 인정되지 않는 사인이 신청에 대한 거부처분을 받게 되면 설령 불이익이 존재한다고 하더리

---

38) 거부처분의 신청권을 인정하는 것은 처분의 상대방으로서 법적 지위를 인정하는 의미를 갖는다. 처분의 상대방일 경우에 원고적격은 침익적 내지 침해적 행정처분일 경우에는 처분의 상대방이론(Adressatentheorie)에 따라 원고적격은 당연히 인정된다. Bader/Funke-Kasiser/Stuhlfauth/von Albedyll, Verwaltungsgerichtsordung 5.Auflage, C.F.Müller, 2011, §42 Rn105.

도, 당해 거부처분은 신청인의 법률관계에 어떤 변동을 일으키는 것이
아닌 사실상의 불이익에 지나지 않는다고 하여 대상적격성을 부정할 것
이다. 이를 역으로 생각하여 보면 조리상 신청권을 인정하는 것은 처분
의 상대방의 지위(원고적격성의 인정)와 더불어 대상적격성을 동시에 인
정하는 것이라고 할 수 있다.

　이러한 점을 종합할 때, 조리상 신청권 존부심사를 통하여 거부처
분을 인정하는 법적 의미는　이들 작용에 대하여 원고적격과 대상적격
이 동시에 판단하는 것이라고 할 수 있다. 전술한 바와 같이 대상판결
은 거부처분에 관하여 처분성의 범위를 확장하는 판례의 흐름의 하나라
고 평가되며 특히 거부처분과 관련하여 조리상 신청권을 개인정보자기
결정권의 영역에서 인정하였다는 점을 평가할 수 있다.

Ⅳ. 조리상 신청권 인정과 이에 수반하는 법적 검토과제

1. 원고적격에 대한 판례법의 도달점과 조리상 신청권 인정법리와 논리적 정합성

　조리상의 신청권 인정의 의미에 대하여 원고적격의 인정으로 볼
것인가, 그렇지 않으면 이를 넘어서 대상적격을 인정하는 하나의 요소
로 볼 것인가에 대하여 학설의 대립이 있지만 거부처분의 상대방의 지
위를 인정한다는 점에서 어느 입장을 취하든지 학설상 원고적격을 인정
한다는 것을 전제한다고 볼 수 있다. 조리에 의한 신청권의 인정과 판
례법상 도달된 원고적격의 법리의 정합성이 문제로 제기될 수 있다.

　행정소송법 제12조는 원고적격에 대하여「취소소송은 처분등의 취
소를 구할 법률상 이익이 있는 자가 제기할 수 있다」고 규정하고 있다.

원고적격의 인정범위에 대하여 학설상 다툼이 있지만, 판례는 그 인정
범위에 관하여 다음과 같이 설시하고 있다.

「행정처분의 직접 상대방이 아닌 제3자라 하더라도 당해 행정처분
으로 인하여 법률상 보호되는 이익을 침해당한 경우에는 그 처분의 무
효확인을 구하는 행정소송을 제기하여 그 당부의 판단을 받을 자격이
있다 할 것이며, 여기에서 말하는 법률상 보호되는 이익이라 함은 당해
처분의 근거 법규 및 관련 법규에 의하여 보호되는 개별적·직접적·구체
적 이익이 있는 경우를 말하고, 공익보호의 결과로 국민 일반이 공통적
으로 가지는 일반적 · 간접적 · 추상적 이익이 생기는 경우에는 법률상
보호되는 이익이 있다고 할 수 없다……공유수면매립면허처분과 농지개
량사업 시행인가처분의 근거 법규 또는 관련 법규가 되는 구 공유수면
매립법, 구 환경보전법, 구 환경보전법 시행령, 구 환경정책기본법, 구
환경정책기본법 시행령의 각 관련 규정의 취지는, 공유수면매립과 농지
개량사업시행으로 인하여 직접적이고 중대한 환경피해를 입으리라고
예상되는 환경영향평가 대상지역 안의 주민들이 전과 비교하여 수인한
도를 넘는 환경침해를 받지 아니하고 쾌적한 환경에서 생활할 수 있는
개별적 이익까지도 이를 보호하려는 데에 있다고 할 것이므로, 위 주민
들이 공유수면매립면허처분 등과 관련하여 갖고 있는 위와 같은 환경상
의 이익은 주민 개개인에 대하여 개별적으로 보호되는 직접적·구체적
이익으로서 그들에 대하여는 특단의 사정이 없는 한 환경상의 이익에
대한 침해 또는 침해우려가 있는 것으로 사실상 추정되어 공유수면매립
면허처분 등의 무효확인을 구할 원고적격이 인정된다. 한편, 환경영향
평가 대상지역 밖의 주민이라 할지라도 공유수면매립면허처분 등으로
인하여 그 처분 전과 비교하여 수인한도를 넘는 환경피해를 받거나 받
을 우려가 있는 경우에는, 공유수면매립면허처분 등으로 인하여 환경상
이익에 대한 침해 또는 침해우려가 있다는 것을 입증함으로써 그 처분
등의 무효확인을 구할 원고적격을 인정받을 수 있다.」

이 판결에서 제시된 원고적격의 인정범위는 다음과 같이 도식화한 수 있다. 즉 행정소송법 제12조에 의한 원고적격이 인정되는「법률상 이익」의 구체적 범위는 근거 법규가 보호하는 이익＋관련 법규가 보호하는 이익＋수인한도를 한도를 넘는 피해로 구성된다. 이러한 판례상 도달한 원고적격의 법리와 법규상 또는 조리상의 신청권 인정의 법리를 비교하면 법규상 신청권에 대하여는 행정소송법 제12조에 의한 원고적격이 인정되는「법률상 이익」에 포섭하는 데는 어려움이 없을 것 같다. 근거법이나 관련법의 해석을 통하여 이미 판례상 신청권을 인정하여 왔기 때문이다. 다만 조리상의 신청권에 대하여는 전기의 새만금간척사건에서 제시한 대법원 판례와 정합성이 문제될 수 있다. 새만금간척사건의 대법원 판례에서도 근거 법규와 관련 법규의 범위를 넘어서 수인한도를 넘는 피해에 대하여는 법규의 범위를 넘어서 원고적격을 인정하였다. 대상판결에서 제시한 조리상의 신청권은 새만금간척사건의 대법원 판례에서 제시한 수인한도를 넘는 피해와 어떻게 조화롭게 이해할 것인가가 향후의 과제로서 제시할 수 있다. 양자는 근거법이나 관련법 규정의 해석을 넘어서 인정되었다는 점에서는 공통하고 있으나 수인한도를 넘는 피해라는 개념에 비하여 조리상의 신청권인정의 기준은 판단기준으로 구체성을 충분히 갖추었다고 보기는 어렵다고 할 수 있다.

2. 법률유보의 원칙에 관한 판례의 도달점과 조리상 신청권에 의한 거부처분 인정의 논리적 정합성관계

조리상 신청권에 의한 거부처분의 인정과 관련하여 국민의 자유·권리를 제한하는 행정에는 법률의 수권이 필요하다는 법률유보의 원칙의 입장에서도 검토할 필요가 있다. 법률유보의 원칙에 있어서 법률은 국회에서 제정한 형식적 의미의 법률을 의미하므로 불문법으로서 관습법은 이에 포함되지 않는다고 볼 수 있다. 판례상 전개되는 법률유보에 대한 논의의 관점에서 조리상 신청권에 의한 거부처분인정에 대하여 살펴보면 다음과 같다.

1) 법률유보가 필요한 영역

법률유보의 적용범위에 관하여는 학설상 견해의 대립이 있으나 판례는 본질성설에 입각하여 기본권실현에 속하는 것으로 중요한 사항에 대하여는 법률유보가 필요하다고 한다. 텔레비전방송수신료의 금액에 대하여 국회가 스스로 결정하거나 결정에 관여함이 없이 한국방송공사로 하여금 결정하도록 한 한국방송공사법 제36조 제1항이 법률유보원칙에 위반되는지 여부가 쟁점이 된 사건에서 헌법재판소는「오늘날 법률유보원칙은 단순히 행정작용이 법률에 근거를 두기만 하면 충분한 것이 아니라, 국가공동체와 그 구성원에게 기본적이고도 중요한 의미를 갖는 영역, 특히 국민의 기본권실현과 관련된 영역에 있어서는 국민의 대표자인 입법자가 그 본질적 사항에 대해서 스스로 결정하여야 한다는 요구까지 내포하고 있다(의회유보원칙). 그런데 텔레비전방송수신료는 대다수 국민의 재산권 보장의 측면이나 한국방송공사에게 보장된 방송자유의 측면에서 국민의 기본권실현에 관련된 영역에 속하고, 수신료금액의 결정은 납부의무자의 범위 등과 함께 수신료에 관한 본질적인 중요한 사항이므로 국회가 스스로 행하여야 하는 사항에 속하는 것임에도 불구하고 한국방송공사법 제36조 제1항에서 국회의 결정이나 관여를 배제한 채 한국방송공사로 하여금 수신료금액을 결정해서 문화관광부장관의 승인을 얻도록 한 것은 법률유보원칙에 위반된다」[39]고 하였다.[40]

---

39) 1999. 5. 27. 98헌바70 전원재판부
40) 법률유보가 필요한 영역에 대하여 헌법재판소는 일관되게 이러한 입장을 설시하고 있다. 2016. 7. 28. 2014헌바158·174(병합).「헌법은 법치주의를 그 기본원리의 하나로 하고 있고, 법치주의는 법률유보원칙, 즉 행정작용에는 국회가 제정한 형식적 법률의 근거가 요청된다는 원칙을 그 핵심적 내용으로 하고 있다. 나아가 오

2) 본질적 사항 해당여부의 판단기준

본질적 사항 해당여부의 판단기준에 대하여 다음과 같은 관점에서 살펴볼 필요가 있다 즉,「특정 사안과 관련하여 법률에서 하위 법령에 위임을 한 경우에 모법의 위임범위를 확정하거나 하위 법령이 위임의 한계를 준수하고 있는지 여부를 판단할 때에는, 하위 법령이 규정한 내용이 입법자가 형식적 법률로 스스로 규율하여야 하는 본질적 사항으로서 의회유보의 원칙이 지켜져야 할 영역인지, 당해 법률 규정의 입법목적과 규정 내용, 규정의 체계, 다른 규정과의 관계 등을 종합적으로 고려하여야 하고, 위임 규정 자체에서 의미 내용을 정확하게 알 수 있는 용어를 사용하여 위임의 한계를 분명히 하고 있는데도 문언적 의미의 한계를 벗어났는지, 하위 법령의 내용이 모법 자체로부터 위임된 내용의 대강을 예측할 수 있는 범위 내에 속한 것인지, 수권 규정에서 사용하고 있는 용어의 의미를 넘어 범위를 확장하거나 축소하여서 위임내용을 구체화하는 단계를 벗어나 새로운 입법을 한 것으로 평가할 수 있는지 등을 구체적으로 따져 보아야 한다.

여기서 어떠한 사안이 국회가 형식적 법률로 스스로 규정하여야 하는 본질적 사항에 해당되는지는, 구체적 사례에서 관련된 이익 내지 가치의 중요성, 규제 또는 침해의 정도와 방법 등을 고려하여 개별적으로 결정하여야 하지만, 규율대상이 국민의 기본권 및 기본적 의무와 관련한 중요성을 가질수록 그리고 그에 관한 공개적 토론의 필요성 또는

늘날의 법률유보원칙은 단순히 행정작용이 법률에 근거를 두기만 하면 충분한 것이 아니라, 국가공동체와 그 구성원에게 기본적이고도 중요한 의미를 갖는 영역, 특히 국민의 기본권 실현에 관련된 영역에 있어서는 행정에 맡길 것이 아니라 국민의 대표자인 입법자 스스로 그 본질적 사항에 대하여 결정하여야 한다는 요구, 즉 의회유보원칙까지 내포하는 것으로 이해되고 있다. 이때 입법자가 형식적 법률로 스스로 규율하여야 하는 사항이 어떤 것인지는 일률적으로 확정할 수 없고 구체적인 사례에서 관련된 이익 내지 가치의 중요성 등을 고려하여 개별적으로 정할 수 있다고 할 것이다.」

상충하는 이익 사이의 조정 필요성이 클수록, 그것이 국회의 법률에 의해 직접 규율될 필요성은 더 증대 된다.」[41]

3) 법률유보의 형식

법률유보원칙은 반드시 법률에 의한 규율을 요구하는 것이 아니라 법률의 위임에 의해 제정된 다른 법령에 의하여도 충족될 수 있어서 법률의 근거를 두었다면 시행령, 시행규칙에 의한 규율도 법률유보의 원칙에 반하지 않는다고 보여 진다.

헌법재판소는 한중국제결혼절차 위헌확인사건에서「헌법 제37조 제2항은 기본권제한에 관한 일반적 법률유보조항이라고 할 수 있는데, 법률유보의 원칙은 『법률에 의한 규율』만을 요청하는 것이 아니라 『법률에 근거한 규율』을 요청하는 것이기 때문에 기본권의 제한에는 법률의 근거가 필요할 뿐이고 기본권제한의 형식이 반드시 법률의 형식일 필요는 없다. 그런데, 피청구인의 이 사건 결혼경위 등 기재요구행위는 합헌적인 법령인 출입국관리법 제8조 제2항, 동법시행령 제11조 제2항, 동법시행규칙 제9조 제4호, 제76조 제1항 등의 근거에 따라 이루어진 것이고 따라서 법률유보의 원칙에 위배되지 않는다」고 하였다.[42]

4) 법률유보와 조리상 신청권인정

이러한 법률유보에 관한 판례법의 흐름에 비추어 볼 때, 이 사건에서 쟁점이 되고 있는 주민등록번호 변경제도는 판례상의 법률유보의 판

---

41) 대법원 2015. 8. 20. 선고 2012두23808 전원합의체 판결

42)「국민의 기본권은 헌법 제37조 제2항에 의하여 국가안전보장·질서유지 또는 공공복리를 위하여 필요한 경우에 한하여 이를 제한할 수 있으나, 그 제한의 방법은 원칙적으로 법률로써만 가능하고, 제한의 정도도 기본권의 본질적 내용을 침해할 수 없으며 필요한 최소한도에 그쳐야 한다. 여기서 기본권 제한에 관한 법률유보원칙은 '법률에 근거한 규율'을 요청하는 것이므로, 그 형식이 반드시 법률일 필요는 없다 하더라도 법률상의 근거는 있어야 한다.」2005. 3. 31. 2003헌마87 ; 2016. 4. 28. 2012헌마630

단기준, 즉 법률유보가 필요한 영역, 본질적 사항 해당 여부, 법률유보의 형식 등이 기준을 이 사건 주민등록법상 주민등록번호 변경제도에 대입시켜보면 세 가지 요건을 모두 충족시키기 때문에 반드시 의회유보원칙이 적용될 영역으로 보인다.

　　대상판결은 주민등록법상 주민등록번호 변경제도가 법령상 규정이 없을 때에 당해 문제를 어떻게 해결할 것인가가 문제되었다. 즉 대상판결은 주민등록법상 주민등록번호 변경제도에 대한 입법적 불비 내지 입법부작위에 대하여 어떻게 처리할 것인가라는 점이 핵심적 쟁점이라고 할 수 있다. 제1심과 원심판단은 주민등록번호 변경제도가 현행법 해석상 허용되지 않는다는 것을 전제하여 원고의 청구를 각하하였으나, 대법원은 합헌적 법률해석을 통하여 주민등록법상 주민등록번호 변경이 법해석상 금지되는 것이 아니라고 하면서, 조리상 이에 대한 신청권의 인정을 통하여 문제를 해결하고 있다. 조리상 신청권의 인정은 입법적 흠결을 법해석을 통하여 해결한다는 긍정적 측면도 있으나 이를 쉽게 인정할 경우, 법률유보가 필요한 영역에서 입법적 불비가 과도하게 용인되어 질 수 있다는 우려도 있을 수 있다.

3. 대상적격의 확대와 절차적 규율의 문제

　　거부처분의 범위에 관하여 판례는 점진적 확장을 지속하고 있다고 판단된다. 취소소송의 대상적격 확대와 관련하여 검토할 또 다른 문제는 행정절차의 적용문제이다.

　　행정절차법 제21조는 행정청은 당사자에게 의무를 과하거나 권익을 제한하는 처분을 하는 경우에는 사전통지의무를 진다고 규정하고 있다. 처분의 사전통지란 처분청이 당사자에게 불이익 처분을 하는 경우에 당사자 등의 의견청취를 반드시 거쳐야 하는 사전 절차이다. 이것은 행정청이 조사한 사실 등 정보를 미리 당사자에게 알려줌으로써 당사자

등이 충분한 시간을 갖고 준비하여 자신이 알고 있는 사실을 바탕으로 의견청취절차에서 의견을 진술하게 함으로써 자신의 권익을 보호할 수 있도록 하는 제도이다.[43]

신청에 대한 거부처분도 행정절차법 제21조에서 규정하는 당사자의 의무를 과하거나 권익을 제한하는 처분 속에 포함되는가 여부가 쟁점이 될 수 있다. 이 문제에 대하여 학설은 긍정설과 부정설로 나뉜다. 긍정설[44]은 포함되어야 하는 논거로서 다음과 같은 점을 제시한다. 첫째, 예컨대 수익적 처분이 거부되는 경우 등을 전제하여 검토할 때, 그 효과 면에 있어서는 실질적으로 불이익처분과 다름없는 것이기 때문에, 신청에 대한 거부처분은 당연히 당사자의 권익을 제한하는 처분에 해당한다. 둘째, 우리나라 행정절차법은 일본의 경우와 달리 신청에 관한 처분과 일반적 불이익 처분을 전혀 구별하지 않고 포괄적으로 규정하고 있으므로 일본에 대한 해석을 우리나라에 적용할 필요가 없다.

이러한 긍정설에 대하여 부정설은 다음의 논거를 제시하면서 신청에 대한 거부처분은 당사자에게 의무를 과하거나 권익을 제한하는 처분 속에 포함되지 않는다고 한다.[45]

첫째, 신청을 하였어도 아직 당사자에게 권익을 부여하지 아니하였으므로 신청을 거부하여도 직접 당사자에게 권익을 제한하는 것이 아니다. 둘째, 신청에 대한 거부처분은 그것이 불이익을 받은 상대방의 신청에 의한 것이므로 성질상 이미 의견진술의 기회를 준 것으로 볼 수 있다.

이러한 견해의 대립 속에 판례는 부정설의 입장을 취하고 있는 것 같다. 대법원은 교원임용거부 취소청구사건에서 「행정절차법 제21조 제1항은 행정청은 당사자에게 의무를 과하거나 권익을 제한하는 처분을 하는 경우에는 미리 처분의 제목, 당사자의 성명 또는 명칭과 주소, 처

---

43) 김철용 전게서, 317.
44) 김철용 전게서, 318.
45) 박균성 전게서, 428면.

분하고자 하는 원인이 되는 사실과 처분의 내용 및 법적 근거, 그에 대하여 의견을 제출할 수 있다는 뜻과 의견을 제출하지 아니하는 경우의 처리 방법, 의견제출기관의 명칭과 주소, 의견제출기한 등을 당사자 등에게 통지하도록 하고 있는 바, 신청에 따른 처분이 이루어지지 아니한 경우에는 아직 당사자에게 권익이 부과되지 아니하였으므로 특별한 사정이 없는 한 신청에 대한 거부처분이라고 하더라도 직접 당사자의 권익을 제한하는 것은 아니어서 신청에 대한 거부처분을 여기에서 말하는 '당사자의 권익을 제한하는 처분'에 해당한다고 할 수 없는 것이어서 처분의 사전통지대상이 된다고 할 수 없다」고 하였다.46)

생각건대 신청에 대한 거부처분은 사안별로 신청인이 처한 이익상황이 서로 상이할 것이다. 서로 다른 이익상황을 일반화하여 일괄적으로 행정절차법 제21조가 적용되는가 혹은 배제되는가라는 논의는 설득력 있는 결론을 도출하기 힘들다고 볼 수도 있다. 수익적 처분의 거부처분과 같이 신청에 대한 거부처분으로 인하여 신청인이 불이익을 받는 것이 실질적으로 명백한 경우에는 이들 사례를 유형화하여 행정절차법 제21조의 적용을 검토하는 것도 문제 해결의 한 방법이라고 생각한다. 대상적격 확대론이 학설로서 제기된 시점은 일반적인 절차법적 규율이 도입되기 이전이었다, 그 후 행정의 사전절차법으로서 행정절차법이 도입되고 사후 절차법으로 행정심판법이 정비된 시점에서 대상적격론의 확대론은 소송법상의 문제에 한정할 것이 아니라 절차법적 규율과 정합성도 같이 검토할 필요가 있다.47)

---

46) 대법원 2003. 11. 28. 선고 2003두674 판결
47) 행정소송법 제2조 제1항 제1호와 같이 행정절차법 제2조 제2호 및 행정심판법 제2조 제1호에서 행정처분의 정의규정을 두고 있다.

V. 맺음말

대상판결은 판례법상 확립된 거부처분개념을 확인하면서 조리상 신청권을 개인정보의 자기결정권과 관련된 영역에 확인·인정하여 처분개념을 확장시키고 있다. 이러한 처분개념의 확장은 국민의 권리구제의 범위를 확장한 점에서 긍정적으로 평가할 수 있다.

거부처분의 거부처분요건과 대상적격 확장 방향과 관련하여 다음 사항을 제언할 수 있다.

첫째「신청한 행위가 공권력의 행사 또는 이에 준하는 행정작용」의 완화를 통한 대상적격의 확장은 비권력적 분야에서 공법상 당사자소송을 통한 구제가능성 등을 종합적으로 고려하여 취소소송제도의 권리구제상 역기능이 작용하지 않는 범위 내에서 합리적으로 그 범위를 조정할 필요가 있다. 즉 비권력분야에 대한 대상적격성의 확대는 공법상 당사자소송과 적절한 기능분담이라는 관점에서 신중하게 접근할 필요가 있다.

둘째,「거부행위가 신청인의 법률관계에 어떤 변동을 일으키는 것」이라는 요건의 완화는, 법률상 쟁송의 범위 혹은 국민의 재판을 받을 권리 자체의 절대적 범위를 확장하는 것으로 권리구제상 역기능이 작용할 여지가 비교적 작다고 할 수 있기 때문에, 보다 유연한 사고를 통하여 보다 적극적으로 검토할 필요가 있다.

셋째,「국민에게 그 행위발동을 요구할 법규상 또는 조리상의 신청권이 있을 것」이라는 요건은, 법규상 신청권이 인정될 경우에는 해석상 쟁점이 될 경우가 거의 없을 것이다. 다만 조리상의 신청권의 인정 여부가 쟁점이 될 경우에는 몇 가지 검토가 필요한 문제점을 가진다. 조리상의 신청권의 인정 문제는 신청권에 대한 입법적 불비 혹은 흠결을 해석을 통하여 이 문제를 해결하려는데 문제의 본질이 있다. 이것을 과도하게 인정할 경우「법률에 의한 행정」이「조리에 의한 행정」으로

될 가능성이 있고 이것을 엄격하게 해석하여 인정하지 않을 경우, 입법
적 불비나 흠결이 존재하는 영역에서 권리구제를 위한 유연한 법집행을
과도하게 제한한다는 비판을 피하기 힘들 것이다. 이것은 당해 문제해
결과정에서 헌법재판소와 적절한 역할분담을 통하여 합리적 범위를 정
하는 것이 필요할 것이다. 이 문제는 그 인정 여부를 고려함에 있어서
당해 문제에 대한 법률유보의 필요성, 절차적 규율 등도 반드시 고려할
필요가 있을 것이다. 대상적격 확대론은 헌법재판소제도와 행정절차법
제도가 현재와 같이 정비되기 이전에 설계된 이론이다. 이 이론의 적정
성은 이들 제도와 관련하여 그 내용과 범위에 대한 재검토가 필요한 시
점이다.

참고문헌

홍준형, "평생교육시설 설치자 지위승계와 설치자변경신청서 반려처분의 적
법여부"「행정판례연구Ⅷ(한국행정판례연구회편)」(서울: 박영사, 2003)
93면 이하.

박정훈 "행정심판법의 구조와 기능"「행정법연구」(서울: 행정법이론실무
학회, 2004)

김중권, "행정처분의 의의와 종류"「행정소송(Ⅰ)(편집대표 조해현)」(서
울: 한국사법행정학회, 2008), 481면 이하.

김주영·손형섭 공저, 「개인정보보호법의 이해」(서울: 법문사, 2012)

박균성, 「행정법강의 제12판」(서울: 박영사, 2015)

권건보, "정보주체의 개인정보자기결정권"「개인정보보호의 법과 정책(고
학수 편)」(서울:2016년, 박영사), 60－96면.

홍정선, 「신행정법특강」(서울: 박영사, 2017)

정영철, "도시계획시설폐지신청거부와 계획변경신청권의 문제"「행정판례
연구 XXⅡ 한국행정판례연구회편)」(서울: 박영사,2017) 183면 이하.

정하중, 「행정법개론 제12판」(서울: 법문사, 2018)

김남진·김연태, 「행정법Ⅰ 제22판」(서울: 법문사, 2018)

김철용, 「행정법 전면개정 제7판」(서울: 고시계사, 2018)

Bader/Funke－Kasiser/Stuhlfauth/von Albedyll, Verwaltungsgerichtsordung
5.Auflage, C.F.Müller, 2011.

阿部泰隆, 「行政訴訟改革論」(東京:有斐閣,1993)

宮崎良夫, "手続的権利と訴えの利益"「行政法の発展と変革(上卷) 塩野宏
先生古稀記念」(東京:有斐閣, 2001)

南博方·高橋滋, 條解行政訴訟法第2版(東京: 有斐閣,2004)

국문초록

　　대상판결은 거부처분에 관하여 처분성의 범위를 확장하는 판례의 흐름의 하나라고 평가되며 특히 거부처분과 관련하여 조리상 신청권을 개인정보자기결정권의 영역에서 인정하였다는 점을 평가할 수 있다. 거부처분의 거부처분요건과 대상적격 확장 방향과 관련하여 다음 사항을 제언할 수 있다.

　　첫째, 「신청한 행위가 공권력의 행사 또는 이에 준하는 행정작용」의 완화를 통한 대상적격의 확장은 비권력적 분야에서 공법상 당사자소송을 통한 구제가능성 등을 종합적으로 고려하여 취소소송제도의 권리구제상 역기능이 작용하지 않는 범위 내에서 합리적으로 그 범위를 조정할 필요가 있다. 즉 비권력분야에 대한 대상적격성의 확대는 공법상 당사자소송과 적절한 기능분담이라는 관점에서 신중하게 접근할 필요가 있다.

　　둘째, 「거부행위가 신청인의 법률관계에 어떤 변동을 일으키는 것」이라는 요건의 완화는, 법률상 쟁송의 범위 혹은 국민의 재판을 받을 권리 자체의 절대적 범위를 확장하는 것으로 권리구제상 역기능이 작용할 여지가 비교적 작다고 할 수 있기 때문에, 보다 유연한 사고를 통하여 보다 적극적으로 검토할 필요가 있다.

　　셋째, 「국민에게 그 행위발동을 요구할 법규상 또는 조리상의 신청권이 있을 것」이라는 요건은, 법규상 신청권이 인정될 경우에는 해석상 쟁점이 될 경우가 거의 없을 것이다. 다만 조리상의 신청권의 인정여부가 쟁점이 될 경우에는 몇 가지 검토가 필요한 문제점을 가진다. 조리상의 신청권의 인정 문제는 신청권에 대한 입법적 불비 혹은 흠결을 해석을 통하여 이 문제를 해결하려는데 문제의 본질이 있다. 이것을 과도하게 인정할 경우 「법률에 의한 행정」이 「조리에 의한 행정」으로 될 가능성이 있고 이것을 엄격하게 해석하여 인정하지 않을 경우, 입법적 불비나 흠결이 존재하는 영역에서 권리구제를 위한 유연한 법집행을 과도하게 제한한다는 비판을 피하기 힘들 것이다. 이것은 당해 문제해결과정에서 헌법재판소와 적절한 역할분담을 통하여 합리적 범위를 정하는 것이 필요할 것이다. 이 문제는 그 인정 여부를 고려함에 있어서 당해 문제에 대한 법률유보의 필요성, 절차적 규율 등도 반드시 고려할 필요가 있을 것이다. 대상적격 확대론은 헌법재판소제도와 행정절차법제도가 현재와 같이 정비되기 이전에 설계된 이론이다. 이 이론의 적정성은 이들 제도와 관련하여 그 내용과 범위에 대한 재검토가 필요한 시점이다.

주제어: 거부처분, 조리상 신청권, 개인정보의 자기결정권, 대상적격의 확장, 법률상쟁송.

Abstract

A study for people's right to file an application for changing the resident registration number based on the nature of matter in the case of the illegal divulging of his/her resident registration number

Kim, Chang-Jo*

This thesis analyzes people's right to file an application for changing the resident registration number based on the nature of matter in the case of the illegal divulging of his/her resident registration number. The research methods employed in this thesis include examining legal systems, case laws and theories related to this problem in Korea.

According to case laws of the Korean supreme court, it has been suggested the following 3 elements as a conceptual composing factors of a refusal disposition. That are 「to exercise public authority by an administrative agency 」, 「the rights and duties of applicant to be influenced by the refusal disposition by an administrative agency」, 「to admit people's right to file an application for the disposition by an administrative agency based on the law or the nature of matter」. This judgement of korean supreme court admitted people' right to file an application for changing the resident registration number

* Kyungpook National University Law School

based on the nature of matter in the case of the illegal divulging of resident registration number. It is positively evaluated in the meaning of broadening the scope of judicial review but it can be negatively estimated in aspect of lacking concrete standard to admit applicant' right in the refusal disposition by an administrative agency. This Right is given to applicants based on the nature of matter by the court. The nature of matter as the standard to decide a right to be admitted or not is too abstract. It is necessary to form and to develop more concert criteria for this problem by case laws in the future.

Keywords : refusal disposition, right to file an application for changing the resident registration number, the nature of matter, the illegal divulging of his/her resident registration number, the scope of judicial review.

투고일   2018. 12. 7.
심사일 2018. 12. 22.
게재확정일 2018. 12. 27.

公法上 給付請求訴訟으로서 抗告訴訟 및 當事者訴訟*

金鉉峻**

대상판결: 대법원 2017. 2. 9. 선고 2014두43264 판결

Ⅰ. 판결의 개요

1. 사실관계

원고들은 1977. 9. 1.부터 1979. 8. 31.까지 사법연수생으로 재직하였고, 판사 또는 검사로 임용되어 근무하다가 퇴직한 사람이다.

구 공무원연금법(1979. 12. 28. 법률 제3221호로 개정되기 전의 것, 이하 '법'이라 한다) 제2조 제1항 제1호는 "공무원이라 함은 상시 공무에 종사하는 국가공무원 및 지방공무원을 말한다. 단, 군인과 선거에 의하거나 임시적 또는 조건부로 취임하는 공무원을 제외한다."고 규정하고, 구 공

---

* 이 연구는 2018년도 영남대학교 학술연구조성비에 의한 것임.
** 영남대 법학전문대학원 교수.

무원연금법 시행령(1979. 10. 13. 대통령령 제9643호로 개정되기 전의 것, 이하 '시행령'이라 한다) 제2조는 "법 제2조 제1항 제1호 단서의 규정에 의하여 법 및 이 영의 적용을 받지 아니하는 공무원은 다음 각 호의 1에 해당하는 공무원을 말한다."고 규정하고 제4호에서 '한정된 목적을 위하여 단기적으로 채용되거나 기한을 정하여 채용되는 공무원'을 들면서, 법 제2조 제1항 제1호 단서 및 시행령 제2조 제4호에서 정한 임시직 공무원을 법의 적용 대상에서 제외하고 있다.

피고 행정청(공무원연금관리공단)은 사법연수생을 위의 임시직 공무원으로 보고, 그 재직기간을 공무원연금법상 공무원 재직기간으로 합산하지 않았다.

그런데, 대법원은 구 법원조직법(1980. 1. 4. 법률 제3245호로 개정되기 전의 것)상의 사법연수생은 구 공무원연금법(1979. 12. 28. 법률 제3221호로 개정되기 전의 것) 제2조 제1항 제1호 단서에서 말하는 '임시적 또는 조건부로 취임하는 공무원'에 해당하지 않으므로 구 공무원연금법의 적용대상인 공무원에 해당한다는 취지의 판결을 선고하였다(대법원 2012. 11. 15. 선고 2012두1938 판결).

이에 원고들은 피고에게 사법연수생으로 재직한 기간을 공무원연금법상 공무원 재직기간에 합산하여 달라는 내용의 신청을 하였지만, 피고는 원고들에게 '재직기간의 합산은 공무원으로 재직 중인 경우에만 신청이 가능한 것으로, 이미 퇴직한 이후에는 신청할 수 없다'는 이유로 위 신청들에 대한 승인이 불가하다는 통보를 하였다(이하 '이 사건 각 처분'이라 한다).

원고 중 일부는 2013. 2. 15. 피고로부터 위 통보서를 수령하였으나 이에 대하여 별도로 행정심판을 제기하지 않았고, 나머지 일부는 위 통보에 불복하여 공무원연금급여재심위원회에 행정심판을 청구하였으나 위 재심위원회는 재심판정일란 기재 일자에 위와 같은 이유로 기각 판정을 하였다. 이에 원고들은 선택적으로, 피고가 각 처분일에 원고들에 대하여 한 재직기간합산 불승인처분을 각 취소하거나, 또는 원고들이 재직기간란 기재 각 공무원재직기간에 상응한 퇴직연금을 받을 권리를 가진 자의 지위에 있음의 확인을 구하는 소를 제기했다.

2. 소송의 경과

제1심 판결에서는 행정심판을 제기하지 않은 원고 일부의 취소소송 부분은 제소기간 도과를 이유로 각하했고, 행정심판 재결서 송달시점을 기준으로 취소소송의 제소기간요건을 충족한 원고들의 취소소송 부분은 기각했다.[1] 원심판결에서는 원고들의 항소를 기각했고, 대상판결에서는 원고들의 상고를 기각했다.

3. 판결의 요지

(1) 제1심: 서울행정법원 2014. 4. 3. 선고 2013구합22598 판결

제1심 법원은 원고들의 소 중 각 공무원재직기간에 상응한 퇴직연금을 받을 권리를 가진 자의 지위확인청구 부분의 적법 여부에 대하여, "원고들이 공무원으로 20년 이상 재직한 후 퇴직하였다고 하더라도 원고들의 사법연수생 재직기간을 공무원 재직기간에 합산하는 공무원연금공단의 승인을 받고, 이와 같이 합산된 공무원 재직기간에 해당하는 퇴직연금을 받을 권리를 안전행정부장관으로부터 인정받지 않은 이상 사법연수생 재직기간을 합산한 공무원 재직기간에 상응하는 퇴직연금

---

[1] 행정심판을 제기하지 않은 원고 일부의 취소소송 부분은 제소기간 도과로 부적법한 것이 되었지만, 이하 본고에서는 제소기간 도과부분은 논외로 하여 취소소송의 제소기간을 준수하였음을 전제로 취소소송 관련 쟁점을 검토한다. 따라서 판례 원문에서는 행정심판을 제기하지 않아 취소소송의 제소기간을 도과한 '원고 중 일부'와 취소소송의 제소기간을 준수한 '나머지 원고들'을 구분하지만, 본고에서는 이러한 구분을 하지 않는다.

을 지급받을 구체적인 권리가 발생하지 않으므로, 피고에 대하여 위와 같은 권리의 확인을 구할 소의 이익이 없다. 따라서 원고들의 소 중 각 공무원재직기간에 상응한 퇴직연금을 받을 권리를 가진 자의 지위확인 청구 부분은 부적법하다."고 판단했다.

또한, 퇴직한 공무원이 재직기간 합산신청을 할 수 있는지 여부에 대해서는 "공무원연금법 제23조 제2항, 제24조 제1항[2]에 따라 재직기간 합산신청을 할 수 있는 사람은 신청 당시 공무원의 자격을 가지고 있는 재직 중의 자를 의미한다."고 판단했다.

나아가, 신의칙 위반 여부에 대해서는 사법연수생은 대법원 2012. 11. 15. 선고 2012두1938 판결이 내려진 후에, "이로써 사법연수원 재직기간도 공무원 재직기간에 합산될 수 있게 되었으나, 그렇다 하더라도 원고들이 공무원으로 재직 중일 당시 피고에게 재직기간 합산신청을 하는 데에 법률상 장애가 있었다고 볼 수 없으므로, 위와 같은 사정만으로 이 사건 각 처분이 신의칙에 반한다고 볼 수 없다."고 보았다. 평등원칙 위반 여부에 대해서는 "피고가 현재 재직 중인 공무원들에 대해 과거 사법연수생 재직기간을 공무원 재직기간으로 합산하여 주면서 공무원으로 재직 중이 아닌 원고들에게 재직기간 합산을 거부하는 것은 현행 공무원연금법상 재직기간 합산신청의 요건에 따른 차이일 뿐이므로 이를 평등원칙에 반한다고 볼 수 없"고, "공무원으로 재직 중인 자만을 재직기간 합산신청권자라고 규정하고 있는 공무원연금법 제23조 제2항, 제24조 제1항이 공무원 신분을 유지하고 있는 사람과 이를 상실한

---

2) 공무원연금법 제23조(재직기간의 계산) ① 공무원의 재직기간은 공무원으로 임명된 날이 속하는 달부터 퇴직한 날의 전날 또는 사망한 날이 속하는 달까지의 연월수(年月數)로 계산한다. ② 퇴직한 공무원·군인 또는 사립학교교직원(이 법,「군인연금법」또는「사립학교교직원 연금법」을 적용받지 아니하였던 자는 제외한다)이 공무원으로 임용된 경우에는 본인이 원하는 바에 따라 종전의 해당 연금법에 따른 재직기간 또는 복무기간을 제1항의 재직기간에 합산할 수 있다. 제24조(재직기간의 합산방법) ① 제23조제2항에 따라 재직기간 또는 복무기간을 합산받으려는 자는 재직기간 합산신청서를 공단에 제출하여야 한다.

사람을 자의적으로 차별하고 있다고 볼 수 없으므로 평등의 원칙에 반한다고 할 수도 없다."고 판단했다.

(2) 원심: 서울고등법원 2014. 9. 30. 선고 2014누48711 판결

원심은 이 사건에 관하여 설시할 이유는 제1심 판결문의 이유 기재와 같으므로, 행정소송법 제8조 제2항, 민사소송법 제420조 본문에 의하여 이를 그대로 인용하고 있다.

(3) 대상판결: 대법원 2017. 2. 9. 선고 2014두43264 판결

대법원은 공무원연금법령상 급여청구권을 실현하는 소송형식에 대하여 "공무원연금법령상 급여를 받으려고 하는 자는 우선 관계 법령에 따라 공무원연금공단에 급여지급을 신청하여 공무원연금공단이 이를 거부하거나 일부 금액만 인정하는 급여지급결정을 하는 경우 그 결정을 대상으로 항고소송을 제기하는 등으로 구체적 권리를 인정받아야 하고, 구체적인 권리가 발생하지 않은 상태에서 곧바로 공무원연금공단을 상대로 한 당사자소송으로 권리의 확인이나 급여의 지급을 소구하는 것은 허용되지 아니한다."고 판시했다. 그리고 "이러한 법리는 구체적인 급여를 받을 권리의 확인을 구하기 위하여 소를 제기하는 경우뿐만 아니라, 구체적인 급여수급권의 전제가 되는 지위의 확인을 구하는 경우에도 마찬가지로 적용된다."고 보았다.

공무원연금법상 재직기간 합산 신청에 대해서는 동법의 입법연혁에 비추어 볼 때, "재직 중인 공무원에 대해서만 재직기간 합산 신청을 허용하고 있는 것으로 해석된다."고 판단했다.

제소기간이 이미 도과하여 불가쟁력이 생긴 행정처분의 경우 합산 신청에 대하여는 "개별 법규에서 변경을 요구할 신성권을 규정하고 있거나 관계 법령의 해석상 그러한 신청권이 인정될 수 있는 등 특별한 사정이 없는 한 국민에게 행정처분의 변경을 구할 신청권이 있다고 할

수 없고, 공무원연금법의 해석상 이미 불가쟁력이 발생한 급여지급결정
의 전제가 되는 재직기간의 정정 또는 재산정을 구할 신청권이 인정된
다고 볼 수 없으므로, 재직기간의 정정 또는 재산정을 구하는 취지가
포함된 재직기간 합산신청이라 하여 일반적인 재직기간 합산신청과 달
리 퇴직 후에도 허용된다고 볼 수는 없다."고 판단했다.

Ⅱ. 문제의 제기

　　원고들은 선택적으로, 피고가 원고들에 대하여 한 재직기간합산 불
승인처분을 각 취소하거나, 또는 원고들은 각 공무원재직기간에 상응한
퇴직연금을 받을 권리를 가진 자의 지위에 있음의 확인을 구하고 있는
데, 이는 종국적으로 공무원연금법상 연금지급청구권을 실현하기 위한
것이다. 연금지급청구권과 같은 공법상 금전지급청구권은 그것이 행정
청의 처분에 의해 확정되는지, 또는 법률규정에 의해 확정되는지에 따
라 각각 항고소송 또는 당사자소송으로 다투게 된다.3) 대상판례는 공법
상 금전급부청구권 및 이를 실현하는 2가지 소송형식 구분에 관한 일관
된 대법원판례의 연결선상에 있는데, 여기서 다음과 같은 쟁점들을 도
출할 수 있다.

───────────────
3) 항고소송에 관한 판례로는 대법원 1996. 12. 6. 선고 96누 6417 판결; 1995. 9. 15.
　선고 93누18532 판결; 1999. 11. 26. 선고 97다42250 판결; 2008. 2. 1. 선고 2005두
　12091 판결; 1991. 2. 12. 선고 90다10827 판결; 1996. 4. 23. 선고 95다53775 판결.
　당사자소송에 관한 판례로는 대법원 1998. 12. 23. 선고 97누5046 판결; 1999. 1.
　26. 선고 98두12598 판결; 2002. 3. 29. 선고 2001두9592 판결; 1999. 7. 23. 선고 97
　누10857 판결; ,대법원 1992. 12. 24. 선고 92누3335 판결; 대법원 1993. 10. 12. 선
　고 93누13209 판결; 1997. 5. 30. 선고 95다28960 판결; 2001. 2. 23. 선고 99두8411
　판결; 2000. 9. 8. 선고 99두2765 판결; 2002. 6. 14. 선고 2001다24112 판결; 2003.
　3. 28. 선고 2002두11028 판결. 이러한 판례의 분류에 관해서는 임영호, "공법상
　금전급부청구권과 관련된 소송형식", 法曹 59-3, 2010, 261-265.

첫째, 행정소송에서 원고의 실체적 권리(청구권)는 원고적격 판단을 넘어 본안판단에서도 다투어지는가?

둘째, 대상판례의 항고소송과 당사자소송의 구분에서 나타나는 '구체적 권리'란 무엇인가?

셋째, 대상판례에서와 같은 항고소송 또는 당사자소송의 이용가능성은 공법상 금전지급청구소송의 경우에만 한정되는가, 다른 소송의 경우에도 적용될 수 있는가?

넷째, 항고소송과 당사자소송이라는 소송유형의 범위는 어느 정도인가?

다섯째, 사인의 신청에 대하여 행정청이 인용 또는 거부를 하는 구조의 법률관계에서 사인의 신청권이 형식적으로는 없지만 실질적으로는 있는 것으로 보아야 하는 경우가 있는가? 나아가 행정청의 직권을 발동하거나 하지 않는 구조의 법률관계에서조차 사인의 신청권이 실질적으로 있는 것으로 보아야 하는 경우가 있는가?

Ⅲ. 공법상 금전급부청구권을 실현하는 행정소송의 유형

1. 행위소송과 법률관계소송의 구분

행위소송이란 행정의 행위를 다투는 소송이다. 이러한 소 내지 청구는 행위의 위법확인, 취소·시정, 또는 행정청에 대하여 그러한 의무이행을 구하는 것이다. 반면에 법(률)관계소송이란 행정에 관한 법률관계 또는 권리의무의 존재 등을 다투는 소송이다.[4] 행위소송과 법률관계소송의 개념은 우리나라에서 보편화된 용어는 아니지만, 행정소송의 구

---

4) 芝池義一, "抗告訴訟と法律関係訴訟", 礒部力·小早川光郎·芝池義一 編, 行政法の新構想 Ⅲ, 2008, 31.

조를 이해하는데 도움이 되는 개념도구라고 할 수 있다. 현행 행정소송법 기준으로는 항고소송은 전지에, 당사자소송은 후자에 해당하겠시만, 행정법에서 법률관계의 의미를 강조할 경우 법률관계소송의 범위는 확장될 수도 있다. 가령, 행정법영역에서도 행정법관계라는 법률관계가 마찬가지로 중요하며, 이 점을 특히 강조하려는 주장은5) 법률관계소송과 무관하지 않다. 또한, 실체적 공권이 있으면 그에 수반하여 이를 다투는 소송이 있어야 한다는, "권리가 있는 곳에, 구제가 있다(Ubi jus, ibi remedium)."라는 원칙이나, 실체적 공권을 중요시하는 입장의 지향점 역시 이와 무관하지 않을 것이다. 그러나 현행법 해석을 바탕으로 할 경우 실체적 공권이 있으면 이는 행정소송으로 다툴 수 있어야 하지만, 그렇다고 항고소송이 반드시 실체적 청구권을 전제로 하는 것으로 보기 어려운 면도 있다. 행정법학에서 행정행위론이 가지는 의미, 그리고 취소소송에 관한 행정소송법 규정 등을 생각할 때 본안판단에서는 반드시 원고의 실체적 청구권을 전제하지 않고도 판단할 수 있음을 현행 행정소송법의 구조상 부인하기 어렵기 때문이다.6) 즉 취소소송과 같은 행위소송에서는 원고의 실체법상 청구권을 고려하지 않고도 본안승소요건

---

5) Bachof, "Die Dogmatik des Verwaltungsrechts vor den Gegenwartsaufgaben der Verwaltung, VVDStRL 30, 1972, S. 194 ff. 이와 관련하여 행정작용과 행정법관계를 구분하여 조망하는 Remmert, Verwaltungshandeln und Verwaltungsrechtsverhältnis im Überblick, in: Ehler/Pünder, Allgemeines Verwaltungsrecht, 2015, S. 569 ff.(특히 행정법관계론의 한계에 관한 S. 593 f.).

6) 이는 행정실체법과 행정소송법과의 관계, 또는 실체법상 청구권과 행정소송과의 관계문제가 될 것인데, 우리나라에서는 이 문제를 깊이 연구하는 문헌을 찾아보기 어렵다. 일본에서는 일찍이 遠藤博也, "取消請求権の構造と機能", 雄川一浪先生献呈論文集, 1989(같은 내용의 동인, 行政救済法, 有斐閣, 2012, 55쪽 이하); 高木光, "義務づけ訴訟差止訴訟", 礒部力·小早川光郎·芝池義一 編, 行政法の新構造Ⅲ, 有斐閣, 2008, 54-59 등은 이를 긍정적으로 보고 있는 데 반하여, 다른 학자들(山本, 小早川)의 입장을 소개하는 신중한 태도로 부정적인 입장을 제시하는 견해(太田匡彦, "抗告訴訟における実体法の観念", 現代行政法の構造と展開, 小早川光郎先生古稀記念, 有斐閣, 2016, 217 이하)도 있다.

을 판단할 수 있는 것이 우리나라 취소소송의 현황이라 할 수 있다. 그렇다고 취소소송과 같은 행위소송이 전부가 아니다. 법률관계소송인 당사자소송에서는 행위가 아닌 법률관계가 소송주제가 되고, 권리의 존재여부가 본안판단에서 다투어진다.

나아가 주목할 만한 것은 항고소송의 형식을 띠게 되는 대상판례에서와 같은 급부청구소송이다. 대상판례에서는 '구체적 권리'라는 말이 핵심개념으로 등장한다. 거부처분 취소소송이나 거부처분 무효등확인소송에서 '구체적 권리'라는 원고의 권리가 중요하게 대두된다. 그 의미는 순차적으로 풀어가겠지만, 행정소송에서 처분이나 부작위와 같은 행위만이 아니라 법률관계도 함께 고려해야 함을 알 수 있게 하는 부분이다. 다양한 형태의 행정소송이 함께 어우러짐으로써 현대 국가의 다양한 행정법관계에서 나타나는 사인의 공권을 실현하는 권리보호수단이 되어야 할 것이다.

행위소송(특히 취소소송)과 법률관계소송의 관계에서는 전자가 후자에 우선함은 행정소송법 규정을 통하여 인정할 수 있고, '직접적이고 강력한 권리구제', '조기의 권리구제', '분쟁의 일거해결 실현의 수단'이라는 취소소송의 기능7)까지 고려하면 그 유용성도 인정된다.

2. '방어권 실현소송'과 '요구권 실현소송'의 구분

원고의 공권과 이를 실현하는 행정소송구조를 체계적으로 이해하기 위해 '소극적 방어권을 실현하는 소송'과 '적극적 요구권을 실현하는 소송'을 구분하는 것도 의미가 있다. 요구권을 실현할 수 있는 전형적 소송은 의무이행소송이지만 이러한 소송이 우리나라에서는 다수설과 판례가 부정하고 있음은 주지의 사실이다. 따라서 거부처분 취소소송과

---

7) 芝池義一, 앞의 책, 38-40쪽 참조.

부작위위법확인소송이 그 인용판결의 기속력의 내용인 재처분의무(행정
소송법 제30조 제2항) 및 간접강제제도(동법 제34조)를 통하여 이러한 요구
소송의 역할을 대신하고 있는 형편이다. 요구권의 실현을 요구소송이
아닌, (다소 요구소송화된) 방어소송이 담당하고 있는 셈이다. 이러한 방
어권과 요구권의 구별이 필요한지 의문을 가질 수 있지만,8) 이는 행정
소송의 기본구조의 이해는 물론 실체적 공권과 행정소송과의 관계, 거
부처분취소소송과 의무이행소송의 관계, 거부처분 취소판결의 효력으로
서 재처분의무, 나아가 의무이행소송을 인정할 경우 그 판결 등을 이해
하는데 필요한 바탕이 된다고 생각된다.

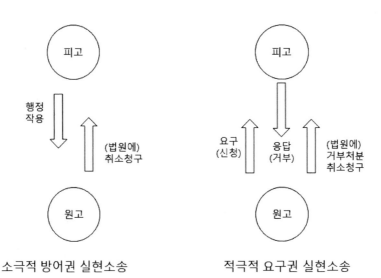

소극적 방어권 실현소송　　　　　　적극적 요구권 실현소송

〈그림 1〉 소극적 방어소송과 적극적 요구소송의 구조

---

8) 본 논문에 대한 익명의 심사자의 의문이기도 하다.

3. 항고소송과 당사자소송

적극적 요구권이라 할 수 있는 공법상 금전급부청구권을 실현하는 소송유형은 실체적 권리인 공법상 급부청구권이 어떻게 확정되는가에 따라 항고소송과 당사자소송으로 구분되는데, 항고소송은 '처분'에 의해, 당사자소송은 '법률규정'에 의해 급부청구권이 확정되는 경우에 대응하는 것이다(<그림 2> 참조).

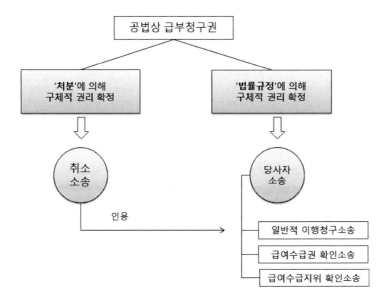

〈그림 2〉 공법상 급부청구권 확정방식에 따른 소송형태

(1) 항고소송

관계법률의 해석상 공법상 급부청구권이 행정청의 '처분'에 의해 비로소 확정되는 경우에는 항고소송으로 다투어야 한다. 대상판례가

"공무원연금법령상 급여를 받으려고 하는 자는 우선 관계 법령에 따라 공무원연금공단에 급여지급을 신청하여 공무원연금공단이 이를 거부하거나 일부 금액만 인정하는 급여지급결정을 하는 경우 그 결정을 대상으로 항고소송을 제기하는 등으로 구체적 권리를 인정받아야 하고, 구체적인 권리가 발생하지 않은 상태에서 곧바로 공무원연금공단을 상대로 한 당사자소송으로 권리의 확인이나 급여의 지급을 소구하는 것은 허용되지 아니한다."라고 판시한 데에서도 이를 알 수 있다.

이 경우 항고소송 중에서도 전형적 요구소송인 의무이행소송을 이용할 수 없어 거부처분 취소소송이 그 역할을 주로 담당하게 될 것이다. 신청에 대하여 행정청의 응답이 없는 '부작위'가 존재하는 경우 부작위위법확인소송, 그리고 처분등의 하자의 정도가 무효사유인 경우에는 무효등확인소송을 이용할 수 있음은 물론이다. 그런데 여기서 '거부처분'이나 '부작위'가 되기 위해서는 원고에게 법규상 또는 조리상 신청권이 있어야 함은 판례의 확립된 입장이다.[9] 따라서 원고에게 이러한 신청권이 없다면 원고의 공법상 급부청구권을 인정될 수 없어 항고소송을 제기할 수 없게 된다.

(2) 당사자소송

가. 이행소송

공법상 금전급부청구권이 해당법률의 해석상 반드시 처분이 행사될 필요도 없이 '법률규정'에 의해 곧 바로 확정되는 경우, 즉 여기에 소멸시켜야 하는 처분등이 없는 경우에는 항고소송을 이용할 필요가 없고, 할 수도 없다. 처분이 매개되어 이루어지는 권력관계가 아닌 이러한 대등한 '공법상' 법률관계에서는 당사자소송으로써 급부청구권을 실현할 수 있고, 해야 한다. 주로 일반적 이행청구소송을 당사자소송의 형태

---

9) 대법원 1984. 10. 23. 선고 84누227 판결 이래 일관된 대법원의 입장. 부작위에 관한 것으로 대법원 2008. 4. 10. 선고 2007두18611 판결 등.

로 이용하게 될 것이다. 가령, 대법원은 "석탄가격안정지원금은 석탄의 수요 감소와 열악한 사업환경 등으로 점차 경영이 어려워지고 있는 석탄광업의 안정 및 육성을 위하여 국가정책적 차원에서 지급하는 지원비의 성격을 갖는 것이고, 석탄광업자가 석탄산업합리화사업단에 대하여 가지는 이와 같은 지원금지급청구권은 석탄사업법령에 의하여 정책적으로 당연히 부여되는 공법상의 권리이므로, 석탄광업자가 석탄산업합리화사업단을 상대로 석탄산업법령 및 석탄가격안정지원금 지급요령에 의하여 지원금의 지급을 구하는 소송은 공법상의 법률관계에 관한 소송인 공법상의 당사자소송에 해당한다."[10]고 보았다.

나. 확인소송

원고의 청구취지가 공법상 금전급부청구권을 행사하려는 것이 아니라 공법상 지위의 확인을 구하는 경우 확인소송으로서 당사자소송을 이용할 수 있다. '구체적인 급여를 받을 권리의 확인을 구하는 소'나 '구체적인 급여수급권의 전제가 되는 지위의 확인을 구하는 소'는 당사자소송의 형태로 이용할 수 있다.

대상판례에서 원고들은, 자신들이 사법연수원 수료 후 판사 또는 검사로 임용되어 계속하여 근무한 이상 원고들의 사법연수생 재직기간은 합산신청 없이도 원고들의 공무원 재직기간에 합산되어야 하므로 원고들이 공무원 재직기간에 상응한 퇴직연금을 받을 권리를 가진 자의 지위에 있다고 주장하며 그 확인을 구한 부분에 대하여 대상판례는 다음과 같이 판단한다.

"공무원연금공단이나 안전행정부장관이 그 청구를 거부하거나 청구 중 일부만을 인정하는 처분을 하는 경우 그 처분을 대상으로 항고소송을 제기하는 등으로 구체적인 권리를 인정받은 다음 비로소 당사자소송으로 그 급여의 지급을 구하여야 할 것이고, 구체적인 권리가 발생하

---

10) 대법원 1997. 5. 30. 선고 95다28960 판결 [석탄가격안정지원금의지급].

지 않은 상태에서 곧바로 국가를 상대로 한 당사자소송으로 그 권리의 확인이나 급여의 지급을 소구하는 것은 허용되지 아니한다."

이는 원고의 권리가 처분에 의해 구체적으로 확정되는 경우 그 처분의 효력을 없애기 전에는 일반적 확인소송도 제기할 수 없다는 의미로 보인다.

4. 원고가 항고소송과 당사자소송을 혼동하여 잘못 제기한 경우 등

원고가 항고소송과 당사자소송을 혼동하여 잘못 제기한 경우에는 항고소송으로서의 소 변경 여부에 대한 석명권을 적절하게 행사하여 적법한 소송형태를 갖추도록 해야 한다.[11]

행정소송법상 당사자소송에서 원고가 피고를 잘못 지정한 때에는 법원은 원고의 신청에 의하여 결정으로써 피고의 경정을 허가할 수 있는 것이므로(행정소송법 제44조 제1항, 제14조), 원고가 피고를 잘못 지정한 것으로 보이는 경우 법원으로서는 마땅히 석명권을 행사하여 원고로 하여금 정당한 피고로 경정하게 하여 소송을 진행하도록 하여야 한다.[12]

이와 관련하여, 원고가 행정행위가 아닌 단순고권작용을 해줄 것을 구하는 소송 즉 일반이행소송으로 구해야 하는 것을 의무이행소송으로 잘못 제기한 경우, 법원은 별도의 해석도 필요없이 일반이행소송으로 적합하게 제기한 것으로 보아야 한다는 독일법의 해석[13]은 시사하는 바가 크다고 생각된다.

---

11) 대법원 2009. 10. 29. 선고 2008다97737 판결.
12) 대법원 2016. 10. 13. 선고 2016다221658 판결; 대법원 2006. 11. 9. 선고 2006다 23503 판결 등 참조.
13) Happ, in: Eyermann, VwGO, 2014, §42 Rn. 1.

5. 대상판례에서의 요구권 실현소송

적극적 요구권을 실현할 수 있는 항고소송에서, 판례의 입장과 같이 의무이행소송을 제외한다면, 신청에 대한 거부처분 취소소송, 신청에 대한 인용처분 취소소송, 제3자에 대한 직권적 불이익처분의 불행사 취소소송 등이, 그리고 당사자소송으로는 단순고권작용의 신청에 대한 거부의 경우 이행의 소, 단순고권작용의 신청에 대한 인용의 경우 법률관계부존재 확인의 소, 제3자에 대한 직권적·불이익적 단순고권작용(非처분) 불행사의 경우 이행의 소 등이 이용가능할 것이다.

그런데 이 사건에서는 근거법률인 공무원연금법 제24조 제1항에서는 "제23조제2항에 따라 재직기간 또는 복무기간을 합산받으려는 자는 재직기간 합산신청서를 공단에 제출하여야 한다."라고 규정하여 재직기간 합산을 공무원연금관리공단에 신청해야 함을 명문으로 규정하고 있다. 따라서 이러한 법정된 신청에 대하여 공무원연금관리공단은 '인용' 또는 '거부'라는 처분성이 있는 결정을 할 것이고, 그 처분을 항고소송으로 다투는 것이 올바른 소송유형이 된다. 물론 이 점을 언제나 용이하게 구분할 수 있는 것은 아니다. 가령 대법원14)은 "광주민주화운동관련자보상등에관한법률 제15조 본문의 규정에서 말하는 광주민주화운동관련자보상심의위원회의 결정을 거치는 것은 보상금 지급에 관한 소송을 제기하기 위한 전치요건에 불과하다고 할 것이므로 위 보상심의위원회의 결정은 취소소송의 대상이 되는 행정처분이라고 할 수 없다."고 판단했다. 그러나, 그 후 대법원15)은 "민주화운동관련자 명예회복 및 보상 등에 관한 법률' 제17조는 보상금 등의 지급에 관한 소송의 형태를 규정하고 있지 않지만, 위 규정 전단에서 말하는 보상금 등의 지급에 관한 소송은 '민주화운동관련자 명예회복 및 보상 심의위원회'의 보

---

14) 대법원 1992. 12. 24. 선고 92누3335 판결.
15) 대법원 2008. 4. 17. 선고 2005두16185 전원합의체 판결.

상금 등의 지급신청에 관하여 전부 또는 일부를 기각하는 결정에 대한 불복을 구하는 소송이므로 취소소송을 의미한다고 보아야" 한다고 판시했다.16) 이러한 다소 유동적인 기준을 극복하기 위해서는, 해당 사안에서 원고를 규율하는 피고행정청의 처분이 존재하는지를 판단하는 기준이 보다 더 축적되어야 할 것이다.

'처분'에 의해 비로소 권리가 확정되는 경우에도, 신청에 대한 거부처분을 다투어야 하는 원고는 '형식적 신청권'이 있어야 본안판단을 받을 수 있고, 본안판단에서는 '실체적 신청권'이 있는지를 공무원연금관리법 등의 법령해석을 통하여 판단하게 될 것이다. 결국 원고의 신청권 유무가 결정적인 판단기준이 된다.

대상판례에 따르면, 공무원연금법에 의한 퇴직연금을 받을 권리는 법령의 규정에 의하여 직접 발생하는 것이 아니라 안전행정부장관이 인정함으로써 비로소 구체적인 권리가 발생하고, 재직기간의 합산도 공무원연금공단의 승인을 받아야 인정된다. 이 말은 법규 또는 조리상 인정되는 원고의 신청권에 따른 신청의 효력은 그에 대한 행정청의 응답으로 완성된다는 의미로 해석된다. 즉 구체적인 권리는 행정청의 인용 또는 거부의 결정으로 확정된다. 만일 이러한 구체적 권리의 확정이 위법한 경우에는 원고가 그 거부결정의 효력을 없애기 위하여 취소소송을 제기해야 한다. 따라서 대상판례가 말하는 '구체적 권리'의 의미는 구체적 사건에서 신청인이 누구인가를 고려하여 인정되는 '실체적 신청권'이 구체적으로 확정된 것이라고 할 수 있다. 거부처분 취소소송이 인용되는 경우에는 위법한 거부처분의 효력을 소멸시키고 피고행정청의 재처분의무를 발생시킬 뿐이어서, 거부처분취소판결로써 실체적 내용을 가

---

16) 이와 관련하여 광주민주화운동 관련자의 보상청구사건에서 보상심의위원회의 결정을 행정처분으로 보아 항고소송으로 제기할 수 있으며, 민주화운동관련자명예불인정처분취소소송은 이론적으로 (형식적) 당사자소송에 해당할 수 있음을 간과하고 성급히 항고소송으로 판단하였다고 주장하는 견해가 있다(정남철, "공법상 당사자소송의 발전과 과제", 행정판례연구 19-1, 2014, 300-302쪽).

진 구체적 권리가 발생하는 것은 아니지만, 취소소송을 통하여 거부처분의 효력을 없앤 후 실제로 이행청구권은 후속 당사자소송을 통해 실현될 수 있다고 할 것이다.

Ⅳ. 행정절차에서 '신청'과 '직권'과 소송요건으로서 신청권

1. 행정절차에서 신청과 직권

이 신청 및 신청권은 소송법 이전에 행정행위론 내지 행정절차론에서 먼저 다루어야 하는 행정행위의 기본요소이다. 행정법상 신청은 사인의 행정요건적 공법행위로서 사인이 행정기관에 대하여 일정한 행위(작위·급부 등) 또는 법률적·사실적 판단을 취할 것을 요구하는 의사표시를 말한다. 신청은 처분절차의 개시(開始)의 요건으로서 행정청의 직권으로 이루어지는 경우와 비교된다. 즉 행정행위는 '신청에 의한 행정행위'와 '직권에 의한 행정행위'로도 분류할 수 있다. 애초에 司法형식성에 맞추어 창안되었던 행정행위 개념이 소송법상 '신청에 의해'(auf Antrag)와 '직권으로'(von Amts wegen)에 따라 분류된다는 것은 자연스러워 보인다. 행정절차법에서 이 부분이 명확하지 않은 점은 아쉬운 면이 있는데, 어쨌든 우리 행정행위에서도 '단독적 행정행위'와 '협력을 요하는 행정행위'를 분류할 수 있고, 후자의 경우 동의가 필요한 행정행위'와 '신청이 필요한 행정행위'로 나누기도 하지만, '신청이 필요한 행정행위'의 상대되는 개념은 '직권적 행정행위'이다.[17] 가령 '인가'는 신청에 의해서만 행정절차가 개시되며, '하명'은 신청에 의해서가 아니라 직권으로 이루어지는 행위이다. 허가와 같이 신청에 의해서도, 직권에 의

---

17) 상세는 김현준, "행정처분절차에 있어서 직권과 신청", 토지공법연구 제66집, 2014, 327-352.

해서도 이루어지는 행정행위도 있다. 거부처분이나 부작위는 바로 이러한 신청에 대한 관할행정청의 거부 또는 부작위라는 반응이라고 할 수 있다. 따라서 처음부터 신청이 아닌 직권으로 이루어지는 행정행위에는 거부나 부작위라는 행위가 나올 수 없고, 그것도 정당한 신청자격이 있는 자의 신청만이 보호된다는 인식이 신청권의 법리에 깔려있다. 판례는 소송절차에서의 이러한 분류에 익숙해서인지, 신청에 의한 행정행위가 아닌 경우에 행정행위를 구하는 경우를 '직권발동의 촉구'라고 함으로써 양자를 확연하게 구분하고 있다.[18]

2. 판례의 신청권 법리

행정절차에서 우선 확립되(었)어야 할 신청(권)에 관한 법리가[19] 우리나라 행정절차법에서는 다소 불명확한 면이 있는 가운데,[20] 오히려 행정소송의 소송요건의 내용으로서 신청권이 주목받고 있다. 그 계기가 된 대법원 1984. 10. 23. 선고 84누227 판결에 따르면, 무상양도행위의 거부가 항고소송의 대상인 행정처분이 되기 위해서는 신청인에게 그러

---

18) 대법원 2002. 2. 5. 선고 2000두5043 판결; 대법원 1989. 5. 9. 선고 88누4515 판결. 특히 서울행정법원 2005. 2. 4. 선고 2001구합33563 판결("개인의 환경이익 보호요청을 행정청에 대한 직권발동촉구의 의미로 한정하여 볼 수는 없는 점 ……").

19) 특별한 사정이 없는 한, 신청에 대한 거부처분이 행정절차법 제21조 제1항 소정의 처분의 사전통지대상이 아니라고 본 대법원 2003. 11. 28. 선고 2003두674 판결[임용거부처분취소]이 가지는 논란의 여지도 행정절차에서의 '신청'과 '직권'에 대한 구분불명확성에 기인하는 것이라 생각된다(김현준, 앞의 논문, 337쪽 이하 참조). 이러한 대법원의 입장은 학자들에 의한 논란이 있음에도 대법원 2017. 11. 23. 선고 2014두1628 판결 [항만시설사용허가신청불허가처분취소등]에서 볼 수 있듯 계속되고 있다.

20) 우리나라 행정절차법의 처분절차는 일본의 그것과 유사한 점이 있지만, '신청에 의한 행정절차'와 '직권에 의한 행정절차'가 명확하게 구분되지 않다는 점에서 차이가 있다. 그러나 현실적으로 양자의 구분은 이루어지고 있고, 불명확하지만 행정절차법 역시 양자의 구분을 전제로 하고 있기 때문에, 이러한 구분의 불명확성이 입법자의 의사에 기인하는 것으로 볼 수 없다고 생각된다.

한 무상양도를 구할 법률상 또는 조리상의 신청권이 있어야 한다. 그 이후 거부처분취소소송에서 이른바 신청권의 법리는 확고한 판례의 입장으로 정착되었다.21) 국민의 적극적 행위 신청에 대하여 행정청이 그 신청에 따른 행위를 하지 않겠다고 거부한 행위가 항고소송의 대상이 되는 행정처분에 해당한다고 하려면, 그 신청한 행위가 공권력의 행사 또는 이에 준하는 행정작용이어야 하고, 그 거부행위가 신청인의 법률관계에 어떤 변동을 일으키는 것이어야 하며, 그 국민에게 그 행위발동을 요구할 법규상 또는 조리상의 신청권이 있어야 한다.22) 이때 그 거부행위의 처분성을 인정하기 위한 전제요건이 되는 신청권의 존부는 구체적 사건에서 신청인이 누구인가를 고려하지 않고 관계 법규의 해석에 의하여 국민에게 그러한 신청권을 인정하고 있는가를 살펴 추상적으로 결정되는 것이므로, 국민이 어떤 신청을 한 경우에 그 신청의 근거가 된 조항의 해석상 행정발동에 대한 개인의 신청권을 인정하고 있다고 보이면 그 거부행위는 항고소송의 대상이 되는 처분으로 보아야 한다.23)

　　이와 같이 신청권을 거부처분이나 부작위의 성립요소로 보는 판례의 입장을 비판하며 대상적격 단계에서는 신청에 대한 거부행위 자체만으로 (거부)처분성을 인정해야 한다는 견해가 있다.24) 이러한 입장은 신청권과는 처음부터 친하지 않는 경우까지 포괄적으로 해결할 수 있는 현실적 방안이 될 수 있을 것이다. 그러나 이 경우에는 <그림 3>에서 볼 수 있는 다양한 요구권 유형들을 포괄적으로 실현할 수 있는 근본적인 해결은 '거부처분'성이라는 행위성에서 벗어나 보다 큰 틀을 모색하

---

21) 대법원 2004. 4. 28. 선고 2003두1806 판결; 대법원 2006. 7. 6. 선고 2005다16041 판결.
22) 대법원 2009. 9. 10. 선고 2007두20638 판결; 대법원 2011. 10. 13. 선고 2008두17905 판결.
23) 대법원 2009. 9. 10. 선고 2007두20638 판결; 대법원 1996. 6. 11. 선고 95누12460 판결.
24) 박정훈, 행정소송의 구조와 기능, 87쪽. 그밖에도 신청권이 처분의 성립요건이 아니라 원고적격의 요건이라는 견해, 본안요건이라는 견해 등이 주장되고 있음은 주지의 사실이다.

는 것이 더 중요하지 않을까 생각된다. 이를 위해 (의무이행소송 대신에)
기부치분 취소소송에시 문제될 수 있는 다양한 유형들을 상세하게 분석
할 필요가 있다. <그림 3>의 첫 번째 유형인 고전적 요구권의 경우
'신청에 대한 거부'라는 개념을 전제로 하는 것이어서 소송요건단계에서
형식적 신청권을, 본안승소요건단계에서 실체적 신청권을 요구하는 것
이 오히려 자연스러운 면도 있다. 형식적 신청권도 없는 경우에는 신청
에 대한 응답행위가 신청인의 권리·의무에 직접적 영향을 줄 여지가 처
음부터 없어 국민의 권리·의무에 직접적으로 영향을 주는 행위인 처분
이 될 수 없기 때문에 판례의 신청권법리는 판례의 처분성법리와 철저
히 궤를 같이 한다고 볼 수 있다.

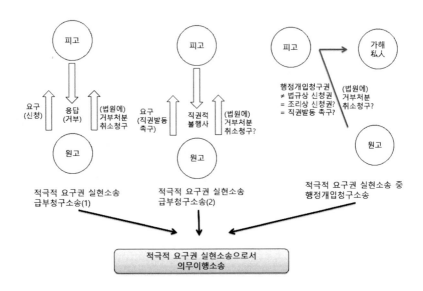

〈그림3〉 적극적 요구권 실현소송의 3유형과 의무이행소송

3. 거부처분 취소소송과 조리상 신청권

(1) 법규상 신청권과 조리상 신청권

거부처분 취소소송 자체를 기형(奇形)이라 할 순 없다. 설령 의무이행소송이 인정된다고 하더라도 거부처분의 취소만 구하는 소송형태는 이른바 독립적 취소소송(isolierte Anfechtungsklage)으로서 여전히 필요할 것이다. 또한 거부처분에 대한 의무이행소송에서도 신청에 대한 거부처분이 가지는 공정력을 없애야 하므로 (異說이 있지만) 이는 '형성소송＋이행소송'의 형태가 될 것이어서 거부처분취소는 이 경우에도 의미가 있다.25)

그러나 우리나라 행정소송 실무에서처럼, 원고가 처분취소만이 아니라 의무이행을 실질적으로 원하는데도 취소소송이 의무이행소송을 대신하게 하는 것은 요구권을 방어소송의 형태로 실현하도록 하는 셈이어서 이는 기형으로 볼 수밖에 없다. 행위소송 중심주의는 이러한 요구권을 실현하는 소송에서조차 '거부처분'이라는 특정한 행위를 전면에 내세우게 했고, 이러한 거부처분은 그 본질상 '신청에 대한 거부'이어서 신청권이 거부처분의 성립요소가 되지 않을 수 없었다. 이로부터 발생하는 대상적격의 협애성에 착안하여, 법원의 신청권의 법리가 소송요건을 지나치게 엄격하게 만든다는 이유로 신청권의 개념을 벗어나는 방안을 주장한다면 이는 소송요건을 넓히는 장점이 있지만, 동시에 행정절차의 개시유형인 신청과 직권의 구분을 와해시킬 수 있는 결정적인 단점을 안게 된다.

그런데 이러한 '부조리'를 우리 법원은 조리(條理)라는 개념을 통하여 극복하고 있는 점은 흥미롭다. 사실 조리(條理)라는 용어는 함부로

쓸 수 있는 말이 아니다. 사물의 본성(Natur der Sache)으로도 표현되는 조리는 이치에 밎도록 인간과 사물이 행동하거나 존재하는 상태로서, 실정법이나 관습법이 존재하지 않는 경우에 최종적으로 의지하여야 할 법원(法源)이다. 법관이 법이 없는 경우 내가 입법자였더라도 제정하였으리라 생각되는 法源이 바로 조리이다. 그런데, 법관이 최후수단으로서 사용하였을 '조리'라는 용어가 법원의 판례검색에서 주로 거부처분취소소송이나 부작위위법확인소송에서 거부처분이나 부작위의 성립요건으로서 조리상 신청권이라는 표현으로 자주 나타나고 있음은 특기할 만하다.26) '조리'라는 용어가 지속적으로 사용되고 있다는 말은 다른 말로 그 법리 또는 그 전제가 되는 제도에서 매우 중요한 결함이 있음을 보여주는 것이 아닐까 생각된다. 따라서 '조리'라는 용어가 사용되더라도 극히 예외적으로 사용되어야 하며, 보다 근본적으로는 사용되지 않도록 흠결 없는 입법보완이 있어야 정상적인 法源이 작동하는 것이라고 생각된다.

그리고 거부처분의 처분성을 인정하기 위한 전제요건이 되는 이러한 신청권의 존부는 구체적 사건에서 신청인이 누구인가를 고려하지 않고 관계 법규의 해석에 의하여 일반 국민에게 그러한 신청권을 인정하고 있는가를 살펴 추상적으로 결정되는 것이고, 신청인이 그 신청에 따른 단순한 응답을 받을 권리를 넘어서 신청의 인용이라는 만족적 결과를 얻을 권리를 의미하는 것은 아니다.27)

(2) 수인기대가능성과 신청권

대상판례가 강조하고 있는 '재직 중 합산신청'을 원고가 하지 못한

---

26) 실무상으로 헌법상 기본권에 의거하여 '조리상' 신청권을 확대하고자 하는 시도가 이루어지고 있다고 보면서, 현재의 판례의 틀 안에서는 극히 바람직한 방향이라고 보는 박정훈, 행정소송의 구조와 기능, 2006, 87쪽 참조.

27) 대법원 1996. 6. 11. 선고 95누12460 판결.

이유는 무엇인가? 원고는 그 이유가 '임시적 또는 조건부로 취임하는 공무원'으로서 공무원연금법의 적용대상인 공무원에 해당하지 않는다는 피고의 위법한 법집행 때문이었다고 주장한다. 그리고 이러한 법집행이 위법하다는 대법원 2012두1938 판결이 선고되어 원고들이 재직기간 합산신청을 할 수 있게 되었음에도 원고들이 공무원 재직 중인 아니라는 이유로 피고가 재직기간 합산을 거부하는 것은 신의칙에 반한다고 주장한다. 즉 피고의 거부는 '신의칙' 위반이어서 취소되어야 한다는 것이다. 이러한 주장은 그 이전에 대법원은 원고가 휴업급여를 청구할 수 없는 사실상 장애사유가 있는 경우 피고의 소멸시효 항변은 신의성실에 반하여 허용될 수 없다고 판시한 점을 고려한 것인지 모르겠다.[28]

그러나 이 사안에서 원고가 '신청권'에 초점을 맞추었다면 어떠했을까 생각해 볼 수 있다. 우선 공무원연금법의 문언적 해석으로는 원고의 법규상 신청권은 도출하기 어렵지만, 이러한 신청권의 법리를 그대로 적용할 경우 원고에게 너무 가혹한 상황(Härtefall)이 될 수 있는, 즉 수인기대가능성이 없는 상황이라면 조리상 신청권을 인정할 여지가 있다. 그간 판례가 조리상 신청권을 인정한 경우는 (명시적인 언급은 없었지만) 대부분 법규해석으로는 신청권을 인정할 수 없더라도 원고의 수인하기 어려운 가혹한 상황을 고려한 것이라고 생각된다. 가령, 대법원은 검사임용거부처분취소소송에서 조리상 임용권자는 임용신청자들에게 전형의 결과인 임용 여부의 응답을 해줄 의무가 있다고 할 것이며, 이에 대응하여 임용신청자로서도 재량권의 한계 일탈이나 남용이 없는 적법한 응답을 요구할 권리가 있다고 보았다.[29] 또한, 행정청이 행한 공사중지명령의 상대방은 그 명령 이후에 그 원인사유가 소멸하였음을 들

28) 대법원 2008. 9. 18. 선고 2007두2173 전원합의체 판결[휴업급여부지급처분취소]: "근로복지공단에 휴업급여를 청구하지 않았던 것은 이를 행사할 수 없는 사실상의 장애사유가 있었기 때문이라고 보아야 하므로, 근로복지공단의 소멸시효 항변은 신의성실의 원칙에 반하여 허용될 수 없다."
29) 대법원 1991. 2. 12. 선고 90누5825 판결 [검사임용거부처분취소].

어 행정청에게 공사중지명령의 철회를 요구할 수 있는 조리상의 신청권
이 있다고 보았다.30) 특히 대상판례와 관련하여 주목할 만한 것으로,
개발부담금 환급거부 취소소송에서 대법원은 분양계약 체결 후 납부절
차를 밟도록 정하고 있는 학교용지부담금은 준공인가를 받은 후 분양계
약이 장기간 지연되거나 분양이 이루어지지 않을 수도 있어 준공인가일
로부터 3개월 이내에 납부되지 않을 가능성이 높은데도, 관련 법령이
일괄적으로 개발사업의 준공인가일로부터 3개월 이내에 개발부담금을
부과하도록 하면서 분양계약 후 실제 납부한 학교용지부담금에 한하여
개발비용으로 공제받을 수 있도록 정하고 있는 바람에, 개발사업에 따
른 분양계약이 준공인가일로부터 2개월이 지나 체결된 경우에는 그로
부터 1개월 이내에 학교용지부담금 납부절차가 마쳐지지 않아 개발부
담금 부과처분 시 학교용지부담금이 공제되지 않을 가능성이 높고, 급
기야 준공인가일로부터 3개월 후에 체결된 경우에는 학교용지부담금이
공제될 여지가 아예 없다는 점에 주목하여, 개발사업시행자가 납부한
개발부담금 중 부과처분 후에 납부한 학교용지부담금에 해당하는 금액
에 대하여는 조리상 개발부담금 부과처분의 취소나 변경 등 개발부담금
의 환급에 필요한 처분을 신청할 권리를 인정하였다.31) 나아가, 피해자
의 의사와 무관하게 주민등록번호가 유출된 경우에도 조리상 주민등록
번호의 변경을 요구할 신청권을 인정하였다.32) 그리고, 조리상 신청권
인지, 법규상 신청권인지를 밝히지 않은 채, 대법원이 건축주가 토지 소
유자로부터 토지사용승낙서를 받아 그 토지 위에 건축물을 건축하는 대
물적 성질의 건축허가를 받았다가 착공에 앞서 건축주의 귀책사유로 해
당 토지를 사용할 권리를 상실한 경우, 건축허가의 존재로 말미암아 토
지에 대한 소유권 행사에 지장을 받을 수 있는 토지 소유자로서는 건축

---

30) 대법원 2005. 4. 14. 선고 2003두7590 판결 [공사중지명령철회신청거부처분위법확인].
31) 대법원 2016. 1. 28. 선고 2013두2938 판결 [개발부담금환급거부취소].
32) 대법원 2017. 6. 15. 선고 2013두2945 판결 [주민등록번호변경신청거부처분취소].

허가의 철회를 신청할 수 있다고 본 판례33) 역시 수인기대가능성을 이유로 신청권을 인정한 판례로 이해할 수 있다.

그러나, 대상판례에서 퇴직공무원인 원고에게는 합산신청을 할 권리가 없다고 본 것은 거부처분의 성립요건으로서 형식적 신청권이 아니라, 본안판단요건으로 실체적 신청권의 문제이었다. 또한 본안판단에서 조리상 신청권의 개념을 원용한다는 것은 쉽지 않으리라 생각된다. 그러나 공법상 금전급부청구소송에서는 소송요건에서만이 아니라, 본안판단에서도 신청권은 핵심개념이 된다. 그리고 대상적격판단에서 조리상 신청권의 개념을 원용한 상황인 수인기대가능성의 여부를 본안판단에서도 고려할 수 있을 것이다. 이러한 수인기대가능성을 판단함에 있어서는 대상판례에서 고려했던 2가지, 즉 ①원고가 재직 중 행해졌던 공무원연금법의 적용대상인 공무원에 해당하지 않는다는 피고의 위법한 법집행을 다투는 것이 기대가능하지 않을 정도로 불가항력의 제약사유이었는가 하는 점과, ②최근 공무원연금재원의 어려운 사정 등을 감안할 때, 재직 후 합산예외가 가져올 공무원연금제도의 안정적 운영이라는 공익의 침해 우려가 있는 점을 종합적으로 고려해서 신청권이 있는지에 대한 결론을 도출해야 할 것이다.

V. 요구권 실현소송의 발전적 전개

대상판례에서는 공법상 금전급부청구권이라는 요구권이 실현되는 경우를 살펴보았다. 이는 행정상대방이 행정청과의 양자관계(=2면관계)에서 의무이행을 요구하는 권리를 실현하는 소송인데, 구체적 권리가 어떻게 확정되는지에 따라 항고소송 또는 당사자소송을 이용할 수 있음

---

33) 대법원 2017. 3. 15. 선고 2014두41190 판결 [건축허가철회신청거부처분취소의 소].

을 보았다. 대상판례에서 볼 수 있는 급부청구청구권 및 이를 실현하는 소송유형에서 급부청구소송의 고진직 유형을 잘 살펴볼 수 있나. 이는 2면관계에서 행정청에 대하여 사인의 '신청권'을 실현하는 소송이다. 항고소송의 차원에서, 응답을 구하는 정도의 형식적 신청권이 소송요건 심사단계에서 판단함은 대법원 판례가 정립한 바이며, 본안승소요건 심사단계에서는 실체적 신청권에 대하여 판단한다. 앞서 본 <그림 3>의 첫번째 유형에 해당한다.

이상과 같은 고전적 유형의 요구권 실현소송 이외에도 관계법령에서 사인의 신청권을 예정하지 않은 경우도 생각할 수 있다. 가령 국가가 사인의 수급권을 예정하지 않고 단지 시혜적으로 사회보장혜택을 주는 경우가 이에 해당할 것이다. 종래 시혜적인 것이어서 반사적 이익으로 보던 것이 권리화되어 가는 오늘날 이러한 예는 많지 않겠지만, 이러한 구조는 여전히 생각할 수 있는 유형이다. <그림 3>의 두 번째 유형에 해당한다.

그밖에도 대상판례와 같은 공법상 금전급부청구소송에서는 잘 나타나지 않지만, 제3자가 행정청에 대하여 또 다른 사인인 행정상대방에 규제권한을 발동해 달라는 행정개입청구권 실현소송도 마찬가지로 요구권 실현소송에 해당할 것이다. 이 경우 관련법령은 처음부터 제3자의 신청권을 염두에 두지 않는 것이 일반적이다. 행정개입청구권이라는 요구권은 신청권과는 서로 성격이 다른 권리이기 때문이다.[34] 우리나라에서도 행정개입청구권을 실현하려고 소를 제기하는 경우 의무이행소송 대신에 주로 거부처분 취소소송을 이용하게 될 텐데, 여기에 신청권의 법리를 그대로 적용할 경우 대부분 대상적격 흠결을 면하기 어려울 것

---

34) '행정개입청구권'과 '신청권'의 차이점에 대하여 의문을 제기할 수 있다. 본 논문에 대한 익명의 심사자의 의문이기도 하다. 이는 근본적으로 '신청'과 '신청권'을 어떻게 보느냐, 또는 동 개념의 광협과 맞물리는 문제이기도 하지만, 행정개입청구권은 기본적으로 '신청에 의한 행정행위'가 아닌, '직권에 의한 행정행위'와 관련된 개념이라는 점을 간과해선 안 된다고 생각된다.

이다.35) 일본에서 행정사건소송법의 개정으로 의무이행소송을 도입하면서 신청형과 직접형으로 구분한 것도 바로 이 점에 기인한다.36) 향후 의무이행소송을 입법하더라도 이 점을 고려하지 않으면 안 된다. 의무이행소송을 부정하는 현 상황에서는 거부처분 취소소송을 이용할 수밖에 없고, 이때 '조리상 신청권'이라는 최후의 보충적 수단에 기댈 수밖에 없는 상황이 발생하기도 한다. <그림 3>의 세번째 유형에 해당한다.

　　<그림 3>에서 나타나는 3가지 유형은 모두 항고소송의 차원에서 나타날 수 있는 것들로서, 이들이 현재 우리나라 소송실무 상황에서는 거부처분취소소송을 주로 이용하면서 때론 처음부터 관계법령에서 예정하고 있지 않는 신청권을 인정받고자 온갖 애를 쓰며, 최후의 보충적 법원인 '조리'까지 원용해야 하는 형편이지만, 그 근본적인 해결은 공히 효율적인 요구권 실현소송인 의무이행소송에서 찾아야 할 것이다. 다만, 의무이행소송을 인정 내지 도입을 하는 경우에도 이러한 사정까지 고려하지 않으면, 신청권과 관련된 문제는 의무이행소송에서도 이어질 수 있음도 잊어서는 안 된다.

　　그리고, 신청대상인 행정작용이 非처분이거나, 법률의 규정에 의해 직접 권리가 확정되는 경우에는 당사자소송으로 이러한 권리를 다투어야 할 것이다. 구체적 권리가 어떻게 확정되는가에 따라 항고소송과 당사자소송이라는 상이한 행정소송을 이용할 수 있음은 비단 공법상 금전급부청구소송에 국한될 필요가 없고, 행정청의 기타 작위, 부작위, 수인을 요구하는 소송에서도 인정되어야 한다. 나아가, 보충성의 요건 등을 충족하는 경우 일반적 확인소송의 가능성도 열려 있어야 할 것이다.37)

---

35) 이에 대해서는 김현준, "의무이행소송과 거부처분취소소송의 관계: 우리나라 개정안, 독일 행정법원법, 일본의 행소법의 비교", 토지공법연구 제58집, 2012, 411쪽.
36) 위의 논문, 407쪽 참조.
37) 당사자소송의 활성화를 행정법개혁 차원으로 의미를 부여하는 주장도 있다(김중권, "당사자소송의 활성화에 즈음한 행정법의 개혁에 관한 소고", 헌법재판의 새로운 지평, 2013, 382쪽 이하 참조).

Ⅵ. 맺음말

대상판례에서는 사인의 요구권 및 그 실현소송의 고전적 내지 원형적인 유형을 잘 살펴볼 수 있다. 우리나라에서는 공법상 금전지급청구에 관한 소송으로서 의무이행소송은 인정되고 있지 않고, 대상판례에서 볼 수 있는 바와 같이 거부처분취소소송 또는 당사자소송의 형태가 이용되고 있다. 거부처분취소소송에서 신청권이 요청됨은 요구소송의 역할도 대행해야 하는 거부처분취소소송의 성격에서 이해할 수 있다. 거부처분취소소송의 문제는 소송요건 차원에서도 (형식적) 신청권, 본안판단 차원에서도 결국 (실질적) 신청권이 문제인데, 이 사건 원고의 경우 수인기대가능성이 없는 극심한 경우로 보아 신청권을 넓게 인정할 여지도 있었다고 생각된다. 대상판례에서와 같은 공법상 금전지급청구소송에서는 제3자의 행정개입청구권이 문제될 가능성이 많지 않지만, 요구소송이라는 큰 틀에서 소송체계를 검토한다는 차원에서 본고에서는 이러한 문제까지 포함하여 살펴보았다.

앞서(Ⅱ.) 제기했던 쟁점에 답하면서 논의를 맺는다.

첫째, 행정소송에서 원고의 실체적 권리는 원고적격 판단을 넘어 본안판단에서도 다투어지는가? 행정청의 적극적인 처분에 대하여 방어적으로 취소청구를 구하는 경우에는 원고의 실체적 권리가 원고적격 판단에서 주로 문제가 되고, 본안승소요건 판단에서는 전면에 등장하지 않지만, 수익적 처분에 대한 행정청의 거부처분을 다투는 경우에는 원고의 실체법상 권리인 신청권이 소송요건 판단에서도, 본안승소요건 판단에서도 문제가 될 수 있다.

둘째, 대상판례의 항고소송과 당사자소송의 구분에서 나타나는 '구체적 권리'란 무엇인가? 관계 법규의 해석에 의하여 국민에게 그러한 신청권을 인정하고 있는가를 살펴 추상적으로 결정되는 소송요건차원에서 요청되는 형식적 신청권을 넘어, 구체적 사건에서 신청인이 누구인가를 고려하여 인정되는 '실체적 신청권'이 구체적으로 확정된 것이라고 생각된다.

셋째, 대상판례에서와 같은 항고소송 또는 당사자소송의 이용가능성은 공법상 금전지급청구소송의 경우에만 한정되는가, 다른 소송의 경우에도 적용될 수 있는가? 원고가 행정청에 대하여 적극적인 요구권을 실현하고자 하는 경우에 그 신청대상이 되는 행정작용이 처분인 경우에는 항고소송이 처분이 아닌 경우에는 이행소송으로서 당사자소송이, (보충성의 요건등을 충족하는 경우에는 청구의 취지에 따라) 확인소송으로서 당사자소송이 이용될 수 있다. 이때 항고소송이냐, 당사자소송이냐의 구분은 대상판례에서 나타난 바와 같이 실체적 신청권이 어떻게 구체적 권리로서 확정되는가를 기준으로 이루어질 것이다.

넷째, 항고소송과 당사자소송이라는 소송유형의 범위는 어느 정도인가? 항고소송은 법정외 항고소송에 한정되는가, 당사자소송은 어느 정도로 전개될 수 있는가? 실효적이고 공백없는 권리보호의 요청상 실체적 권리가 있으면 이는 소송상 실현될 수 있어야 한다. 항고소송의 경우에는 반드시 법정항고소송에 한하지 않는 것으로, 당사자소송의 경우 일반적 이행소송과 일반적 확인소송을 포함하는 것으로 이해해야 할 것이다.

다섯째, 사인의 신청에 대하여 행정청이 인용 또는 거부를 하는 구조의 법률관계에서 사인의 신청권이 형식적으로는 없지만 실질적으로는 있는 것으로 보아야 하는 경우가 있는가? 나아가 행정청의 직권을 발동하거나 하지 않는 구조의 법률관계에서조차 사인의 신청권이 실질적으로 있는 것으로 보아야 하는 경우가 있는가? 요구권을 실현하는 소송의 경우에도 거부처분취소소송이라는 행위소송의 형태를 취할 경우 불가피하게 신청권의 법리가 적용될 수밖에 없는데, 이 문제의 근본적인 해결은 이 점까지 고려한 의무이행소송의 도입으로 가능할 것이다. 의무이행소송을 인정하지 않는 현재 상황에서는 차선책으로 '조리상' 신청권의 법리를 활용할 수밖에 없을 듯하다.[38)]

---

38) 본고는 제341회 행정판례연구회 발표(2018. 9. 28)에서 대상판례를 평석하며 작성하게 되었는데, 항고소송(취소소송)과 당사자소송의 관계에 대한 근본적인 문제는 다 검토하지 못한 한계가 있다(이에 관해서는 특히 박정훈, "항고소송과 당사자소송의 관계 – 비교법적 연혁과 우리법의 해석을 중심으로 –", 특별법연구 제9권, 2011, 128–153쪽 참조). 이러한 선행연구에 대한 검토를 포함한 필자의 입장에 대해서는 후속연구에서 보다 상세하게 밝히고자 한다.

참고문헌

김중권, "당사자소송의 활성화에 즈음한 행정법의 개혁에 관한 소고", 헌법재판의 새로운 지평: 이강국 헌법재판소장 퇴임기념논문집, 2013, 박영사, 379-396.

김현준, "의무이행소송과 거부처분취소소송의 관계: 우리나라 개정안, 독일 행정법원법, 일본의 행소법의 비교", 토지공법연구 제58집, 2012, 397-421.

김현준, "행정처분절차에 있어서 직권과 신청", 토지공법연구 제66집, 2014, 327-351.

박정훈, 행정소송의 구조와 기능, 박영사, 2006.

박정훈, "항고소송과 당사자소송의 관계 - 비교법적 연혁과 우리법의 해석을 중심으로 -", 특별법연구 제9권, 2011.

안철상, "행정소송과 민사소송", 재판실무연구(4), 행정소송(I), 2008, 한국사법행정학회, 33-71.

이현수, "공법상 당사자소송의 연원과 발전방향", 일감법학 32, 2015, 319-352.

임영호, "공법상 금전급부청구권과 관련된 소송형식", 法曹 59-3, 2010, 246-291.

정남철, "공법상 소송유형과 소송형식 - 항고소송과 당사자소송을 중심으로 -", 행정판례연구 19-1, 2014, 277-312.

하명호, "공법상 당사자소송과 민사소송의 구별과 소송상 취급", 인권과 정의 380, 2008, 52-72.

高木光, "義務づけ訴訟·差止訴訟", 礒部力·小早川光郎·芝池義一 編, 行政法の新構造Ⅲ, 有斐閣, 2008.

遠藤博也, , 行政救済法, 有斐閣, 2012.

遠藤博也, "取消請求権の構造と機能", 雄川一浪先生献呈論文集, 1989.

芝池義 , "抗告訴訟と法律関係訴訟", 礒部力・小早川光郎・芝池義一 編, 行政法の新構想III, 2008.

太田匡彦, "抗告訴訟における実体法の観念", 現代行政法の構造と展開, 小早川光郎先生古稀記念, 有斐閣, 2016.

Bachof, "Die Dogmatik des Verwaltungsrechts vor den Gegenwartsaufgaben der Verwaltung, VVDStRL 30, 1972.

Happ, in: Eyermann, §42 VwGO, 2014.

Mink SGG §56 in: Rolfs/Giesen/Kreikebohm/Udsching, BeckOK Sozialrecht, 2018.

Remmert, Verwaltungshandeln und Verwaltungsrechtsverhältnis im Überblick, in: Ehler/Pünder, Allgemeines Verwaltungsrecht, 2015.

국문초록

　　대상판례에서는 공법상 연금청구권을 실현하는 소송형태로서 항고소송과 당사자소송에 대하여 다루고 있다. 그에 따르면, 공무원연금법령상 급여를 받으려고 하는 자는 우선 관계 법령에 따라 공무원연금공단에 급여지급을 신청하여 공무원연금공단이 이를 거부하거나 일부 금액만 인정하는 급여지급결정을 하는 경우 그 결정을 대상으로 항고소송을 제기하는 등으로 구체적 권리를 인정받아야 하고, 구체적인 권리가 발생하지 않은 상태에서 곧바로 공무원연금공단을 상대로 한 당사자소송으로 권리의 확인이나 급여의 지급을 소구하는 것은 허용되지 아니한다.

　　원고가 행정청에 대하여 적극적인 요구권을 실현하고자 하는 경우에 그 신청대상이 되는 행정작용이 처분인 경우에는 항고소송이, 처분이 아닌 경우에는 이행소송으로서 당사자소송이, (보충성의 요건등을 충족하는 경우에는 청구의 취지에 따라) 확인소송으로서 당사자소송이 이용될 수 있다. 이때 항고소송이냐, 당사자소송이냐의 구분은 대상판례에서 나타난 바와 같이 구체적 권리인 실체적 신청권이 어떻게 확정되는가를 기준으로 이루어질 것이다.

　　여기서 '구체적 권리'란 관계 법규의 해석에 의하여 국민에게 그러한 신청권을 인정하고 있는가를 살펴 추상적으로 결정되는 소송요건차원에서 요청되는 형식적 신청권을 넘어, 구체적 사건에서 신청인이 누구인가를 고려하여 인정되는 '실체적 신청권'가 확정된 것으로 이해해야 할 것이다. 행정청의 적극적인 처분에 대하여 방어적으로 취소청구를 구하는 경우에는 원고의 실체적 권리가 원고적격 판단에서 주로 문제가 되고, 본안승소요건 판단에서는 전면에 등장하진 않지만, 수익적 처분에 대한 행정청의 거부처분을 다투는 경우에는 원고의 실체법상 권리인 신청권이 소송요건 판단에서도, 본안승소요건 판단에서도 문제됨을 알 수 있다.

　　대상판례와 같은 사안에서 항고소송은 법정외 항고소송에 한정되는가,

당사자소송은 어느 정도로 전개될 수 있는가를 생각해 볼 수 있는데, 실효적이고 공백없는 권리보호의 요청상 실체적 권리가 있으면 이는 소송상 실현될 수 있어야 한다. 따라서 항고소송의 경우에는 반드시 법정항고소송에 한하지 않는 것으로, 당사자소송의 경우 일반적 이행소송과 일반적 확인소송을 포함하는 것으로 이해해야 할 것이다.

주제어: 공법상 급부청구소송, 항고소송, 당사자소송, 신청권, 실효적이고 공백없는 권리보호

Abstract

Appeal Litigation and Party Litigation as Lawsuit for Money in Public Law
－ Supreme Court Judgment 2014Du43264 delivered on February 9, 2017 －

Hyun－Joon Kim*

In the administrative law, a claim for payment of money is made through an appeal litigation or a party litigation. The action to rescind (Anfechtungsklage) as a kind of appeal litigation may be used, if the object of application is a kind of administrative acts (Verwaltungsakt), while the party litigation may be used, if it is not. The distinction between the actions for rescission and the party litigation here is based on how the concrete right of substantive application is established as shown in the appropriate case. The concrete rights of the appropriate case can be interpreted as a concrete confirmation of the substantive rights.

The substantive right should be realized in the administrative litigation. In order to meet the constitutional request of effective and inclusive protection of rights, the types of administrative litigation available should not be limited to what are prescribed by the administrative litigation act, and even in the case of a party litigation. The administrative litigation should include an general action for affirmative relief (allgemeine Leistungsklage) and an action for

* Professor, Yeungnam University Law School

declaration (Feststellungsklage).

In addition, there are cases where it is considered that there is actually the right of application, which are derived from the matter of nature (Natur der Sache). In this regard, if a form of action for revocation of dismissal is taken, inevitably the application rights, which are derived from the matter of nature, will be used. The fundamental solution to this problem will be possible by the introduction of the action for mandamus, which orders an administrative authority to take and administrative act if the authority has either refused or failed to take it. In the present circumstance, where this action for mandamus is not admitted, the court can not but utilize the jurisprudence of the matter of nature.

Keywords: Lawsuit for Money in Public Law, Appeal Litigation, Party Litigation, right of application, effective and inclusive protection of rights

투고일   2018. 12. 7.

심사일   2018. 12. 22.

게재확정일 2018. 12. 27.

制裁的 行政處分에 대한 司法審査

김철우[*]

Ⅰ. 序論

공무원의 징계는 고도의 정책적인 성격을 가지고 있으며, 징계사유의 경중과 경위 및 공무원의 평소 근무성적 및 근무태도를 고려하여 결정하여야 한다는 점에서 재량행위의 성격을 가진다.[1] 이러한 징계처분의 내용은 징계위원회의 의결을 통해 결정되고, 징계권자는 징계위원회의 의결에 구속되므로(국가공무원법 제78조 제1항), 징계처분에서 재량은 징계위원회의 의결에 부여되어 있다고 볼 수 있다. 따라서 징계위원회는 징계를 할 것인지 여부(결정재량)와 어떤 종류의 징계처분을 선택할 것인지 여부(선택재량)에 있어 재량이 인정된다.

---

[*] 법무법인 충정 변호사
[1] 박균성, 「行政法論(下)」, 박영사, 2018, 332면.

본 논문의 대상판결에서는 위와 같은 전제에서 피고가 원고에게 행한 해임처분이 재량권의 범위를 일탈 또는 남용하였는지 여부를 판단하는 과정에서, 피고가 인정한 징계사유 중 그 일부가 법원에서 사실로 인정되지 않았음에도 불구하고, 『수 개의 징계사유 중 일부가 인정되지 않더라도 인정되는 다른 일부 징계사유만으로도 당해 징계처분의 타당성을 인정하기에 충분한 경우에는 그 징계처분을 유지하여도 위법하지 아니하다.』 라는 법리를 밝히면서, 이 사건 해임처분이 재량권의 범위를 일탈 또는 남용한 것으로서 위법하다고 판단한 원심(항소심) 판결을 파기하였다. 위 법리는 비단 징계처분에서만 적용되는 것이 아니라 제재적 성격을 갖는 행정처분에 대한 재량권 일탈 또는 남용을 심사하는 행정소송에서도 적용되고 있다(대법원 2004. 3. 25. 선고 2003두1264 판결).

하지만 위와 같은 대법원의 태도는 법치행정의 측면에서 여러 가지 문제점들을 야기할 수 있다는 점에서 반드시 재고를 요한다. 본 논문은 대상판결의 기초가 되는 사실관계(Ⅱ)와 이에 대한 1심부터 대법원의 판단을 차례대로 살펴본 다음(Ⅲ), 대법원이 판단의 근거로 삼은 위 법리에 대하여 먼저 이론적으로 접근하여 그 타당성에 대하여 검토하고, 이로 인해 징계실무에서 발생되는 여러 가지 문제점들에 대하여 살펴봄으로써(Ⅳ) 대상판결에 대하여 비판적인 시각을 제시하기로 한다.

Ⅱ. 對象判決의 事實關係
- 대법원 2002. 9. 24. 선고 2002두6620 판결 [해임처분취소]

1. 基礎事實

원고는 1982. 3. 6. 순경으로 임명되어 2000. 2. 17.부터 강남경찰서 수사과 조사계에서 근무하던 중, 2000. 11. 8. 피고(서울특별시 지방경찰청장)로부터, ① 2000. 3. 15. 20:00경 원고가 맡고 있는 사건의 고소인인 소외 1로부터 사건을 잘 처리해달라는 청탁을 받고 395,000원 상당의 향응을 제공받은 점, ② 같은 날 21:30경 소외 1로부터 100만원을 지급받은 점, ③ 같은 해 4. 1. 20:00경 소외 1로부터 양주 1병을 교부받은 점, ④ 위와 같이 뇌물을 수수한 것이 사실임에도 불구하고, 2000. 6. 7. 뇌물을 공여하였다고 진정한 소외 1에 대하여 동인이 허위 사실로 원고를 무고하였으니 처벌하여 달라는 고소장을 제출하여 동인을 무고한 점을 징계사유(이하 '이 사건 징계사유' 라고 함)로 하여 해임 처분(이하 '이 사건 처분' 이라고 함)을 받았다.

2. 法院이 인정한 懲戒事由

가. 원고의 주장

한편, 원고는 1심부터 위와 같은 징계사유와 같은 행위를 한 사실이 없다고 주장하면서 사실오인을 주장하였고, 가사 그러한 사실이 인정된다고 하더라도 원고의 공적, 근무태도, 건강상태 등을 고려할 때 이 사건 처분은 원고에게 너무나 가혹하여 재량권을 일탈 또는 남용하였으므로 위법하다고 주장하였다.

나. 법원의 판단

1) 1심 법원의 판단

이 사건에서 1심 법원은 원고에 대한 위 징계사유 중, 자신이 맡고 있는 사건의 고소인인 소외 1로부터 사건을 잘 처리해 달라는 취지의 청탁을 받고 ①, ③ 사실과 같이 뇌물을 수수한 사실 및 그 후 원고가 위 고소사건의 피고소인에 대하여 혐의 없음 의견으로 검찰에 송치하자 이에 불만을 품은 소외 1이 강남경찰서에 사건처리에 대한 불만과 피고인의 뇌물 수수사실 등을 진정하자, 원고는 사실은 위 소외 1로부터 위와 같이 2회에 걸쳐 뇌물을 수수하였으면서도 "소외 1이 2000. 3. 15. 분당에 좋은 술집이 있으니 같이 가자고 제안을 하였으나 이를 거절하고 집으로 귀가하였고, 같은 해 4. 1. 하남시 회집에서 소외 1과 식사를 한 사실이 없는데도 황철주가 소직을 경찰에서 몰아내려고 위와 같이 뇌물을 공여하였다는 취지의 허위 진정을 하여 무고하고 있으니 처벌해 달라."는 내용의 고소장을 분당경찰서에 제출하여 위 소외 1을 무고한 사실(징계사유 ④사실)은 인정되나, 위 징계사유 ②사실과 같이 원고가 소외 1로부터 100만 원을 교부받았다는 점에 부합하는 피고 제출의 증거는 믿을 수 없고, 달리 이를 인정할 증거가 없다고 판단하였다.

2) 항소심 및 상고심의 판단

위와 같은 1심 법원의 사실인정에 대한 판단은 항소심인 2심에서도 그대로 유지되었으며, 상고심인 대법원에서는 위와 같이 확정된 사실관계를 전제로 법리판단만 하였다.

Ⅲ. 判決要旨

1. 1심 및 2심

1심과 2심은, 이 사건 징계사유 중, 위에서 인정된 징계사유 ①, ③, ④만으로도 국가공무원법 제78조 제1항 제1, 2, 3호,[2] 제56조,[3] 제

---

2) 제78조(징계 사유)
　① 공무원이 다음 각 호의 어느 하나에 해당하면 징계 의결을 요구하여야 하고 그 징계 의결의 결과에 따라 징계처분을 하여야 한다.
　　1. 이 법 및 이 법에 따른 명령을 위반한 경우
　　2. 직무상의 의무(다른 법령에서 공무원의 신분으로 인하여 부과된 의무를 포함한다)를 위반하거나 직무를 태만히 한 때
　　3. 직무의 내외를 불문하고 그 체면 또는 위신을 손상하는 행위를 한 때

61조[4] 소정의 징계사유에 해당되나, 원고가 18년 7개월 동안 성실하게 근무하면서 내무부장관 표창 2회 등 총 14회의 표창을 받은 점, 이 사건 처분은 원고가 위 소외 1로부터 100만 원을 수수하였다는 위 ②사실의 징계사유도 고려된 것인데 앞서 본 바와 같이 그 징계사유는 인정되지 않는 점, 위 소외 1로부터 제공받은 향응도 원고의 몫은 8만 원 정도에 불과하고, 소외 1로부터 교부받은 양주도 그 자리에서 그와 함께 나누어 마신 것인 점 등에 비추어 볼 때, 이 사건 해임처분은 원고에게 지나치게 가혹한 것으로서 재량권을 일탈, 남용한 위법이 있다는 이유로 이를 취소하였다.

2. 大法院

가. 법리

상고심인 대법원은 『공무원인 피징계자에게 징계사유가 있어 징계처분을 하는 경우 어떠한 처분을 할 것인지는 징계권자의 재량에 맡겨진 것이고, 다만 징계권자가 그 재량권의 행사로서 한 징계처분이 사회통념상 현저하게 타당성을 잃어 징계권자에게 맡겨진 재량권을 남용한 것이라고 인정되는 경우에 한하여 그 처분을 위법한 것이라 할 것이고, 공무원에 대한 징계처분이 사회통념상 현저하게 타당성을 잃었다고 하려면 구체적인 사례에 따라 징계의 원인이 된 비위사실의 내용과 성질, 징계에 의하여 달성하려고 하는 행정목적, 징계 양정의 기준 등 여러 요소를 종합하여 판단할 때에 그 징계 내용이 객관적으로 명백히 부당

---

3) 제56조(성실 의무) 모든 공무원은 법령을 준수하며 성실히 직무를 수행하여야 한다.
4) 제61조(청렴의 의무)
　① 공무원은 직무와 관련하여 직접적이든 간접적이든 사례·증여 또는 향응을 주거나 받을 수 없다.
　② 공무원은 직무상의 관계가 있든 없든 그 소속 상관에게 증여하거나 소속 공무원으로부터 증여를 받아서는 아니 된다.

하다고 인정할 수 있는 경우라야 하며(대법원 1997. 11. 25. 선고 97누14637 판결 등 참조), 수 개의 징계사유 중 일부가 인정되지 않더라도 인정되는 다른 일부 징계사유만으로도 당해 징계처분의 타당성을 인정하기에 충분한 경우에는 그 징계처분을 유지하여도 위법하지 아니하다 할 것이다(대법원 1991. 11. 22. 선고 91누4102 판결 등 참조).』고 판시하였다.[5]

나. 이 사건 처분의 재량권 일탈 또는 남용에 대한 판단

위 법리를 적용하여 대법원은 『원고가 경찰공무원으로서 자신이 담당하는 사건의 고소인으로부터 그 사건 처리와 관련하여 부정한 청탁을 받고 향응을 제공받거나 양주를 선물 받는 등 뇌물을 수수하였을 뿐만 아니라, 거기서 더 나아가 자신의 위 뇌물수수 범행을 은폐하기 위하여 위 뇌물수수 사실을 진정한 위 고소인을 무고하는 범죄행위까지 하였다면, 이는 원심이 인정하지 않은 징계사유를 제외하더라도 경찰공무원으로서 성실의무 및 청렴의무에 크게 위배되는 행위로서, 경찰에 대한 국민의 불신을 야기 시키고, 경찰 전체의 품위를 손상시키는 행위라고 보지 않을 수 없고, 또한 기록에 의하면, 원고는 1997. 5. 23.에도 이 사건과 유사한 징계사유인 금품수수를 이유로 정직 3월의 중징계를 받은 전력이 있음을 알 수 있는바, 원고가 저지른 위 비위의 정도(특히, 무고까지 한 점) 및 위 중징계 전력 등에 비추어 볼 때 원고가 장기간 경찰공무원으로 근무하면서 14회에 걸쳐 표창을 받았다거나, 원고가 제공받은 향응이나 수수한 뇌물의 가액이 적다거나, 위 뇌물수수를 받고서도 위 사건 처리에 있어서 고소인에게 불리한 결론을 내린 점 등 기록에 나타난 제반 사정을 참작하더라도 피고의 이 사건 해임처분이 사회통념상 현저하게 타당성을 잃을 정도로 원고에게 지나치게 가혹하여 그 재량권의 범위를 일탈한 것으로서 위법한 처분이라고 할 수는 없고 오

---

5) 대법원은 이 사건 판결에서 이와 같이 결론만 판시하고 있을 뿐 왜 이러한 법리를 전개하고 있는지에 대한 이론적인 논증이나 법리적 근거는 설시하지 않고 있다.

히려 이 사건 해임처분은 그 타당성이 충분히 수긍될 수 있는 경우로
보인다. 따라서 이 사건 해임처분이 재량권을 일탈·남용한 것으로서
위법하다고 판단하여 이 사건 해임처분을 취소한 원심판결에는 징계처
분의 재량권의 한계에 관한 법리를 오해하여 판결에 영향을 미친 위법
이 있다.』고 판시하였다.

Ⅳ. 判決의 檢討

1. 懲戒處分의 法的 根據 및 法的 性質

국가공무원법 제78조 제1항은 징계사유에 관하여 규정하고 있으
며, 같은 법 제79조는(징계의 종류)에서는 징계처분의 종류를 파면, 해임,
강등, 정직(停職), 감봉, 견책(譴責)으로 구분하고 있는데, 공무원 징계령
제1조의3(정의)은 파면, 해임, 강등, 또는 정직을 중징계로, 감봉 또는
견책을 경징계로 각각 정의하고 있다. 한편 국가공무원법 제10장에 따
라 공무원의 징계와 징계부과금 부과에 필요한 사항을 규정하기 위하여
제정된 공무원 징계령(대통령령 제28890호) 제17조의3 제1항에서는 "징계
기준 징계부가금 부과기준, 징계의 감경기준 등은 총리령으로 정한다."
고 규정하고 있다. 결국 구체적인 징계처분은 총리령인 공무원 징계령
시행규칙(총리령 제1467호)에서 정하고 있는 [별표] 기준에 따라 그 범위
에서 징계위원회에서 의결되며, 이때 제4조와 제5조에 따라 감경 또는
가중될 수 있다.6)

---

6) 공무원 징계령 시행규칙 제2조(징계 또는 징계부과금의 기준) 제1항은 "징계위원
   회는 징계 또는 「국가공무원법」 제78조의2에 따른 징계부과금(이하 "징계부과금"
   이라 한다) 혐의자의 비위(非違)의 유형, 비위의 정도 및 과실의 경중과 평소의 행
   실, 근무성적, 공적(功績), 규제개혁 및 국정과제 등 관련 업무 처리의 적극성, 뉘
   우치는 정도, 수사 중 공무원 신분을 감추거나 속인 정황 또는 그 밖의 정상 등을

이때 총리령에서 규정하고 있는 [별표] 기준은 법규명령 형식의 재량준칙으로서 내부적인 사무처리준칙에 불과하고 외부에 대하여 구속력이 없으므로, 법규성은 인정되지 않는다.7) 따라서 [별표]에서 정한 기준에 따른 징계처분이라고 하여 반드시 적법한 처분이라고 할 수 없고, 재량하자 이론에 따라 재량권 일탈 또는 남용에 대한 별도의 심사가 필요하다. 즉 징계처분은 공무원이 부담하는 의무를 위반한 경우 부과되는 행정적 제재처분으로서 재량행위의 성질을 갖는다.

2. 要件判斷에 대한 司法審査

가. 문제의 소재

이 사건 해임처분의 성격이 재량처분인 것과는 별개로, 징계사유에

고려하여 별표 1의 징계기준, 별표 1의2의 청렴의 의무 위반 징계기준, 별표 1의3의 음주운전 징계기준 및 별표 1의4의 징계부가금 부과기준에 따라 징계 또는 징계부가금(이하 "징계 등"이라 한다) 사건을 의결하여야 한다."고 규정하고 있다.

7) 대법원은『제재적 행정처분의 기준이 부령의 형식으로 규정되어 있더라도 그것은 행정청 내부의 사무처리준칙을 정한 것에 지나지 아니하여 대외적으로 국민이나 법원을 기속하는 효력이 없고, 당해 처분의 적법 여부는 위 처분기준만이 아니라 관계 법령의 규정 내용과 취지에 따라 판단되어야 하므로, 위 처분기준에 적합하다 하여 곧바로 당해 처분이 적법한 것이라고 할 수는 없지만, 위 처분기준이 그 자체로 헌법 또는 법률에 합치되지 아니하거나 위 처분기준에 따른 제재적 행정처분이 그 처분사유가 된 위반행위의 내용 및 관계 법령의 규정 내용과 취지에 비추어 현저히 부당하다고 인정할 만한 합리적인 이유가 없는 한 섣불리 그 처분이 재량권의 범위를 일탈하였거나 재량권을 남용한 것이라고 판단해서는 안 된다.』고 판시하였다(대법원 2007. 9. 20. 선고 2007두6946 판결). 이와 달리『당해 처분의 기준이 된 주택건설촉진법시행령 제10조의3 제1항 [별표 1]은 주택건설촉진법 제7조 제2항의 위임규정에 터 잡은 규정형식상 대통령령이므로 그 성질이 부령인 시행규칙이나 또는 지방자치단체의 규칙과 같이 통상적으로 행정조직 내부에 있어서의 행정명령에 지나지 않는 것이 아니라 대외적으로 국민이나 법원을 구속하는 힘이 있는 법규명령에 해당한다.』고 판시함으로써 시행령(대통령령) 형식으로 제정된 재량준칙에 대하여는 법규성을 인정하고 있다(대법원 1997. 12. 26. 선고 97누15418 판결).

대한 사실 인정은 징계처분에 대한 요건 판단의 영역이다. 이 사건 해
임처분에 대한 징계사유는 앞서 본 국가공무원법 제78조 제1항 제1호
내지 제3호, 제56조(성실의무)와 제61조(청렴의 의무)의 각 위반으로서 여
기에는 '체면', '위신', '성실'과 같은 불확정개념[8]이 포함되어 있다. 따라
서 이처럼 법률요건 중 불확정개념의 해석과 적용에 대하여도 법률효과
와 마찬가지로 재량의 문제로 파악할 것인지 아니면, 판단여지의 문제
로 볼 것인지를 둘러싸고 행정법 학계에서는 오랫동안 논쟁이 있었는데
이것이 바로 재량과 판단여지의 구별문제이다.

나. 재량과 판단여지의 구별문제

1) 강학상 논의(학설)

학설상 (1) 재량과 판단여지의 구별을 긍정하는 견해(區別說)는 독
일 이론[9]의 영향을 받아 법률효과의 부분은 '재량', 법률요건 규정에 존
재하는 불확정개념의 판단은 '판단여지'로서 양자(兩者)는 구별된다고

---

[8] 불확정개념이란 개념이 일의적으로 확정되지 않아 개념 그 자체로는 그 의미를 정
확하게 파악할 수 없으며 별도의 해석과 판단이 요구되는 개념을 의미한다. 에릭
센은 불확정개념을 '규범(가치)개념'과 '경험개념'으로 구별하였는데, 이중 '규범개
념'은 불확정개념에 대한 해석과 판단이 오직 평가자의 주관적이고 전속적인 권한
에 속하는 개념인 반면, '경험개념'은 경험을 통하여 사실상 일의적으로 확정될 수
있는 개념을 의미한다. 김민호, 「행정법」, 법문사, 2018, 140면.

[9] 독일에서는 요건부분의 법률요건 중 불확정개념의 해석과 적용에 관해서는 행정
청의 재량이 있을 수 없고, 재량은 법률효과 부분에만 존재한다는 이른바 '효과재
량설'이 통설과 판례로 확립되어 있다. 이에 의하면, 불확정개념의 해석과 적용에
대해서는 전면적 사법심사가 가능하며 법원의 판단으로 행정청의 판단을 대체할
수 있기 때문에 이를 시정하기 위하여 법원의 전면적 사법심사를 제한하는 '판단
여지설'이 주장된 것이다. 조원경, "재량과 판단여지의 구분", 행정판례평선, 박영
사, 2011, 141면. 원래 불확정개념은 법 개념으로서 그 해석과 적용에 있어서는 이
론적으로 하나의 판단만 가능한 것이므로 행정청은 불확정개념으로 된 법률요건
을 판단함에 있어서는 재량을 가질 수 없다. 하지만 불확정개념을 해석하고 적용
함에 있어 둘 이상의 상이한 판단이 모두 적법한 판단으로 인정될 수 있는 경우
행정청에게 판단여지가 인정되므로 판단여지 내에서 이루어진 행정청의 판단은
사법심사의 대상이 되지 않는다. 박균성, 「行政法論(上)」, 박영사, 339면.

한다. 이에 따르면, 요건규정에 있는 불확정개념에 대한 판단은 재량의
문제가 아니므로 법원의 통제 범위에 있는 이상 행정청의 판난은 사법
심사의 대상이 되지만 행정청의 판단을 존중하여 그 판단을 자제할 뿐
이라고 한다(判斷餘地論).10) 따라서 행정청의 판단여지가 인정되는 범위
내에서 이루어진 행정청의 판단은 사법심사의 대상이 되지 않는다.11)
다만 판단여지가 인정되는 경우에도 판단기관의 구성이나 판단절차 과
정에서 법을 위반하였거나 사실인정에 오류가 있는 경우, 객관적인 평
가기준을 위반한 경우에는 위법사유가 되므로 사법심사의 대상이 된다.

　　이에 반해 (2) 재량과 판단여지의 구별을 부정하는 견해(非區別說)
는 양자를 동일한 범주에 속하는 것으로 보아 법률요건에 대한 행정청
의 독자적 판단 역시 재량의 문제로 이해한다. 박정훈 교수는 독일은
법령상 불확정개념으로 된 요건부분에 대하여 행정의 재량을 부정하고
원칙적으로 완벽한 심사강도의 사법심사를 인정하는 세계에서 거의 유
일한 국가이므로 요건부분에 관하여 행정의 자율성을 인정하기 위하여
재량과는 본질이 다른 판단여지의 개념이 필요한 것이라고 한다. 즉 재
량은 법령상 효과부분에 인정되는 '意志의 自由'이지만, 판단여지는 요
건부분의 불확정개념에 관한 '認識의 不確實性'이라고 한다. 이에 반해
우리나라와 영국, 프랑스는 요건부분에 관해 전면적으로 재량을 부정하
지 않기 때문에 '판단여지'라는 개념이 필요 없는 것이다. 그 대신 요건
부분의 불확정개념으로 인해 인정사실을 불확정개념에 포섭하는 법적
평가에 관해 인정되는 재량이라는 의미에서 '요건재량'이라고 하고 효과
의 선택에 관해 인정되는 '효과재량'과 구별하면 충분하다고 한다.12)

---

10) 참고로 전통적인 독일 행정법 이론은 법원이 행정청의 재량적 판단에 대하여는 사
　　법심사를 할 수 없다고 보았다. 김민호, 전게서, 134면.
11) 판단여지가 주로 비대체적 결정(시험이나 성적 평가, 공무원의 근무평정), 구속적
　　가치평가(전문가로 구성된 독립된 합의제 행정기관이 내리는 평가결정), 예측결정
　　및 정책결정(환경법이나 경제 행정)의 분야에서 주로 인정되고 있다. 김동희, 「행
　　정법 I」, 박영사, 2018, 276면.

2) 대법원 판례

판례는 판단여지로 인정되는 것으로 볼 수 있는 행정청의 결정도 재량행위의 관점에서 접근하고 있다. 이에 관한 대표적인 리딩케이스로, 교과서 검정에 관한 사건에서『피고가 교과용 도서 및 지도서를 검정함에 있어서는 위 법령과 심사기준에 따라야 하는 것은 물론이지만 그 판단이 사실적 기초가 없다거나 또는 사회통념상 현저히 부당하다는 등 현저히 재량권의 범위를 일탈한 것으로 보이지 않는 한 그 처분을 위법시할 수 없다고 할 것이고 법원이 그 검정에 관한 처분의 위법여부를 심사함에 있어서는 피고와 동일한 입장에 서서 어떠한 처분을 하여야 할 것인가를 판단하고 그것과 피고의 처분과를 비교하여 그 당부를 논하는 것은 불가하고 피고가 관계법령과 심사기준에 따라서 처분을 한 것이면 그 처분은 유효한 것이고 그 처분이 현저히 부당하다거나 또는 재량권의 남용에 해당한다고 볼 수밖에 없는 특별한 사정이 있는 때가 아니면 피고의 처분을 취소할 수 없다고 보아야 할 것이다.』고 판시하였다(대법원 1988. 11. 8. 선고 86누618 판결).[13]

3) 독일에서 판단여지에 관한 논의

독일에서는 행정절차법 및 행정소송법에 재량에 대한 심사규정만 존재하며 판단여지는 명시적으로 규정되어 있지 않지만, 1950년대 중반 이후 행정법학에서 발전된 판단여지 이론을 연방행정법원이 수용하면서 현재까지 판례법으로 인정되어 오고 있다.[14]

---

12) 박정훈, "불확정개념과 판단여지", 행정작용법(김동희 교수 정년기념 논문집), 박영사, 2005, 250면.
13) 이외에도 대법원 2007. 2. 8. 2006두13886판결, 대법원 1998. 7. 10. 97누13771판결 등이 있다.
14) 서보국, "판단여지이론의 재고", 외법논집(제40권 제4호), 한국외국어대학교 법학연구소, 2016, 21면.

　　독일은 19세기 후반까지 사법심사로부터 자유로운 영역인 '자유재량' 행위를 인정하다가[15) 2차 세계대전 이후, '의무에 합당한 새량'이라는 용어를 통해 행정법원이 재량권 행사의 한계를 심사할 수 있게 되었다.[16) 한편, 1950년대에 이르러 법철학과 법이론(인식론)의 영향으로 형량을 통한 의지적 과정인 재량과 구성요건 포섭이라는 인식작용을 명확히 구분하면서 법률요건에 '불확정재량'이라는 용어를 '불확정 법 개념'이라는 용어로 대체하였다. 이에 따르면 구성요건의 포섭은 법적인 문제로 완전한 사법심사가 가능하지만, 이 경우에도 사법심사가 제한되는 행정부 고유의 영역이 존재한다는 것을 인정함으로써 '판단여지'라는 새로운 개념이 등장하게 되었다.[17)

　　하지만 이처럼 독일 공법학에서 판단여지와 재량을 구분하는 태도에 대해서는 계속적인 비판이 제기되어 왔으며, 그중 대표적인 논거로는 불확정 법 개념에 있어 행정청의 고유한 결정여지가 법 효과에서의 재량과 명확히 구분되는 것이 아니라는 점과 사법심사라는 법 기능적인 관점에서 판단여지와 재량의 한계 심사 기준 및 방법이 동일하므로 양자(兩者)의 구별이 불필요하다는 점이다.[18)

다. 소결

1) 학설의 검토

　　위 학설 중 구별설의 이론적 기초가 되는 이른바 '효과재량설'은 과거 재량행위에 대한 사법심사가 곤란한 시기에 재량행위의 범위를 축소하기 위하여 시도된 것으로, 이에 따르면 요건에 대한 행정청의 재량은

---

15) '자유재량'이라는 용어를 사용할 당시에는 법률요건과 법률효과에 대한 명확한 구분이 없었으며, 만일 법률요건에 불확정개념이 사용된 경우, 이를 '불확정재량' 개념이라 하였고 이는 사법심사가 배제되는 요건재량이었다. 서보국, 전게논문, 23면.

16) 서보국, 전게논문, 23면.

17) 서보국, 전게논문, 24면.

18) 서보국, 전게논문, 28~34면.

인정되지 않으며, 침익적 행위에 대해서는 일단 기속행위로 분류하여 사법심사가 가능하도록 하려는 목적에서 주장된 것이다.[19] 하지만, 오늘날 효과재량설은 이미 설득력을 잃었으며, 우리의 경우 법률요건에 대한 사법심사를 부정하는 이론이 확립되어 있지 않다. 나아가 실제 소송에서 법률요건에 대한 불확정개념의 적용과 해석에 있어 일정 한도에서 행정청에게 1차적 판단권을 인정하는 판단여지 이론은 그 한도에서는 재판통제가 미치지 않는 것이므로 실질적으로 재량행위와 동일한 의미가 있으므로 이를 엄격하게 구별할 실천적 이유가 없으므로 요건재량의 문제로 보면 충분할 것이다(非區別說).[20] 따라서 재량권 행사 과정에서 ① 자의나 독단, ② 사실오인, ③ 법률의 착오, ④ 입법정신 위반 ⑤ 행정법의 일반원칙(신뢰보호원칙, 비례원칙, 평등원칙, 부당결부금지원칙 등) 위반의 위반, ⑥ 행정절차법 위반 등이 있으면 재량권을 일탈 또는 남용한 위법한 처분이다.[21]

2) 이 사건의 경우

일반적으로 행정청이 법률에 따라 행정처분을 내리기 위해서는 다음과 같은 법 적용의 과정을 거친다. 먼저 ① 객관적인 자료를 통해 사실관계를 확정한 다음(사실인정), ② 관계법령의 법률에서 규정하고 있는 구성요건을 해석하여 확정된 사실관계를 이에 포섭하는데, 만일 요건규정에 불확정개념이 사용되었다면 이 단계에서 불확정개념을 해석하고 적용하게 된다. ③ 마지막으로 법률요건이 충족되었음을 전제로 법령에서 법률효과로 규정된 행정처분[22]을 선택하는 것이다.

---

19) 김민호, 전게서, 139면.
20) 김동희, 「행정법 I」, 박영사, 2018, 277면. 참고로 현재 프랑스와 영국, EU법 및 유럽재판소에서도 법률요건과 법률효과를 구분하지 않고 모두 재량으로 이해하고 있다. 서보국, 전게논문, 23면.
21) 김철용, 「행정법」, 박영사, 2011, 211면.
22) 이때 행정처분의 성격에 따라 재량행위와 기속행위로 나눌 수 있다.

따라서 만일 ①의 단계, 즉 事實의 存否에 대한 판단에서는 판단여지설에 의하든 아니면 재량이론에 의하든 상관없이 전면적인 사법심사의 대상이 되고 사실오인의 위법이 인정될 경우 이를 전제로 이루어진 행정처분은 위법하게 된다고 보아야 한다.[23]

왜냐하면 판단여지와 재량의 구별문제는 사실에 대한 불확정개념의 포섭단계, 즉 사실이 법률요건에 해당하는지를 판단하는 단계(위 ②의 단계)에서 그 판단권을 누가 행사하느냐 하는 것이 핵심적인 문제이기 때문이다.[24] 판단여지 이론의 진원지인 독일의 법학자인 바호프는 사실의 불확정개념에의 包攝(Subsumption)에 있어서 일정한 경우 및 일정한 한도에 있어서는 법원의 재판통제에서 배제되는 독자적 판단의 여지가 행정청에게 인정된다고 주장하고 있으며, 울레의 대체가능성설 역시 같은 논리에 입각하고 있다.[25] 이처럼 바호프의 판단여지설이나 울레의 대체가능성설은 불확정개념을 구체적인 사실에 적용함에 있어 행정청에 비교적 폭넓은 판단여지를 인정하고 있다. 따라서 대상판결에서 이 사건 처분의 근거가 되는 국가공무원법 제78조, 제56조, 제61조에서

---

23) 재량과 판단여지의 구별실익을 인정하는 박균성 교수는 '事實의 確認'에 있어서는 원칙적으로 판단여지가 인정될 수 없으며 완전한 사법심사의 대상이 된다는 것이 일반적 견해라고 설명하고 있으며(박균성, 전게서, 340면, 다만 고도로 기술적인 사실관계의 확인에 있어서는 극히 예외적으로 판단여지가 인정될 수 있다고 한다), 재량권의 한계와 관련하여서도 '事實의 存否'에 대한 판단에는 재량권이 인정될 수 없으므로 사실을 오인하여 재량권을 행사한 경우에는 위법한 처분이라고 한다. 박균성, 전게서, 332면. 한편, 김동희 교수는 판단여지가 인정되는 경우 그 한도에서의 행정결정에는 재판통제가 미치지 않으므로 실질적으로 당해 행위는 재량행위와 같은 의미를 가진다는 입장으로(非區別說, 김동희 전게서, 277면), 일정 사실이 재량처분의 요건으로 규정되어 있는 경우, 그 사실의 존재 여부 및 당해 사실의 법정요건에의 해당 여부에 대한 판단은 원칙적으로 재량의 문제와는 무관한 것으로, 이에 대하여는 당해 행위가 재량행위인 경우에도 재판통제가 미친다고 한다. 김동희, 전게서, 282면.
24) 이광윤, 「일반행정법」, 법문사, 2012, 197면.
25) Wolff/Bachof, Verwaltungsrecht Ⅰ, 1974, pp.92. 김동희, 전게서, 275면 각주 1에서 재인용.

'체면', '위신', '성실', '청렴'과 같은 불확정개념을 사용하고 있으므로, 구체적인 사실관계를 확정한 다음 확정된 사실관계가 위 불확정개념에 해당하는지 여부에 대해서는 행정청의 요건재량 내지 판단여지를 인정할수 있지만, 이와 별개로 불확정개념에 포섭되는 전제사실의 존부에 오류가 인정된다면 이는 당연히 사법통제의 대상이 된다고 할 것이다.[26]

결국 사안과 같이 징계사유로서 [a, b, c, d]로 구분되는 별개의 비위사실이 존재하는 것을 전제로 내려진 하나의 징계처분(A)을 다투는 소송에서 심리결과 그 중 일부사실(b)이 인정되지 않는다면, 징계처분의 전제가 이미 성립하지 않는 것이고, 이러한 사실은 징계처분의 결정과정(재량권 행사 과정)에서 영향을 미쳤다고 보아야 하므로 당연히 취소해야 할 것이다. 그럼에도 대상판결은 재량권 행사 과정은 도외시한채 단순히 결과론적 관점에서 b를 제외한 [a, c, d]만으로도 A처분의 타당성을 인정하기에 충분한 경우에는 A처분을 유지하여도 위법하지 않다는 것인 바, 과연 어떠한 이론적 근거에서 이러한 결과를 도출하였는지 매우 의문스럽다. 대상판결은 이와 같이 이론적인 관점에서도 이해가 되지 않을 뿐 아니라 실무에서 제재적 행정처분, 특히 징계처분에 있어 매우 불합리한 결과를 초래하여 법치행정의 측면에서 심각한 문제를 야기할 수 있으므로 반드시 시정되어야 한다. 이하에서는 이러한 법리로 인해 파생되는 여러 가지 문제점들에 대하여 살펴보기로 한다.

---

26) 이러한 전제사실의 오류는 결과적으로 그 후속단계인 불확정개념에의 포섭과 이를 토대로 이루어진 재량권 행사에도 영향을 미치게 된다. 하지만 판단여지 이론에 의하든 재량이론에 의하든 사실오인에 대하여 사법심사를 부정하는 견해는 찾기 어렵다.

3. 對象判決의 問題點

가. 징계처분이 갖는 특수성과 남용 가능성

1) 징계절차와 형사절차의 관계

국가공무원법 제83조(감사원의 조사와의 관계 등) 제2항은 "검찰·경찰, 그 밖의 수사기관에서 수사 중인 사건에 대하여는 제3항[27)]에 따른 수사개시 통보를 받은 날부터 징계 의결의 요구나 그 밖의 징계 절차를 진행하지 아니할 수 있다."고 규정하고 있다.[28)] 따라서 형사절차가 진행 중인 경우에도 이와 상관없이 공무원에 대한 징계절차는 개시될 수 있다.[29)]

대법원 역시 『일정한 법규위반 사실이 행정처분의 전제사실이 되는 한편 이와 동시에 형사법규의 위반 사실이 되는 경우에 행정처분과 형벌은 각기 그 권력적 기초, 대상, 목적을 달리하고 있으므로 동일한 행위에 관하여 독립적으로 행정처분이나 형벌을 과하거나 이를 병과 할 수 있는 것이고 법규가 예외적으로 형사소추선행의 원칙을 규정하고 있지 아니한 이상 형사판결 확정에 앞서 일정한 위반사실을 들어 행정처분을 하였다고 하여 절차적 위반이 있다고 할 수 없다.』고 판시하였으며, 이러한 판례는 현재까지 계속 유지되고 있다(대법원 1986. 7. 8. 선고 85누1002 판결).

---

27) 감사원과 검찰·경찰, 그 밖의 수사기관은 조사나 수사를 시작한 때와 이를 마친 때에는 10일 내에 소속 기관의 장에게 그 사실을 통보하여야 한다.

28) 이에 반해 동조 제1항은 "감사원에서 조사 중인 사건에 대하여는 제3항에 따른 조사개시 통보를 받은 날부터 징계 의결의 요구나 그 밖의 징계 절차를 진행하지 못한다."고 규정함으로써 수사와는 달리 규정하고 있다.

29) 군인사법 제59조의3(감사원의 조사와의 관계 등) 제3항에서도 군인에 대한 징계절차에서 이와 동일한 취지로 규정하고 있다(군검찰, 군사법경찰관, 그 밖에 수사기관이 수사 중인 사건에 대하여는 제1항에 따른 수사 개시 통보를 받은 날부터 징계의결 등의 요구나 그 밖의 징계처분 절차를 진행하지 아니할 수 있다). 다만 군인 징계령 제8조는 군인사법 제59조의3과의 관계에서 일부 내용이 충돌되는바 개정이 필요할 것으로 보인다.

2) 징계절차의 남용사례

현재 징계 실무에서는 공무원이나 군인의 비위사실이 징계사유를 구성함과 동시에 형사처분의 대상이 되는 범죄행위에 해당된다면 관련 사건인 형사사건에서 검찰이 공소를 제기하면 이를 바탕으로 징계혐의 사실을 특정하여 징계처분을 내리는 경우도 있고, 사안에 따라 특별히 징계시효가 문제되지 않는다면 1심 판결이 선고되고 나서 징계처분을 내리기도 한다. 문제는 행정조직 내부에서 조직보호의 논리나 정치적인 이유로 특정인에 대하여 무리한 징계를 시도하는 경우이다. 이때 형사 입건을 통해 형사재판을 거친다면, 무죄가 선고될 가능성이 있는 사건 에서,30) 행정청은 구태여 수사의뢰를 통해 복잡한 형사재판을 기다리기 보다는 신속하게 문제가 되는 공무원의 신분관계를 종료시키기 위하여 의도적으로 간이한 방식인 징계절차를 통해 해임 또는 파면처분을 내리 는 것을 더 선호할 수 있다.31)

왜냐하면 형사소송과 징계처분을 다투는 행정소송에서 증거조사 방법이 다르기 때문이다. 즉 징계혐의자에 대하여 형사재판이 개시되었 다면 공소사실을 뒷받침하기 위해 검사가 제출하는 전문증거(傳聞證據) 에 대하여 피고인과 변호인은 증거의견을 밝히고 만일 부동의하는 경우 검사가 원진술자를 증인으로 신청하여 피고인의 반대신문권이 보장되

---

30) 대법원 판례는 "원고가 그 직무에 관하여 현금 3,000,000원의 뇌물을 받았음을 징 계사유로 하여 이 사건 파면처분을 하였고 한편 위 징계처분이 있은 후에 그에 대 한 형사사건으로 항소심에서까지 원고에게 유죄의 판결이 있었으나 그 후 대법원 의 파기환송 판결에 따라 무죄의 확정판결이 있었으며 그 형사사건에서 원고가 수사기관과 법정에서 금품수수 사실을 자인하였다면 그 징계처분이 근거 없는 사 실을 징계사유로 삼은 것이 되어 위법하다고 할 수는 있을지언정 그것이 객관적 으로 명백하다고는 할 수 없다 할 것이므로 이 사건 징계처분이 당연 무효가 되는 것은 아니라 할 것이다."고 판시하였다(대법원 1989. 9. 26. 선고 89누4963 판결). 즉 무효는 아니지만 위법하므로 취소사유에 해당한다는 취지이다.

31) 이는 징계위원회를 구성하는 징계위원 선정에 있어 징계처분권자의 영향력이 매 우 큰 군인에 대한 징계 절차에서 남용될 소지가 매우 크다.

지 않는 한 재판부에 증거로 제출될 수 없는 것이 원칙이지만, 징계조사 과정에서 관련자나 참고인들의 일방적인 주장에 불과한 증서(대부분 제3자의 진술서 또는 진술조서의 형식)는 징계간사에 의해 의도적으로 수집된 후 징계위원회에 전부 제공되어 징계위원회의 의결에 결정적인 자료로 활용될 뿐만 아니라 이후 징계처분을 다투는 행정소송에서도 피고 측 서증의 형태로 별 제한 없이 재판부에 대부분 제출되어 재판부로 하여금 원고에 대해 불합리한 선입견을 형성하여 재판에 불리한 영향을 미칠 수 있기 때문에 행정청이 어느 절차를 어떻게 취하느냐에 따라 최종 결론이 달라질 수 있다.

　　이 때문에 처분청은 징계혐의사실을 특정함에 있어 객관적으로 명확하지 않지만 매우 치명적인 비위사실까지 포함시켜 두리뭉실하게 징계위원회에 회부하여 이를 전제로 신속하게 해임 또는 파면처분을 내리는 방식에 강한 유혹을 느낄 수 있으며, 대상판결의 법리를 관철할 경우 이 때 당사자가 취소소송을 제기하더라도 만일 원고의 징계사유 중 재량준칙에서 그 기준한도를 해임까지 규정하고 있는 비위사실이 단 1개라도 존재하면 이로 인해 징계처분의 타당성이 인정되어 원고 청구는 기각될 여지가 크다. 하지만 비위사실을 1개만 특정하여 징계위원회에 회부하는 것과 평소 문제가 많은 공무원으로 포장하기 위하여 객관적으로 불명확한 비위사실을 무더기로 포함시켜 징계위원회에 회부하는 경우 그 결과는 천양지차이다. 더구나 징계위원회는 위원 선정 과정을 통해 징계권자의 영향을 강하게 받아 징계권자의 의중을 은연중에 따라갈 수밖에 없으며 형사재판과 달리 엄격한 증명이 요구되지 않고 대신 조직 내부 논리가 강하게 지배하는 특성을 가진다.

　　필자의 지난 10년간의 법조실무 경험에 의하면, 행정청이 무리하게 징계혐의사실을 확정하고 이를 통해 징계위원회에서 징계혐의자에 대한 불리한 여론을 형성하여 징계권자 또는 조직이 의도하는 징계처분

을 유도한 다음,32) 이후 행정소송에서는 대상판결의 법리를 악용하여
원고가 인정하는 일부 비위사실만으로도 처분의 타당성을 인정할 수 있
다는 식의 무책임하지만 강력한 방어논리를 펼치는 경우가 상당수 존재
하였다.

나. 대법원 2001. 2. 9. 선고 98두17593 판결과 부조화

현재 징계처분에 대한 취소소송에서, 비위사실이 여러 개이고 원고
가 그 중 일부에 대한 사실관계를 다투는 경우에도 하급심에서는 정확
한 사실관계를 파악하기 위한 노력은 소홀히 한 채, 대상판결의 법리를
전가의 보도처럼 내세우며 판결문에서 원고의 주장처럼 일부의 징계사
유(비위사실)가 존재하지 않더라도 나머지 비위사실만으로도 원고에게
내려진 징계처분의 타당성을 인정할 수 있으므로 징계처분이 위법하지
않다는 결론을 내리며 양비론적 입장을 유지하는 경우가 상당수 존재한
다. 이는 결과론적 관점에서 인정된 비위사실만으로도 원고에게 내려진
징계처분(결론)을 유지하더라도 위법하지 않다는 것인데, 이러한 접근방
식은 재량행위에 대한 사법심사에 관한 대법원 2001. 2. 9. 선고 98두
17593 판결과도 조화되지 않는다.

왜냐하면, 대법원은 재량행위에 대한 사법심사와 관련하여,『행정
행위가 그 재량성의 유무 및 범위와 관련하여 이른바 기속행위 내지 기
속재량행위와 재량행위 내지 자유재량행위로 구분된다고 할 때, 그 구
분은 당해 행위의 근거가 된 법규의 체재·형식과 그 문언, 당해 행위가
속하는 행정 분야의 주된 목적과 특성, 당해 행위 자체의 개별적 성질
과 유형 등을 모두 고려하여 판단하여야 하고, 이렇게 구분되는 양자에
대한 사법심사는, 전자의 경우 그 법규에 대한 원칙적인 기속성으로 인

---

32) 물론 이 역시 재량권 일탈 또는 남용(목적 위반이나 동기의 부정 등)에 해당하므
로 징계처분의 위법성을 구성하지만, 실제 재판과정에서 이를 원고가 입증하는
것은 사실상 불가능하다.

하여 법원이 사실인정과 관련 법규의 해석·적용을 통하여 일정한 결론을 도출한 후 그 결론에 비추어 행정청이 한 판단의 적법 여부를 독사의 입장에서 판정하는 방식에 의하게 되나, 후자의 경우 행정청의 재량에 기한 공익판단의 여지를 감안하여 법원은 독자의 결론을 도출함이 없이 당해 행위에 재량권의 일탈·남용이 있는지 여부만을 심사하게 되고, 이러한 재량권의 일탈·남용 여부에 대한 심사는 사실오인, 비례·평등의 원칙 위배, 당해 행위의 목적 위반이나 동기의 부정 유무 등을 그 판단 대상으로 한다.』는 것이 기본 입장이기 때문이다(대법원 2001. 2. 9. 선고 98두17593 판결).33)

　　하지만 대상판결의 법리를 따르기 위해서는 법원이 단순히 재량권의 일탈·남용에 대한 심사에서 나아가 실제 소송에서 당사자 사이에 다툼 없는 사실이나 증거에 의하여 뒷받침되는 비위사실을 확정하고, 피고가 제시한 징계사유(비위사실)로부터 분리하여 이를 기준으로 타당한 결론(징계수위)을 독자적으로 설정한 다음, 원고에게 내려진 징계처분이 법원이 스스로 타당하다고 판단한 결론(징계수위)에 부합하는지 대조하는 방식으로 심리하게 되는데, 이는 오히려 기속행위에 대한 사법심사 방식과 더 유사한 것으로 볼 여지가 있기 때문이다.

---

33) 본 논문에서 직접 다루는 논점은 아니지만, 이 판결은 행정행위의 성격을 재량행위와 기속행위의 이원적 구조를 취하는 것이 아니라 기속행위와 기속재량행위, 재량행위와 자유재량행위로 세분화하고 있다. 판례는 기속행위인 등록이나 허가 등에 있어 공익상 중대한 사유가 인정되는 경우 등록이나 허가를 거부할 수 있다고 판시하면서 '기속재량행위'라는 용어를 사용하고 있으나 이론적 근거와 성질에 대해서는 침묵하고 있다(대법원 1993. 5. 27. 선고 92누19477판결, 대법원 1998. 9. 25. 선고 98두7503 판결). 이와 같이 재량행위를 기속재량행위와 자유재량행위로 나누는 이론은 과거 독일에서 재량행위는 사법심사의 대상에서 제외된다는 전제에서, 재량행위의 범위를 가능한 축소하여 사법심사의 대상으로 삼기 위한 목적에서 시도되었다. 따라서 재량행위에 대한 사법심사가 가능한 오늘날 기속재량행위의 관념을 상정할 실익이 없다는 것이 학계의 다수 견해이다. 김동희, 전게서, 265~269면.

다. 경징계를 다투는 행정소송의 무용론

공무원에 대한 징계처분의 기준은 재량준칙으로서 공무원 징계령 시행규칙에서 [별표]의 형식으로 그 기준과 범위를 제시하고 있다.[34] 이에 따르면 단 하나의 비위사실에 대하여도 경징계가 내려질 수 있으며, 둘 이상의 비위사실에 대하여도 경징계가 내려질 수 있다. 물론 공무원 징계령 시행규칙 제5조(징계의 가중) 제1항은 "징계위원회는 서로 관련 없는 둘 이상의 비위가 경합될 경우에는 그 중 책임이 무거운 비위에 해당하는 징계보다 1단계 위의 징계로 의결할 수 있다."고 규정하고 있으나, 이는 징계위원회에 대한 의무규정이 아니며, 견책의 경우 1단계 위로 의결하더라도 감봉 처분으로서 여전히 경징계에 속한다. 따라서 만일 대상판결의 논리를 관철한다면, 여러 개의 비위사실에 대하여 하나의 경징계가 내려진 경우, 그 중 일부에 대하여 사실관계를 다투어 법원에서 받아들여지더라도 나머지의 비위사실이 인정되는 이상 소송에서 징계처분이 취소되기는 사실상 매우 어려우므로 소송을 통한

---

34) 공무원 징계령 시행규칙은 [별표 1의2]에서 아래와 같이 청렴의무 위반의 징계기준을 명시하고 있다.

청렴의 의무 위반 징계기준(제2조 제1항 관련)

비위의 유형 \\ 금품·향응 등 재산상 이익	100만원 미만		100만원 이상
	수동	능동	
1. 위법·부당한 처분과 직접적인 관계없이 금품·향응 등 재산상 이익을 직무관련자 또는 직무관련공무원으로부터 받거나 직무관련공무원에게 제공한 경우	강등―감봉	해임―정지	파면―강등
2. 직무와 관련하여 금품·향응 등 재산상 이익을 받거나 제공하였으나, 그로 인하여 위법·부당한 처분을 하지 아니한 경우	해임―징직	파면―징등	파면―예임
3. 직무와 관련하여 금품·향응 등 재산상 이익을 받거나 제공하고, 그로 인하여 위법·부당한 처분을 한 경우	파면―강등	파면―해임	파면

권리구제 가능성은 기대하기 매우 어렵다.

　이에 대하여는 일부 징계사유가 존재하지 않는 경우 모조리 징계처분 자체를 취소하고 재징계를 하더라도 반드시 유리한 징계가 내려진다는 보장도 없고, 이후 재징계와 재소송으로 이어져 절차적으로 행정경제와 소송경제상의 문제를 야기한다는 지적이 있을 수 있다. 하지만 다음 항(項)에서 보는 바와 같이 당사자에게는 징계처분의 '결론'보다 '징계사유(비위사실)'가 더 중요한 경우가 있을 수 있으며,35) 재징계 절차에서 원처분보다 더 불리한 재처분(징계처분)이 내려질 경우를 감수하고서라도 재판을 통해 비위사실을 교정할 것인지 여부는 개인의 선택의 문제이다.36) 한편 판례는 절차상 하자를 이유로 기속행위인 과세처분의 취소를 인정하고 있는바(대법원 1984. 5. 9. 선고 84누116 판결),37) 유독 제재처분에 있어서만 단순히 절차반복이나 소송경제에 대한 우려가 있다는 사정만으로 하자있는 재량처분의 취소를 인정하지 못할 아무런 이유가 없다.

---

35) 가령 대한변호사협회는 공무원으로 재직 중 위법행위로 인해 형사소추나 징계처분을 받은 자가 변호사 등록을 신청하는 경우, 변호사 등록 여부를 결정하기 위하여 변호사법 제8조에 따라 등록심사위원회의 의결을 거치는데, 이 과정에서 동일한 수위 또는 심지어 더 경한 수위의 징계처분을 받은 사람이라도 위법사실의 내용에 따라 변호사로서의 직무를 수행하는 것이 현저히 부적당하다고 인정되어 등록심사가 거부되기도 한다.

36) 하지만 실제 징계실무에서 행정소송을 통해 비위사실의 일부가 인정되지 않아 이후 행정청에서 재징계를 하는 경우, 원징계처분보다 무거운 재징계처분이 내려지는 경우는 거의 없다.

37) 부과처분의 실체가 적법한 이상 납세고지서의 기재사항 누락이라는 경미한 형식상의 하자 때문에 부과처분을 취소한다면 소득이 있는데 세금을 부과하지 못하는 불공평이 생긴다거나, 다시 납세부과처분이나 보완통지를 하는 등 무용한 처분을 되풀이 한다 하더라도 이로 인하여 경제적, 시간적, 정신적인 낭비만 초래하게 된다는 사정만으로는 과세처분을 취소하는 것이 행정소송법 제12조에서 말하는 현저히 공공복리에 적합하지 않거나 납세의무자에게 실익이 전혀 없다고 할 수 없다(대법원 1984. 5. 9. 선고 84누116 판결)

라. 당사자에 대한 계속적인 권리침해 가능성

마지막으로 대상판결은 징계처분을 받은 당사자에게 징계처분의 집행이 종료된 이후에도 권리침해를 야기한다는 점에서 가장 큰 문제가 있다. 왜냐하면 공무원의 경우 이후 인사위원회의 승진심사나 이직 과정에서 과거 징계처분 이력과 관련하여 불이익이 있을 수 있으며, 특히 공무원이나 군인은 비위사실의 내용에 따라 연금 지급 제한사유에 해당될 수 있다. 참고로 공무원연금법 제65조(형벌 등에 따른 급여의 제한) 제1항은 "공무원이거나 공무원이었던 사람이 다음 각 호의 어느 하나에 해당하는 경우에는 대통령령으로 정하는 바에 따라 퇴직급여 및 퇴직수당의 일부를 줄여 지급한다."고 규정하고 있으며, 제3호에서는 "금품 및 향응 수수, 공금의 횡령·유용으로 징계에 의하여 해임된 경우"를 규정하고 있다.[38] 또한 교육공무원법 제10조의4(결격사유)에서는 미성년자에 대하여 성폭력범죄의 처벌 등에 관한 특례법 제2조에 따른 성폭력범죄 행위, 아동·청소년의 성보호에 관한 법률 제2조 제2호에 따른 아동·청소년대상 성범죄 행위로 파면 또는 해임처분을 받거나, 성인에 대한 성폭력범죄의 처벌 등에 관한 특례법 제2조에 따른 성폭력범죄 행위로 파면 또는 해임처분을 받은 경우 교육공무원으로 임용될 수 없다고 규정하고 있다.

따라서 징계처분을 받은 공무원에게는 '어떠한 비위사실'로 사실이 징계처분을 받은 것인지 여부의 문제가 '어떠한 징계처분'을 받았는지 여부만큼이나 중요한 문제임에도 대상판결은 전자(前者)에 대한 고민이 부족한 것으로 보인다. 대상판결의 논리에 따르면, 공무원이 ① 직무상 능동적으로 금품을 수수하였다는 비위사실과 ② 복종의무위반(비위의 정도가 심하고 고의가 있는 경우)의 비위사실로 해임처분을 받은 경우, 설령

---

38) 군인연금법 제33조(형벌 등에 의한 급여의 제한) 역시 이와 동일한 내용을 규정하고 있다.

①의 비위사실이 인정되지 않더라도 ②의 비위사실만으로도 공무원 징계령 시행규칙 [별표 1]의 징계기준에 의하면, 해임~파면 처분을 할 수 있으므로, 해임처분에 대한 취소소송을 제기하여 ①의 비위사실을 다툰 결과 원고의 주장이 받아들여지더라도 소송에서 패소할 가능성이 매우 높다. 그렇기 때문에 여러 개의 비위사실에 대하여 하나의 징계처분이 내려진 경우, 공무원이 자신이 일부 비위사실을 인정하고 나머지 비위사실에 대하여 다투는 경우에도 대상판결의 법리39)로 인해 승소가능성이 불확실한 상황이므로 소송비용의 부담까지 감수하면서 이를 다투는 행정소송을 제기하기란 결코 쉽지 않은 문제이다.

마. 大法院 2013. 7. 25. 선고 2012두12297 判決과 比較

1) 판결의 요지

참고로 징계처분을 받은 사립학교 교원의 소청심사청구에 대하여 교원소청심사위원회가 징계사유 자체가 인정되지 않는다는 이유로 징

---

39) 대법원은 징계처분을 하는 경우 징계권자가 가지는 재량권의 한계와 관련하여, 『공무원인 피징계자에게 징계사유가 있어서 징계처분을 하는 경우 어떠한 처분을 할 것인가는 징계권자의 재량에 맡겨진 것이고, 다만 징계권자가 재량권의 행사로서 한 징계처분이 사회통념상 현저하게 타당성을 잃어 징계권자에게 맡겨진 재량권을 남용한 것이라고 인정되는 경우에 한하여 그 처분을 위법하다고 할 수 있고, 공무원에 대한 징계처분이 사회통념상 현저하게 타당성을 잃었다고 하려면 구체적인 사례에 따라 징계의 원인이 된 비위사실의 내용과 성질, 징계에 의하여 달성하려고 하는 행정목적, 징계 양정의 기준 등 여러 요소를 종합하여 판단할 때에 그 징계 내용이 객관적으로 명백히 부당하다고 인정할 수 있는 경우라야 하고, 징계권의 행사가 임용권자의 재량에 맡겨진 것이라고 하여도 공익적 목적을 위하여 징계권을 행사하여야 할 공익의 원칙에 반하거나 일반적으로 징계사유로 삼은 비행의 정도에 비하여 균형을 잃은 과중한 징계처분을 선택함으로써 비례의 원칙에 위반하거나 또는 합리적인 사유 없이 같은 정도의 비행에 대하여 일반적으로 적용하여 온 기준과 어긋나게 공평을 잃은 징계처분을 선택함으로써 평등의 원칙에 위반한 경우에 이러한 징계처분은 재량권의 한계를 벗어난 처분으로서 위법하다 할 것이다.』고 판시함으로써(대법원 1999. 11. 26. 선고 98두6951 판결), 재량권 일탈 또는 남용을 매우 엄격하게 판단하고 있다.

계처분을 취소하는 결정을 하고, 그에 대하여 학교법인 등이 제기한 행정소송 절차에서 심리한 결과 징계사유 중 일부 사유는 인정된다고 판단되는 경우, 법원이 내려야 할 판결의 내용에 대하여, 대법원은 『교원소청심사위원회(이하 '위원회'라 한다)의 결정은 처분청에 대하여 기속력을 가지고 이는 그 결정의 주문에 포함된 사항뿐 아니라 그 전제가 된 요건사실의 인정과 판단, 즉 처분 등의 구체적 위법사유에 관한 판단에까지 미친다. 따라서 위원회가 사립학교 교원의 소청심사청구를 인용하여 징계처분을 취소한 데 대하여 행정소송이 제기되지 아니하거나 그에 대하여 학교법인 등이 제기한 행정소송에서 법원이 위원회 결정의 취소를 구하는 청구를 기각하여 위원회 결정이 그대로 확정되면, 위원회 결정의 주문과 그 전제가 되는 이유에 관한 판단만이 학교법인 등 처분청을 기속하게 되고, 설령 판결 이유에서 위원회의 결정과 달리 판단된 부분이 있더라도 이는 기속력을 가질 수 없다. 그러므로 사립학교 교원이 어떠한 징계처분을 받아 위원회에 소청심사청구를 하였고, 이에 대하여 위원회가 그 징계사유 자체가 인정되지 않는다는 이유로 징계양정의 당부에 대해서는 나아가 판단하지 않은 채 징계처분을 취소하는 결정을 한 경우, 그에 대하여 학교법인 등이 제기한 행정소송 절차에서 심리한 결과 징계사유 중 일부 사유는 인정된다고 판단이 되면 법원으로서는 위원회의 결정을 취소하여야 한다. 이는 설령 인정된 징계사유를 기준으로 볼 때 당초의 징계양정이 과중한 것이어서 그 징계처분을 취소한 위원회 결정이 결론에 있어서는 타당하다고 하더라도 마찬가지이다. 위와 같이 행정소송에 있어 확정판결의 기속력은 처분 등을 취소하는 경우에 그 피고인 행정청에 대해서만 미치는 것이므로, 법원이 위원회 결정의 결론이 타당하다고 하여 학교법인 등의 청구를 기각하게 되면 결국 행정소송의 대상이 된 위원회 결정이 유효한 것으로 확정되어 학교법인 등도 이에 기속되므로, 위원회 결정의 잘못은 바로잡을 길이 없게 되고 학교법인 등도 해당 교원에 대한 적절한 재징계를 할 수

없게 되기 때문이다.』고 판시하였다(대법원 2013. 7. 25. 선고 2012두12297
판결).

  2) 판결의 의의

    위 판결은 사립학교 교원의 징계처분에 대하여 교원소청심사위원
회에 소청심사를 청구하여 내려진 결정에 대하여 다시 행정소송을 제기
하는 경우, 행정소송의 당사자와 심판대상 및 사후절차가 일반 국·공립
교원과 다른 구조적 차이40) 때문에 기인한 것으로 보인다. 즉 위 판결
에서 법원이 원고의 청구를 기각하여 피고(교원소청심사위원회)의 결정이
확정되면, 결정의 주문과 전제된 요건사실에 대한 판단만 학교법인을
기속하게 되므로 법원에서 인정된 일부 징계사유는 학교법인을 기속할
수 없으므로 위원회 결정의 오류를 시정할 수 없게 되고 학교법인도 당
해 교원에 대하여 적절한 재징계를 할 수 없기 때문이다.

    따라서 판결의 결론(주문)에 대하여는 일응 수긍이 가지만, 이러한
결론은 단지 판결의 효력범위라는 소송법적 측면을 고려하여 실존적인
관점에서 내려진 것으로 재량행위의 성격을 갖는 징계처분에 대한 법원
의 심사범위와 방식에 대하여는 앞서 살펴본 대상판결과 차이가 있다.
즉 대상판결에서는 징계사유 중 일부가 인정되지 않더라도 결과적으로
다툼의 대상이 징계처분의 타당성을 인정하기에 충분하다면 그 징계처
분은 위법하지 않다고 판시한 반면, 위 판결에서는 법원에서 인정된 일
부 징계사유를 기준으로 볼 때 학교법인이 내린 당초의 징계처분의 양

---

40) 사립학교 교원에 대한 징계처분의 경우에는 학교법인 등의 징계처분은 행정처분
    성이 없는 것이고 그에 대한 소청심사청구에 따라 위원회가 한 결정이 행정처분
    이고 교원이나 학교법인 등은 그 결정에 대하여 행정소송으로 다투는 구조가 되
    므로, 행정소송에서의 심판대상은 학교법인 등의 원징계처분이 아니라 위원회의
    결정이 되고, 따라서 피고도 행정청인 위원회가 되는 것이며, 법원이 위원회의 결
    정을 취소한 판결이 확정된다고 하더라도 위원회가 다시 그 소청심사청구사건을
    재심사하게 될 뿐 학교법인 등이 곧바로 위 판결의 취지에 따라 재징계 등을 하여
    야 할 의무를 부담하는 것은 아니다.

정이 과중한 것이어서 이를 취소한 교원소청심사위원회의 결정이 결론에 있어 타당하다고 하더라도 이를 취소하여야 한다는 입장이기 때문이다. 물론 그러한 결론을 도출한 이유는 이해가 가지만, 이론적인 일관성은 없다.

이는 아직 재량행위의 하자와 관련하여 이에 대한 법원의 심리범위와 심사방식에 대한 이론 연구의 미숙함을 보여주는 단적인 사례이다. 차재에 법원에서 징계처분의 재량권 일탈 또는 남용을 판단함에 있어, 심리결과 징계처분의 근거가 되는 징계사유를 이루는 비위사실의 일부가 인정되지 않는 경우, 법원이 인정되는 비위사실을 전제로 임의로 징계처분의 타당성 여부에 대한 가정적인 결론을 내릴 것이 아니라 징계처분을 취소함으로써 행정청으로 하여금 인정되는 비위사실만을 기초로 새로운 징계처분을 내리도록 유도하여야 할 것이다. 그렇지 않으며 경징계를 다투는 취소소송에서, 심리결과 일부 사실이 인정되지 않는다고 하더라도 법원이 이를 취소하는 경우는 거의 없을 것이고 결과적으로 행정청에 의한 불성실한 사실조사를 정당화하게 될 위험이 발생한다.

바. 보론(재량권 행사의 주체와 사법심사의 한계)

본 대상판결과 직접 관련이 있는 판결은 아니지만 본 논문에서 함께 소개하는 것이 행정청의 재량권 행사에 대한 법원의 사법심사의 경향을 파악하는데 의미가 있을 것으로 생각되는 대법원 결정이 있어 소개하면서 본 논문을 마무리하기로 한다. 고소사건에서 검사가 내린 혐의없음(증거불충분) 처분에 대하여 고소인이 재정신청을 제기하였고, 법원이 이를 기각하는 바람에 재정신청기각결정에 대한 재항고를 제기한 사건에서 대법원은『검사의 공소를 제기하지 아니하는 처분의 당부에 관한 재정신청에 당하는 법원은 검사의 무혐의 불기소처분이 위법하다 하더라도 기록에 나타난 제반 사정을 고려하여 기소유예의 불기소처분을

할 만한 사건이라고 인정되는 경우에는 재정신청을 기각할 수 있다.』고
결정하였다(대법원 1996. 3. 11. 자 96모1 결정 재정신청 기각에 대한 재항고).

위 결정 역시 대상판결과 마찬가지로 정치한 법리보다는 심사의
대상이 되는 불기소처분의 결론만을 고려하여 내린 결정이다. 물론 대
법원의 결정대로 검사의 불기소처분의 종류에는 '혐의없음(증거불충분)'
과 '기소유예' 처분이 존재한다(검찰사건사무규칙 제69조 제3항). 하지만 불
기소처분이라는 동일한 카테고리 내에 있음에도 불구하고, '혐의없음(증
거불충분)' 처분과 '기소유예' 처분이 의미하는 내용과 효력은 정반대이
다. 가령 공무원 또는 군인이 '기소유예' 처분을 받으면 내부규정에 따
라 징계의뢰 함이 원칙인 반면, '혐의없음(증거불충분)' 처분을 받으면 특
별한 사정이 없는 한 아무런 징계처분을 받지 않는다. 뿐만 아니라 형
사사건에서 내려진 기소유예 처분은 관련 민사사건에서 유력한 증거로
채택되어 소송의 승패를 좌우하기도 한다.41) 바로 이러한 점 때문에 혐
의를 다투는 피의자가 '기소유예' 처분을 받은 경우 이를 취소하기 위하
여 헌법소원까지 제기하는 것이다.

따라서 고소 사건에서 내려진 '혐의없음(증거불충분)' 처분에 대하여
이번에는 고소인이 재정신청을 거쳐 대법원에 재항고를 제기하였는데,
심리 결과 범죄혐의가 있는 것으로 확인된다면, 재정신청 사건의 결정
을 취소하는 것이 타당하며, 기소유예 처분을 할 사안이라는 애매모호
한 이유를 들어 재항고를 기각하는 대법원의 태도는 매우 부자연스러우
며, 법리와도 맞지 않을 뿐 아니라 국민들의 법 감정과도 배치된다.42)

---

41) 바로 이러한 점 때문에 소송실무에서 형사사건과 민사사건이 동시에 계류 중인 경
우에는 민사재판을 추정하여 형사사건의 결과를 기다리기도 하고, 만일 형사사건
이 먼저 종료되었다면 민사사건에서 당사자는 형사사건 기록에 대한 문서송부촉
탁을 신청하여 유리한 증거를 확보하기 위해 노력한다.
42) 이때 고소인이 대법원의 재정신청 기각 결정문을 첨부하여 기소유예 처분 이상을
기대하며 검찰에 재고소를 하는 경우 검찰은 검찰사건사무규칙 제69조 제3항 제5
호에 따라 각하처분을 할 가능성이 크다.

기소유예를 할 사안인지 여부는 검찰이 판단할 문제이며, 법원은 범죄 혐의에 대하여 결론을 내리면 된다.

V. 結論

서구 유럽에서 행정법이 탄생한 이래로 행정법 이론의 역사는 그 야말로 재량행위에 대한 통제의 역사라고 해도 과언이 아니다. 오늘날 까지도 재량행위는 행정청의 자율적 판단권 존중과 법치행정원리 사이 에서 긴장관계를 유지하며, 다양한 이론적 논쟁거리를 야기하고 있다. 이러한 재량행위는 행정작용 중 특히 권력관계에서 국민의 권리·의무에 매우 큰 영향을 미치는 반면, 행정청이 행할 행정행위의 내용을 사전에 법령의 내용만으로는 정확히 예측하기 어렵다는 특성이 있기 때문에 학 계에서는 행정청에 의한 재량권 남용의 위험을 항상 경계하였다. 과거 독일에서는 재량행위를 사법심사에서 제외되는 영역으로 간주하였기 때문에 법률 효과적 측면에서 국민의 기득권을 제한하거나 새로운 의무 를 명하는 침익적 효과를 발생하는 행위를 기속행위로 보아 사법심사를 허용하는 '효과재량설'이 주장되기도 하였다. 하지만 적어도 오늘날 현 대 행정법 이론에서 재량행위에 대한 사법심사를 부정하는 주장은 이미 극복되었을 뿐만 아니라 독일에서는 재량행위에 있어 무하자재량행사 청구권(無瑕疵裁量行使請求權)이라는 새로운 공권(公權) 개념까지 고안되 었는바, 오늘날 재량행위는 실체법적 관점에서 그 내용이 적법·유효해야 할 뿐만 아니라 행정행위를 발령하는 과정에서 법령이 규정하는 절차를 준수하여야 한다.[43]

---

43) 대법원은 『절차적 요건을 갖추지 못한 공정거래위원회의 시정조치 또는 과징금납 부명령은 설령 실체법적 사유를 갖추고 있다고 하더라도 위법하여 취소를 면할 수 없다.』고 판시하였다(대법원 2001. 5. 8. 선고 2000두10212 판결).

  대상판결은 여러 개의 비위사실이 경합하여 이들이 징계사유를 구성함으로써 징계처분이 내려진 경우, 소송에서 그 중 일부 비위사실이 인정되지 않더라도 나머지 비위사실과 징계처분을 비교하여 그 타당성을 인정할 수 있으면 징계처분이 위법하지 않다는 법리를 밝히고 있으며, 이는 다른 제재적 행정처분에 대하여도 적용되고 있다. 하지만 징계처분은 징계사유를 이루는 비위사실들의 산술적 총합이 아니며, 징계사유를 구성하는 개별 비위사실들은 징계처분과의 관계에서 불가분적으로 연결되어 있는 요건사실이므로 이중 일부라도 인정되지 않거나 사실오인의 위법이 있다면, 이를 전제로 내려진 징계처분은 일부취소가 불가능한 이상 전부 취소하여 행정청으로 하여금 새로운 처분을 내리도록 하여야 한다. 이는 사실인정의 문제로서 재량이나 판단여지 이론이 적용될 여지가 없다. 대상판결은 징계처분에 대하여 목적론적 사고방식에 입각하여 징계사유를 분리하여 이들을 징계처분과 비교한 다음 독자적 관점에서 그 타당성을 판단하고 있는바, 이는 개별 징계사유가 가지는 독자적 의미를 무시한 채 행정청의 자의적인 사실인정을 토대로 도출된 결론을 용인하며, 결과적으로 수개의 비위사실에 대하여 경징계처분이 내려진 경우라도 소송을 통해 사실관계를 시정할 필요성이 있는데 애써 이를 외면함으로써 법치행의 발전에 걸림돌이 되는 매우 불합리한 판결이다.

참고문헌

I. 단행본

김동희, 「행정법 I, II」, 박영사, 2018

김민호, 「행정법」, 법문사, 2018

김철용, 「행정법」, 박영사, 2011

박균성, 「行政法論(上)(下)」, 박영사, 2018

박수혁, 「독일행정법」(Hartmut Maurer 저), 사법발전재단, 2010

박정훈, 「행정소송의 구조와 기능」, 박영사, 2007

이광윤, 「行政法理論－비교적 고찰」, 성균관대학교 출판부, 2000

        「신행정법론」, 법문사, 2007

        「일반행정법」, 법문사, 2012

II. 논문

김남진, "중고등학교교과서 검정의 적부", 법률신문 제1838호, 법률신문
        사, 1989. 4

박정훈, "불확정개념과 판단여지", 행정작용법(김동희교수정년기념논문집),
        박영사, 2005

배영길, "재량이론의 현대적 정리", 공법연구 제26집 제1호, 한국공법학
        회, 1998. 5.

서보국, "판단여지이론의 재고", 외법논집(제40권 제4호), 한국외국어대학
        교 법학연구소, 2016

정하중, "行政法에 있어서 裁量과 判斷餘地 그리고 司法審査의 限界", 행
        정법의 理論과 實際, 法文社, 2012

조원경, "재량과 판단여지의 구분", 행정판례평선, 박영사, 2011

국문초록

　　과거에는 행정청이 행한 재량행위에 대해서는 사법심사를 할 수 없다고 보았으나, 오늘날에는 재량행위라 하더라도 재량권 행사 과정에서 그 일탈 또는 남용이 있는 경우에는 행정소송을 통해 구제받을 수 있다. 일반적으로 행정청이 행정행위를 발하는 경우 행정청의 독자적 판단권은 법률요건과 법률효과, 이 두 가지 면에서 이루어질 수 있다. 전통적인 독일 행정법에서는 법률요건에 대해서는 판단여지, 법률효과에 대하여는 재량권의 문제로 이해하였으며, 이는 과거 재량행위에 대한 사법심사의 가능성을 부정함에 따라 재량행위의 범위를 가능한 축소하기 위한 이론적 노력의 역사적 산물이다. 하지만 우리나라의 경우, 독일처럼 요건부분에 대한 행정청의 재량권 행사를 부인하는 이론이 없으므로 굳이 독일의 판단여지 이론을 도입할 필요 없이 요건재량의 문제로 이해하면 충분하다. 문제는 어느 범위까지 행정청의 재량을 인정할 것인지, 이에 대한 사법심사는 어떠한 심사기준과 심사강도에 따라 이루어질 것인지 여부이다. 일반적으로 행정청이 법률에 따라 재량처분을 내리기 위해서는 먼저 ① 객관적인 자료를 통해 사실관계를 확정한 다음(사실인정), ② 법령에서 규정하고 있는 구성요건을 해석하여 확정된 사실관계를 이에 포섭한 다음, ③ 법령에서 법률효과로 규정하고 있는 행정처분을 선택하는 과정을 거친다. 이 중 요건재량 내지 판단여지는 법률요건에서 불확정개념이 사용된 경우, 불확정개념을 해석하고, 사실관계를 불확정개념에 포섭하는 과정에 대한 문제(위 ②의 과정)로서, 구체적 사실관계의 확정(위 ①의 과정)에 대하여는 요건재량 내지 판단여지가 인정될 수 없다. 따라서 소송에서 재량행위의 전제가 되는 사실오인의 위법이 인정되는 경우 당해 재량행위는 위법하므로 취소되어야 한다.

　　본 논문에서 다루는 대상판결에서 대법원은 "수 개의 징계사유 중 일부가 인정되지 않더라도 나머지 징계사유만으로도 당해 징계처분의 타당성을 인정하기에 충분한 경우에는 그 징계처분을 유지하여도 위법하지 아니하다."는 법리를 전개하고 있으며, 이는 다른 제재적 행정처분에 대한 행정소송에서도 동일하게 적용하고 있다. 통상 징계처분 또는 제재처분의 기준은 재량준칙으로서 대부분 하위명령을 통해 그 기준과 범위가 제시되고 있으며, 이에 따르면 단 하나의 비위사실에 대하여도 경징계가 내려질 수 있다. 만일 대법원의 논리대로라면 당사자는 여러 개의 비위사실에 대하여 경징계가 내려진 경우, 그 중 일부에 대하여 사실관계를 다투어 법원에서 받아들여지더라도 나머지의 비위사실이 인정되는 이상 소송에서 징계처분이 취소되기는 사실상 불가능하므로 소송을 통한 권리구제 가능성은 기대하기 어렵다. 이로 인해 당사자는 이후 내부 승진이나 공무원 재임용, 퇴직 후 연금 수령 자격 요건 심사과정에서 객관적 사실과 다른 징계처분으로 인해 불이익을 받게 될 위험이 상존한다. 즉 당사자에게는 '어떠한 징계처분'을 받았는지 여부만큼이나 '어떠한 비위사실'로 징계처분을 받은 것인지 여부도 매우 중요한 문제이다.

징계처분은 재량행위의 성질을 가지며, 징계사유들을 산술적으로 합산한 결과(총액)가 아니다. 따라서 만일 재판에서 일부 징계사유가 존재하지 않는다면 징계처분 자체를 취소하여 처분청으로 하여금 새로운 징계처분을 내리도록 유도하여야지, 법원이 징계사유들을 임의로 선택·분리하여 징계양정의 당부를 독자적으로 판단할 아무런 이론적 근거가 없다. 이 경우 행정청이 나머지 징계사유들로 다시 징계처분을 결정한다면 원래보다 경미한 처분이 내려질 가능성이 매우 높다. 대상판결은 행정청이 객관적 사실 확인을 소홀히 하고, 자의적으로 징계사유들을 구성함으로써 징계권을 남용하는 것을 사실상 용인하는 결과를 초래할 수 있다. 따라서 결과론적 관점에서 징계처분에 대한 징계양정의 문제로만 처리할 것이 아니라 재량처분에 대한 전제로서 사실인정의 문제로 접근하여야 한다. 결론적으로 사실인정은 적정한 재량권 행사를 위한 가장 핵심적인 부분이며, 개별 비위사실들은 징계처분과의 관계에서 불가분적으로 연결되어 있는 요건사실이므로 이에 대하여는 행정청의 재량이 개입될 여지가 없고, 만일 사실인정에 오류가 있다면 이를 제거한 다음 새로운 처분을 내려야지 법원이 사후에 소극적으로 처분의 당부를 승인하는 것은 법치행정의 원리에도 맞지 않으므로 대상판결의 법리는 반드시 재고되어야 한다.

주제어: 불확정개념, 판단여지, 재량행위, 징계처분, 재량권의 일탈 또는 남용

Abstract

Judicial review of administrative disposition

Kim, Chul Woo*

In the past, it was considered that discretionary actions by administrative authorities cannot be subject to judicial review, but these days, even if it is a discretionary action, if there is a deviation or abuse in the process of exercising the discretionary rights, you can have a recourse through administrative litigation. In general, when the administrative authority exercises administrative action, the administrative authority's independent judgment can be made in terms of legal requirements and legal effects. In the traditional German administrative law, it is understood that the legal requirements were margin of appreciation and the legal effects were the discretionary rights, and this is a historical product of theoretical efforts to reduce the range of discretionary action possibly by denying the possibility of judicial review of past discretionary actions. However, in cases in Korea, there is no theory that denies the administrative authority's discretionary power on the requirement part as in Germany, so it is enough to understand the problem as the requirement of discretion without adopting the theory of margin

* HMP LAW

of appreciation of Germany. The question is, to what extent, the discretion of the administrative agencies will be recognized, and with what kind of review standard and review intensity will the judicial review on the discretion will be made. In general, in order for the administrative agency to make discretionary dispositions in accordance with the law, it is necessary first ① to confirm the facts through objective information (stipulation of facts), ② to interpret the elements required in the law and to connect them to the confirmed facts, and ③ to go through a selection process of administrative dispositions prescribed by the legal effect in the law and regulations. In this case, requirements of discretion or margin of appreciation is used for explaining an amorphous concept when an amorphous concept is used in the legal requirement, and it's a question of the process of connecting the facts with the amorphous concept (process ② above), so it cannot be accepted in confirming specific facts (process ① above). Therefore, if a mistake of the fact, that is the premise of the discretionary action, is recognized, the corresponding discretionary action is not valid, so it must be revoked.

The court rulings being discussed in this paper apply the legal theory that "even if part of the many grounds for disciplinary action is not accepted, if the remaining grounds for disciplinary action are enough to justify the disciplinary action, then it is not violation of the law to maintain the disciplinary action." and this is applied uniformly in other administrative litigation for disciplinary actions. The standard of disciplinary disposition or disciplinary action is based on discretionary rules and the standard and the scope are presented through subordinate orders, and according to those, low-level discipline can be handed out for even one single misdeed. If we follow the Supreme Court's reasoning, if low-level discipline is issued for many misdeeds, even if the court accepts part of the disputes on facts, as long as the remaining misdeeds are accepted it is actually difficult to expect the possibility of relief of right for the claimant through litigation. As a result, there is a risk that the party being disciplined will be disadvantaged in promotion in the organization or in the process of being hired for public office afterwards due to the disciplinary action that is not based on facts.

Disciplinary action is discretionary in nature, and it is not the result of adding the grounds of discipline arithmetically. Therefore, if it is found in the trial that some of the grounds for discipline do not hold, the disciplinary action should be revoked by the authority issuing the disposition because there is no theoretical grounds for the court to separate and select the grounds for discipline on its on. In this case, if the administrative authority decides to issue a disciplinary disposition again based on the remaining grounds for discipline, it is highly likely that much lighter disposition will be issued compared to before. The subject court rulings can possibly allow the administrative authorities to abuse their disciplinary power by forming the grounds for discipline on its own while neglecting to check the objective facts carefully. Therefore, we should approach not only for the problem of determination of disciplinary action types but also for the problem of stipulation of facts as the premise of the disciplinary action. In conclusion, fact stipulation is the most critical part for proper exercise of disciplinary power, and in this case, there is no chance that the discretion of administrative authorities will be involved, and if there is an error in fact stipulation, a new disposition should be issued after removing the errors because relying on the court to passively adjust the disciplinary action afterwards does not conform with the principle on the administrative regulations, and therefore the legal reasoning of the subject court rulings must be reconsidered.

Keywords: amorphous concepts, margin of Appreciation, discretionary act, disciplinary action, the deviation or abuse of discretion

투고일   2018. 12. 7.
심사일   2018. 12. 22.
게재확정일 2018. 12. 27.

損害塡補

災難事故에 있어서 公務員의 義務와 責任 (鄭南哲)

災難事故에 있어서
公務員의 義務와 責任*

鄭南哲**

Ⅰ. 序 說

대형재난사고가 발생하는 경우에는 공무원의 의무와 책임이 문제된다. 공무원의 책임에는 형사상 책임 외에 징계책임, 변상책임 및 국가배상책임 등이 있다. 이 가운데에서 행정법적으로 중요한 의미를 가지는 것은 징계책임과 국가배상책임이다. 최근 대법원은 세월호 사건과 관련하여 당시 해양경찰청 소속 서해지방해양경찰 진도 연안해상교통관제센터(Coastal Vessel Traffic Service Center, 이하 '진도 VTS'라 한다)의 센터장으로 근무한 원고(甲)의 징계처분이 위법하다고 판단한 원심을 파기환송하는 판결을 내린 바 있다.1) 이 사건의 쟁점은 국가공무원법에

규정된 공무원의 의무 위반 여부와 관련된 징계처분의 위법성 판단이
다. 원고 甲이 국가공무원법 제56조의 성실의무, 같은 법 제63조의 품
위유지의무 등을 위반하였는지가 다투어지고 있다. 이 사건의 원심인
광주고등법원은 국가공무원법 제56조, 제63조 등을 위반한 징계사유에
해당하지 않는다고 보고, 정직 3월의 징계처분을 취소하는 판결을 내렸
다.[2] 국가공무원법에 규정된 공무원의 의무는 징계처분사건에서 중요
한 쟁점사항이다. 그러나 공무원의 의무 중 성실의무나 품위유지의무
등은 추상적이고 모호하여 공무원의 책임을 묻기 어려운 경우가 적지
않고, 직무상 의무의 개념은 그 경계선이 불분명하여 혼란을 주고 있다.
국가공무원법 제55조 이하에는 공무원의 의무에 관한 카탈로그를 두고
있다. 여기에는 선서의 의무, 성실의무, 복종의무 및 직장이탈금지의 의
무 등 다양한 공무원의 의무를 규정하고 있다. 학설은 이를 근거로 공
무원의 의무를 유형화하고 있지만, 이러한 분류방식은 중첩되거나 의무
에 대한 개념 해석에 혼란을 주고 있다. 이와 관련하여 국내의 학설 및
판례에 직·간접적으로 영향을 준 독일 및 일본의 입법례를 살펴보고,
공무원의 의무에 관한 유형구분을 비판적으로 검토하도록 한다.

한편, 세월호 사건을 비롯한 대형화재사건에서는 공무원의 직무상
의무위반과 국가배상책임이 문제된다. 이러한 직무상 의무의 위반은 적
극적인 위반뿐만 아니라 공무원의 '부작위'와 밀접한 관련을 가진다. 국

---

* 이 논문은 2018년 10월 26일 전남대학교 법학전문대학원에서 개최된 한국국가법학회
  제64회 학술대회에서 발표한 글을 수정 보완한 것입니다.
** 숙명여자대학교 법학과 교수

 1) 대법원 2017. 11. 9. 선고 2017두47472 판결.
 2) 이 사건에서 서해해양경비안전본부장은 2015. 4. 6. 소속 보통징계위원회의 의결을
    거쳐 강등의 징계처분을 하였으나, 인사혁신처 소청심사위원회는 2016. 1. 29. 정
    직 3개월의 징계처분으로 감경하였다. 원처분을 변경하는 수정재결이나 변경재결
    에 대한 항고소송의 대상과 피고에 대해 다툼이 있으나, 판례는 원처분주의에 입
    각하여 일부 취소되고 남은 처분을 항고소송의 대상으로 하고, 그 피고는 원처분
    청으로 보고 있다.

가배상의 위법을 판단하는 기준으로서 '직무상 의무'는 공무원법상의
'직무상 의무'와 반드시 일치한다고 보기 어렵다. 국가배상소송에서 부
작위의 위법을 판단하는 대법원의 논증방식은 법리적으로 여러 가지 문
제점을 가지고 있다. 공무원의 부작위를 직무상 의무에 연결하여 위법
을 도출하고 있으나, 직무상 의무의 개념이 법적 의무의 위반에 국한되
는지 여부도 불명확하다. 나아가 부작위의 위법을 도출함에 있어서 사
익보호성을 근거로 인정하는 경우도 있다. 특히 행정청의 재량사항으로
되어 있는 경우에 구체적으로 어떠한 요건에서 위법성이 도출되는지를
명확히 확정해야 한다. 대법원은 부산광역시의 번화가 주점에서 발생한
화재사건에서, 소방공무원의 재량사항이라도 그 부작위가 일정한 경우
에는 직무상 의무를 위반하여 위법이 될 수 있다고 판단하고 있다. 즉
"소방공무원의 행정권한 행사가 관계 법률의 규정 형식상 소방공무원의
재량에 맡겨져 있더라도 소방공무원에게 그러한 권한을 부여한 취지와
목적에 비추어 볼 때 구체적인 상황 아래에서 소방공무원이 권한을 행
사하지 아니한 것이 현저하게 합리성을 잃어 사회적 타당성이 없는 경
우에는 소방공무원의 직무상 의무를 위반한 것으로서 위법하다"고 판시
하고 있다.[3] 이에 대해 대법원은 재량권의 불행사가 왜 위법이 되는지
에 설득력 있는 논거를 제시하고 있지 않다. 특히 "현저하게 합리성을
잃어 사회적 타당성이 없는 경우"가 어떠한 경우인지도 구체적으로 설
명하고 있지 않다. 이 경우 공무원의 위법을 도출하는 시점도 문제된다.
따라서 이러한 직무상 의무의 위반 여부를 기준으로 국가배상의 위법성
을 인정하는 것이 법리적으로 타당한지를 검토해야 한다. 이하에서는
공무원의 의무와 징계책임(Ⅱ), 공무원의 부작위와 국가배상의 위법판
단기준(Ⅲ) 등을 중심으로 검토하기로 한다.

---

3) 대법원 2016. 8. 25. 선고 2014다225083 판결.

Ⅱ. 公務員의 義務와 懲戒責任

1. 公務員의 義務에 관한 理論的 根據

공무원의 개념은 다양하다. 국가공무원법이나 지방공무원법 등에 의한 공무원뿐만 아니라, 국가배상법상의 기능적 의미의 공무원 개념도 있다. 공무원상의 공무원은 아니지만, 개별법에 형벌의 적용에 있어서 공무원으로 의제되는 경우도 있다(예컨대 금융회사부실자산 등의 효율적 처리 및 한국자산관리공사의 설립에 관한 법률 제50조). 이러한 공무원의 의무에 관한 법적 문제를 고찰하기 위해서는 그 이론적 근거를 살펴볼 필요가 있다. 종전에 공무원의 근무관계는 특별권력관계의 하나로 이해되었다.[4] 그러나 오늘날에는 국민전체의 봉사자로서 공무원의 특수한 신분과 책무를 가진다는 견해[5], 공무원의 의무가 가지는 포괄성을 강조하는 견해[6] 등이 유력하다. 전통적인 특별권력관계 이론은 법치국가원리와 기본권보장 등의 관점에서 신랄한 비판을 받아 일반권력관계와의 상대화가 인정되고 있다. 그러나 공무원의 근무관계에는 여전히 특별권력관계의 특수성이 남아 있다. 헌법재판소는 공무원의 기본권이 "그 특수한 지위와 공직의 기능 확보를 위해 일반 국민에 비해 더 넓게 제한"될 수 있다고 결정하고 있다.[7] 공무원의 의무 중 '복종의무'는 이러한 전통적

---

4) 김도창, 일반행정법론(하), 新稿 제4전정판, 청운사, 1992, 233면. 독일에서도 헌법이 제정되기 전에는 국가와 공무담당자(공직자)의 관계가 전통적인 특별권력관계론에 따라 법이 침투할 수 없는 영역으로 보았으나, 근래에 들어와서는 '법률관계(Rechtsverhältnis)'로 이해하고 있다. 이에 대해서는 Grigoleit, in: Battis (Hg.), BBG, § 61 Rn. 2 참조.

5) 김남진/김연태, 행정법 II, 제20판, 247면.

6) 박윤흔/정형근, 최신행정법강의(하), 개정28판, 박영사, 2009, 245면.

7) 헌재 2018. 4. 26. 2014헌마274. 대법원은 근래에 '특수한 신분관계'라는 표현을 사용하고 있으나, 공무원(군인, 사관생도 등)의 기본권 제한에 있어서 국민보다 더 제한될 수 있음을 인정하고 있다. 즉 "군인은 국가의 존립과 안전을 보장함을 직접적인 존재의 목적으로 하는 군조직의 구성원인 특수한 신분관계에 있으므로,

인 특별권력관계 이론의 소산이기도 하다.[8]

오늘날에는 헌법과 법률 등에 공무원의 책임과 의무를 규정하고 있다. 공무원의 의무에 관한 중요한 법적 근거가 된다. 헌법 제7조는 공무원의 책임과 신분보장 등을 규정하고 있다. 헌법 제7조 제1항에는 "공무원이 국민전체에 대한 봉사자이며, 국민에 대하여 책임을 진다"라고 하여, 공무원의 책임을 규정하고 있다. 또한 헌법 제7조 제2항에는 공무원의 신분 및 정치적 중립성 보장에 관한 규정을 두고 있다. 헌법 제7조는 공무원의 의무에 관하여 언급하고 있지 않지만, 이에 관한 중요한 이론적 근거를 제공하고 있다. 헌법 제7조 제1항의 '책임'은 정치적 책임뿐만 아니라 법적 책임을 망라한다.[9] 그러한 점에서 공무원의 의무는 헌법이론적으로 '국민주권주의'와 '민주주의'에 근거하고 있는 것이다.

독일의 뵈켄푀르데(E.-W. Böckenförde) 교수는 고전적인 민주적 정통화론을 체계화하고, 이를 세 가지 유형으로 분류하고 있다. 즉 제도적·기능적인 민주적 정통화, 조직적·인적인 민주적 정통화, 그리고 사항적·내용적인 민주적 정통화가 그것이다.[10] 이 가운데에서 공무원을 포함한 공무담당자는 조직적·인적인 민주적 정통화(organisatorisch-personelle demokratische Legitimation)와 밀접한 관련을 가진다. 국가의 공적 과제가 부여된 기관과 공직자 사이에는 '주권'의 연결고리가 중단 없이 이어져

그 존립 목적을 달성하기 위하여 필요한 한도 내에서 일반 국민보다 상대적으로 기본권이 더 제한될 수 있으나, 그러한 경우에도 법률유보원칙, 과잉금지원칙 등 기본권 제한이 헌법상 원치들을 지켜야 한다." (대법원 2018. 3. 22. 선고 2012두 26401 전원합의체 판결)

8) 공무원의 복종의무와 양심의 자유 사이의 갈등·충돌의 문제에 대해서는 이계수, "공무원의 복종의무의 내용 및 한계에 대한 규범적, 행정법사회학적 연구", 민주법학 통권 제40호(2009), 125면 이하 참조.

9) 한수웅, 헌법학, 제7판, 1285면.

10) 정남철, "행정과 사법의 민주적 정당성 확보를 위한 공법적 과제", 법조 통권 제727호(2018. 2), 449면 이하 참조.

야 한다는 것이다.[11] 이러한 조직적·인적인 민주적 정통화는 '선거'를 통해서도 확보되지만, 공무원을 '임명'하는 경우에도 인정된다. 즉 국민이 선출한 의원들로 구성된 의회나 대통령은 조직적·인적인 민주적 정통화가 확보되어 있다. 그러나 이러한 의회나 대통령 등에 의해 공무원으로 '임명'될 경우에 이러한 민주적 정당성의 연결고리는 계속해서 이어지고, 임명된 공무원은 민주적 정당성이 부여되어 기능주체로서 작동하게 된다. 우리 헌법 제78조에서 "대통령은 헌법과 법률이 정하는 바에 의하여 공무원을 임명한다"고 규정하고 있는데, 이 규정도 그러한 의미를 함축하고 있는 것이다. 이와 관련하여 "국민으로부터 위임받은 국가권력의 행사라는 공직을 수행함에 있어서 공무원은 객관적 의무를 부담할 뿐 주관적 권리를 가질 수 없으며, 사익을 추구하거나 자기실현을 할 수는 없다"는 견해가 있다.[12] 우리 헌법 제7조 제1항에서 말하는 '국민전체에 대한 봉사자'라는 문언은 그러한 공익추구성과 밀접한 관련이 있으며, 국민주권의 수임자로서 공무원은 공직을 수행함에 있어서 사익을 추구하여서는 아니 된다.

우리 헌법에는 공무원의 구체적 의무에 관한 명시적 규정이 없다. 이와 달리 독일에서는 기본법 제33조 제4항에 근거하여 소위 '忠誠義務' 내지 '忠實義務(Treuepflicht)'를 인정하고 있다.[13] 절대군주제에서는 臣僕으로서 군주에 대한 충성을 의미하겠지만[14], 오늘날에는 헌법과

---

11) Böckenförde, in: Isensee/Kirchhof (Hg.), Handbuch des Staatsrechts, Bd. II, 2004, § 24 Rn. 16.

12) 이에 대해서는 한수웅, "공무원의 기본권 제한―정치적 표현의 자유에 대한 제한의 헌법적 문제점을 중심으로", 인권과정의 제434호(2013. 6), 87―88면.

13) 한편, '충성의무'라는 용어는 전근대적 성격을 함유하고 있어 민주적 법치국가에서 적합한 번역용어로 보기 어렵다. 本稿에서는 인용하는 경우를 제외하고 '忠實義務'라는 용어를 사용하기로 한다. 일본에서도 이를 '忠実義務'로 번역해서 사용하고 있다(田中二郎, 新版行政法 中卷, 第二全訂版, 257면 참조). 또한 헌법학계에서도 이를 '충실의무'라고 표현하는 견해가 있다(예컨대 이종수, "공무원의 충실의무와 기본권적 지위의 검토: 특히 정치적 기본권을 중심으로", 헌법실무연구 제12권, 78면 이하 참조).

법률에 대한 존중과 준수라고 이해해야 한다.[15] 이러한 충실의무는
외적으로 법질서를 준수할 뿐만 아니라 기본권에 투영된 헌법적 가치
질서에 대한 적극적인 내적 자세를 요구하고 있다.[16] 독일의 연방공
무원법(Bundesbeamtengesetz) 제60조 제1항 및 주(란트)의 공무원지위법
(Beamtenstatusgesetz)[17] 제33조에서도 독일 기본법의 '자유민주적 기본
질서'를 존중해야 한다는 점을 명시하고 있다. 독일에서는 이를 공무원
의 根本義務 내지 基本義務(Grundpflicht)로 규정하고 있다.[18] 헌법충실
의무는 자유민주적 기본질서와 거리를 두거나, 무관심 또는 중립을 허
용하지 아니한다.[19]

공무원은 정부가 아니라 헌법에 합치되도록 공무를 수행해야 한다.
자유민주적 기본질서를 준수하고 공무원의 근무관계에서도 이를 유지
해야 할 의무를 진다.[20] 이와 관련하여 정치적 충실의무가 강조되고 있
다. 정치적 충실의무는 자유민주적 기본질서를 위한 적극적인 행동뿐만
아니라, 편파적인 직무수행의 금지(독일 연방공무원법 제60조 제1항 제3문
및 주(란트)의 공무원지위법 제33조 제1항 제3문 참조)와 정치적 자제 및 억제

---

14) 독일에서 신복의 충실의무가 규정된 것은 프로이센일반국법 제2부 제10장 제2조
    (ALR II 10 § 2)에서 찾을 수 있다. 즉 신복들은 일반적인 신하의 의무외에 국가의
    수반에게 특별한 충실의무 및 복종의무를 진다(Sie sind, außer den allgemeinen
    Unterthanenpflichten, dem Oberhaupte des Staats besondre Treue und Gehorsam
    schuldig)"라고 규정하고 있다. 이에 대해서는 Battis, in: Achtberg/Püttner/
    Würtenberger (Hg.), Besonderes Verwaltungsrecht, Bd. II, 2. Aufl., Kapitel 10 Rn. 2.
15) BVerfGE 61, 43 (56); 71, 39 (60); Pieroth, in: Jarass/Pieroth, GG, Art. 33. Rn. 51.
16) Thorsten Ingo Schmidt, Beamtenrecht, § 11 Rn. 284.
17) 이 법률의 공식명칭은 「주(란트)의 공무원 지위법의 규율을 위한 법률(Gesetz zur
    Regelung des Statusrechts der Beamtinnen und Beamten in den Ländern)」이다. 이
    법률은 주(란트)의 공무원법이다. 즉 주(란트), 게마인데 및 게마인데단체 그 밖의
    주(란트)의 감독 하에 있는 공공단체, 영조물 및 공법상 재단의 공무원의 지위법
    을 규율하기 위해 제정되었다(동법 제1조 참조).
18) 일본에서는 이를 '服務의 根本基準'으로 파악하고 있다(室井 力 編, 新現代行政法入
    門(2), 法律文化社, 2004, 72면).
19) Grigoleit, in: Battis (Hg.), BBG, § 60 Rn. 13.
20) Pieroth, in: Jarass/Pieroth, GG, Art. 33 Rn. 52.

(독일 연방공무원법 제60조 제2항 제1문 및 주(란트)의 공무원지위법 제33조 제2
항 참조) 등을 요구하고 있다.[21] 정치적 충실의무는 공무원의 근무관계가
발생하기 위한 임명요건(적격성)의 충족 여부를 심사하는 단계에서 검토
될 것이다.[22] 이러한 정치적 충실의무는 헌법적대적 정당이나 종교적
조직 등을 위한 활동에서 문제되며, 공무원이 이러한 정치적 충실의무를
위반하는 경우에는 신분에 따라 임명철회나 해임·면직 등을 하게 된
다.[23] 또한 독일 연방공무원법 제61조 및 주(란트)의 공무원지위법 제34
조에는 근무에 대한 헌신(Volle Hingabe an den Dienst)의 의무를 별도로
규정하고 있다. 즉 공무원은 전인격을 투입하여(mit vollem persönlichem
Einsatz) 자신의 직업에 헌신해야 하며, 자신에게 맡겨진 직책을 사익이
아니라 양심에 따라 수행해야 한다는 것이다. 또한 근무시에 근무상의
이유나 건강상의 이유가 아닌 한 직무수행에 있어서 얼굴을 감추어서도
아니 된다. 이러한 근무에 대한 헌신의무는 경찰공무원이나 소방공무원
등의 경우에 주로 문제되며[24], 공무원의 '기본의무'로서 근무의무
(Dienstpflicht)와 관련된 것이다.[25] 이러한 내용은 우리나라의 '성실의무'
에 관한 학설 및 판례의 입장과 유사하다.

　　우리 헌법에는 독일과 달리 충실의무(Treuepflicht)를 규정하고 있지
않지만, 직업공무원제도의 본질적 특성으로 이를 인정하는 견해도 있
다.[26] 또는 직업공무원제도가 충성관계(충실관계)를 전제로 한다는 견해

21) Thorsten Ingo Schmidt, a.a.O., § 11 Rn. 285.

22) Kunig, in: Schoch (Hg.), Besonderes Verwaltungsrecht, 15. Aufl., 6. Kapitel Rn.
139.

23) 이에 대해서는 Pieroth, in: Jarass/Pieroth, GG, Art. 33. Rn. 52.

24) Thorsten Ingo Schmidt, a.a.O., § 13 Rn. 308.

25) BVerfGE 16, 94 (116); 76, 256 (316); Pieroth, in: Jarass/Pieroth, GG, Art. 33 Rn. 51.

26) 한수웅, 전게서, 1289면 이하 참조. 한편, 이 견해는 충성의무(충실의무)가 국가와
헌법에 대한 충성의무 외에 명령복종의 의무, 공정의 의무, 비밀엄수의 의무, 직무
전념의 의무 및 품위유지의 의무 등을 망라한다고 보고 있다. 이러한 의무 중에는
충실의무와 관련이 있는 것도 있지만, 충실의무가 공무원법상의 의무를 모두 포
함한다고 보기는 어렵다. 다만, 이러한 충실의무가 공무원의 의무 중 본질적이고

도 대체로 동일하다.[27] 국가공무원법 제55조에는 선서의무를 부여하고 있고, 대통령령으로 제정된 국가공무원 복무규정 제2조 제2항과 관련된 [별표 1]의 선서문에는 "헌법과 법령을 준수하고, 국가를 수호하며"라는 규정을 두고 있다. 또한 국가공무원법 제56조의 성실의무에는 '법령을 준수하며'라고 하여, 법령준수의 의무를 규정하고 있다. 이러한 성실의무가 독일의 '충실의무'에서 연유한다고 보는 견해도 있지만[28], 그 내용에 있어서는 다소 차이가 있다. 대법원은 국가공무원법 제56조의 성실의무를 "공무원에게 부과된 가장 기본적이고 중요한 의무로서 최대한으로 공공의 이익을 도모하고 그 불이익을 방지하기 위하여 전인격과 양심을 바쳐서 성실히 직무를 수행하여야 하는 것"을 의미한다고 보고 있다.[29] 이러한 해석이 성실의무에 관한 판례의 확고한 입장이지만, '성실의무'라는 용어 때문에 법적 의미로 파악되어야 함에도 불구하고 윤리적 의미로 희석될 소지도 있는 것이다.[30] 법령을 위반하지 않더라도 성실히 직무를 수행하지 않는 경우에는 성실의무를 위반할 수 있고, 징계사유에 해당된다고 보는 견해가 그러하다.[31] 판례는 이러한 성실의무가 근무지뿐만 아니라 근무지 외에도 미치며, 철도기관사가 전국기관차협의회가 주도하는 집행에 참가하지 아니할 의무까지 미친다고 보고 있다.[32] 이와 같이 우리나라의 공무원법상 성실의무는 용어상으로는 독일의 충실의무에서 유래하고 있는 것으로 보이지만, 그 내용은 오히려 근무의무 내지 직무수행의무에 가깝다.[33]

중추적 부분임은 분명하다.
27) 허영, 한국헌법론, 전정14판, 857면.
28) 김도창, 전게서(하), 234면.
29) 대법원 2017. 12. 22. 선고 2016두38167 판결; 대법원 1989. 5. 23. 선고 88누3161 판결.
30) 김도창, 전게서(하), 234면.
31) 김남진/김연태, 전게서(II), 240면.
32) 대법원 1987. 2. 11. 선고 96누2125 판결.
33) 성실의무와 법령준수의무를 구분할 필요가 없다는 견해도 있으나(우미형, "공무원의 복종의무와 그 한계 – 헌법 제7조와의 관계를 중심으로", 國家와 憲法 I, 법문사, 2018, 1077면), 성실의무에 관한 조항의 연혁적 배경에 비추어 타당하지 않다.

2. 公務員의 義務類型에 대한 批判的 考察

공무원법에 관한 연구는 상대적으로 부족한 점이 적지 않다. 공무원의 의무에 관한 유형구분은 학설에 따라 차이가 있다. 공무원의 의무를 선서의무, 성실의무, 직무상 의무 및 품위유지의무로 분류하는 견해가 있다. 이러한 견해는 직무상 의무에 해당하는 것으로 법령준수의무, 복종의무, 직무전념의무(직장이탈의 금지, 영리업무 및 겸직 금지 등), 친절·공정의무, 비밀엄수의무를 언급하고 있다.[34] 이러한 공무원의 의무 중에서 '직무상 의무'의 범위는 학설에 따라 각양각색이다. 독일에서는 직무상 의무(Amtspflicht)라는 용어를 국가배상책임과 관련하여 사용하고 있을 뿐[35], 공무원법에서는 이러한 의무를 사용하고 있지 않다. 학설 중에는 직무전념의무, 법령준수의무, 명령복종의무, 비밀유지의무 및 품위유지의무 등을 모두 공무원의 '직무상 의무'라고 파악하는 견해도 있다.[36] 또 다른 학설도 품위유지의무를 직무상 의무로 분류하고 있다.[37] 직무상 의무와 일반적 의무를 구분하는 견해가 있다. 이 견해는 선서의무, 성실의무, 품위유지의무, 청렴의무 및 병역사항신고의무를 모두 공무원의 일반적 의무라고 분류하고 있다.[38] 한편, 일본에서는 국가공무원 및 지방공무원의 의무로서 복무의 선서, 직무전념의무, 법령 및 상관명령의 복종의무, 쟁의행위 등의 금지, 정치적 행위의 제약, 비밀보수의무, 신용실추행위의 금지 등이 소개되고 있다.[39]

헌법과 법령의 준수는 독일 충실의무의 핵심적 요소를 이루고 있다. 이러한 오해는 우리나라의 '성실의무'와 독일의 '충실의무'를 서로 명확히 구별하지 않은 것에서 비롯하고 있다.

34) 김도창, 전게서(하), 234면 이하; 박윤흔/정형근, 전게서(하), 246면 이하.
35) 정남철, "국가배상법의 현안과 과제", 17면.
36) 김철수, 헌법학개론, 제17전정신판, 224면.
37) 김동희, 행정법 Ⅱ, 제21판, 172-173면.
38) 박균성, 행정법론(하), 제14판, 285면 이하.
39) 塩野宏, 行政法 Ⅲ, 제4판, 311면 이하.

한편, 공무원의 의무를 '신분상' 의무와 '직무상' 의무로 구분하는 견해도 유력하다. 즉 직무상의 의무에는 직무전념의무, 복종의무, 친절·공정의 의무, 법령준수의무가 포함되고, 신분상의 의무에는 비밀유지의무, 청렴의무, 품위유지의 의무, 영예 등의 제한, 정치활동금지, 집단행동의 금지가 속한다.[40] 또 다른 견해도 법령준수의무, 성실의무, 친절·공정의무, 청렴의무 등을 직무상 의무로 분류하고, 품위유지의무, 영리업무·겸직금지의무, 정치운동금지의무 등을 신분상 의무로 분류하고 있다.[41] 이 견해는 청렴의무를 앞의 견해와 달리 직무상 의무로 분류하고 있다. 성실의무나 품위유지의무도 직무와 관련하여 문제되는 경우가 적지 않다. 특히 성실의무는 직무와 직접 관련되며, 공익을 위해 헌신적으로 성실히 직무를 수행하여야 할 의무를 말한다고 보는 것이 일반적이다. 이와 같이 공무원의 의무를 신분상의 의무와 직무상의 의무로 구분하는 의미가 있다. 그러나 공무원이 수행하는 직무는 공무원의 신분과 분리하기가 어려운 경우가 적지 않다. 즉 공무원의 직무상 의무에 해당하는 것들은 대부분 공무원의 특수한 신분 때문에 인정되는 것이다.

그러한 이유에서 '직무상 의무'의 개념은 "공무원이 직무수행과 관련하여 부담하는 제(諸) 의무"로 이해해야 한다. 직무상 의무를 법적 의무에 제한할 필요는 없다. 일본의 田中二郎 교수도 일찍이 '직무상 의무'를 "일정한 직무를 담당하는 국가공무원이 그 직무에 관하여 부담하는 의무를 총칭한다"라고 정의하고 있다.[42] 법령준수의무나 비밀엄수의무 등을 위반한 경우에는 개별법에 따라 형사법적 책임을 질 수 있다. 그러나 단순히 친절의무를 위반한 경우에 징계처분의 대상이 될 수 있을지는 모르시만 형사법적 책임을 묻기는 현실적으로 쉽지 않다. 이러한 친절·공정의 의무가 국가공무원법 제59조에 규정되어 있다는 점에

---

40) 이상규, 신행정법론(하), 신판, 234면 이하.
41) 선정원, 공무원과 법, 박영사, 2013, 34면.
42) 田中二郎, 前揭書, 154면.

서 법적 의무임은 부인할 수 없으나43), 이러한 의무는 선언적 의미가
강하다. 전술한 바와 같이 일본의 공무원법에는 이러한 의무를 규정하
고 있지 않다.

　공무원의 의무에 관한 학설의 유형구분은 중첩적인 부분이 적지
않다. 예컨대 국가공무원법 제56조에는 성실의무에 '법령준수의무'를 포
함하고 있으나, 학설은 이를 구분하고 있다. 즉 법령준수의무를 성실의
무에서 분리하여 직무상 의무로 분류하고 있는 것이다. 독일에서는 충
실의무를 헌법과 법률의 준수를 내용으로 이해하고 있을 뿐, 법령준수
의무를 별도로 규정하고 있지 않다. 품위유지의무도 윤리적 성격이 강
하다. 대법원은 위 2017두47472 판결에서 품위유지의무를 "공무원이
직무의 내외를 불문하고, 국민의 수임자로서의 직책을 맡아 수행해 나
가기에 손색이 없는 인품에 걸맞게 본인은 물론 공직사회에 대한 국민
의 신뢰를 실추시킬 우려가 있는 행위를 하지 않아야 할 의무"라고 판
단하고 있다.44) 판례는 품위유지의무의 위반과 관련하여 품위손상행위
에 해당하는가 여부는 '수범자인 평균적인 공무원'을 기준으로 해야 한
다고 보고 있다. 품위유지의무는 축척·도박·알코올중독 등과 같이 공직
의 체면이나 위신 등에 영향을 미치는 경우를 말한다. 품위유지의무에
청렴의무가 포함되는 것으로 보는 견해도 있으나45), 오늘날에는 양자를
서로 구별하고 있다.46)

　한편, 독일의 연방공무원법 및 주 공무원법에는 친절·공정의 의무
나 품위유지의 의무를 규정하고 있지 않다. 충실의무 외에 명령복종의

---

43) 김남진/김연태, 행정법 II, 제20판, 252면.
44) 한편, 일본에서는 이를 '信用失墜行爲의 禁止'라는 명칭으로 다루고 있다(일본 국가
　　공무원법 제99조, 지방공무원법 제33조 참조). 품위유지의무는 "직무의 내외를 불
　　문하고 그 품위가 손상되는 행위를 금지"하는 것이지만, 신용실추행위의 금지는
　　개인보다 官職의 신용을 손상하여 관직 전체의 불명예가 되지 않도록 하는 것을
　　내용으로 하고 있다. 이에 대해서는 塩野宏, 前揭書, 328-329면.
45) 김도창, 전게서(하), 242면.
46) 박윤흔/정형근, 전게서(하), 257면.

무(Folgepflicht), 선서의무(Eidespflicht) 등을 규정하고 있다. 이와 관련하여 독일의 학설은 대체로 공무원의 의무로서 근무의무(Dienstpflicht), 복종의무(Gehorsamspflicht), 거주의무(Residenzpflicht), 공무상 비밀엄수의무(Pflicht zur Amtsverschwiegenheit) 및 정치적 충실의무(politische Treuepflicht) 등을 언급하고 있다.[47] 근무의무는 정한 근무시간 내에 근무를 제공할 의무를 말한다. 이를 '직무수행의무(Dienstleistungspflicht)'라고 부르기도 한다. 주 근무시간뿐만 아니라, 노동시장정책이나 사회정책 등의 이유에서 파트타임 근무를 허용하고 있다.[48] 이러한 근무의무 내지 직수행의무는 일본 공무원법상 '직무전념의무'와 유사하다(국가공무원법 제101조 참조).

전술한 세월호 사건에서 진도 연안해상교통관제센터(Coastal Vessel Traffic Service Center, 이하 '진도 VTS'라 한다)의 센터장으로 근무하던 원고 A가 이러한 품위유지의 의무를 위반한 것이지가 다투어진 바 있다. 원심은 진도 VTS 소속 관제요원들의 변칙근무를 은폐하기 위한 목적이 있었다고 하더라도 해양경찰청 영상정보처리기기 관리규칙에 따라 CCTV 영상자료가 자동으로 삭제되도록 한 것이 국가공무원법상 성실의무나 품위유지의무를 위반한 것으로 보기 어렵다고 판단하였다.[49] 이에 대해 대법원은 세월호 사건의 원인과 사고 발생 직후 구조활동의 적정성 등을 규명할 수 있는 단서 중 하나인 CCTV 영상자료 원본파일을 삭제한 행위가 언론에 보도됨으로써 세월호 사고 조사과정 및 결과에 대한 국민의 혼란과 불신을 초래하고, 이로써 해양경찰 전체의 명예가 크게 훼손되었다고 판단하였다.[50] 이 사건에서 대법원은 '품위'의 개념을 "공식의 체면·위신·신용을 유지하고, 주권자인 국민의 수임을 받은 국민 전체의 봉사자로서의 직책을 다함에 손색이 없는 몸가짐을 뜻하는

47) Kunig, in: Schoch (Hg.), Besonderes Verwaltungsrecht, 15. Aufl., 6. Kapitel Rn. 131 ff.
48) Thorsten Ingo Schmidt, a.a.O., § 12 Rn. 292 ff.
49) 광주고등법원 2017. 5. 18. 선고 2016누5128 판결.
50) 대법원 2017. 11. 9. 선고 2017두47472 판결.

것"이라고 이해하고 있다.

독일에서는 공무원과 사신이 소속한 행정주체(국가 및 공공단체)[51] 사이에 공법상 근무관계 및 충실관계(öffentliches Dienst- und Treuepflichtverhältnis)가 존재한다고 보고 있다. 이에 따라 공무원은 소속된 국가나 공공단체에 대해 포괄적인 직무수행의무와 충실의무를 부담하고, 국가나 공공단체는 그 공무원을 돌보고 배려하는 관계를 형성한다.[52] 이러한 사고가 독일의 공무원 근무관계의 기초를 이루고 있고, 여기에서 다양한 공무원의 권리와 의무가 도출되는 것이다.[53] 독일의 공무원법에는 품위유지의무나 신용실추행위의 금지의무를 규정하고 있지 않다. 이러한 공무원의 기본의무를 일본의 공무원법에서는 '服務의 根本基準'이라는 표제 하에 규정하고 있다. 즉 일본 국가공무원법 제96조 제1항에서도 공무원이 국민 전체의 봉사자로서 공공의 이익을 위해 근무하고, 또한 직무수행에 있어서 전력을 다해 전념해야 한다는 규정을 두고 있다. 이러한 규정은 공무원의 근무관계에 있어서 특수한 의무이며 통상의 시민에게는 없는 것으로 이해되고 있다.[54] 우리나라에서 문제가 되는 성실의무나 품위유지의무는 대부분 독일에서 거론되는 공무원의 근무의무와 관련된 것이다. 이러한 내용들은 공무원의 근무관계에 있어서 기본의무에 해당하는 것이다. 다만, 품위유지의무는 일본의 신용실추행위에 유사하며, 독일의 입법례에는 이러한 의무를 인정하고 있지 않다.

3. 小結 - 공무원의 기본의무로서 '직무충실의무' 조항

---

51) 독일에서는 공무원의 근무관계에서 공무원의 상대방을 "Dienstherr"라고 표현하고 있다. 절대군주제에서는 국왕이었으나, 민주적 법치국가에서는 법인격을 가진 국가와 공공단체를 의미한다(Thorsten Ingo Schmidt, a.a.O., § 3 Rn. 64).
52) Wolff/Bachof/Stober, Verwaltungsrecht III, 5. Aufl., § 114 Rn. 4.
53) Thorsten Ingo Schmidt, a.a.O., § 3 Rn. 71 ff.
54) 藤田宙靖, 行政組織法, 有斐閣, 2005, 298면.

의 신설

성실의무의 개념은 광범위하고 포괄적이다. 성실의무는 독일의 충실의무와는 구별되어야 하며, 오히려 헌신적인 직무수행의무 내지 근무의무에 가깝다. 성실의무를 법적 의무라는 개념에 부합하도록 용어를 수정해야 한다. 성실의무뿐만 아니라 공직수행에 있어서 헌신의무를 포괄하는 '직무충실(職務忠實)의 기본의무'를 신설하는 것이 필요하다. 이러한 점은 독일이나 일본의 입법례를 참고할 만하다. 독일에서는 이를 '기본의무'로 규정하고 있고(독일 연방공무원법 제60조 및 주(란트)의 공무원지위법 제33조 참조), 일본에서는 이를 '복무의 근본기준'으로 규정하고 있다(일본 국가공무원법 제98조 및 일본 지방공무원법 제30조 참조). 또한 품위유지의무는 공직의 수행에 있어서 국민의 신뢰를 잃지 않도록 할 의무를 말하며, 단순히 개인의 인격적 품위만을 염두에 둔 것은 아니다. 품위유지의무는 용어를 그 내용에 부합하게 '공직신뢰실추의 금지의무'로 수정해야 한다. 이러한 품위유지의무는 해석상 일본의 신용실추금지의무와 대동소이(大同小異)한 내용을 담고 있다. 이러한 품위유지의무는 동양사회의 특수성을 반영한 것인데, 별도로 규정하지 않고 직무충실의 기본의무에 포함시킬 수도 있다. 이 경우 직무충실의무의 개념은 독일의 근무의무보다는 다소 확대될 수 있다. 전술한 세월호 사고와 관련된 진도 연안해상교통관제센터(VTS) 센터장에 대한 징계사건에서 성실의무나 품위유지의무의 적용보다는 이러한 '직무충실의 기본의무'를 적용하는 것이 상대적으로 용이하고 설득력도 가진다. 원심은 품위유지의무의 위반과 관련하여 공직자의 인격적 品위의 손상 여부에 치중한 해석을 하고 있으나, 상고심은 대형재난사고에 의한 소속 기관인 해양 경찰 전체의 명예가 크게 훼손되었다고 판단하였다.

독일의 충실의무와 유사한 내용을 국민주권주의와 민주적 법치국가의 이념에 부합하도록 헌법 차원에서 규정하여야 한다. 즉 국민 전체

의 봉사자이자 공복으로서 헌법과 법률을 준수하고 헌법의 근본적 가치
이자 핵심요소인 사유민주적 기본질서를 존중하여 편파적이지 않고 정
당하게 직무를 수행하여야 하는 공무원의 의무에 관한 헌법적 근거를
마련해야 한다. 대통령 개헌안에는 종전의 내용과 큰 차이가 없지만, 개
헌안 제7조 제4항에 재직 중은 물론 퇴직 후에도 "공무원의 직무상 공
정성과 청렴성"을 신설하고 있다. 또한 개헌안 제7조 제3항에는 공무원
의 정치적 중립성을 별도의 조항으로 신설하여 규정하고 있다. 국정농
단사건에서 발생한 공무원의 비리사건으로 인해 이러한 조항의 신설이
요구되었음은 충분히 인식할 수 있다. 다만, 개헌안 제7조 제4항의 내용
은 공무원의 공정의무나 청렴의무에 관한 근거를 제공할 수 있으나, 이
는 법률 차원에서도 충분히 규정할 수 있는 내용이다. 보다 중요한 것
은 독일의 충실의무와 같이 공무원의 근본적 의무에 관한 헌법적 근거
를 마련하는 것이다.

　요컨대 국가공무원법이나 지방공무원법 등에서 '성실의무', '품위유
지의무' 라는 용어는 법적 의무로서의 성격을 부각할 수 있도록 시대감
각에 맞게 수정되어야 한다. 공무원의 근무관계에 있어서 기본의무에
관한 조항을 신설하여야 한다. 성실의무와 직무수행의 헌신의무 등을
망라하는 '직무충실의 기본의무'를 국가공무원법 및 지방공무원법에 규
정하여야 한다. 이러한 작업은 국가공무원법 및 지방공무원법에 망라적
으로 열거되어 있는 공무원의 의무에 관한 규정을 체계적으로 재구성하
는 데에 도움을 줄 수 있다.

Ⅲ. 公務員의 不作爲와 國家賠償責任의 判斷基準

1. 問題의 所在

대법원은 부산광역시의 번화가 주점에서 발생한 사건에서 소방공무원이 직무상 의무를 위반하여 위법하다고 판단하여 국가배상책임을 인정하고 있다.[55] 이 사건은 부산광역시의 대표적 번화가 S 지역에 위치한 주점에서 발생한 화재로 미처 대피하지 못하여 사망한 甲 등의 유족들이 부산광역시를 상대로 손해배상을 구한 사건이다. 이 사건의 주점은 다중이용업소로서 많은 사람들이 동시에 이용할 것으로 예상되는 장소일 뿐만 아니라 영업장 내에 구획된 객실이 24개나 되지만, 창문이 없고 내부에서 주출입구나 비상구로 연결되는 복도가 여러 갈래이어서 이용자들이 전체적인 내부 구조를 파악하기 어려운 곳이다. 이 사건 주점 개업 당시인 2009년 6월경에는 이 사건 주점에 주출입구 외에도 비상구 3곳이 설치되어 있었고, 그에 따라 각 비상구 부근 통로에는 그쪽에 비상구가 있음을 안내하는 피난구유도등이, 이 사건 주점의 각 방에는 그곳에서 각 비상구와 주출입구까지 가는 피난통로 및 각 비상구와 주출입구의 위치를 안내하는 피난안내도가 각각 설치되어 있었다.

주출입구 반대편에 있는 25번방 바로 옆에 설치된 제3비상구는 이 사건 주점 개업 당시 다른 비상구들이 주출입구 쪽에만 몰려 있어서 화재시 피난경로가 충분하지 아니한 사정을 고려하여 P 소방서 담당자의 권고에 따라 임의로 설치된 것이다. 그런데 이 사건주점의 개업 직후인 2009년 10월 경 이 사건 업주들이 제3비상구를 폐쇄한 다음 그 부속실에 소파와 노래방기기를 들여놓아 영업장으로 사용하였고, 그로 인하여 화재시 제3비상구로는 내피할 수 없는 상태가 되었다. 그럼에도 여전히

---

55) 대법원 2016. 8. 25. 선고 2014다225083 판결.

대피할 수 있는 것처럼 그 위치를 안내하는 피난구유도등, 피난안내도
등을 그대로 두었다. 이 사건의 주점의 업주들과 종업원들이 2011년 6
월 경 이 사건 주점 내부 복도에서 제2비상구로 연결된 통로에 문을 설
치하고 그곳에 술 상자를 쌓아 놓는 등으로 사실상 창고로 사용하여 그
당시부터 이 사건 주점 내부에서 제2비상구 쪽으로는 통행이 어려워졌
다. 이 사건 주점 내부의 복도에서 제2비상구로 연결된 통로는 이 사건
주점의 주출입구 바로 옆에 위치하고 있다. 이 사건 화재 당시 생존자
들은 모두 주점의 주출입구를 통하여 옥내계단으로 대피하였는데, 망인
들은 모두 주출입구나 제2비상구로 연결된 통로의 입구에 접근하지 못
한 채 이 사건 주점 내부의 복도에서 유독가스 흡입으로 인한 질식으로
사망에 이르렀다.

　　원심56)인 부산고등법원은 첫째, 다중이용업소법이 소방시설법에
우선하는 특별법이며, 다중이용업소인 이 사건 주점에 다중이용업소법
에 따라 추가적으로 설치된 '안전시설 등'에 대해선 유지·관리의무를 부
담하지 않으며, 위 '안전시설 등'에 대한 유지·관리 및 정기점검은 이
사건 주점의 업주인 피고에게 부과된 의무라고 판단하였다. 원심은 이
사건 주점의 제2비상구, 휴대용비상조명 등, 영상음향차단장치 등은 구
소방시설법 제9조 제1항 등에 따라 이 사건 건물에 설치된 '소방시설
등'이 아니라 구 다중이용업소법 제9조 제1항 등에 따라 다중이용업소
인 이 사건 주점에 추가로 설치된 '안전시설 등'에 해당한다고 본 것이
다. 그리고 원심은 제3비상구가 관계 법령상 설치의무가 없는 상태에서
P 소방서의 권고에 따라 설치된 것이고, 제2비상구는 다중이용업소법
및 그 하위법령의 규정에 따라 설치된 것이므로 위 비상구들은 다중이
용업소법령에 따라 이 사건 주점의 업주가 자체적으로 유지·관리 및 정
기점검을 해야 하는 '안전시설 등'에 해당할 뿐 소방시설법령에서 규정

---

56) 부산고등법원 2014. 8. 21. 선고 2013나51759 판결.

하는 '소방시설 등'에 해당하지 않는다고 판시하였다. 요컨대 이 사건의
비상구를 포함한 시설은 소방시설이 아니라 안전시설로서 그 유지 및
관리 등에 대한 책임은 이 사건 주점의 업주에게 있다고 판단하였다.

이에 대해 상고심인 대법원은 소방안전관리자가 피난시설 중 구
건축법 시행령(2014. 3. 24. 대통령령 제25273호로 개정되기 전의 것) 제36조
제1호에 따라 설치된 옥외 피난계단에 대한 유지·관리의무를 부담한다
고 보았다. 또한 이러한 의무에는 옥외 피난계단을 폐쇄하거나 훼손하
는 행위뿐만 아니라 용도에 장애를 주는 행위를 방지할 의무도 포함된
다는 것이다. 즉 건물 내부에서 옥외 피난계단으로 직접 연결되는 통로
나 비상구를 사실상 폐쇄·차단함으로써 옥외 피난계단을 사용할 수 없
게 하는 행위를 방지할 의무도 포함된다고 판단하였다. 둘째, 상고심은
소방공무원이 구 소방시설법과 다중이용업소법 규정에 정하여진 직무
상 의무를 게을리한 경우 의무 위반이 직무에 충실한 보통 일반의 공무
원을 표준으로 객관적 정당성을 상실하였다고 인정될 정도에 이른 때는
국가배상법 제2조 제1항에 정한 위법의 요건을 충족한다고 판단하였다.
특히 소방공무원의 재량사항이라고 하더라도, "현저하게 합리성을 잃어
사회적 타당성이 없는 경우"에는 소방공무원의 직무상 의무를 위반하였
다고 보고 있다. 나아가 대법원은 소방공무원들의 직무상 의무위반과
甲 등의 사망 사이에 상당인과관계가 인정되어 국가배상책임이 인정된
다고 판시하고 있다.

상고심은 원심판결의 이유 중 주점의 제2비상구에 관한 부분에 대
하여 다른 입장을 취하고 있을 뿐, 결론에 있어서는 대체로 동일한 입
장을 취하고 있다. 원심과 상고심은 모두 이 사건 주점의 제3비상구는
법령상 설치 의무 없이 P 소방서 담당자의 권고에 따라 임의로 설치된
것이므로 이들 시설에 대하여는 이 사건 건물의 소유자들인 피고 2, 피
고 3이 선임한 방화관리자 내지 소방안전관리자 소외 1이 적정하게 유
지·관리할 의무를 부담하지 아니한다고 판단하였다. 다만, 원심은 추가

적으로 설치된 '안전시설 등'에 해당하는 이 사건 주점의 제2비상구가
'소방시설 등'에 해당하지 않아 이에 대하여도 유지·관리할 의무를 부담
하지 아니한다고 판단하였다. 그러나 상고심은 소방안전관리자가 피난
시설 중 구 건축법 시행령(2014. 3. 24. 대통령령 제25273호로 개정되기 전의
것) 제36조 제1호에 따라 설치된 옥외 피난계단에 대한 유지·관리의무
를 부담하고, 이러한 의무에 건물 내부에서 옥외 피난계단으로 직접 연
결되는 통로나 비상구를 사실상 폐쇄·차단함으로써 옥외 피난계단을
사용할 수 없게 하는 행위를 방지할 의무도 포함된다고 보고 있다. 다
만, 원심과 상고심은 소외 1의 제2비상구에 대한 유지·관리 업무 소홀
과 망인들의 사망 사이에 상당인과관계가 없다고 본 점에 있어서 동일
하다. 즉 화재 당시 제2비상구로 연결된 통로와 제2비상구가 사실상 폐
쇄되어 있었다는 사정이 망인들의 피난에 현실적인 장애를 초래하지 않
았다고 판단하였다.

　　이 사안에서 국가배상과 관련하여 문제가 되는 것은 소방공무원의
부작위에 대한 책임부분이다. 우선 직무상 의무의 기준을 통한 위법성
판단을 하고 있는 것이 적정한지에 대해 검토할 필요가 있다. 상고심은
이 사건 화재사고와 관련하여 소방공무원이 소방시설법이나 다중이용
업소에서 정한 직무상 의무를 위반하여 국가배상법상의 위법에 해당한
다고 판단하고 있다. 여기에서 공무원의 부작위와 관련하여 '직무상 의
무'라는 기준으로 판단하는 것이 적정한지가 문제된다. 부작위의 위법
판단과 관련하여, 법원이 국가배상의 위법 개념을 어떻게 판단하고 있
는지를 검토할 필요가 있다. 상고심은 이러한 직무상 의무를 게을리 한
경우 그 위법의 판단기준인 의무 위반의 정도에 대해 설시하고 있다.
즉 대법원은 소방공무원이 관계 법령에 정하여진 직무상 의무를 게을리
한 경우를 "의무 위반이 직무에 충실한 보통 일반의 공무원을 표준으로
객관적 정당성을 상실하였다고 인정될 정도에 이른 때"라고 보고 있다.
그러나 이러한 직무상 의무가 법적 의무인지, 아니면 행정부 내부의 기

준이나 지침 등을 위반한 경우를 의미하는지가 명확하지 않다. 이러한
'직무상 의무'에 관한 근거규정이 제시되지 않은 점도 문제이다. 나아가
상고심은 소방공무원에 재량이 부여된 경우에 행정권한을 행사하지 아
니한 것이 현저하게 합리성을 잃어 사회적 타당성이 없는 경우에는 직
무상 의무를 위반한 것으로 보고 있다. 재량권의 하자 이론에 의해 직
무상 의무를 위반한 것으로 보는 것이 적정한지에 대해 검토할 필요가
있다. 이와 관련하여 행정개입청구권의 법리를 검토하도록 한다.

2. 國家賠償訴訟의 違法 槪念

대법원은 국가배상의 위법 개념을 매우 넓게 해석하여, 법령의 위
반 외에도 신의칙이나 인권존중, 권리남용금지, 공서양속 등도 포함된
다고 보고 있다.57) 이러한 판례의 입장은 국가배상의 위법 개념을 지나
치게 확대하고 있다는 점에서 문제가 있다. 특히 행정소송의 위법개념
과 국가배상의 위법개념이 동일한지 여부도 다투어지고 있다. 국가배상
의 위법을 행정소송의 위법보다 넓게 이해하는 견해가 있다. 이러한 견
해들은 국가배상의 위법과 행정소송의 위법이 다르다고 주장한다. 그러
나 동일한 위법개념을 두고 이를 달리 해석해야 할 설득력 있는 이유는
찾기 어렵다. 이러한 해석은 위법의 개념을 확대하여 국가배상을 쉽게
인정하기 위한 것이라고 추론할 수 있다.

한편, 독일의 경우를 근거로 국가배상의 위법이 넓다고 이해하는

---

57) "여기서 '법령을 위반하여'라고 함은 엄격하게 형식적 의미의 법령에 명시적으로
공무원의 행위의무가 정하여져 있음에도 이를 위반하는 경우만을 의미하는 것은
아니고, 인권존중·권력남용금지·신의성실과 같이 공무원으로서 마땅히 지켜야 할
준칙이나 규범을 지키지 아니하고 위반한 경우를 비롯하여 널리 그 행위가 객관
적인 정당성을 결여하고 있는 경우도 포함한다." (대법원 2015. 8. 27. 선고 2012다
204587 판결. 同旨判例:대법원 2002. 5. 17. 선고 2000다22607 판결; 대법원 2012. 7.
26. 선고 2010다95666 판결; 대법원 2013. 5. 9. 선고 2013다200438 판결)

견해도 있다. 즉 독일에서는 제1차적 권리구제수단으로 취소소송을 제기하여 그 처분의 위법성을 제기하고 잔존하는 침해의 결과제거나 원상회복을 청구한다. 그리고 제2차적 권리구제수단으로는 손실보상이나 국가배상을 주장한다. 이러한 방식은 우선 취소소송을 통해 행정행위의 위법성을 확정함으로써 일종의 '선결적' 효력이 인정되며, 제2차적인 구제수단으로 국가배상을 청구하는 경우에 유리한 점이 있다. 이러한 장점이 있지만, 위법 개념을 달리 해석해야 할 필연적 이유는 아니다. 실제 독일에서 위법 개념을 달리 해석한다는 논거도 찾기 어렵다. 또한 제1차적 권리구제수단과 2차적 권리구제수단으로 구분하는 것이 우리의 현실에 부합하는지에 대해서도 검토할 필요가 있다. 행정소송을 선행해야 할 경우에는 소송기간이 적지 않게 소요되어, 다시 국가배상을 제기하는 것은 어려운 점이 적지 않다. 또한 선결적 효력이 인정되더라도 국가배상책임의 책임 부분은 새로이 판단되어야 할 부분이다. 즉 취소판결에 의해 처분의 위법이 인정되더라도 주관적 요소가 완화되거나 쉽게 인정되지 않는 경우에는 이러한 독일의 행정구제 시스템은 실효성이 떨어질 수 있다. 취소소송을 제기하여 대법원의 상고심까지 소요되는 시간이 적지 않게 걸린다는 점에서 이러한 단계적 권리구제방식은 비현실적일 수 있다.

국가배상의 위법 개념을 넓게 보는 견해가 근거로 제시하는 대법원 판례가 있다. 즉 "어떠한 행정처분이 후에 항고소송에서 취소되었다고 할지라도 그 기판력에 의하여 당해 행정처분이 곧바로 공무원의 고의 또는 과실로 인한 것으로서 불법행위를 구성한다고 단정할 수는 없다" 라고 판결이 그러하다.[58] 이 판례는 취소판결의 기판력이 국가배상소송에 영향을 미치는가에 관한 것이다. 이러한 판례를 근거로 국가배상의 위법이 행정소송의 위법 보다 넓다고 해석하는 것은 논리적으로

[58] 대법원 2007. 5. 10. 선고 2005다31828 판결; 대법원 2011. 1. 27. 선고 2008다30703 판결; 대법원 2000. 5. 12. 선고 99다70600 판결 등.

타당하지 않다.59) 이 판결의 후단부를 보면, '객관적 주의의무'를 기준으로 책임(과실)을 별도로 판단한다는 내용임을 알 수 있다. 즉 "행정처분의 담당공무원이 보통 일반의 공무원을 표준으로 하여 볼 때 객관적 주의의무를 결하여 그 행정처분이 객관적 정당성을 상실하였다고 인정될 정도에 이른 경우에는 국가배상법 제2조 소정의 국가배상책임의 요건을 충족하였다고 보아야 한다"고 판시하고 있는 것이다. 결론적으로 국가배상의 소송에 위법을 지나치게 넓게 해석하는 것은 타당하지 않다. 이러한 내용은 부작위의 경우에 재량감축과 연결해서 이해해야 한다.

전술한 바와 같이 대법원은 원칙적으로 위법과 책임을 엄별하고 있다. 그러나 일부 판례는 위법을 판단함에 있어서 주관적 요소를 고려하고 있는데, 이러한 부분이 책임과 관련된 것인지를 검토할 필요가 있다. 이와 관련하여 학설도 광의의 행위불법설과 상대적 위법성설이 첨예하게 대립하고 있다. 대법원 판례의 주류는 전자의 입장이다.60) 이러한 학설들은 일본의 학설로부터 적지 않은 영향을 받은 것으로 보인다. 즉 상대적 위법성설은 피침해이익의 성질이나 가해행위의 태양 및 손해의 정도 등을 고려하고 있다. 이러한 견해는 위법성과 과실을 통합해서 이해하는 일본의 違法性一元說(職務行爲基準說)에 가깝다. 이러한 견해는 국가배상의 위법과 행정소송의 위법을 구별하고 있다. 그러한 의미에서 이러한 견해를 違法性相對說이라고 부르고 있다. 이와 달리 양자를 구별하고, 국가배상과 행정소송의 위법 개념을 동일하게 이해하는 견해를 違法性二元說(違法性同一說)이라고 부른다.61) 이상의 일본의 학설에 비추어 우리나라에서 소개되는 상대적 위법성론은 일본의 위법성상대설

---

59) 위 대법원 2005다31828 판결을 근거로 행정소송의 위법성판단과 국가배상청구상의 위법성 판단은 별개로 판단하는 것이 판례의 입장이라는 해석으로는 김중권, 행정법, 제2판, 753면 참조.

60) 이에 대한 상세한 내용은 정남철, "국가배상법의 현안과 과제", 행정법학 제8호 (2015. 3), 13면 이하.

61) 이에 대해서는 大橋洋一, 行政法 II(現代行政救濟論), 有斐閣, 2013, 344면 이하.

내지 위법성일원설에서 연유한 것이며, 위법과 책임을 결합시킨 견해라고 볼 수 있다. 그러나 판례는 공무원이 객관적 주의의무를 결하여 그 행정처분이 객관적 정당성을 상실한 경우에 국가배상의 요건이 충족된다고 보면서도, 이러한 주관적 요소를 고려하여 배상책임의 인정 여부를 결정한다고 판단하고 있는 것이다.62) 판례의 입장은 주로 공무원의 과실 판단, 즉 책임의 인정 여부에 관한 판단에 있어서 침해이익의 성질이나 가해행위의 태양 및 손해의 정도 등 주관적 요소를 고려하고 있을 뿐이다. 예컨대 판례는 인권존중·권력남용금지·신의성실 등과 같이 공무원으로서 마땅히 지켜야 할 준칙이나 규범을 지키지 아니하고 위반한 경우를 비롯하여 널리 그 행위가 객관적인 정당성을 결여하고 있는 경우도 포함한다고 보고 있다. 이러한 판례는 위법과 책임을 명확히 구별하지 않고 판단한 사례이다.63) 이러한 해석으로 국가배상의 위법을 행정소송의 위법보다 넓다고 해석하는 것은 논리의 비약이라고 하지 않을 수 없다.

3. 職務上 義務에 의한 違法性 判斷의 問題點

전술한 바와 같이 대법원은 부작위의 위법을 직무상 의무를 위반하였는지 여부를 통해 판단하고 있다.64) 직무상 의무의 위반 여부를 기준으로 위법을 인정해야 한다는 주장을 하기 위해서는 직무상 의무의 법적 의미를 명확히 규명해야 한다. 즉 직무상 의무를 법적 의무로 이해해야 하는지, 아니면 이 보다 넓게 해석하여 법령 외에 조리 등도 포함해야 하는지가 검토되어야 한다. 이와 관련하여 소위 '종립 사립학교

---

62) 대법원 2000. 5. 12. 선고 99다70600 판결.
63) 대법원 2015. 8. 27. 선고 2012다204587 판결.
64) 국가배상법상 직무상의 불법과 관련하여, 직무의무위반을 통한 접근의 문제점을 지적하는 견해로는 김중권, 전게서, 753면.

종교교육사건'에서 직무상 의무의 개념을 두고 다수의견과 반대의견이 대립한 바 있다.[65] 이 사건의 다수의견은 법률의 규정에 제한된 것으로 이해하였지만, 반대의견은 후자의 입장을 주장하였다.[66] 그러나 판례 중에는 행정규칙에 규정된 사항을 위반한 경우도 직무상 의무위반으로 징계사유로 판단한 바 있다. 대법원은 검찰청의 장이 출장 등의 사유로 근무지를 떠날 때에는 검찰총장의 승인을 얻어야 한다고 규정한 검찰사무규칙 제13조 제1항을 위반한 행위가 직무상의 의무위반에 해당하여 징계사유에 해당한다고 판시하였다.[67] 해당 검찰사무규칙은 법무부령으로 제정되었으나, 대법원은 이를 행정규칙으로 보고 있다.

대법원은 전술한 주점 화재사건(2014다225083)에서 "소방공무원이 구 소방시설법과 다중이용업소법 규정에 정하여진 직무상 의무를 게을리한 경우 그 의무 위반이 직무에 충실한 보통 일반의 공무원을 표준으로 객관적 정당성을 상실하였다고 인정될 정도에 이른 때는 국가배상법 제2조 제1항에 정한 위법의 요건을 충족하게 된다"고 판시하고 있다. 대상판결의 전반부에서는 직무상 의무를 언급하고 있지만 명확하지 않다. 다만, 직무상 의무를 법령의 규정에 정하여진 것에 근거하고 있으므로, 일종의 법적 의무로 파악하고 있다. 그러나 우리 실정법에는 '직무상 의무'에 관한 근거 규정이 없다. 헌법 제29조에서는 "직무상 불법행위로 손해를 받은 국민은"이라고 규정하고 있으며, 국가배상법 제2조에서도 "직무를 집행하면서"라고 규정하고 있을 뿐이다. 이러한 직무상 의무는 본래 독일의 입법례에서 유래하고 있다. 독일 기본법 제34조에서는 직무상 의무(Amtspflicht)를 위반하여 제3자에게 손해를 야기한 경우에 국가배상이 인정되고 있다. 그러나 독일에서도 이러한 직무상 의무의 개념이 법적 의무에 관한 것인지에 대해 논란이 있는 것이 사실이

65) 대법원 2010. 4. 22. 선고 2008다38288 판결.
66) 이에 대해서는 정남철, "국가배상법의 현안과 과제", 18-19면.
67) 대법원 2001. 8. 24. 선고 2000두7704 판결.

다.68) 위 사안에서 구체적으로 어떠한 직무상 의무를 이행하지 않은 것인지가 명확하지 않다. 단순히 소방공무원이 재량권 행사를 하지 않은 것이 직무상 의무를 위반한 것으로 구성한 것인지 여부도 불투명하다. 이미 공무원법상의 의무에서 살펴본 바와 같이 직무상 의무의 개념은 학자에 따라 달리 해석되고 있을 뿐만 아니라, 이를 법적 의무로 제한하는 것은 혼란을 더할 뿐이다. 직무상 의무는 법적 의무뿐만 아니라, 행정기관 내부의 지침이나 준칙 등을 위반한 경우에도 인정될 수 있다. 이러한 직무상 의무를 법적 개념에 제한할 이유가 없으며, 이를 근거로 국가배상의 위법을 도출할 수 없다. 국가공무원법이나 지방공무원법에도 이러한 직무상 의무에 관한 규정은 없으며, 그 개념 자체가 포괄적이므로 이를 공무원의 의무유형으로 분류하는 것은 무익할 따름이다. 따라서 위 사건에서도 구체적으로 어떠한 의무를 이행하지 않은 것인지를 규명하여 위법을 판단하였어야 하며, 판례가 이를 명확히 제시하지 않은 것은 문제가 있다.

4. 裁量減縮과 行政介入請求權의 適用可能性

대법원은 위 화재사건(2014다225083)에서 "소방공무원의 행정권한 행사가 관계 법률의 규정 형식상 소방공무원의 재량에 맡겨져 있더라도 소방공무원에게 그러한 권한을 부여한 취지와 목적에 비추어 볼 때 구체적인 상황 아래에서 소방공무원이 권한을 행사하지 아니한 것이 현저하게 합리성을 잃어 사회적 타당성이 없는 경우에는 소방공무원의 직무상 의무를 위반한 것으로서 위법하게 된다"고 판시하고 있다. 재량권의

---

68) 독일에서는 직무상 의무를 외부법관계에서 법적 의무로 이해하는 견해가 다수설이지만(Papier, in: Maunz/Dürig, GG, Art. 34 Rn. 18 ff.), 이를 내부법관계에서의 의무로 보는 견해도 있다(예컨대 Maurer/Waldhoff, Allgemeines Verwaltungsrecht, 19. Aufl., § 26 Rn. 16). 이에 대한 상세한 내용은 정남철, 행정구제의 기본원리, 제1전정판, 32면.

불행사가 직무상 의무의 위반이 된다는 논리이다. 이 부분은 대법원 판결에서 매우 흥미롭다. 구 소방시설 설치·유지 및 안전관리에 관한 법률 (2014. 1. 7. 법률 제12207호로 개정되기 전의 것, 이하 '소방시설법'이라 한다) 제5조에 의하면, 소방본부장 또는 소방서장은 특정한 소방대상물에 대한 소방검사의 결과 그 위치·구조·설비 또는 관리의 상황에 관하여 화재예방을 위하여 필요하거나 화재가 발생하는 경우 인명 또는 재산의 피해가 클 것으로 예상되는 때에는 개수·이전, 사용의 금지 또는 제한, 공사의 정지·중지 등 필요한 조치를 할 수 있다. 이러한 조치들은 재량사항으로 되어 있으나, 개별 공무원의 재량사항이 아니라 행정청의 재량사항이다. 개별 공무원의 개인적 책임에 관한 것이 아니다. 이를 근거로 공무원의 재량권 불행사가 위법하다는 결론을 도출하는 것은 무리한 논증이다. 이러한 경우에는 오히려 재량감축 또는 행정개입청구권의 법리를 적용하여 부작위의 위법을 도출하여야 한다.

대법원 판례 가운데에는 공무원의 부작위에 있어서 국가배상의 위법 개념을 넓게 해석하는 경우가 있다.[69] 그러나 신의칙이나 인권 등을

---

69) "공무원의 부작위로 인한 국가배상책임을 인정하기 위하여는 공무원의 작위로 인한 국가배상책임을 인정하는 경우와 마찬가지로 '공무원이 그 직무를 집행함에 당하여 고의 또는 과실로 법령에 위반하여 타인에게 손해를 가한 때'라고 하는 국가배상법 제2조 제1항의 요건이 충족되어야 할 것인바, 여기서 '법령에 위반하여'라고 하는 것이 엄격하게 형식적 의미의 법령에 명시적으로 공무원의 작위의무가 규정되어 있는데도 이를 위반하는 경우만을 의미하는 것은 아니고, 국민의 생명, 신체, 재산 등에 대하여 절박하고 중대한 위험상태가 발생하였거나 발생할 우려가 있어서 국민의 생명, 신체, 재산 등을 보호하는 것을 본래적 사명으로 하는 국가가 초법규적, 일차적으로 그 위험 배제에 나서지 아니하면 국민의 생명, 신체, 재산 등을 보호할 수 없는 경우에는 형식적 의미의 법령에 근거가 없더라도 국가나 관련 공무원에 대하여 그러한 위험을 배제할 작위의무를 인정할 수 있을 것이지만, 그와 같은 절박하고 중대한 위험상태가 발생하였거나 발생할 우려가 있는 경우가 아니라면 원칙적으로 공무원이 관련 법령을 준수하여 직무를 수행하였다면 그와 같은 공무원의 부작위를 가지고 '고의 또는 과실로 법령에 위반'하였다고 할 수는 없을 것이므로, 공무원의 부작위로 인한 국가배상책임을 인정할 것인지 여부가 문제되는 경우에 관련 공무원에 대하여 작위의무를 명하는 법령의 규정이

근거로 국가배상의 위법을 인정하는 것은 타당하지 않다.[70) 부작위의 경우에는 법령 위반 외에 "국민의 생명·신체·재산 등에 대한 절박하고 중대한 위험상태가 발생하였거나 발생할 우려가 있는 경우"를 제시하고 있다. 이러한 내용은 의미가 있지만, 재량감축론 내지 행정개입청구권과 연결해서 이해해야 한다. 대상판결에서는 재량의 감축을 통해 부작위의 위법을 도출하지 아니하고, 재량권의 일탈·남용의 법리에 의해 부작위의 위법을 인정하고 있다. 이러한 문제는 소위 '행정개입청구권'의 법리와 연결하여 논증하는 것이 보다 설득력을 가질 수 있다. 예컨대 화재신고가 있음에도 불구하고 적절한 시간 내에 출동하지 않아 인명이나 재산상 피해가 발생하는 경우 재량감축을 통해 공무원의 부작위에 대한 국가배상책임을 명확히 인정할 수 있다. 그러나 이러한 법리를 적용함에 있어서는 개입의무가 발생하는 시점이 긴급하고 중대한 위험상태가 발생하거나 발생할 우려가 있는 경우이다. 판례의 입장과 같이 대형사고가 발생한 후에 공무원의 책임과 국가배상책임을 인정하는 경우에는 그 부작위의 위법을 확정하는 시점이 이러한 긴급하거나 중대한 위험이 발생하기 이전으로 거슬러 올라가야 한다. 행정개입청구권의 법리를 적용하는 것이 논리적이고 설득력을 가지나, 공무원이 화재신고를 받은 후 출동하여 화재를 진압하는 경우에 그러한 부작위의 위법을 인정하기는 현실적으로 쉽지 않다. 그러한 이유에서 판례는 화재사고가 발생하기 이전으로 소급하여 안전점검에 따른 적절한 조치를 취하지 않았음을 근거로 삼고 있다. 그러나 이 경우에도 개별법에 규정된 구체적인 의무를 위반하였음을 검토해야 한다.

　　이와 유사한 군산시 윤락촌 화재사건에서도 판례는 유사한 입장을

없다면 공무원의 부작위로 인하여 침해된 국민의 법익 또는 국민에게 발생한 손해가 어느 정도 심각하고 절박한 것인지, 관련 공무원이 그와 같은 결과를 예견하여 그 결과를 회피하기 위한 조치를 취할 수 있는 가능성이 있는지 등을 종합적으로 고려하여 판단하여야 할 것이다." (대법원 1998. 10. 13. 선고 98다18520 판결)
70) 이에 대해서는 정남철, 행정구제의 기본원리, 제1전정판, 23면 이하.

보이고 있다. 이 사건은 유흥주점에 감금되어 생활하던 여종업원들이 유흥주점에 화재가 발생하여 피신하지 못하고 유독가스에 질식해 사망한 경우이다. 대법원은 "소방공무원에 대해서는 재량권의 불행사가 소방법에 규정된 직무상 의무를 위반하여 위법이 되지만, 지방자치단체의 담당 공무원에 대해서는 시정명령 등 식품위생법상 취하여야 할 조치를 게을리 한 직무상 의무위반행위와 여종업원들의 사망 사이에는 상당인과관계가 인정되지 않는다"고 판단하였다.[71] 이러한 판결들은 대형화재사고 후 높은 안전의무를 지고 있는 소방공무원들이나 경찰공무원 등에 대하여 국가배상의 위법을 인정한 것이지만, 법리적으로는 설득력이 약하다. 오히려 이러한 소방법령 등에서 정한 특정한 의무를 이행하지 않은 것이 위법으로 인정되어야 하나, 이러한 조치들이 대부분 재량사항으로 규정되어 있어 이러한 논증을 하고 있는 것으로 보인다. 특정한 의무를 이행하지 않아 화재의 발생과 직접적인 연관성이 있는 경우에 그 의무위반(부작위 내지 방치)에 대해 위법을 인정하여야 한다. 이 경우 이러한 부작위나 방치가 예견가능성이 있었는지 여부도 고려해야 한다. 즉 법령에서 정하고 있는 안전조치를 취하지 않는 것이 화재발생과 상당한 인과관계가 있는지 여부를 검토해야 한다. 단순히 재량의 불행사만으로 재량감축 내지 행정개입청구권의 논리를 도출하기는 쉽지 않다. "현저하게 합리성을 잃어", "사회적 타당성이 없는 경우" 등을 논거로 직무상 의무위반을 인정하는 것은 이해하기 어렵다. 이러한 기준들은 동의반복의 의미를 가질 뿐이다.

한편, 판례는 이러한 의무위반이 "직무에 충실한 보통 일반의 공무원"을 표준으로 하고 있다. 이러한 의무가 법령상의 의무라면 이를 보다 객관화하는 것이 중요하다. 합리적인 판단력을 가진 제3자가 객관적으로 판단하여 이러한 인진조치를 넣아서 않은 경우에 화재발생으로 이

---

71) 대법원 2008. 4. 10. 선고 2005다48994 판결.

어질 수 있다는 것을 충분히 예견할 수 있어야 한다. 군산시 윤락촌 화재사건에서는 이미 인근에 유사한 유흥주점 화재사건으로 윤락녀들의 사망사건이 발생하였던 점, 소방안전대책 관련 지시 및 관계기관 합동점검 등을 실시한 점 등을 고려할 경우 이러한 안전조치를 취하지 않은 것이 위법하다는 것을 충분히 예견할 수 있다고 볼 수 있다. 또한 부산광역시 번화가 주점의 화재 사건에서는 소방검사에서 비상구가 폐쇄되고 피난구유도등, 피난안내도 등이 일치하지 않아 이에 대한 안전조치를 취하지 않는 것이 화재발생시 피난에 중대한 위험이 발생될 수 있다는 것을 예견할 수 있어야 한다. 이러한 문제점을 개선하기 위해 재량감축이나 행정개입청구권의 법리를 유연하게 해석해야 한다. 중대한 위험상황이나 긴급한 상황이 실제 발생한 경우가 아니더라도 이러한 상황이 초래될 수 있는 것이 충분히 예견될 수 있는 경우에는 재량감축을 인정할 수 있다.

IV. 改善課題

대형재난사고에서 공무원의 의무와 책임이 늘 문제되고 있으나, 공무원의 의무에 관한 이론적 논의는 충분하지 않은 것이 사실이다. 성실의무, 품위유지의무 및 직무상 의무 등 공무원의 의무는 징계처분의 사유로서 빈번히 사용되고 있지만, 이론적으로 모호한 점이 적지 않다. 민주적 법치국가에 부합하도록 공무원의 의무를 새로이 정립하는 것이 요구된다. 공무원들이 헌법을 경시하고 국민주권주의와 법치국가원리를 몰각하는 것이 어떠한 비극적 상황을 초래하는지를 目睹하고 있다. 헌법과 법률의 준수, 자유민주적 기본질서의 존중과 유지 등을 내용으로 하는 공무원의 의무에 관한 헌법적 근거를 마련해야 한다. 공무원이 법질서를 준수하고 헌법의 가치를 존중하는 것은 당연한 사실이지만, 현행 헌법에는 이에 관한 규정을 발견하기 어렵다. 단지, "국민전체에 대한 봉사자", "정치적 중립성" 등이 언급되어 있을 뿐이다. 공무원의 지위에 대한 민주적 정당성을 확인하고, 공무원의 의무와 책임을 분명히 해야 한다. 지난 정부에서 공무원의 비리사건이 발생하였을 때 '입헌주의'의 확립이 얼마나 중요한지를 인식할 수 있었다.

공무원법상 성실의무나 품위유지의무 등의 개념이 포괄적이어서 실무상 이러한 의무의 위반이 징계처분사건에서 다투어지고 있다. 이러한 의무는 독일의 입법례에서 보는 바와 같이 공무원의 근무관계에 있어서 근본적이고 기본적인 의무에 해당한다. 그러한 까닭에 포괄적인 성격을 가질 수밖에 없다. 그러나 이러한 개념은 다소 부정확하고 윤리적 성격을 망라할 수 있다. 따라서 성실의무와 근무의무(직무수행의무) 등을 포함하고 오늘날 시대적 감각에 부합하게 '직무충실의 기본의무'로 통합하여 규정할 것을 제안한다. 학설에서 '직무전념의무'라는 용어가 사용되고 있으나, 이는 '직장이탈금지', '정치운동금지', '집단행동금지', '영리업무 및 겸직 금지' 등을 내용으로 하는 개념으로 사용되고 있다. 직무전념의무를 본래적 의미보다 확대하여 인정하고 있는 것이다. 그러나 직무충실의 기본의무는 공익 실현을 위해 전인격을 바쳐 헌신적으로 직무를 수행하고 공무원의 근무관계에 있어서 신뢰관계를 잃지 않도록 충실하게 근무할 의무를 뜻한다. 그러한 점에서 직무전념의무도 부분적으로 이러한 직무충실의무에 포함될 수 있다.

공무원법상 '직무상 의무'라는 용어는 모호하며, 해석상 적지 않은 혼란을 주고 있다. 공무원법에 있어서는 전술한 근무의무나 직무수행의무 등과 관련하여 인정되는 것도 있으나, 사견으로는 직무상 의무는 공무원의 의무로 거론되는 것들을 대부분 포함하고 있다. 직무수행과 관련하여 성실의무는 물론이고, 품위유지의무도 직무수행과 관련하여 직무상 의무에 속할 수 있다. 또한 법령에 규정된 공무원의 의무가 아니라 행정규칙에 규정된 사항도 직무상 의무가 될 수 있다. 이러한 직무

상 의무의 위반은 주로 공무원의 부작위에 대한 국가배상책임에서 문제
되고 있지만, 판례에서 사용하는 '직무상 의무'의 개념은 법리적으로 여
러 가지 문제점을 가지고 있다. 독일에서는 직무상 의무가 법적 의무인
지 여부도 다투어지고 있고, 우리나라 헌법이나 국가배상법에는 정작
이러한 개념을 규정하고 있지 않다. 그럼에도 불구하고 이러한 개념을
매개로 하여 국가배상의 위법을 도출하는 것은 납득하기 어렵다. 독일
의 판례를 충분히 검증하지 않고 수용한 결과이다.

　　특히 행정청의 재량사항으로 되어 있는 경우에도 법원은 "공무원
이 재량권을 행사하지 않아 직무상 의무를 위반하여 위법"이라는 논증
을 하고 있다. 재량권 행사를 하지 않는 것이 긴급하거나 중대한 위험
을 야기하는 경우에 감축한다는 논리를 접목하는 것이 오히려 설득력을
가진다. 우리나라에서는 국가배상소송을 민사사건으로 처리하다보니 공
법적 법리를 충분히 접목하지 못하고 있는 것이다. 독일에서는 이러한
경우에 행정개입청구권의 법리를 적용하고 있다. 공무원의 부작위에 대
해 국가배상책임을 묻기 위해서 개별법에 규정된 법적 의무를 위반하는
것이 손해발생과 상당한 인과관계에 있어야 한다. 단순히 재량의 불행
사가 직무상 의무의 위반으로 국가배상의 위법이 되는 것이 아니라, 안
전조치나 시정명령 등과 같은 재량행위를 행사하지 않아 생명·재산 등
의 피해가 발생하거나 발생할 우려가 있다는 것을 예견할 수 있어야 한
다. 이러한 경우에 재량의 감축을 통해 행정청의 개입의무가 발생하게
되는 것이다. 법령에 규정된 기본적인 안전조치를 취하지 않으면 화재
나 사고로 이어질 수 있는 상황이어야 한다. 이러한 부작위로 인한 손
해발생의 개연성이 높은 상황일수록 공무원의 부작위에 대한 국가배상
이 인정될 가능성도 높아진다. 입법정책적으로도 국민의 생명·재산·안
전 등과 관련된 경우에 담당 공무원이 안전조치나 시정명령 등 취해야
할 요건을 구체적으로 명시해야 한다. 일반적으로는 재량사항으로 규율
하는 것이 보통이나, 긴급한 조치가 필요하거나 중대한 위험이 발생할

수 있는 경우 등에는 부여된 재량권을 행사하도록 규정해야 한다. 향후 공무원법에 관한 체계적인 연구와 더불어, 공무원의 부작위에 대한 국가배상에 관한 판례이론의 변화와 발전을 기대해 본다.

참고문헌

[국내문헌]

교과서 및 이론서

김도창, 일반행정법론(하), 제4전정판, 청운사, 1992.

김남진/김연태, 행정법 II, 제20판, 법문사, 2016.

김동희, 행정법 II, 제21판, 박영사, 2015.

김중권, 행정법, 제2판, 법문사, 2016.

김철수, 헌법학개론, 제17전정신판, 박영사, 2005.

박균성, 행정법론(상), 제15판, 박영사, 2016.

박윤흔/정형근, 최신행정법강의(상)·(하), 개정28판, 박영사, 2009.

선정원, 공무원과 법, 박영사, 2013.

이상규, 신행정법론(하), 신판, 법문사, 1996.

정남철, 행정구제의 기본원리, 제1전정판, 법문사, 2015.

한수웅, 헌법학, 제7판, 법문사, 2017.

허 영, 한국헌법론, 전정14판, 박영사, 2018.

학술논문

우미형, "공무원의 복종의무와 그 한계: 헌법 제7조와의 관계를 중심으
       로", 國家와 憲法 I (헌법총론·정치제도론), 東堂 成樂寅總長 退任紀念
       論文集, 법문사, 2018, 1067-1084면.

이계수, "공무원의 복종의무의 내용 및 한계에 대한 규범적, 행정법사회학
       적 연구, 민주법학 통권 제40호(2009), 125-172면.

이종수, "공무원의 충실의무와 기본권적 지위의 검토: 특히 정치적 기본권
       을 중심으로", 헌법실무연구 제12권, 77면 이하 참조.

정남철, "항고소송의 대상과 재결주의, 행정법학 제12호(2017. 3), 145-184면

_____, "행정과 사법의 민주적 정당성 확보를 위한 공법적 과제", 법조 제727호(2018. 2), 442 – 479면.

_____, "국가배상법의 현안과 과제", 행정법학 제8호(2015. 3), 1 – 38면.

한수웅, "공무원의 기본권 제한: 정치적 표현의 자유에 대한 제한의 헌법 적 문제점을 중심으로", 인권과정의 제434호(2013. 6), 83 – 102면.

[일본문헌]

田中二郎, 新版行政法 中卷, 全訂第二版, 弘文堂, 1997.

塩野宏, 行政法 III(行政組織法), 第四版, 有斐閣, 2012.

藤田宙靖, 行政組織法, 有斐閣, 2005.

大橋洋一, 行政法 II(現代行政救濟論), 有斐閣, 2013.

室井 力(編), 新現代行政法入門(2), 法律文化社, 2004.

[독일문헌]

Battis (Hg.), Bundesbeamtengesetz, Kommentar, 5. Aufl., München 2017.

Battis, in: Achterberg/Püttner/Würtenberger (Hg.), Besonderes Verwaltungsrecht, Bd. II, 2. Aufl., Heidelberg 2000.

Isensee/Kirchhof (Hg.), Handbuch des Staatsrechts, Bd. II, 3. Aufl., Heidelberg 2004.

Jarass/Pieroth, Grundgesetz, Kommentar, 10. Aufl., München 2009.

Maurer/Waldhoff, Allgemeines Verwaltungsrecht, 19. Aufl., München 2017.

Schmidt, Thorsten Ingo, Beamtenrecht, Tübingen 2017.

Schoch (Hg.), Besonderes Verwaltungsrecht, 15. Aufl., Berlin/Boston 2013.

Wolff/Bachof/Stober, Verwaltungsrecht III, 5. Aufl., München 2004.

국문초록

　　대형재난사고가 발생하는 경우에 공무원의 책임을 묻기 위해서는 공무원의 의무가 문제된다. 세월호 사건과 관련하여 진도 연안해상교통관제센터(진고 VTS)의 센터장에 대한 징계책임이 문제된 사건에서 공무원의 성실의무와 품위유지의무 위반이 쟁점이었다. 서울고등법원은 징계처분이 위법하다고 판단하였으나, 대법원은 이를 파기하였다. 그러나 공무원의 징계책임의 사유로서 성실의무나 품위유지의무는 추상적이고 모호한 점이 있다. 공무원의 의무는 헌법적으로 국민주권주의와 민주주의에 근거하고 있다. 독일에서는 기본법 제33조 제4항에 근거하여 충실의무(Treuepflicht)를 인정하고 있고, 이를 근거로 독일의 연방공무원법 제60조 제1항 및 주(란트)의 공무원지위법 제33조에는 근본의무 내지 기본의무를 규정하고 있다. 이러한 충실의무는 군주에 대한 것이 아니라 헌법이나 법률에 대한 준수를 의미한다. 또한 전인격과 양심을 바쳐서 성실히 직무를 수행해야 한다는 성실의무는 독일의 충실의무에서 유래하는 것으로 볼 수 있지만, 오히려 근무의무 내지 직무수행의무에 가깝다. 학설에서는 공무원의 의무가 다양하게 분류되고 있으며, 그 유형은 통일적이지 않다. 공무원의 직무는 신분과 분리하기 어려운 점이 있다. 품위유지의 의무는 매우 모호한 측면이 있는데, 이는 일본의 신용실추행위의 금지의무와 유사하다. 성실의무나 품위유지의무를 시대적 흐름에 부합하게 수정할 필요가 있다. 우리 헌법에는 충실의무에 관한 근거는 없지만, 국가공무원법이나 지방공무원법에 성실의무와 직무수행의 헌신의무를 망라하는 '직무충실의 기본의무'에 관한 조항을 신설해야 한다. 대형재난사고에서 공무원의 부작위로 인한 국가배상이 문제될 경우에 직무상 의무의 위반이 중요한 판단기준이 되고 있다. 그러나 이러한 직무상 의무의 개념은 모호하며 해석상 혼란을 주고 있다. 이러한 개념은 우리나라의 헌법이나 국가배상법에 존재하지 않는다. 부산광역시의 주점 사건에서는 소방공무원의 직무상 의무 위반을 근거로 국가배상책임을 인정하고 있다. 공무원의 부작위가 국가배상이 되기 위해서는 긴급한 상황이나 중대한 위험이 발생하여 재량권의 감축이 인정된다는 법리(행정개입청구권)를 적용하는 것이 바람직하다. 또한 이러한 긴급한 상황이나 중대한 위험 상황이 아닌 경우에도 안전조치나 시정명령 등을 하지 않은 부작위가 위법이 되기 위해서는 이를 충분히 예견할 수 있는 상황이어야 한다. 단순히 재량권의 불행사도 합리성이나 사회적 타당성이 없는 경우에는 위법이라고 보는 대법원 판례의 입장은 논리비약이다. 앞으로 공무원의 의무에 관한 구조와 체계를 정비할 필요가 있으며, 공무원의 부작위에 관한 국가배상 판례의 변화와 발전이 요구된다.

주제어: 공무원의 의무, 징계책임, 국가배상책임, 성실의무, 품위유지의무, 충실의무, 직무상 의무

Abstract

Duties and Responsibilities of Government Officials in Disaster Accidents

Prof. Dr. Nam-Chul Chung*

In a major catastrophic accident, the duties of the government officials are questioned to hold them responsible. Regarding the Sewol-ho incident, violation of duty of good faith and obligation to maintain dignity was a major issue in the case of disciplinary responsibility for the head of the Jindo Coastal Vessel Traffic Service (Jindo VTS). The Seoul High Court ruled that the disciplinary action was unlawful, but it was quashed by the Supreme Court of Korea. However, the duty of good faith and the obligation to maintain dignity as a main reason for the disciplinary responsibility of government officials, may be very abstract and ambiguous. I think that the obligations or duties of government officials are based on constitutional principle of sovereignty and democracy. In Germany, the constitutional duty of loyalty is recognized in accordance with Article 33 (4) of the Basic Law for the Federal Republic of Germany. Based on this, Article 60, Paragraph 1 of the Federal Civil Service Act and Article 33 of the Civil Servant Status Act of the State of

---

* Sookmyung Women's University College of Law

Germany provides fundamental duties or obligations of public officers. Today the constitutional duty of loyalty implies compliance with the Constitution or laws, not with the monarchy. In addition, the duty of good faith, which is to fulfill his duty by giving full personality and conscience, seems to be derived from the constitutional duty of loyalty in Germany, but it is rather duty obligation or obligation to perform his duties. The duties of government officials are classified in various ways, but the types of duties are not unified. However, the duty of a government official is difficult to separate from his status. The obligation to maintain dignity is very vague and is similar to obligation to prohibit credit loss in Japan. It is necessary to revise the duty of good faith and obligation to maintain dignity to conform to the social trend. Although there is no basis for the duty of loyalty in the Constitution of the Republic of Korea, the provisions of the National Government Officials Act or the Local Government Officials Act should establish the "fundamental duty of job faithfulness" covering the duty of good faith and obligation to maintain dignity. In case of a state tort liability due to the ineffectiveness of government officials in a major disaster accident, violation of official duty is an important criterion. However, the concept of this government official duty (obligation) is ambiguous and confusing relating to interpretation. However this concept does not exist in the Constitution or the State Tort Liability Act of the Republic of Korea. In Busan Metropolitan City's case, it is acknowledged that the State Tort Liability is based on the duty violation of fire-fighting officers. However, it is desirable to apply the doctrine of the claim to administrative intervention in case of an emergency situation or a serious danger. The reduction of discretionary power is recognized in order to acknowledge the tort liability for the government official's omission. In addition, not in the case of such an emergency or serious danger, the absence of any safeguards or corrective orders can be illegal if it is in specific circumstances sufficiently predicted. The position of the Supreme Court of Korea, which regard the omission of government officials as unlawful when there is no rationality or social justification, is in my personal opinion a logical leap. In the future, it is necessary to improve the structure and system of government officials' duties, and the changes and developments of state tort liability cases regarding the non−feasance of government officials are required.

Keywords: Duties of government officials, disciplinary liability, state tort liability, duty of good faith, obligation to maintain dignity, duty of loyalty, official duty

투고일   2018. 12. 7.
심사일   2018. 12. 22.
게재확정일 2018. 12. 27.

公務員法

公務員의 集團的 表現行爲 制限의 正當性 (이혜진)

公務員의 集團的
表現行爲 制限의 正當性
- 집단행위 해당요건 검토를 중심으로 -

이혜진*

대상판결: 대법원 2017. 4. 13. 선고 2014두8469

Ⅰ. 사건 내용 및 판결의 내용

1. 사건 내용 및 경과

(1) 사건 내용

소외A는 2002년 4월 1일 인권위에 7급 싱덩의 별성직 공무원으로 임용되어 3번의 계약연장을 거쳐 약 9년간 정책·조사 부서에서 인권조

---

* 헌법재판연구원 책임연구원/법학박사

사관으로서 계약직으로 근무하는 한편, 전국공무원노동조합 인권위원회
지부 부지부장으로 활동해 왔다. 인권위원회는 2011년 1월 28일 "더 이
상 계약직이 필요하지 않다."는 사유로 계약 연장 거부를 의결하였고,
동년 3월 1일자로 소외A는 채용계약이 만료된다는 통보를 받았다.

이에 대해 소외A는 '노조 활동을 이유로 한 고용상 차별'이라며 진
정하였고, 2006년부터 인권위원회에서 노동권 관련 업무를 담당해 왔던
공인노무사인 소외B는 소외A의 해고에 항의하여 사직서를 내고 1인 시
위를 시작하였다. 인권위 직원들인 원고 등은 그 결정을 재고해 달라는
글을 부서 또는 개인 실명의 의견으로 내부 게시판에 올리기 시작하였
고, 점심시간 등을 이용하여 인권위 청사 앞에서 피켓을 들고 계약 연장
거부 결정을 비판하는 릴레이 1인 시위를 이어나갔다. 또한, 이러한 상
황에 대해 뉴스매체 등에 위 결정과 인권위를 비난하는 글을 기고하거
나, 그 기고된 글을 내부 전산망 게시판에 올렸고, 1인 시위에서 사용하
였던 피켓을 모아 인권위 청사 1층 로비 및 청사 앞 인도에 전시하였다.

국가인권위원회 위원장은 이에 관련한 직원 11명을 징계위원회에
회부하였고, 2011년 9월 2일, 국가공무원법 제63조 품위유지의무위반
및 제66조 집단행위금지의무위반을 근거로 참여 내용과 빈도 등에 따라
정직 1개월, 감봉 3개월, 감봉 2개월, 감봉 1개월의 각 징계처분을 내렸
다. 원고 중 일부는 행정안전부 소청심사위원회에 소청심사를 청구하였
고, 그 나머지는 인권위 행정심판위원회에 심판을 청구하였으나 일부
감경을 제외하고 나머지 청구는 모두 기각되었기 때문에 각 징계처분의
취소를 구하여 행정법원에 제소하였다.

(2) 관련 조문 및 참조 조문

1) 국가공무원법

제56조 [성실 의무] 모든 공무원은 법령을 준수하며 성실히 직무를
수행하여야 한다.

제63조 [품위 유지의 의무] 공무원은 직무의 내외를 불문하고 그 품위가 손상되는 행위를 하여서는 아니 된다.

제66조 [집단 행위의 금지] ① 공무원은 노동운동이나 그 밖에 공무 외의 일을 위한 집단 행위를 하여서는 아니 된다. 다만, 사실상 노무에 종사하는 공무원은 예외로 한다.

제78조 [징계사유] ① 공무원이 다음 각 호의 어느 하나에 해당하면 징계 의결을 요구하여야 하고 그 징계 의결의 결과에 따라 징계처분을 하여야 한다.

1. 이 법 및 이 법에 따른 명령을 위반한 경우

2. 직무상의 의무(다른 법령에서 공무원의 신분으로 인하여 부과된 의무를 포함한다)를 위반하거나 직무를 태만히 한 때 (하략)

제84조의2 [벌칙] 제44조·제45조 또는 제66조를 위반한 자는 다른 법률에 특별히 규정된 경우 외에는 1년 이하의 징역 또는 1천만 원 이하의 벌금에 처한다.

2) 헌법

제7조 ① 공무원은 국민전체에 대한 봉사자이며 국민에 대하여 책임을 진다.

제21조 ① 모든 국민은 언론, 출판의 자유와 집회, 결사의 자유를 가진다.

제33조 ② 공무원인 근로자는 법률이 정하는 자에 한하여 단결권, 단체교섭권 및 단체행동권을 가진다.

제37조 ② 국민의 모든 사유와 권리는 국가안전보장, 질서유지 또는 공공복리를 위하여 필요한 경우에 한하여 법률로써 제한할 수 있으며, 제한하는 경우에도 자유와 권리의 본질적인 내용을 침해할 수 없다.

(3) 사건 경과

원고들은 재심사위원회의 구성에 대한 절차상 하자와, 징계사유로
거론된 집단행위금지의무 위반 및 품위유지의무 위반 부정, 그리고 징
계양정의 위법성 등을 주장하였다.

1) 제1심[1]) 판결

징계위원회와 재심사위원회의 위원 구성이 같다는 것만으로는 절
차상 하자가 되지 않는다고 하는 외, 다음과 같이 판단하여 원고들의
청구를 모두 기각하고 원고 패소 판결을 하였다.

① 집단행위금지의무 위반

국가공무원법 제66조 제1항이 금지하고 있는 '공무 외의 집단적 행
위'란, '공무원으로서 직무에 관한 기강을 저해하거나 기타 그 본분에
배치되는 등 공무의 본질을 해치는 특정목적을 위한 다수인의 행위로써
단체의 결성단계에는 이르지 아니한 상태에서의 행위'를 말한다(대법원
1992. 3. 27. 선고 91누9145 판결).

'특정 또는 불특정 다수인이 공동의 의견을 형성하여 이를 대외적
으로 표명할 목적 아래 일시적으로 일정한 장소에 모이는 것'을 의미하
는 집회 및 시위에 관한 법률에서의 '집회'와 국가공무원법이 금지하는
집단행위는 그 목적에 비추어 같다고 볼 수 없으므로, 반드시 같은 시
간, 장소에서 행해져야 할 것을 요하지는 않는다. 사전 협의나 합의, 공
모가 없는 상태에서 원고들의 행위가 이루어졌다고 보기 어려우므로 집
단적으로 1인 릴레이시위와 언론기고, 내부전산망게시, 피켓전시 등이
이루어졌다고 보아야 한다.

또한, '품위유지의무위반'에 대한 판단에서 보는 것처럼 이 사건 행
위는 공무원으로서의 품위유지의무를 위반하여 직무에 관한 기강을 저

---

1) 서울행정법원 2013. 5. 2. 선고 2012구합13276 판결, 정직처분등취소.

해하거나 그 본분에 배치되는 등 공무의 본질을 해치는 행위에 해당하므로 결국 원고들은 국가공무원법 제66조 제1항 소정의 공무 이외의 일을 위한 집단행위금지의무를 위반한 것이고 이는 적법한 징계사유가 된다.

② 품위유지의무 위반

"공무원이 외부에 자신의 상사 등을 비판하는 의견을 발표하는 행위는 그것이 비록 행정조직의 개선과 발전에 도움이 되고, 궁극적으로 행정청의 권한행사의 적정화에 기여하는 면이 있다고 할지라도, 국민들에게는 그 내용의 진위나 당부와는 상관없이 그 자체로 행정청 내부의 갈등으로 비춰져, 행정에 대한 국민의 신뢰를 실추시키는 요인으로 작용할 수 있는 것이고, 특히 그 발표 내용 중에 진위에 의심이 가는 부분이 있거나 그 표현이 개인적인 감정에 휩쓸려 지나치게 단정적이고 과장된 부분이 있는 경우에는 그 자체로 국민들로 하여금 공무원 본인은 물론 행정조직 전체의 공정성, 중립성, 신중성 등에 대하여 의문을 갖게 하여 행정에 대한 국민의 신뢰를 실추시킬 위험성이 더욱 크다고 할 것이므로, 그러한 발표행위는 공무원로서의 체면이나 위신을 손상시키는 행위에 해당한다."(대법원 2001. 8. 24. 선고 2000두7704 판결 등 참고)

원고들의 행위로 인하여 인권위 소속 공무원들 전체의 공정성, 첨령성 등을 의심케 하여 행정에 대한 국민의 신뢰를 실추시킬 우려가 있어 국가공무원법 제63조의 품위유지의무를 위반한 징계사유에 해당한다.

③ 징계양정

이 사건 행위로 인하여 일반 국민들에 대하여 인권위의 신뢰도가 떨어지고 이미지가 실추되었으며 그 정도가 금품수수, 성폭력 등 다른 비위행위에 비하여 덜하다고 단정하기도 어렵고, 후행자가 선행자의 행위를 보고 후행 행위를 하게 된 것이라면 최초행위자에 대한 징계가 더 무겁다고 해도 형평성의 원칙에 반한다고 볼 수 없다는 점 등에서 피고

의 원고들에 대한 징계양정이 재량권을 일탈·남용하여 위법하다고 보기
어렵다.

2) 원심[2] 판결

제1심의 판결이유는 타당하므로 원고들의 항소는 이유가 없고 그
청구는 모두 기각한다고 판단을 하였기 때문에 이에 대해 상고한 것이
본 판결이다.

2. 대상 판결 요지: 원심파기환송

(1) '집단행위'(국가공무원법 제66조 제1항)에 대한 판단

1) '공무 외의 일을 위한 집단행위'의 의미

국가공무원법이 '공무 외의 일을 위한 집단행위'라고 다소 포괄적
이고 광범위하게 규정하고 있다 하더라도, 이는 공무가 아닌 어떤 일을
위하여 공무원들이 하는 모든 집단행위를 의미하는 것이 아니라, 언론·
출판·집회·결사의 자유를 보장하고 있는 헌법 제21조 제1항, 공무원에게
요구되는 헌법상의 의무 및 이를 구체화한 국가공무원법의 취지, 국가
공무원법상의 성실의무 및 직무전념의무 등을 종합적으로 고려하여 '공
익에 반하는 목적을 위한 행위로서 직무전념의무를 해태하는 등의 영향
을 가져오는 집단적 행위'라고 해석된다(대법원 2012. 5. 10. 선고 2011도
914 판결 등 참조).

위 규정을 위와 같이 해석한다면 수범자인 공무원이 구체적으로
어떠한 행위가 여기에 해당하는지를 충분히 예측할 수 없을 정도로 적
용 범위가 모호하다거나 불분명하다고 할 수 없으므로 위 규정이 명확
성의 원칙에 반한다고 볼 수 없고, 또한 위 규정이 적용 범위가 지나치
게 광범위하거나 포괄적이어서 공무원의 표현의 자유를 과도하게 제한

---

2) 서울고등법원 2014. 4. 23. 선고 2013누20334 판결, 정직처분등취소.

한다고 볼 수 없으므로, 과잉금지의 원칙에 반한다고 볼 수도 없다(헌법
재판소 2014. 8. 28. 선고 2011헌바32 전원재판부 결정 참조).

2) '집단행위'에 해당하기 위한 요건

공무원들의 어느 행위가 국가공무원법 제66조 제1항에 규정된 '집
단행위'에 해당하려면, 그 행위가 반드시 같은 시간, 장소에서 행하여져
야 하는 것은 아니지만, 공익에 반하는 어떤 목적을 위한 다수인의 행
위로서 집단성이라는 표지를 갖추어야만 한다고 해석함이 타당하다. 따
라서 여럿이 같은 시간에 한 장소에 모여 집단의 위세를 과시하는 방법
으로 의사를 표현하거나 여럿이 단체를 결성하여 그 단체 명의로 의사
를 표현하는 경우, 실제 여럿이 모이는 형태로 의사표현을 하는 것은
아니지만 발표문에 서명날인을 하는 등의 수단으로 여럿이 가담한 행위
임을 표명하는 경우 또는 일제 휴가나 집단적인 조퇴, 초과근무 거부
등과 같이 정부활동의 능률을 저해하기 위한 집단적 태업 행위로 볼 수
있는 경우에 속하거나 이에 준할 정도로 행위의 집단성이 인정되어야
국가공무원법 제66조 제1항에 해당한다고 볼 수 있다(헌법재판소 2014.
8. 28. 선고 2011헌바32 전원재판부 결정 참조).

3) 사안에의 적용

원심이 인정한 사실관계를 위 법리에 비추어 보면 이 사건 행위 중
릴레이 1인 시위, 릴레이 언론기고, 릴레이 내부 전산망 게시는 모두 후
행자가 선행자에 동조하여 동일한 형태의 행위를 각각 한 것에 불과하
고 (…) ① 집단성이 있다고 보기 어렵다. 다만, 위 원고들이 1인 시위
에 사용하였던 피켓을 모아서 함께 전시한 것은 행위의 집단성을 인정
할 수 있다고 보인다. 그렇지만 이 사건의 행위는 국가인권위원회가 그
소속 일반계약직 공무원인 소외A에 대하여 계약연장거부결정을 한 것
에 대해 항의하는데 그 동기나 목적이 있는 점에서 공익을 위한 것은
아니라 할지라도 ② 공익에 반하는 목적을 갖고 행한 것이라고까지 보

기는 어렵고, 국가공무원법에서 공무원에 대하여 금지하는 정치적 활동이나 표현을 한 것과 같이 공무원의 정치적 중립성을 침해할 만한 직접적인 위험을 초래할 정도에 이르렀다고 볼 수 있는 경우도 아니다. 점심시간을 이용하여 1인 시위를 하였고, 언론기고가 일과시간 중에 이루어졌다고 볼 뚜렷한 증거도 없으며 그밖에 원고들이 ③ 직무전념의무를 해태하였다고 볼 자료가 부족하다.

원심은 국가공무원법 제66조 제1항의 '공무 외의 일을 위한 집단행위'에 관한 법리를 오해하여 판결에 영향을 미친 잘못이 있다.

(2) '품위유지의무'(국가공무원법 제63조)에 대한 판단

원심은 ① 이 사건 행위를 통한 표현들은 어떤 객관적 근거에 의하여 사실을 표현한 것이 아니라 감정적으로 표현한 것으로 보이고, 인권을 보호해야 할 국가인권위원회가 반인권적 행위를 하였다는 취지의 내용이어서 국가인권위원회의 본래 설립 목적에 비추어 국가인권위원회에 대한 국민의 신뢰 등을 실추시킬 우려가 높으며, ② 인권위원회가 소외A에 대한 계약연장을 하지 않은 것을 이유로 국가인권위원회 지도부를 모욕하고 비판하는 내용의 글을 게시하고 피켓 시위를 하는 것이 적법하다고 볼 수 없을 뿐 아니라, 소외A에 대한 계약거부에 절차상·내용상 하자가 있다고 보기 어려우며, ③ 이 사건 행위가 그 직원 및 국민을 대상으로 한 것이어서 조직 내에 심각한 갈등이 발생했다는 부정적인 사실을 널리 알리는 결과를 가져왔다는 사정을 종합할 때, 국민에게 국가인권위원회 소속 공무원들 전체의 공정성, 청렴성 등을 의심케 하여 행정에 대한 국민의 신뢰를 실추시킬 우려가 있다고 보아 이 사건 행위는 국가공무원법 제63조의 품위유지의무를 위반한 것으로 징계사유에 해당한다고 판단하였다.

원심의 위와 같은 판단은 정당하고 거기에 국가공무원법 제63조에 관한 법리를 오해하는 등의 잘못이 없다.

3. 환송심3)의 판단: 1심판결취소, 원고에 대한 처분 취소

환송심은 대법원의 판단과 마찬가지로 이 사건 징계처분의 주된 근거가 된 집단행위금지의무 위반의 징계사유는 인정되지 않는다고 판단하고, 해당 행위가 인권위의 대국민 신뢰를 떨어뜨리고 이미지를 실추시키는 결과를 야기하였으므로 품위유지의무 위반의 징계사유에는 해당한다고 판단하였다.4) 다만, 품위유지의무 위반의 징계사유 이외에 집단행위금지의무 위반의 징계사유도 인정됨을 전제로 한 징계이고 정직 1개월에서 감봉 1개월까지 차등을 둔 각 징계처분은 형평의 원칙상 문제가 있는 등 원고들의 비위행위에 비하여 그 징계양정이 지나치게 가혹하므로 재량권을 일탈·남용한 것으로 위법하다고 판단하였다.

---

3) 서울고등법원 2017. 6. 15. 선고 2017누161 판결, 정직처분등취소.
4) 품위유지의무를 위반하는 표현으로 판단된 것은 다음과 같다. "뜻있는 이들의 항변에 권력은 침묵으로 일관합니다.", "인권위 몰락사의 주인공은 00위원장입니다. 현 위원장의 독립성 이론은 인권현안에 대한 회피, 인권시민단체와의 결별, 인권위 직원과의 소통단절 등으로 구성된 게 아닐까 합니다.", "인권위 비전은 이제 쓰레기통에 처박아야 합니다. 이제 그 뻔뻔한 입으로는 인권을 말할 자격이 없습니다.", "독선과 불통으로 인권위가 죽어갑니다", "눈치도 열심히 살핀다. 거울에 비친 몰골 흉측하기만 하다", "인권위는 안팎으로부터 '도둑이 들어도 짖지 않는 개는 필요 없다'는 질타를 받기에 이르렀습니다.", "인권은 버리고 행정만", "가장 민주적이어야 할 조직이 가장 추잡스런 공간으로 변질", "전임 위원장이 이미 만들어놓은 성과를 자신의 치적으로 삼거나 위원회 단독적 운영에 항의해 사퇴한 두 명의 상임위원 재직 중에 의결된 여러 결정을 마치 자신의 공으로 돌리는", "자신의 입장과 일치하지 않는 개인에 대한 박해, 더하고 뺄 것도 없이 현재 인권위에서 일어나는 일들의 축소", "가히 이름만 남은 인권기구라 할만하다."

Ⅱ. 평석

1. 원심판결과 대상판결의 차이 - '집단행위' 판단 구조의 차이

원심과 대법원의 판단에서 큰 차이 중 하나는 '집단행위'에 대한 정의와 집단행위 해당성 지표에서 '공익에 반하는 목적'을 위한 행위였는지의 여부이다.

(1) '집단행위'의 정의의 혼란

원심은 대법원 1992. 3. 27. 선고 91누9145 판결[5]을 인용하여, '공무원으로서 직무에 관한 기강을 저해하거나 기타 그 본분에 배치되는 등 공무의 본질을 해치는 특정목적을 위한 다수인의 행위로써 단체의 결성단계에는 이르지 아니한 상태에서의 행위'라는 정의를 전제로, '공무원으로서의 품위유지의무를 위반하여 직무에 관한 기강을 저해하거나 그 본분에 배치되는 등 공무의 본질을 해치는 행위에 해당하므로 집단행위금지의무를 위반한 것'이라고 하였다. 원심에서는 품위유지의무를 위반한 행위는 직무에 관한 기강을 저해한 행위가 된다고 이해하고, 이는 집단행위금지의무 위반에 해당한다고 하였다.

반면, 대상판결은 대법원 2012. 5. 10. 선고 2011도914 판결을 인용하여, '공무가 아닌 어떤 일을 위하여 공무원들이 하는 모든 집단행위

---

5) 장관 주재의 정례조회에서의 집단퇴장행위가 '공무 외의 집단적 행위'에 해당한다고 한 사례이다. 인용판결이 다시 본문에서 인용한 판례는 1991. 4. 23. 선고 90누4839 판결로 군인복무규율 제38조가 금지하고 있는 '군무 외의 집단행위'에 관한 사안이다. "'군무 외의 집단행위'라 함은 군인으로서 군복무에 관한 기강을 저해하거나 기타 그 본분에 배치되는 등 군무의 본질을 해치는 특정목적을 위한 다수인의 행위로서 '단체'의 결성단계에는 이르지 아니한 상태에서의 행위를 말한다고 할 것이므로 위와 같은 행위가 계속적일 필요도 없고, 또 통솔형태를 갖출 정도로 조직화된 행위일 필요도 없다 할 것이다."

를 의미하는 것이 아니라, 언론·출판·집회·결사의 자유를 보장하고 있는 헌법 제21조 제1항, 공무원에게 요구되는 헌법상의 의무 및 이를 구체화한 국가공무원법의 취지, 국가공무원법상의 성실의무 및 직무전념의무 등을 종합적으로 고려하여 '공익에 반하는 목적을 위한 행위로서 직무전념의무를 해태하는 등의 영향을 가져오는 집단적 행위'라는 정의를 가져왔다.

(2) 대상판결 이전 상황

대상 판결이 인용한 정의는 1992. 2. 14. 선고 90도2310 판결(이하, 1992년 판결)에서 최초로 대법원이 판시한 이래로 현재까지도 '집단행위' 해석과 관련되는 대부분의 사건 판결에서 반복적으로 확인되고 있다.[6] 그럼에도 원심 법원에서 다른 판결을 인용한 정확한 이유는 알 수 없으나, 판결의 시기로 미뤄볼 때 아마도 일명 전교조 시국선언 판결로 알려져 있는 대법원 2012. 4. 19. 선고 2010도6388 판결[7]에 영향을 받았을 것으로 보인다. 전교조 시국선언 판결에서 다수의견은 '공무원인 교원의 정치적 중립성을 침해할 만한 직접적인 위험을 초래할 정도에 이르렀다고 볼 수 있는 경우에, 그 행위는 공무원인 교원의 본분을 벗어나 공익에 반하는 행위로서 공무원의 직무에 관한 기강을 저해하거나

---

6) 대법원 2004. 10. 15. 선고 2004도5035, 대법원 2005. 4. 15. 선고 2003도2960 판결, 대법원 2006. 8. 24. 선고 2005도6923 판결, 대법원 2007. 4. 13. 선고 2006두16991 판결 등.

7) 전국교직원노동조합(전교조)이 2009년 6월 18일 국정쇄신, 언론·집회·인권 및 양심의 자유 보장 등을 요구하는 '1차 시국선언'을 하자, 당시 교육과학기술부 장관이 이에 참여한 교사들에 대해 징계결정을 하였고, 이에 전교조가 반발하여 2009년 7월 19일 다시 교사들의 명의로 '2차 시국선언'을 하였다. 지방교육감들이 교육부장관의 지시에 따라 국가공무원법 제66조와 교원노조법 제3조를 근거로 참가교사들에게 해임 등 징계처분을 하자, 징계취소를 구하는 행정소송과, 상기 조문의 헌법소원이 이루어졌다. 행정사건은 1심의 결론을 뒤집고 2심에서 유죄가 선고되었고, 이에 대한 대법원판결이 본문의 전교조시국선언 대법원판결이다.

공무의 본질을 해치는 것이어서 직무전념의무를 해태한 것이라 할 것이
므로 공무원법 제66조 제1항 금지의 공무 외의 일을 위한 집단행위에
해당한다.'고 하여 대상판결의 원심판결과 완전히 일치한다고 보기는
어려우나, 공무원의 정치적 중립성을 침해하는 행위로서 공익에 반하는
목적의 행위로 판명되면 직무전념의무의 위반여부에 대한 구체적 검토
없이 집단행위에 해당한다고 보고 있다는 점에서 공통하고 있다.[8]

한편, 전교조 시국선언 사건 당시 국가공무원법 제66조 제1항의
'그 밖에 공무이외의 일을 위한 집단행위'가 무엇인가에 대해서 명확성
의 원칙과 과잉금지원칙에 위배되는지를 놓고 헌법재판소에서 위헌심
사가 이루어졌다. 국가공무원법 제66조 제1항은 2007년과 2014년 두
차례 위헌소원의 대상이 되었는데, 2007년의 결정은 공무원의 근로자로
서의 노동기본권과 국민으로서의 집회·결사의 자유에 대한 제한의 범위
와 정도를 판단한 것이고, 2014년의 결정은 전교조 시국선언 사건이 계
쟁중이던 때에 이루어진 것으로 정치적 표현행위에 대한 제한의 범위와
정도를 판단한 것이라는데 차이가 있다.[9] 두 결정 모두 대법원의 1992
년 판결에서 정의한대로 해석하는 한 합헌이라고 보았다. 대상판결에서
인용하고 있는 것이 바로 2014년의 결정이다. 이처럼 대상판결이 헌재
의 결정을 인용하여 명확성원칙과 과잉금지원칙 위반여부를 명시한데
는 향후 하급심에서의 혼란을 막고, 1992년 대법원 판결의 선례로서의
지위를 확고히 하기 위한데 그 이유가 있을 것으로 생각된다.

---

8) 시국선언 판결의 반대의견은 평석 대상판결과 마찬가지로 대법원 2012. 5. 10. 선
고 2011도914 판결을 인용하고 있다.
9) 헌법재판소 2007. 8. 30. 선고 2003헌바50 결정(판례집 19권 2집 213-255면), 2014.
8. 28. 선고 2011헌바32 결정(판례집 26권 2집 242-273면). 같은 내용의 지방공무
원법 제58조 제1항에 대해서도 위헌심사는 이루어졌고 모두 합헌의 결과로 나왔
다(2005. 10. 27. 선고 2003헌바51 결정 (판례집 17권 2집 238-273면), 2014. 8. 28.
선고 2011헌바50 결정).

(3) '공무 외의 일을 목적으로 한 집단행위'의 의의

1) 국가공무원법 제66조 제1항의 입법사

국가공무원법 제66조 제1항은 헌법 제33조 제2항의 위임에 따라 노동운동 등을 할 수 있는 공무원의 범위를 정하기 위하여 제정된 법률규정으로 여겨지지만,[10] 사실 제헌 헌법에는 그러한 규정이 없었다. 국가공무원에 대한 근로3권의 제한 근거가 헌법에 규정된 것은 1962년의 제3공화국 헌법이 되어서이지만, '집단행위' 제한은 1949년 국가공무원법이 제정될 당시부터 '정치운동에의 참여금지' 조항으로 들어가 있었다.[11] 이후 1961년에 개정되면서 '공무 이외의 일' 앞에 '노동운동 기타'라는 문구를 포함시켜 노동운동의 금지가 추가되었고, 위반 시 제45조에서 면직·정직·감봉 등의 징계규정의 적용을 받게 되었다.[12] 이후 기존의 법이 폐지되고 1963년에 다시 제정되면서 현행체제의 규정이 되는데,[13] 정치운동금지는 제65조로 독립되면서 집단행위 금지는 현행처럼 제66조에서 단독으로 규정되었고, 제84조에서 처음으로 이에 대한 형사처벌 규정을 두게 되었다.[14] 정치운동금지 조항이 떨어져 나가고, 또 2005년에 '공무원의 노동조합 설립 및 운영 등에 관한 법률'이 제정

---

10) 헌법재판소 1991. 11. 25. 89헌마99 중 문교부장관, 법무부장관, 총무처장관의 의견 참고.

11) **국가공무원법 제37조** 공무원은 <u>정치운동</u>에 참여하지 못하며 공무 이외의 일을 위한 <u>집단적 행동</u>을 하여서는 아니 된다. (법률 제44호 1949. 8. 12 제정)

12) **국가공무원법 제37조** 공무원은 <u>정치운동</u>에 참여하지 못하며 <u>노동운동</u> 기타 공무 이외의 일을 위한 <u>집단적 행동</u>을 하여서는 아니 된다. (1961. 9. 18. 개정)

13) 1963. 4. 17. 법률 1325호. 이후 1981. 4. 20. 법률 3447호로 다시 전면 개정되어 오늘에 이르고 있다.

14) 당시 다른 유럽국보다도 공무원의 정치활동에 대해 강한 제한을 두고 있던 미국 점령군에 의해 정비된 일본의 입법례는 사실상 미국법에도 없는 형사처벌 규정까지 규정된 것이었고 이것은 다시 우리나라로 이전되었는데, 그 과정에서 우리나라의 특수한 사정상 일본보다도 더 강한 제한이 가해지게 되었다. 상세는 임재홍, "공무원의 정치적 중립의무 비판 -미국 공무원법제와의 비교법적 검토-", 「민주법학」, 제32권, 2006, 248-258면 참조.

되면서 공무원의 노동조합 조직 및 가입, 노동조합과 관련된 정당한 활동에 대해서는 본소에 의한 집단행위금지 규정을 적용받지 않게 되면서 그 의의는 많이 축소되었다고 할 수 있다.[15] 따라서 현행법상에서의 제66조의 의의는, 노조법에 의해 예외적으로 허용되는 것을 제외한 나머지 집단적 행동을 규제하는데 있다고 할 수 있다.[16]

이상에서 살펴본 제66조 제1항의 제·개정의 연혁과 그 위헌논쟁에서도 알 수 있는 것처럼 대상 판결 이전에 본 조항의 적용이 문제된 것은 주로 노동운동 사안이거나 정치적 표현과 관련된 사안이었다.[17] 즉, 본 조항은 공무원의 기본권 중 헌법상 제한 근거가 있는 근로3권과 정치적 중립의 의무와 맞물려 이해되어 온 것이 보통이었고, 일반적 표현행위로서의 집단행위에 대한 제한은 논의의 사각지대에 있어왔다고 할수 있다. 따라서 본 사안은 제한 대상 행위가 단순히 노동운동이나 정치운동이라고 할 수 없는 일반적 표현의 자유에 대한 것이라는 점에서도 의의가 있다.[18]

---

15) **공무원의 노동조합 설립 및 운영 등에 관한 법률**(법률 제12844호) **제3조 [노동조합 활동의 보장 및 한계]** ① 이 법에 따른 공무원의 노동조합(이하 "노동조합"이라 한다)의 조직, 가입 및 노동조합과 관련된 정당한 활동에 대하여는 「국가공무원법」제66조 제1항 본문 및 「지방공무원법」제58조 제1항 본문을 적용하지 아니한다. ② 공무원은 노동조합 활동을 할 때 다른 법령에서 규정하는 공무원의 의무에 반하는 행위를 하여서는 아니 된다.

16) 장영수, "국가공무원법 제66조 제1항 등 위헌소원", 「헌법재판자료집」, 제19집, 헌법재판소, 2014, 178면.

17) 같은 지적으로 이재용, "공무원인 근로자의 근로3권과 국가공무원법 제66조의 집단행위의 금지", 「법학연구」제49집, 2013, 117면. 이에 따르면 그 주체가 전국공무원노동조합 등 비합법공무원단체의 노동조합결성과 관련된 사안이거나 시국선언 사건에서처럼 내용면에서 정치현안, 국정과제 등 정치적 사안에 대한 집단적 의사표현행위가 문제된 경우가 많았다. 같은 논문, 120면. 대상 판결 이전의 집단행위 금지 위반 관련 대법원의 주요 선례의 소개로, 황성기, "공무원의 표현의 자유에 대한 제한과 그 한계 - 대법원 2017. 4. 13. 선고 2014두8469 판결, 정직처분 등취소의 평석을 중심으로 -", 「법학논총」, 제34집 제3호, 10-12면 참조. 소개되고 있는 판례의 대부분이 공무원·교직원 노동조합이 그 주체로 되어 있음을 확인할 수 있다.

2) 일본 국가공무원법의 '쟁의행위 금지의무'

규범체계나 내용에 있어서 많은 유사점을 가지고 있는 일본 국가
공무원법의 경우를 살펴보면 제정 당시는 일시적이기는 하지만 공무원
관계가 노동계약관계로 이해되고 있었다. 따라서 공무원에게도 근로3권
이 보장되고 있었기 때문에 노동운동을 제한하는 규정은 두고 있지 않
았다.[19] 이후 곧 동서냉전구도로 되자, 맥아더(연합국최고사령부)는 공무
원의 단체교섭권에 각종 제한을 가하고 쟁의권을 박탈한다는 정령을 공
포하였고 이것이 1948년 제1차 개정에 반영되어 현재에 이르고 있다.[20]
즉, 처음에는 제98조에서 법령 및 상사의 명령에 따를 의무만 규정해
두고 있고 쟁의행위에 대한 규정은 없었으며, 제102조에서 정치적 행위
를 제한하는 규정만 두고 있다. 이후 개정을 거쳐 제98조에 '공중에 대
한 쟁의행위금지의무'가 추가되었는데, '집단행위'라는 용어는 사용되고
있지 않다.[21]

---

18) 황성기, 위의 글, 8면. 본 사안을 공무원의 표현의 자유 중 '정치적 표현의 자유'보
　　다는 '일반적 표현의 자유'와 관련있다고 보고 그중에서도 '집단적 표현의 자유'보
　　다는 '개인적 표현의 자유'와 관련한다고 보고 있다.
19) 우리나라도 제헌헌법 하에서 공무원의 근로3권이 폭넓게 보장되었지만 5·16 군사
　　정변 이후 독재정권 하에서 의도적으로 축소되어 1961년 9월 18일에 국가공무원
　　법 제37조를 개정하여 오늘에 이르렀다. 정영훈, "공무원의 근로3권", 헌법재판연
　　구원, 2013, 22면. 양국의 사례만 놓고 보더라도 공무원의 근로3권에 대한 제한은
　　당위성이 있거나 일반적인 것은 아님을 알 수 있다.
20) 松井裕之, 教育公務員と一般公務員に対する職務命令の差異に関する考察, 東京大学教
　　育学部教育行政学研究室紀要 14, 1995.4, 101頁.
21) **일본 국가공무원법**(国家公務員法, 昭和22(1947)年 法律 第120号) **제98조 [법령 및
　　상사의 명령에 따른 의무 및 쟁의행위 등의 금지]** ① 직원은 그 직무를 수행함에
　　대해서 법령에 따라, 또 상사의 직무상의 명령에 충실하게 따라야 한다. ② 직원
　　은 정부가 대표하는 사용자로서의 공중에 대해 동맹파업, 태업 기타의 쟁의행위
　　를 하거나 또는 정부의 활동능률을 저하시키는 태업 행위를 해서는 아니 된다.
　　또, 누구도 이러한 위법한 행위를 기획하거나 또는 그 수행을 공모하거나, 교사
　　혹은 선동해서는 아니 된다. ③ 직원으로 동맹파업 기타 전항의 규정에 위반하는
　　행위를 한 자는 그 행위의 개시와 더불어 국가에 대하여 법령에 근거하여 보유하
　　는 임명 또는 고용상의 권리로 대항할 수 없다.

일본의 인사원(우리의 인사혁신처에 해당함.) 지침서에 따르면 쟁의행위란 '직원 십난이 그 요구를 관철하기 위한 수단으로서 국가 업무의 정상적인 운영을 저해하는 행위'를 의미한다.[22] 이에 따르면 쟁의행위는 공무의 정지를 초래하기 때문에 국민전체의 공동이익에 중대한 영향을 미치거나 미칠 우려가 있고, 따라서 이를 금지한다고 설명되고 있다. 본조 위반의 쟁의행위 등의 선동, 교사 등의 행위를 한 사람에 대해서 형사벌이 마련되어 있다(제110조 제1항 제17호). 본조에서 금지하는 '동맹파업, 태업 기타의 쟁의행위' 또는 '활동능률을 저하시키는 태업 행위'에 해당하는 것으로는 근무시간 내 직장대회, 일제휴가투쟁, 초과근무거부투쟁, 숙·일직근무거부투쟁, 준법투쟁, 피케팅, 연좌농성 등을 들 수 있다.[23] 본조 위반에 대해서는 단순참가자에 대해서도 징계처분이 이루어지는데, 이는 본조 위반의 쟁의행위가 '법령 등 복종의무', '직무명령복종의무'(제98조), '직무전념의무'(제101조), 및 '근무시간 중의 조합활동의 금지'(제108조의6)에 위반하는 것으로 징계사유(제82조 제1항 제2호)에 해당하기 때문이다.[24]

일본에서도 공무원의 '쟁의행위금지' 규정에 관한 합헌·위헌논쟁이 있었다. 대표적인 사례로 동경중앙우편국 직원이 근무시간 내 직장대회에 참가를 위해 수 시간 직장을 이탈하여 우편물을 취급하지 않았던 경우[25]와 동경도 교직원조합원들이 일제휴가투쟁을 했던 경우[26] 등이 있다. 현재는 법률상 전면적으로 합헌이라는 형태로 결착된 상태이다.[27]

22) 義務違反防止ハンドブック, 人事院, 2017.3, 4頁.
23) 竹之内一幸·橋本基弘, 国家公務員法の解説【三訂版】, 一橋出版, 2006, 133頁.
24) 竹之内·橋本, 위의 글, 134면.
25) 전체동경중우사건(全逓東京中郵事件) 最高裁 昭和41(1966)年10月26日 大法廷判決 昭和39(あ)296.
26) 동경도교조사건(東京都教組事件) 最高裁 昭和44(1969)年4月2日 大法廷判決 昭和41(あ)401.
27) 전농림경직법사건(全農林警職法事件) 最高裁 昭和48(1973)年4月25日 大法廷判決 昭和43(あ)2780. 경찰관직무집행법개정에 반대하기 위해 전농림노동조합의 임원 등

일본의 국가공무원법에는 '집단행위 금지의무'에 대한 규정은 없고, '쟁의행위 금지의무'만 존재한다. 우리나라의 경우 '집단행위'와는 별도로 '공무원 노동조합 설립 및 운영 등에 관한 법률'에서 '쟁의행위의 금지'를 규정하고 있고(제11조[28]) '노동쟁의'를 '근로조건의 결정에 관한 주장의 불일치로 인한 분쟁 상태'로, '쟁의행위'를 '그 주장을 관철할 목적으로 행하는 행위와 이에 대항하는 행위라는 행위적 개념'으로 구분하고 있어[29] 일본과는 사정이 다르다. 하지만 일본의 경우 위에서 언급한 사례에서 보는 것처럼, '쟁의행위'의 대상을 우리나라의 '쟁의행위'가 대상으로 하는 '근로조건의 유지 및 향상'만을 목적으로 하고 있지 않다는 점[30]에서 우리의 '쟁의행위'보다는 넓은 개념이고, '집단행위'라는 개념이 수행하는 역할도 일부 하고 있는 것으로 보인다. 다만, 일본의 경우 직원 집단이 하는 쟁의행위 유형은 우리나라에서의 쟁의행위

이 조합본부 앞에서 반나절데모를 지령함과 동시에 농림성 직원에 대해 직장대회에 참가하도록 설득한 행위가 (구)국가공무원법 제98조 제5항, 제110조 제1항 제17호의 죄에 해당한다고 하여 기소된 것. 1심 무죄. 2심 원판결파기, 유죄. "공무원은 헌법 28조에서 말하는 근무자인데, 공무원의 직무에는 공공성이 있고, 법률에 의해 근무조건이 정해짐과 더불어 그 신분이 보장되고 적절한 대상조치가 취해지고 있는 점에서 공무원의 쟁의행위, 선동행위, 교사행위를 금지하는 것은 국민공동의 이익의 견지에서 어쩔 수 없는 제한이라고 하지 않으면 안된다."

28) 공무원의 노동조합 설립 및 운영 등에 관한 법률 제11조 [쟁의행위의 금지] 노동조합과 그 조합원은 파업, 태업 또는 그 밖에 업무의 정상적인 운영을 방해하는 일체의 행위를 하여서는 아니 된다.

29) 오윤식, "쟁의행위 개념의 체계적 이해", 「사법」, 제39호, 사법발전재단, 2017, 328면. 참고로, 우리 판례는 단체교섭의 주체가 될 수 있는 자가 정당한 쟁의행위를 할 수 있는 것으로 보고 있고(대법원 1991. 5. 24. 선고 91도324판결, 대법원 2011. 10. 25. 선고 99도4837 전원합의체 판결), 헌법재판소는 "단체행동권이라 함은 노동쟁의가 발생한 경우 쟁의행위를 할 수 있는 쟁의권을 의미하며…" (헌법재판소 1998. 7. 16. 선고 97헌바23 결정, 2010. 4. 29. 선고 2009헌바168 결정)라고 하여 '단체행동'과 '쟁의행위'를 같은 맥락으로 이해하는 것으로 보인다고 한다. 같은 날, 324·332면.

30) 일본은 헌법 제28조에서 "근로자가 단결할 권리 및 단체교섭 기타의 단체행동을 할 권리를 보장한다."고 하고 있는 것과 달리, 우리 헌법은 제33조 제1항에서 '근로조건의 향상을 위하여'라는 단서를 붙이고 있다.

유형과 거의 유사하고, 정상적인 국정운영을 저해하는 행위 자체를 제
한하는 것에 방점을 두고 있다고 볼 수 있다. 반면, 우리의 경우 노동관
련 쟁의행위는 '공무원 노동조합 설립 및 운영 등에 관한 법률'로 독립
해 나간 상황에서, 규제되는 집단행위의 태양이 구체화되지 않은 상태
이고 여전히 포괄적으로 제한하고 있다고 할 수 있다.

3) 소결

제66조 제1항의 입법사와 그 변화 과정에서 본 것처럼, 헌법에 의
해 공무원이라는 신분을 이유로 정당화되는 기본권 제약이 있다고 하더
라도 이렇게 일반적인 표현의 자유까지 포괄적으로 제한하는 것이 과연
타당한 것인가에 대해서는 재검토가 필요하다. 즉, 노동운동이나 정치
성향이 강한 영역에 포함되는 집단행위 뿐 아니라 일반적인 집단적 의
사표현에 대해서까지 이 조항을 적용하는 것은 적절하지 못하다.

물론 국가공무원법 제66조는 확실히 '집단행위'라고만 규정하고 있
고, 문언만 놓고 보면 그것을 노동운동이나 정치적 표현에 관련된 '집단
행위'에만 한정하는 것이라고 해석하기는 어렵다. 따라서 대상 판결의
결과만 놓고 보면 오히려 공무원의 표현의 자유에 대한 보장의 확대라
고도 평가할 수도 있다.[31] 다만, 이는 일반적 표현의 자유에 대해서는
그 보장이 원칙이고 헌법 제37조 제2항에 따른 제한이 예외라는 점에서
당연한 결과이고, 만약 반대로 본 사안이 좀 더 노동운동이나 정치운동
과 관련된 것이었다고 해도 과연 같은 결과가 나왔을지에 대해서는 긍
정적으로 답하기 어렵다고 생각한다.

---

[31] 황성기, 앞의 글, 18면. "그동안 공무원의 표현의 자유를 제한하였던 대표적인 규
　　제장치인 집단행위금지를 개인적 표현의 자유를 보호하는 방향으로 한정적으로
　　해석·적용하였다는 점에서, 결과적으로 공무원의 표현의 자유를 신장시켰다는 긍
　　정적인 평가가 가능하다."

2. 집단행위 해당성 지표의 불명확성

원심 판결은 원고들의 대부분의 행위에 대하여 집단성이 있다고 보았고, 품위유지의무를 위반하였으므로 공익에 반하는 목적으로 이루어졌다고 판단하였으나, 대상판결은 피켓 전시에 대해서만 집단성을 인정하고 그마저도 '공익에 반하는 목적'으로 행해진 것은 아니며 직무태만으로 볼 사유도 없다고 보았다. 즉, 대상 판결은 제66조의 '집단행위' 해당성을 판단하기 위해서 ① 행위의 집단성, ② 공익에 반하는 목적, ③ 직무전념의무 위반이라는 요소를 검토하고 있다. 이하에서는 왜 원심 판결과 결과가 달랐는지에 대해서 더 살펴보고자 한다.

(1) 집단성의 의의

본 조항의 적용에 있어서 논란이 되어 왔던 것은 1인 릴레이 시위, 서명운동 등과 같이 형식적으로는 다수 인원의 동시 참가라는 요건이 만족되지 않는 비정형적 집단행위가 문제되는 사안들이었다. 대상판결은 '집단성'의 판단에 있어서 어떤 목적을 위해 다수인이 모여 '집단의 위세를 과시하는 방법'으로 의사표현을 하거나, 실제 모이지 않더라도 단체를 결성하여 단체의 명의로 의사표현하거나 발표문에 연서하는 등 '다수가 가담한 행위'임을 표명할 때 인정된다는 것을 명확히 하고 있다. 대상판결과 환송심은 이러한 기준에 따라 피켓을 모아 전시한 행위에 대해 '행위의 집단성'을 인정한 것으로 보인다.

한편, 최근 IT와 SNS 기술의 발달로 누구나 간단히 커뮤니티를 형성할 수 있게 되었고, 그에 따라 개인성보누설이나 기밀정보누설, 소속된 조직 자체나 상사·동료에 대한 비판·비방, 고발 등의 폐해들도 생겨나게 되었다. 문제는 이러한 집단행위가 생기더라도 그 주최자나 집단의 목적 등을 특정하기도 어렵고, 사실상 그 제한도 어렵다는 것이다. 예컨대, 모의원의 경찰들을 대상으로 한 '미친개' 발언에 대해 경찰들의 페이스북 '경찰인권센터' 페이지와 7,000여 명으로 구성된 '폴네티앙' 등 각종 SNS에 경찰들의 비판글들이 투고되었던 사례는 피켓전시와 마찬가지로 '집단성'이 인정될 수 있는 경우라고 생각된다.[32] 하지만 경찰관들의 SNS투고 행위는 집단행위로서 제한되지 않았다는 점에서 피켓 전시 행위에 대한 제한은, 일견 집단행위라는 형식을 제한하고자 하는 것처럼 보여도 결국은 거기에 적시된 내용, 즉 그 표현을 제한할 수 있는 것이고 그 내용에 대한 자의적인 판단에 따라 허용여부가 결정될 수 있는 것으로 보인다.

집단행위라 하더라도 업무저해성이 없고 언어에 의한 평화적 표현에 그치는 경우도 충분히 있을 수 있고, 개인의 표현행위가 우연한 계기로 집단성을 띠게 되는 경우도 있을 수 있다는 점에서 '집단성'이라는 지표는 나머지 지표들이 완전히 충족된 다음, 가중적 요소로 고려하지 않는다면 자칫 표현행위 자체를 봉쇄하는 위축효과를 가져올 수 있을 것이다.

(2) 공익에 반하지 않는 목적

'공익에 반하는 목적'에 대해서는, 전교조의 시국선언 판결에서의 반대의견이 나타낸 판단기준을 참고로 할만하다. 다수의견이 1, 2차 시국선언이 정치적 견해를 집단적으로 표명한 것으로서 공무원의 정치적 중립의무를 위반하였음을 주된 이유로 하여 '공익에 반하는 목적을 위한 행위'라고 판단한 것에 대해, 반대의견은 "'공익에 반하는 목적'의 존재는 당해 집단행위가 국민 전체와 공무원집단 서로의 이익이 충돌하는 경우 공무원집단의 이익을 대변함으로써 국민 전체의 이익추구에 장애를 초래하는 등 공무수행에 대한 국민의 신뢰를 현저히 훼손하거나 민

---

32) 각 SNS에는 비난의 글 외에도 "사냥개나 미친개 아닙니다. 대한민국 경찰관입니다.", "시안견유시, 불안견유불"이라는 경구가 적힌 종이를 든 경찰관들의 사진이 릴레이 투고되었다.

주적·직업적 공무원 제도의 본질을 침해하는 경우에 한정하여 인정하여
야 한다. 그리고 '공익에 반하는 목적을 위한 행위'라는 개념에는 국가
공무원법 제66조 제1항을 둔 취지에 따른 내재적 제한이 있을 뿐만 아
니라, 그러한 행위가 '직무전념의무를 해태하는 등의 영향을 가져오는
집단적 행위'라는 또 다른 요건을 갖추지 않은 경우에는 국가공무원법
제66조 제1항이 금지하는 행위라 할 수 없다."33)고 보았다.

대상 판결은 동료의 계약연장거부 결정에 대한 항의라는 구체적
행위가 공익에 반하는 목적으로 행한 것이라고 볼 수는 없다고 한 후
직무전념의무 위반여부에 대해서는 별도로 검토하고 있다. 이렇게 본다
면 ('공익을 위한 목적'이 아니라) '공익에 반하지 않는 목적'이란 일반적 표
현의 영역에서 공무원의 행위가 공무원이라는 특수한 지위에 따른 제한
이 아니라 헌법 제37조 제2항에 의해 제한받는다는, 공무원의 기본권의
보장범위를 나타낸 것이라는 해석이 가능하다.

(3) 직무전념의무

1) 직무전념의무의 의미

본 사안에서 원고 측이 직무전념의무를 위반하고 있지 않다고 주
장하고 있음에도 불구하고, 원심은 '직무전념의무' 위반에 대한 구체적
인 검토없이 품위유지의무 위반이 인정되면 바로 직무전념의무 해태가
인정되는 것 같은 논리를 구성하고 있다. 특히 일반적 표현행위로서의
집단행위를 상정할 때, 집단이라는 이유만으로 과중한 징계를 받을 수
있다는 점에서 직무전념의 의무를 어떻게 명징할 것인지는 상당히 중요
하다. 직무전념의무까지도 추상적인 김도에 그진다면 공무원의 내심을
지나치게 제한하는 결과를 가져 올 수 있고, 명확성원칙이나 과잉금지
원칙의 위반의 우려로부터도 기유로울 수 없게 되기 때문이다.

---

33) 대법원 2012. 4. 19. 선고 2010도6388 판결.

'직무전념의무'라는 용어 자체는 우리 국가공무원법 전체를 살펴보아도 등장하지 않는다. 국내 주요 교과서를 살펴보면, '직무전념의무는 공무원은 근무시간 및 그의 능력과 주의력 전부를 그 직무수행을 위하여 사용하여야 한다는 것을 내용으로 한다. 직무전념의무는 원칙상 근무시간 중에만 적용된다.'고 하면서 이로부터 도출되는 제한 내지 의무로서 직장이탈금지, 영리업무금지, 겸직금지 등을 들고 있는 것,[34] '직무에의 전념'에 대한 직접적인 정의는 없고 이를 보장하기 위한 하위의무(직장이탈금지, 영리업무 및 겸직금지, 영예제한, 정치활동의 금지, 집단행위의 금지)를 열거함으로써 설명하고 있는 것,[35] 등이 있다. 다만 이 의무의 직접적인 근거를 설명하고 있는 것은 찾아보기 어렵다.

우리 대법원 판례에서도 '직무전념의무'에 대해서 구체적으로 정의한 것을 찾기는 어렵다. 대신, 시국선언 판결의 다수의견이나 본 대상판결의 원심처럼 근무기강을 저해하거나 공무의 본질을 해치는 경우 혹은 품위유지의무 위반하는 경우에 직무전념의무의 해태가 된다고 하는 논리구성을 취하거나, 대상판결처럼 일과시간의 엄수 등을 검토하거나 하여, 제66조 제1항을 적용할 때 그 판단지표 중 하나로 고려하고 있는 것만은 분명하다.

2) 일본 국가공무원법의 '직무전념의무'

우리나라의 국가공무원법 제정 당시에는 '직무전념의무'를 염두한 것 같은 조문이 존재했었지만,[36] 1963년의 개정으로 그 자취는 사라졌고, 대신 직장이탈금지, 품위유지의무 조항이 신설되어 들어갔다. 따라서 초기의 국가공무원법이 일제강점기의 임용·복무 등에 관한 칙령을

---

34) 박균성, 행정법론(하)【제15판】, 박영사, 2017, 300−302면.
35) 김동희, 행정법 II【제23판】, 박영사, 2017, 169면; 류지태·박종수, 행정법신론【제16판】, 박영사, 2016, 877−880면.
36) **제28조** 모든 공무원은 <u>전력을 다하여</u> 직무를 수행하며 성실히 법령을 준수하여야 한다. (1949년 관보 제153호 2면)

거의 옮겨 놓은 것이었다는 점에서 일본의 규정은 참고할 만하다.37)

　일본의 현행 국가공무원법에는 '직무전념'이라는 용어가 두 군데 나오는데, 복무의 근본기준을 규정한 제96조38)와 직무에 전념할 의무가 아예 표제로 되어 있는 제101조39)가 바로 그것이다. 제101조에서 구체적으로 규정되고 있음에도 별도로 제96조에 복무의 근본 기준의 하나로서 명시하고 있는 이유는 공무원의 복무를 규정한 절의 총칙적 조항에 명시함으로써 국가공무원의 복무전체를 관통하는 기본적인 원칙임을 강조하기 위해서라고 한다.40) 그리고 이 근본기준에서 제101조의 겸직 제한, 제103조의 사기업으로부터의 격리 및 제104조의 겸업 제한 등의 구체적 규정이 도출되고 있다고 해석된다.41)

　우선 제101조 제1항 전단은 직원은 근무시간 중에는 자기의 정신적, 육체적인 활동능력 전부를 직무수행에 사용할 것, 즉 그런 점에서 근무시간에는 직무 수행과 관계없는 행위를 해서는 안 된다는 것을 규정하고 있다. 일본의 최고재판소는 이에 대해 매우 엄격하게 해석하여,

---

37) 직무전념의무에 대하여 정하는 제정법 규정이 존재하지 않는 경우, 신의칙에 의해 일반적으로 기초지워지는 것으로 보아야 한다는 견해가 있다. 이 견해에 따르면 노동자는 노동의무의 이행에 있어서 사용자의 이익을 부당하게 침해하지 않도록 행동하지 않으면 안 된다는 성실의 의무를 부담하는 것이고 직무전념의무는 그것의 한 내용에 해당한다고 한다. 小西國友, 勞働者の組合活動と誠實義務職務專念義務, 季刊勞働法, 115号, 1980, 40頁.

38) 제96조 [복무의 근본기준] ① 모든 직원은 국민전체의 봉사자로서 공공의 이익을 위해 근무하고 또 직무의 수행에 있어서는 전력을 다해 전념하여야 한다. ② 전항에 규정하는 근본기준의 실시에 관하여 필요한 사항은 이 법률 또는 국가공무원 윤리법에서 정하는 것을 제외하고는 인사원규칙으로 정한다.

39) 제101조 [직무에 전념할 의무] ① 직원은 법률 또는 명령이 정하는 경우를 제외하고는 그 근무시간 및 직무상의 주의력 전부를 그 직책수행을 위하여 사용하고, 정부가 해야 할 책임이 있는 직무에만 종사하여야 한다. 직원은 법률 또는 명령이 정하는 경우를 제외하고는 관직을 겸해서는 안된다, 직원을 관직을 겸하는 경우에도 그에 대해 급여를 받아서는 안된다. ② 전항의 규정은 지진, 화재, 수해 기타 중대한 재해 시에 해당 관청이 직원을 본직 이외의 업무에 종사시켜도 무방하다.

40) 森園幸男·吉田耕·三尾西雅博, 逐条国家公務員法【全訂版】, 学陽書房, 2015, 842頁.

41) 森園·吉田·三尾, 위의 글, 843면.

노동조합의 지시에 따라 근무시간 중 베트남전쟁을 반대한다는 내용의
리본을 착용하는 행위를 직무전념의무에 위반한다고 판단하였다.[42] 즉,
직무전념의무위반에 해당하기 위해서 실제로 직무수행에 지장이 발생
할 것을 요건으로 하는지에 대해서 판례는 불요설을 취하고 있다.[43] 그
러나 이러한 판결은 사람의 내심의 문제에 국가가 개입하는 것을 인정
하는 것이 되므로 오히려 직장의 질서유지의 관점에서 '리본을 착용하
지 말라'는 직무명령위반을 징계이유로 했어야 했다는 비판이 따른
다.[44]

3) 업무시간전념의 의무

한편, 우리나라 판례 중에는 대상 행위가 업무시간에 이루어진 것
인지에 대해서는 크게 비중을 두어 검토하지 않거나 고려하지 않는 것
도 존재한다.

전국공무원직장협의회 총연합 소속의 국가공무원이 공무원노동조
합 결성을 위한 준비행위로서의 성격을 가지는 집회에 참석한 것이 국
가공무원법 제66조에 위반한 것인지가 다투어진 사례[45]에서는 '위 각

---

42) 메구로전보전화국사건(目黒電報電話局事件) 最高裁 第三小法廷 昭和52(1977)年12月1
   3日 判決 昭和47年(オ)777 "피상고인의 근무시간 중에서의 본건 플레이트착용행위
   는 전기와 같이 직장의 동료에 대한 호소라는 성질을 가지고, 그 자체 공사직원으
   로서의 직무수행에 직접관계가 없는 행동을 근무시간 중에 행한 것으로 신체활동
   의 면에서만 보면 작업 수행에 특단의 지장이 발생하지 않았다고 해도 정신활동
   의 면에서 보면 주의력 전부가 직무수행에 향해지지 않았던 것으로 해석되므로
   직무상의 주의력 전부를 직무수행을 위해 사용하여 직무에만 종사해야할 의무에
   위반, 직무에 전념해야 할 직장 내의 규율질서를 혼란시키는 것이었다고 하지 않
   을 수 없다. 동시에 또 근무시간 중에 본건 플레이트를 착용하여 동료에 호소한다
   는 피상고인의 행동은 다른 직원의 주의력을 산만하게 하거나 혹은 직장 내에서
   특수한 분위기를 자아내었고 이로써 다른 직원이 그 주의력을 직무에 집중하는
   것을 방해할 우려가 있는 것이므로 이 면에서도 국소내의 질서유지에 반하는 것
   이었다고 해야 한다."
43) 宇賀克也, 行政法概説Ⅲ, 有斐閣, 2008, 367-368頁.
44) 塩野宏, 行政法Ⅲ【第4版】, 有斐閣, 2012, 313頁.
45) 대법원 2005. 4. 15. 선고 2003도2960 판결 [공2005.5.15.(226), 783]

집회는 전공련 가입자들의 결속을 다지고 노동조합 준비과정을 홍보하는 등 공무원노동조합 결성을 위한 준비행위로서의 성격을 가지고 있는 집회였고, 피고인이 이에 참석한 것은 전공련의 이러한 노동조합 결성 준비행위에 동참한 것이라고 할 것이므로, 피고인이 위 각 집회에 참석한 것은 국가공무원법 제66조에 의하여 금지된 노동운동에 해당한다고 할 것이고, 위 각 집회의 주최자가 공동대책위원회이고 위 각 집회가 근무시간 이외에 이루어졌다고 하여 달리 볼 것이 아니다.'라고 하여 집단성을 가지고 노동운동에 해당하는지만 검토하고 있고 직무전념의무 위반여부를 검토함에 있어서 근무시간 내 행위였는지는 중요한 고려사항이 아닌 것으로 보인다.

또한 제2차 시국선언은 일요일(2009.7.19.)에 이루어진 것임에도 불구하고 대법원 판결에서는 이에 대한 언급을 별도로 하고 있지 않은데, 그 1심법원[46]에서는 '피고인들이 이처럼 공익에 반하는 목적을 가지고 행위한 이상 위 각 시국선언문에의 서명 및 시국선언문 발표 등 이 사건 각 시국선언과 관련된 일련의 행위는 곧 '직무전념의무를 해태하게 하는 등의 영향을 가져오는' 행위가 된다고 봄이 상당하며, 그것이 근무시간 외에 이루어졌다거나, 어떠한 피해를 발생하게 한 바 없다는 이유로 달리 볼 것은 아니다.'라고 하여 마찬가지로 직무전념의무 위반을 검토함에 있어서 근무시간 내 행위였는지는 중요한 고려사항이 아닌 것으로 보인다.

품위유지의무가 공무원의 신분상의 의무로서 직장 내외, 근무시간 내외를 불문하고 지워지는 것이라면, 전념의 의무와 성실의 의무는 직무상이 의무로서 근무시간 내로 한성되어야 한다. 마치 일본의 제96조에서의 기조적 규정처럼 광의로 추상적인 의무로 이해한다면 자칫 내심에 대한 지나친 제한이 될 수 있나. 전념하고 있는지의 여부는 겉으로

46) 대전지방법원 2010. 5. 14. 선고 2010노618 판결.

표현하지 않으면 아무도 모르는 것인데, 이를 어떤 식으로든 나타내는 순간 전념하고 있지 않다는 반증이 되어 버려 전형적인 내심의 제한, 표현의 자유제한에 해당한다고 할 수 있기 때문이다.

통상의 직원이라면 가능한 만큼의 양과 질의 정신적·육체적 활동력을 집중하지 않았다고 하는 구체적 사실이 존재했는지에 대해 검토하지 않은 우리의 일부 판례에 대해서는 추상적 의미에서의 '직무전념의무', 즉 장소나 시간적 제한없이 확대하여 공무원의 모든 시간 모든 생활을 공직에 복무하여야 한다는 시대착오적 관념에 기초하여 해석해왔다는 비판이 따라왔다.47) 하지만, 이번 대상판결은 직무전념의무 위반여부를 검토하면서 직무시간에 이루어진 행위인지를 기준으로 한다는 것을 확고히 하여 원심이 제66조 제1항에 관한 법리를 오해하였음을 지적했다는 점에서 평가할만하다고 생각한다.

(4) '공익에 반하는 목적'과 '직무전념의무 위반' 지표의 동시적 설정 문제

한편, 두 지표의 동시적 설정은 문제가 있는 것은 아닌가라는 지적이 있다.48) 즉, 두 요건이 동시에 해당되어야 제66조 제1항이 적용된다고 하면, 공익에 반하는 목적이 없으면 직무전념의무의 해태를 가져오더라도 해당사항이 없게 되고, 공익에 반하는 목적이 있는 집단행위라 하더라도 직무전념의무의 해태가 없으면 해당사항이 없게 되는 것은 아닌가 하는 견해이다.

생각건대, 전자의 경우에는 직무전념의무 위반으로, 후자는 품위유지의무 및 성실의무 등의 위반(혹은 그 부작위명령을 내리고 이에 따르지 않

---

47) 이승엽 판사의 토론문, 한국헌법학회 헌법연구포럼/대법원 헌법연구회, 공동학술 세미나 자료집, 2012, 34면. 이종수, "공무원의 집단적 의사표현행위에 대한 형벌권 행사의 가부", 「헌법학연구」, 제20권 제2호, 2014, 8면에서 재인용.

48) 김종철, "국가공무원법 제66조 제1항 등 위헌소원", 「헌법재판자료집」, 제19집, 헌법재판소, 2014, 163면.

으면 직무명령 위반)으로 하여 제78조의 징계처분 사유로 하면 될 것으로 보인다. 집단행위금지 조항의 적용상 실익은 그것을 징계사유로 삼는 행정법상 강행규정인 동시에, 단순 징계에 그치지 않고 제84조의2의 형벌규정의 적용도 받게 되어 있다는데 있을 것이다. 형벌이 국가와 일반 사회 공공의 질서유지를 목적으로 하고 징계가 행정조직 내부의 공무원 법관계의 질서유지를 목적으로 한다는 것에서 볼 때, 대상 행위가 국가·일반사회의 공공의 질서유지에 미치는 영향이 미미하다면 그리고 이것이 기본권 제한과 관련하는 사안이라면 더더욱, 그 적용은 소극적이어야 한다고 생각한다. 따라서 이러한 지표는 동시에 만족하는 것이어야 본 조항의 적용대상이 된다고 해야 할 것이다.

3. 상사에 대한 비판과 품위유지의무

원심 및 대상 판결은 기고문과 피켓 상의 표현들이 어떤 객관적 근거에 의한 사실표현이 아니라 감정적 표현으로서 인권위의 본래 설립 목적에 비추어 인권위에 대한 국민의 신뢰와 이미지를 실추시켰으며, 그 정도가 금품수수나 성폭력 등 다른 비위행위에 비해 덜하다고 단정하기 어렵다고 품위유지의무를 위반의 징계사유로 보았다. 조직 내에 심각한 갈등이 발생한 것으로 비춰질 가능성이 있고 국가 인권위원회 소속 공무원 전체의 공정성, 청렴성 등을 의심케 하여 공무원의 체면이나 위신을 손상시킨다는 논리이다. 연구자로서는 상사나 조직 및 정책에 대한 비판을 공무원의 품위유지의무 위반 사안으로 보는 것 자체에 대해서 의문이 있지만 일단 이에 대한 논의는 접어두고라도, 직무전념의 의무의 위반이 아니고 공익에 반하는 목적이 아닌 이상, 오히려 근무기강 및 조직 내 상하지위 체계를 흔들어 능률적인 행정운영을 저해할 수 있기 때문에 징계한다고 하는 논리를 취하는 편이 더 설득력이 있었을 것이라 생각한다. 다만, 공무원의 근무기강을 확립한다는 명목

으로 과도한 정부의 개입이나 개인의 사상이나 양심 등에 대한 제약이
이루어질 수도 있다는 측면에서 감정적인 표현인지 내부 분쟁으로 보이
는지에 대한 고려에 그칠 것이 아니라, 명확한 기준의 제시가 필요하다
고 생각한다.

　　한편, 국가공무원 복무규정의 제3조 제2항49)이 국가의 정책에 대
한 비판이 집단적으로 이루어지는 것을 근무기강 확립의 문제로 보아
원천적으로 금지하는 내용으로 신설되었기 때문에, 경우에 따라서는 공
무원의 사상 및 양심 등의 일반적인 표현에 대해서 내심의 자유를 과도
하게 제한될 가능성이 더 높아졌다는 점에서 신분상의 의무인 품위유지
의무와의 관계규명이 필요할 것으로 보인다. 이러한 행위들은 상사 개
인에 대한 비판인 경우도 있지만, 상사가 조직을 운영하는 지위에 있고
그것이 일정한 정책을 수행하는 과정에서 일어나는 경우라면 조직 및
정책에 대한 비판이 될 수도 있기 때문이다. 본 사안도 해고 직원이 인
권위 노조지부장을 맡고 있었다는 이유로 재계약거부가 이루어졌다는
것이 본 사건의 발단이 되었지만, 관계 직원들의 주장에 따르면 국가인
권위원회 위원장이 당시 정권의 신임으로 취임한데다 정권 입맛에 맞는
독단적인 조직운영에 불만을 가지고 있었던 경우라는 점에서 개인에 대
한 비판과 정부·정책에 대한 비판이 구별되지 않는 부분이 충분히 존재
할 수 있다는 것을 알 수 있다.

---

49) **국가공무원 복무규정**(2009.11.30. 대통령령 제21861호) **제3조 [근무기강의 확립]**
　① 공무원은 법령과 직무상 명령을 준수하여 근무기강을 확립하고 질서를 존중하
　여야 한다. ② 공무원(「국가공무원법 제3조제3항의 공무원의 범위에 관한 규정」
　에 따른 공무원은 제외한다)은 집단·연명(連名)으로 또는 단체의 명의를 사용하여
　국가의 정책을 반대하거나 국가정책의 수립·집행을 방해해서는 아니 된다.

Ⅲ. 맺으며 – 판결의 의의와 남은 문제

본고는 원심 판결과 대상 판결에서 인용한 '집단행위'의 정의를 가져온 선례가 다르다는 점과 공익에 반하는 목적인지의 판단이 엇갈린다는 점에서, 이 자체가 본 조문이 명확성의 원칙에 위배된다는 반증으로 볼 수 있는 것은 아닌가라는 의문에서 시작되었다.

공무원의 집단행위의 금지는 공무원 집단의 이익을 대변함으로써 국민전체의 이익추구에 장애가 될 소지가 있기 때문에 공무원이라는 특수한 신분에서 나오는 의무라고 해석된다.[50) 생각건대, 결국 집단행위를 제한해야하는 이유로 생각할 수 있는 것은 업무저해로 인한 공무의 공백 및 공공서비스 중단으로 국민들에 불이익이 발생하는 경우, 집단적 위세과시로 인한 국민들에게 불안감 및 불신을 조장하는 경우 등을 들 수 있을 것이다. 전자는 말 그대로 직장이탈이나 태업 등 직무에 전념하지 못하여 발생할 수 있는 결과이고, 후자는 직무전념의무 위반여부와 상관없이도 일어날 수 있는 일이다. 하지만 친목을 위한 집단의 행위나 및 경찰의 SNS 참여사례에서 보는 것처럼 모든 집단행위가 제한되는 것은 아니라는 점에서 후자를 이유로 한 제한은 자칫 표현의 내용 규제로 흐르기 쉽고, 결국 집단행위의 제한 범위 및 한계에 관한 문제는 후자에서 주로 발생한다고 할 수 있다. 대상 판결은 국가공무원법 제66조 제1항의 적용에 있어서 집단행위의 해석을 두고 그 선례가 되는 판례를 명시하고 집단행위 해당성 지표를 분명히 제시하였다는 점에서 의의가 있다고 할 수 있다. 하지만 상사나 정책·정부에 대한 비판에 대해서는 기존의 판단에서 벗어나지 않아 명확하지 않은 부분이 많고, 이것은 향후의 판례에서 명확히 되어야할 부분이라고 생각한다. '내심의 절대적 보장'이라는 헌법가치가 상세처분의 적법성을 심사할 때는 추상

---

50) 헌법재판소 2007. 8. 30. 선고 2003헌바51 결정, 214면.

적인 공익 내지는 행정의 능률과 형량되어 일개의 고려요소에 지나지
않게 되는 것은 온당하지 않다고 생각한다.

　　한편, 여기에서 다루지 못한 것으로는 계약거부를 당한 당사자 공
무원은 신분이 보장되지 않는 계약직 공무원이었다는 점에서 그 계약
거부의 절차상·내용상의 하자를 검토하는 것이 어떤 의미를 가지는가라
는 점이 있다. 기본권에 대한 제한이 있는 대신에 신분보장이 이루어지
는 것이 직업공무원제도의 의의라면 그 계약직 공무원의 경우에는 그
신분보장과 기본권제한의 균형이 제대로 이루어지고 있는지의 측면에
서 검토가 필요한 것으로 보이나, 여기서는 문제를 제기하는데 그치고
자 한다.

참고문헌

【국내문헌】

교과서 및 단행본

김동희, 행정법Ⅱ【제23판】, 박영사, 2017.

류지태·박종수, 행정법신론【제16판】, 박영사, 2016.

박균성, 행정법론(하)【제15판】, 박영사, 2017.

논문

김종철, "국가공무원법 제66조 제1항 등 위헌소원", 헌법재판자료집 제19
　　　집, 헌법재판소, 2014.

오윤식, "쟁의행위 개념의 체계적 이해", 사법 제39호, 사법발전재단,
　　　2017.

이재용, "공무원인 근로자의 근로3권과 국가공무원법 제66조의 집단행위
　　　의 금지", 법학연구 제49집, 2013.

이종수, "공무원의 집단적 의사표현행위에 대한 형벌권 행사의 가부", 헌
　　　법학연구 제20권 제2호, 2014.

임재홍, "공무원의 정치적 중립의무 비판 －미국 공무원법제와의 비교법
　　　적 검토－", 민주법학 제32권, 2006.

장영수, "국가공무원법 제66조 제1항 등 위헌소원", 헌법재판자료집 제19
　　　집, 헌법재판소, 2014.

정영훈, "공무원의 근로3권", 헌법재판연구원, 2013.

황성기, "공무원의 표현의 자유에 대한 제한과 그 한계 - 대법원 2017. 4.
　　　13. 선고 2014두8469 판결, 정직처분등취소의 평석을 중심으로 －",
　　　법학논총 제34집 제3호.

【일본문헌】

교과서 및 단행본

宇賀克也, 行政法概説Ⅲ, 有斐閣, 2008.

塩野宏, 行政法Ⅲ【第4版】, 有斐閣, 2012.

竹之内一幸·橋本基弘, 国家公務員法の解説【三訂版】, 一橋出版, 2006.

森園幸男·吉田耕·三尾西雅博, 逐条国家公務員法【全訂版】, 学陽書房, 2015.

논문

小西國友, 労働者の組合活動と誠実義務·職務専念義務, 季刊労働法, 115号, 1980.

松井裕之, 教育公務員と一般公務員に対する職務命令の差異に関する考察, 東京大学教育学部教育行政学研究室紀要 14, 1995.4.

자료

義務違反防止ハンドブック, 人事院, 2017. 3.

국문초록

    본 사안은 국가인권위원회 소속의 공무원들이 동료의 해고에 항의하여 이루어진 릴레이 1인시위, 언론기고, 내부 전상망 게시, 피켓전시 등이 국가공무원법 제66조 제1항 본문이 금지하는 '공무 외의 일을 위한 집단행위'에 해당하는지와 제63조의 품위유지의무를 위반한 것인가가 다투어진 사안이다. 대상판결은 원심을 뒤집고, 제66조 제1항이 금지하는 '집단행위'에는 해당하지 않는다고 판단하였으나, 제63조의 품위유지의무는 위반하였다고 하여 환송시켰다. 환송심에서는 징계의 전제가 되는 '집단행위' 해당성이 부정되기 때문에 각 징계도 부당한 것으로 보아 원고승소판결이 내려졌다.

    원심과 대상판결의 판단이 달랐던 가장 큰 이유는 집단행위 해당성, 즉 집단성·공익목적·직무전념의무에 대한 이해가 각각 달랐기 때문이다. 대상판결은 국가공무원법 제66조 제1항은 과거 공무원들의 집단적인 노동운동 및 정치적 활동을 제한하는 조항으로 작용하였으나 현재는 입법의 변화를 거치면서 공무원의 집단적인 표현행위를 포괄적으로 제한할 수 있는 조항으로 되었다. 헌법에서 허용하는 제한의 범위를 쉽게 넘을 수 있다는 점, 그리고 표현의 내용통제로 이어질 수 있다는 점에서 이 조항은 엄격하게 적용되어야 한다. 원심과 대상판결의 판단이 달랐던 것에서도 알 수 있는 것처럼, 기존의 판례들은 이런 점에서 통일이 되고 있지 못하였으나, 대상판결은 집단행위 해당성 지표를 명확히 한 것으로 평가할 수 있다.

    상사 및 정책에 대한 비판이 공무원의 품위유지의무를 위반하는 것인가에 대해서는 단지 감정적인 표현인지 내부 분쟁으로 보이는지에 대한 고려에 그칠 것이 아니라, 마찬가지로 명확한 기준의 제시가 필요하다고 생각한다. 공무원의 근무기강을 확립한다는 명목으로 과도한 정부의 개입이나 개인의 사상이나 양심 등에 대한 제약이 이루어질 수도 있기 때문이다.

    주제어: 공무원, 집단행위, 직무전념의무, 품위유지의무, 1인 릴레이시위, 표현의 자유

Abstract

Legitimacy of the Limitation on Collective Expression Activities of Public Officials
− Focusing on the review of applicable requirements for collective activity −

Yi, Hye Jin*

This case disputes whether relay one−person demonstrations, contributions to media, postings on internal computer network and picket displays practiced by public officials of National Human Rights Committee in protest against the dismissals of their colleagues fall under 'collective activity other than public duty' prohibited by the article 66(1) of the Civil Service Act and violate the obligation to maintain dignity in the article 63 of the same Act. Concerned court decision reversed original conviction and ruled that the case does not fall under 'collective activity' prohibited by the article 66(1) but yet violates the obligation to maintain dignity in the article 63 of the Act, remanding the case. The retrying court decided in favor of plaintiffs that disciplinary actions are unfair since the case does not fall under 'collective activity' in the first place which worked as the rationale for the disciplinary actions.

The greatest reason why the decision in question was different from that of the lower court is that the two courts interpreted the

---

* Constitutional Research Institute, Research Institute Researcher/Ph.D.

applicability of the collective activity or collectivity, public purpose and obligation to devote full attention to duty in unequal manner. Although the article 66(1) of the Civil Service Act used to work as a provision to prohibit collective labor and political activities by the public officials when the decision was made, the clause now works to comprehensively limit collective expression activities of the public officials after a series of legislative changes. This clause must be strictly applied in that it can easily move beyond the range of limitation mandated by the Constitution, further leading to restriction on the contents of expressions. While previous precedents have not been consistent in this regard as manifested by the difference in the decision by both the lower court and the upper, the decision in question can be evaluated as clarifying the applicable requirements for collective activities.

Judgment on whether criticism against superiors or policies violates the obligation to maintain dignity of the public officials requires not only consideration on if the act stemmed from emotional expression or internal conflict but also proposition of clear standards for the judgment since excessive government intervention or restriction on individual ideas and conscience of the citizens may arise on the pretext of establishing strict work discipline for public officials.

Keywords: Public officials, Collective activities, Obligation to devote attention to duty, Obligation to maintain dignity (Dignity maintenance duty), Relay one-person demonstration, Freedom of expression

투고일 2018. 12. 7.
심사일 2018. 12. 22.
게재확정일 2018. 12. 27.

環境行政法

공법인의 환경침해에 있어서 책임의 분배와
이해의 조정 (강현호)

공법인의 환경침해에 있어서 책임의 분배와 이해의 조정

강현호*

---

* 성균관대학교 법학전문대학원 교수.

Ⅰ. 서설

　　환경이란 우리를 둘러싸고 있는 모든 것이라고 할 수 있는바, 우리
인간의 삶은 환경과 더불어 환경 안에서 살아가고 있다. 인간의 삶과
직업의 영위는 환경에 대한 이용을 전제로 할 수밖에 없다. 환경 역시
자기 스스로의 자정능력 내지 복원능력을 보유하고 있다. 그러므로, 환
경의 이용에 대해서 너무나 엄격한 잣대를 들이대면서 환경오염으로 몰
아가는 것은 지양되어야 할 것이다. 환경을 이용하여 오염이 발생하는
것에 대한 책임의 추궁은 특정의 요소만을 볼 것이 아니라, 관련되는
이익들을 면밀히 조사하여 판단하여야 할 것이다. 그렇다고 환경에 대
한 침해를 방관하자는 것은 아니고, 환경에 대한 이용을 바라보는 시각
에 대한 논의가 필요하다는 것이다. 환경에 대한 접근은 충분한 데이터
의 축적을 통한 면밀한 선행 분석이 요청된다고 사료된다. 또한 환경보
호라는 가치만을 우선시하여 국민의 행동의 자유 내지 직업의 자유와
재산권의 행사 등에 대해서 과잉 제한은 발생하지 않아야 할 것이다.
우리는 합리적인 이성을 충분하게 동원하여 적절한 수준의 환경이용 내
지 환경오염방지대책을 마련하여야 할 것이고, 또한 환경침해로 인하여
발생하는 오염에 대해서도 합리적인 책임배분방안을 고려하여야 할 것
이다. 이러한 관점에서 우리 환경법제가 환경오염 원인자에 대해서 엄
격한 무과실책임을 부담시키는 것이 타당한 것인가라는 의문이 제기될
수 있으며, 또한 환경침해로 인한 피해에 대한 전보의 문제를 과연 손
해배상이라는 관점에서만 접근하는 것이 올바른가의 문제도 생각해 볼
필요가 있다. 그리고, 환경침해를 야기하는 주체가 소위 '공단' 내지 특
히 '공사'라는 이름을 지니고 있는 경우에 이러한 조직체의 법적 성격을
어떻게 볼 것인가도 생각해 볼 필요가 있는데, 왜냐하면 그 법적 성격
에 따라서 배상책임의 주체와 적용법률 등에 있어서 차이를 보이기 때
문이다.

Ⅱ. 사실관계

A. 당사자

본 사안에서 등장하는 당사자는 다음과 같다: 원고는 1996년경 이전부터 별지 부동산 목록 기재 각 부동산에서 한우를 사육하는 농장(이하 '이 사건 농장'이라고 한다)을 운영하여 왔다. 피고는 두 개의 법인인데, 하나는 한국철도시설공단이고 다른 하나는 한국철도공사이다.

피고 한국철도시설공단(이하 '피고 공단'이라고 한다)은 철도산업발전기본법 및 한국철도시설공단법에 의하여 철도시설의 건설 및 관리와 그 밖에 이와 관련되는 사업을 효율적으로 시행함으로써 국민의 교통편의를 증진하고 국민경제의 건전한 발전에 이바지함을 목적으로 설립된 법인이다. 한국철도공사(이하 '피고 공사'라고 한다)는 한국철도공사법에 의하여 철도운영에 관한 사업의 전문성과 효율성을 높임으로써 철도산업과 국민경제의 발전에 이바지함을 목적으로 설립된 법인이다.

처음에는 한국철도공사법에 의거하여 한국철도공사가 철도의 건설 및 관리 운영을 하였으나[1], 그 후 한국철도시설공단법이 제정되면서 철도의 건설 및 관리 운영업무가 공단의 임무로 이관되었다.[2] 철도 시설

---

1) 한국철도공사법 [시행 1993.1.1.] [법률 제4192호, 1989.12.30., 제정] 제10조 (업무) 공사는 제1조의 목적을 달성하기 위하여 다음 각호의 업무를 행한다. 1. 철도의 건설 및 관리·운영 2. 철도장비의 제작·판매 및 수리 3. 철도수송과 관련한 운송사업·관광사업 및 창고업과 화물의 일관수송을 위한 운송주선업 및 통관업 … 14. 기타 정부 또는 타인으로부터 위탁받은 업무.
철도산업발전기본법 [시행 2003. 10. 30.] [법률 제6955호, 2003. 7. 29., 제정] 제정 이유: 국가사회적으로 중요성이 부각되고 있는 철도산업의 육성과 발전을 촉진하기 위하여 철도산업발전기본계획의 수립, 철도시설의 투자확대, 전문인력의 양성 등 제도적 시원장치를 마련하는 한편, 철도산업의 경쟁력을 강화하고 공공성을 확보하기 위하여 철도시설부문은 국가의 투자책임하에 한국철도시설공단에서 건설·관리하고, 철도운영부문은 한국철도공사에서 운영·관리하도록 구조개혁의 기본 틀을 마련하려는 것임.

과 관련된 법적 주체가 두 개로 나뉘면서 철도로부터 발생하는 소음으로 인한 피해 책임을 시로 전가(轉嫁)하는 양상을 보이고 있다.

B. 열차 운행과 소음 및 진동

피고 공단이 건설한 부산신항만 배후철로가 이 사건 농장에서 남서쪽으로 62.5m 떨어진 곳을 지나게 되었고(이 사건 농장 부근을 지나는 위 철로를 이하 '이 사건 철로'라고 한다), 이 사건 철로에서 2010년 11월부터 열차의 시험 운행을 하고 2010. 12. 13. 정식으로 개통한 후 1일 24회 정도 열차가 통행하고 있다. 이 사건 철로에서 열차가 운행함으로 인하여 아래와 같은 정도의 소음 및 진동이 발생하여 이 사건 농장에 전달되었다.

가) 열차가 시험 운행 중이던 2010. 11. 3. 열차의 통행으로 인한 소음을 이 사건 농장에서 측정한 결과는 최대소음도 78dB(A), 5분 등가소음도 67dB(A)였다.[3]

나) 그 후 제1심 감정인 김○○이 2011. 10. 10.부터 2011. 10. 11.까지 24시간 동안 열차 통행으로 인한 소음과 진동을 이 사건 농장에서 측정한 결과는 별지 철도 소음·진동 측정 결과 표 기재와 같은데, 이에 따르면 최대소음도는 63.8~81.8dB(A), 5분 등가소음도는 51.0~67.7dB(A)였고, 최대진동도는 39.5~67.2dB(V), 5분 등가진동도는 29.0~43.7dB(V)였다(열차의 통행으로 인하여 이 사건 농장에 발생한 위와 같은 소음·진동을

---

2) 한국철도시설공단법 [시행 2004.1.1.] [법률 제6956호, 2003.7.29., 제정] 제7조 (사업) 공단은 다음 각호의 사업을 행한다. 1. 철도시설의 건설 및 관리 2. 외국철도 건설과 남북연결 및 동북아 철도망의 건설 3. 철도시설에 관한 기술의 개발·관리 및 지원 … 9. 제1호 내지 제8호의 사업을 위한 부동산의 취득 및 관리.
3) 소음·진동 공정시험기준, 개정 2015.06.30 환경부고시 제2015-085호: 2.10 등가소음도(equivalent sound level): 임의의 측정시간 동안 발생한 변동소음의 총 에너지를 같은 시간 내의 정상소음의 에너지로 등가하여 얻어진 소음도를 말한다.

이하 '이 사건 소음·진동'이라고 한다).4)

C. 소음과 진동이 한우에 미치는 영향과 피해

소음·진동에 의한 가축피해에 관하여 환경부 산하 중앙환경분쟁조
정위원회가 연구성과에 따라 적용하고 있는 '환경피해 평가방법 및 배
상액 산정기준'(이하 '환경피해 산정기준'이라고 한다)에 의하면, 가축의 폐
사, 유산, 사산, 압사, 부상 등 즉각적인 피해가 발생하는 경우는 Lmax
(최대소음·진동도)로 평가하고, 성장지연, 수태율 저하, 산자수 감소 생산
성 저하 등 일정기간 경과 후 피해가 발생하는 경우에는 Leq, 5min(5분
등가소음·진동도)로 평가하는데, 가축피해 인정기준은 소음의 경우
60dB(A) 이상, 진동의 경우 57dB(V) 이상이다. 가축이 과도한 소음과
진동에 노출되면 심장박동수와 호흡수가 변화하고 부신피질 호르몬의
분비가 많아지며 말초신경이 축소되어 배란횟수가 줄어들고, 심각한 경
우 폐사하거나 조산, 유·사산, 기립부전 및 성장지연이 일어난다. 그리고
한우는 주로 비육우인데, 비육우의 경우 소음·진동에 의하여 수태율 저
하, 체중증가율 감소, 임신우의 유·사산 등이 일어날 수 있다. 2010년
11월 이후 이 사건 농장에서 사육 중인 한우들에 유·사산, 성장지연, 수
태율 저하 등의 피해가 발생하였고, 이로 인하여 원고는 2012. 10. 5.부
터는 한우를 모두 처분하고 이 사건 농장을 휴업한 상태이다.

---

4) 일반적으로 소음의 측정단위로는 데시벨(dB: decibell)이 사용되고 있다. 데시벨
(dB: decibell)은 소음의 크기를 나타내는 단위로서 10분의 1을 의미하는 deci와
전화기를 발명한 알렉산더 그레이엄 벨의 이름인 Bell에서 유래한 단어이다. 중요
한 것은 데시벨이 +6이 더하여 지면 소음도는 배(倍)가 된다는 점이다. 그리므로
55 dB과 61 dB은 소음도가 배가 차이가 난다는 점이다. 85 dB 이상의 소음에 지
속적으로 노출되는 경우에는 청각장애를 유발할 수도 있다.
  http://www.acoustic-glossary.co.uk/time-weighting.htm: Lmax(최대소음도):
maximum sound level; Leq(등가소음도): Equivalent Continuous Sound Level

D. 당사자의 주장

1. 원고의 주장

이 사건 철로에서 열차가 운행함으로써 소음·진동이 발생하였고, 이로 인하여 원고가 사회통념상 수인한도를 넘는 농장업 피해를 입었으므로, 피고 공단과 피고 공사는 공동불법행위자로서 연대하여 원고에게 구 환경정책기본법(2011. 7. 21. 법률 제10893호로 개정되기 전의 것, 이하 같다) 제31조 제1항, 환경정책기본법 제44조 제1항 또는 민법 제758조 제1항 또는 민법 제750조에 따라 원고가 입은 손해를 배상할 책임이 있다.

2. 피고 공단의 주장

이 사건 열차 운행으로 인한 소음·진동은 소음·진동관리법 제26조5), 소음·진동관리법 시행규칙 제25조에서 정하고 있는 소음·진동의

---

5) 소음·진동관리법 제26조(교통소음·진동의 관리기준) 교통기관에서 발생하는 소음·진동의 관리기준(이하 "교통소음·진동 관리기준"이라 한다)은 환경부령으로 정한다. 이 경우 환경부장관은 미리 관계 중앙 행정기관의 장과 교통소음·진동 관리기준 및 시행시기 등 필요한 사항을 협의하여야 한다. <개정 2009.6.9.>[제27조에서 이동, 종전 제26조는 제27조로 이동 <2009.6.9.>].
소음·진동관리법 시행규칙 제25조(교통소음·진동의 관리기준) 법 제26조에 따른 교통소음·진동의 관리기준은 별표 12와 같다. <개정 2010.6.30.>

[별표 12] <개정 2010.6.30>			
교통소음·진동의 관리기준(제25조 관련)			
대상지역	구분	한도	
		주간 (06:00 ~ 22:00)	야간 (22:00 ~ 06:00)
주거지역, 녹지지역, 관리지역 중 취락지구·주거개발진흥지구 및 관광·휴양개발진흥지구, 자연환경보전지역, 학교·병원·공공도서관 및 입소규모 100명 이상의 노인의료복지시설·영유아보육시설의 부지 경계선으로부터 50미터 이내 지역	소음 (LeqdB(A))	70	60
	진동 (dB(V))	65	60

관리기준 내에 있으므로, 원고에게 수인한도를 초과하는 피해가 발행하였다고 볼 수 없고, 설령 철도의 최대소음이 일부 초과한 사실이 있다 하더라도, 이 사건 농장이 위치한 일대는 항시 항공기 소음이 상존하므로, 지역적 특성을 고려하면 수인한도를 초과하지 않는다. 설령 이 사건 소음·진동으로 인한 피해가 수인한도를 초과하는 것이라 하더라도, 열차의 운행으로 인한 것이므로 열차 운행의 주체인 피고 공사에게 책임이 있을 뿐이고, 피고 공단에는 아무런 책임이 없다.

3. 피고 공사의 주장

피고 공사는 열차의 운행을 목적으로 하는 법인으로 철도자산 중 운영자산, 즉 열차 등 철도운영 등을 주된 목적으로 하는 시설·재산을 관리하는 법인이고 피고 공단은 철도자산 중 시설자산, 즉 철도의 기반이 되는 시설의 건설 및 관리를 주된 목적으로 하는 재산시설을 관리하는 법인이므로 피고들은 별개의 법인이며, 원고가 주장하는 소음·진동으로 인한 피해가 있다고 하더라도 이는 철도 차량 자체에서 발생하는 것이 아니라 철로의 하자나 방음벽 미설치 등으로 인한 것이므로 그 책임은 피고 공단에게 있고, 피고 공사는 구 환경정책기본법(2011. 7. 21. 법률 제10893호로 개정되기 전의 것, 이하 같다) 제31조 제1항에서 정한 사업자도 아니라고 주장한다.

이 사건 소음·진동으로 인한 피해 발생을 방지할 의무나 책임은

상업지역, 공업지역, 농림지역, 샌산관리지역 및 관리지역 중 산업·유통개발진흥지구, 미고시지역	소음 (LcqdB(A))	75	65
	진동 (dB(V))	70	65
참고 1. 대상 지역의 구분은 「국토의 계획 및 이용에 관한 법률」에 따른다. 2. 정거장은 적용하지 아니한다. 3. 대상 지역은 교통소음·진동의 영향을 받는 지역을 말한다.			

이 사건 철도시설의 건설·관리 주체인 피고 공단에 있으므로, 피고 공단에게 사용료를 지급하고 철도선로를 사용하는 관계에 있을 뿐인 피고 공사에게는 위 소음·진동으로 인한 손해배상책임이 없다.

Ⅲ. 판결

A. 제1심 판결

원고의 손해배상에 대해서 제1심 법원은, "피고들은 각자 원고에게 128,815,178원 및 이에 대하여 2012. 10. 5.부터 2014. 5. 15.까지는 연 5%의, 그 다음날부터 다 갚는 날까지는 연 20%의 각 비율로 계산한 금원을 지급하라.""고 하여 원고 일부 승소판결을 하였다.[6]

B. 원심 판결

제1심 판결에 대해서 원고와 피고 모두 항소를 하였는데, 항소심 판결에서는 제1심 판결을 원고에게 다소 불리하게 변경하는 취지로 "피고들은 각자 원고에게 86,782,277원 및 그 중 13,298,750원에 대하여는 2011. 12. 31.부터, 73,483,527원에 대하여는 2012. 10. 5.부터 각 2015. 3. 19.까지 연 5%의, 그 다음날부터 다 갚는 날까지 연 20%의 각 비율에 의한 돈을 지급하라."고 판시하면서, 원고의 피고들에 대한 나머지 주위적 청구를 각 기각하였다.[7]

---

6) 창원지방법원 2014. 5. 15. 선고 2011가합2012 판결.
7) 부산고등법원 2015. 3. 19. 선고 (창원)2014나2054 손해배상(기).

C. 상고심 판결

상고심에서는, 원심 판결을 그대로 인정하면서 원고와 피고의 상고를 모두 기각하였다.[8] 상고심에서의 판단은 다음과 같다:

1. 손해배상책임의 성립에 관한 판단(피고들의 각 상고이유 제1점)

가. '환경오염의 피해에 대한 책임'에 관하여 구 환경정책기본법 (2011. 7. 21. 법률 제10893호로 전부 개정되기 전의 것) 제31조 제1항은 "사업장 등에서 발생되는 환경오염 또는 환경훼손으로 인하여 피해가 발생한 때에는 당해 사업자는 그 피해를 배상하여야 한다."라고 정하고, 2011. 7. 21. 법률 제10893호로 개정된 환경정책기본법 제44조 제1항은 "환경오염 또는 환경훼손으로 피해가 발생한 경우에는 해당 환경오염 또는 환경훼손의 원인자가 그 피해를 배상하여야 한다."라고 정하고 있다.

위와 같이 환경정책기본법의 개정에 따라 환경오염 또는 환경훼손 (이하 '환경오염'이라고 한다)으로 인한 책임이 인정되는 경우가 사업장 등에서 발생되는 것에 한정되지 않고 모든 환경오염으로 확대되었으며, 환경오염으로 인한 책임의 주체가 '사업자'에서 '원인자'로 바뀌었다. 여기에서 '사업자'는 피해의 원인인 오염물질을 배출할 당시 사업장 등을 운영하기 위하여 비용을 조달하고 이에 관한 의사결정을 하는 등으로 사업장 등을 사실상·경제상 지배하는 자를 의미하고, '원인자'는 자기의 행위 또는 사업활동을 위하여 자기의 영향을 받는 사람의 행위나 물건으로 환경오염을 야기한 자를 의미한다. 따라서 환경오염이 발생된 사업장의 사업자는 일반적으로 원인자에 포함된다고 볼 수 있다.

사업장 능에서 발생되는 환경오염으로 피해가 발생한 때에는 그 사업자나 원인자는 환경정책기본법의 위 규정에 따라 귀책사유가 없더라노 피해를 배상하여야 한다. 이때 환경오염에는 소음·진동으로 사람

---

8) 대법원 2017. 2. 15. 선고 2015다23321 판결.

의 건강이나 재산, 환경에 피해를 주는 것도 포함되므로 피해자의 손해
에 대하여 사업자나 원인사는 귀책사유가 없더라도 특별한 사정이 없는
한 이를 배상할 의무가 있다(대법원 2001. 2. 9. 선고 99다55434 판결, 대법
원 2011. 11. 10. 선고 2010다98863, 98870 판결 등 참조).

한편 철도를 설치하고 보존·관리하는 자는 그 설치 또는 보존·관리
의 하자로 인하여 피해가 발생한 경우 민법 제758조 제1항에 따라 이를
배상할 의무가 있다. 공작물의 설치 또는 보존의 하자는 해당 공작물이
그 용도에 따라 갖추어야 할 안전성을 갖추지 못한 상태에 있다는 것을
의미한다. 여기에서 안전성을 갖추지 못한 상태, 즉 타인에게 위해를 끼
칠 위험성이 있는 상태라 함은 해당 공작물을 구성하는 물적 시설 그
자체에 물리적·외형적 결함이 있거나 필요한 물적 시설이 갖추어져 있
지 않아 이용자에게 위해를 끼칠 위험성이 있는 경우뿐만 아니라, 그
공작물을 본래의 목적 등으로 이용하는 과정에서 일정한 한도를 초과하
여 제3자에게 사회통념상 일반적으로 참아내야 할 정도(이하 '참을 한도'
라고 한다)를 넘는 피해를 입히는 경우까지 포함된다. 이 경우 참을 한도
를 넘는 피해가 발생하였는지 여부는 구체적으로 피해의 성질과 정도,
피해이익의 공공성, 가해행위의 종류와 태양, 가해행위의 공공성, 가해
자의 방지조치 또는 손해 회피의 가능성, 공법상 규제기준의 위반 여부,
토지가 있는 지역의 특성과 용도, 토지이용의 선후 관계 등 모든 사정
을 종합적으로 고려하여 판단하여야 한다(대법원 2011. 11. 10. 선고 2010
다98863, 98870 판결, 대법원 2015. 9. 24. 선고 2011다91784 판결 등 참조).

철도소음·진동을 규제하는 행정법규에서 정하는 기준을 넘는 철
도소음·진동이 있다고 하여 바로 참을 한도를 넘는 위법한 침해행위가
있어 민사책임이 성립한다고 단정할 수 없다. 그러나 위와 같은 행정법
규9)는 인근 주민의 건강이나 재산, 환경을 소음·진동으로부터 보호하는

---

9) 환경정책기본법시행령 제2조(환경기준) 「환경정책기본법」(이하 "법"이라 한다) 제
   12조제2항에 따른 환경기준은 별표와 같다. 환경기준(제2조 관련) 2. 소음: 비고 1.

데 주요한 목적이 있기 때문에 철도소음·진동이 이 기준을 넘는지 여부
는 참을 한도를 정하는 데 중요하게 고려해야 한다(대법원 2015. 9. 24. 선
고 2011다91784 판결, 대법원 2016. 11. 25. 선고 2014다57846 판결 등 참조).

　　나. 피고들의 손해배상책임 발생에 관한 원심의 판단을 정리하면
다음과 같다.

　　…

　　(3) 이 사건 소음·진동이 1차적으로는 열차로부터 발생하지만, 열
차의 운행에는 철로가 필수적이고 소음과 진동이 철로를 통해서도 생긴
다. 이 사건 철로를 통한 열차 운행으로 원고에게 참을 한도를 넘는 소
음·진동이 생긴 경우에 피고 공단과 피고 공사는 구 환경정책기본법 제
31조 제1항의 사업자와 환경정책기본법 제44조 제1항에서 정한 오염원
인자에 해당하여 그 손해를 배상할 책임이 있다.

　　(4) 이 사건 철로의 설치·관리자인 피고 공단은 이 사건 철로 건설
후에도 이를 관리하면서 열차 운행으로 인하여 참을 한도를 넘는 소음·
진동 피해가 발생하지 않도록 하여야 할 주의의무가 있다. 피고 공단이
이러한 주의의무를 다하지 않아 이 사건 철로를 통한 열차 운행으로 인
해 참을 한도를 넘는 피해가 발생한 경우에는 민법 제758조 제1항에 따
라 그 손해를 배상할 책임이 있다.

　　(5) 철도소음 · 진동으로 인한 가축 피해에 대하여는 환경부 산하
중앙환경분쟁조정위원회에서 제정한 '환경피해 평가방법 및 배상액 산
정기준'에서 정한 기준이 공법상 규제기준으로서 소음·진동으로 인해
참을 한도를 넘는 피해가 발생하였는지 여부를 판단하는 데 중요한 고
려요소가 될 수 있다. 이 사건 철로에서 열차가 운행된 2010. 11.경부터
열차의 운행으로 생긴 소음·진동이 위 '환경피해 평가방법 및 배상액 산
성기준'에서 정한 가축피해 인정기준을 지속적으로 초과하였다.[10] 또한

　　… 3. 이 소음환경기준은 항공기소음, 철도소음 및 건설작업 소음에는 적용하지
　　않는다.

이 사건 농장 지역을 통과하는 항공기의 소음보다는 이 사건 철로를 운행하는 열차에서 생기는 소음·진동이 피해의 직접적인 원인으로 보인다. 이 사건 농장과 철로 사이의 직선거리는 62.5m에 불과한데도 소음·진동 방지를 위한 방지대책을 마련하지 않았다. 이러한 사정 등을 종합하면, 이 사건 철로를 통한 열차 운행으로 생긴 소음·진동으로 말미암아 원고에게 참을 한도를 넘는 피해가 발생하였다.

다. 위와 같은 사정을 종합해 보면 원고가 이 사건 농장에서 한우를 사육하고 있던 중 피고 공단이 건설한 이 사건 철로에서 발생한 소음·진동으로 말미암아 위 한우에 피해가 발생하였다고 볼 수 있고, 피고들은 연대하여 원고에게 그 손해를 배상할 책임이 있다고 보아야 한다. 같은 취지의 원심판단은 위에서 본 법리에 기초한 것으로서 모두 정당하다. 원심의 판단에 상고이유 주장과 같이 필요한 심리를 다하지 않은 채 논리와 경험의 법칙에 반하여 자유심증주의의 한계를 벗어나거나 환경정책기본법의 해석·적용과 민법 제758조 제1항에서 정한 공작물 소유자의 책임과 철도 소음·진동으로 인한 생활방해에서 참을 한도 등에 관한 법리오해 등의 잘못이 없다.

D. 소결

상고심에서의 판단을 살펴보면 먼저 손해배상책임의 성립에 관하여 판단하고 있는데, 구 환경정책기본법 제31조 제1항 내지 환경정책기

---

10) 환경피해 평가방법 및 배상액 산정기준의 법적 성격을 어떻게 볼 것인가가 문제된다고 할 수 있을 것이다. 행정법상으로는 행정규칙의 형식이기는 한데, 규범보충행정규칙 내지 규범구체화행정규칙으로 볼 수 있을 것인가가 문제될 수 있을 것이다.

그런데, 현재 일자를 기준(2018. 11. 15)으로 중앙환경분쟁조정위원회나 환경부의 웹사이트에서 "환경피해 평가방법 및 배상액 산정기준"이라는 제목으로 그러한 기준을 찾을 수 없는 것이 문제이다. 그렇다면, 이러한 기준을 판결에서 배상책임의 판단 기준으로 사용하는 것은 문제가 없는가 라는 의문이 제기된다.

본법 제44조 제1항에 의거하여 책임의 주체를 원인자로 보고, '원인자'
에 대해서, '자기의 행위 또는 사업활동을 위하여 자기의 영향을 받는
사람의 행위나 물건으로 환경오염을 야기한 자'를 의미한다고 부연하여
설명하고 있다. 그리고 원인자는 귀책사유가 없더라도 피해를 배상하여
야 한다고 판시하였다. 여기에서의 환경오염에는 소음·진동으로 사람의
건강이나 재산, 환경에 피해를 주는 것도 포함된다고 보았다.

　　환경정책기본법 조항을 이처럼 해석한다면, 다른 청구권원은 살펴
볼 필요도 없을 것이다.[11] 왜냐하면 이 조항이 환경침해에 대한 손해배
상책임과 관련하여 가장 완화된 구성요건을 지니면서도 또한 민법에 대
한 특별법적인 지위에서 손해배상청구요건을 제시하고 있기 때문이
다.[12] 그럼에도 불구하고, '한편'이라고 하면서 철도를 설치하고 보존·관
리하는 자는 그 설치 또는 보존·관리의 하자로 인하여 피해가 발생한
경우 민법 제758조[13] 제1항에 따라 이를 배상할 의무가 있다고 하여
청구의 권원(權原)을 하나 더 끌어들이고 있다. 사실 소음발생이 환경오
염이고, 이를 발생시킨 원인자에 철도건설자 내지 철도운영자를 포함시
킨다면 굳이 민법 제758조의 공작물책임 조항을 끌어들일 필요가 없을
것이다. 왜냐하면 환경정책기본법이 민법에 비하여는 특별법적 위치를

---

11) 청구권 규범들이 경합하는 경우에 특별규정우선적용의 원칙에 따라 특별규정이
　　확인되면 그 이외의 일반규정은 적용될 여지가 없지 않는가 하는 의문이 제기된
　　다.
12) 대법원 2008.9.11. 선고 2006다50338 판결【손해배상(기)】환경정책기본법 제31조
　　제1항은 불법행위에 관한 민법 규정의 특별 규정이라고 할 것이므로 환경오염으
　　로 인하여 손해를 입은 자가 환경정책기본법에 의하여 손해배상을 주장하지 않았
　　다고 하더라도 법원은 민법에 우선하여 환경정책기본법을 적용하여야 한다.
13) 민법 제758조(공작물등의 점유자, 소유자의 책임) ①공작물의 설치 또는 보존의
　　하자로 인하여 타인에게 손해를 가한 때에는 공작물점유기기 손해를 배상할 책임
　　이 있다. 그러나 점유자가 손해의 방지에 필요한 주의를 해태하지 아니한 때에는
　　그 소유자가 손해를 배상할 책임이 있다. ②전항의 규정은 수목의 재식 또는 보존
　　에 하자있는 경우에 준용한다. ③전2항의 경우에 점유자 또는 소유자는 그 손해의
　　원인에 대한 책임있는 자에 대하여 구상권을 행사할 수 있다.

점하고 있기 때문이다. 그럼에도 뭔가 부족한 듯하여 동 조항을 가져오
는 것은 아닐까 생각하게 된다. 즉, 환경정책기본법 상의 동 조항에게
어떠한 효력을 부여할 것인가에 대해서 보다 생각할 점이 있는 것이 아
닌가 추측하게 된다.[14]

Ⅳ. 쟁점의 추출

본 사안과 관련하여 다음과 같은 쟁점들을 발견할 수 있을 것이다.

첫째, 환경오염 내지 환경훼손으로 인하여 발생한 피해에 대해서
원인자에 대해서 무과실책임을 지우는 것이 바람직한가? 이러한 무과실
책임을 규정하는 환경정책기본법 제44조의 입법은 문제가 없는가? 환경
침해와 관련하여 책임분배에 있어서 다른 보다 바람직한 대안은 없는
것인가? 하는 점이다.

둘째, 철도의 운행으로 인한 소음으로 피해가 발생한 경우에 이를
불법행위에 기초한 손해배상의 법리로 나아가고 있는바, 과연 이처럼
철도나 공항 등과 같은 공공시설로 인한 환경침해의 경우를 불법행위의
법리로만 바라보는 것이 타당한가 하는 점이다. 특히, 환경침해의 위법
성을 논증함에 있어서 수인한도론에 근거하여 판단하고 있는바, 이러한
접근이 타당한가? 하는 점이다.

셋째, 철도를 설치하고 보존·관리하는 공단 내지 공사가 책임을 부
담하는 경우에, 이들의 법적 성질은 과연 어떻게 보아야 하는가? 이들을

---

14) 김형석, 민사적 환경책임, 서울대학교 法學 제52권 제1호 (2011년 3월), 210면: 일
반적으로 공업시설 등의 배출은 사회에서 허용되고 있는 위험이므로 허가에 따른
정상적 영업을 영위하고 있는 이상 그것을 하자라고 단정하기는 어렵고, 이는 배
출에 의한 환경오염의 위험성이 현재의 과학기술 수준으로 규명하기 어려운 경우
가 많기 때문에도 특히 그러하다. 이는 결국 공작물책임 역시 환경책임의 근거로
는 많은 경우 충분하지 않다는 것을 보여준다.

공법상의 법인로 보아야 하는가 아니면 사법상의 법인 내지 공무를 수행하는 사인으로 보아야 하는가가 문제될 수 있을 것이다. 만약, 이들을 공법인(公法人)으로 법적 성질을 규명하는 경우에도 배상책임을 민법에 의하여 규율할 것인가 아니면 국가배상법에 의할 것인가도 문제될 수 있다.

V. 환경침해와 책임의 배분

A. 과실책임주의로부터 무과실책임주의 및 위험책임으로의 진행

민법에 있어서 3대 기본원칙 중의 하나가 바로 과실책임주의로서, 과실이 없으면 책임을 지지 아니한다는 원칙이다. 자신의 행위에 대해서 충분한 주의를 기울였다면, 설령 그러한 행위로부터 타인에게 손해가 발생하더라도 책임을 부담할 필요가 없다는 것이다. 예링(Jhering)도 '책임의 원인'이라는 저술에서, 손해가 손해배상을 의무지우는 것이 아니라 오히려 과실이다 라고 주장하였다.[15] 이에 반하여 민법상의 무과실책임의 연혁은 게르만법에서 자신의 점유하는 물건에서 발생하는 손해에 대해서는 원칙적으로 무과실책임이 인정되었고, 독일 민법 제836조에서 책임의 대상을 건물 기타 공작물의 점유자에게 무과실책임을 지우고 상당한 주의를 기울인 경우에는 면책하는 것으로 한정하는데서 유래하였다.[16]

---

15) Jhering, Rudolf von, Das Schuldmoment im römischen Privatrecht, S. 40: Nicht der Schaden verpflichtet zum Schadensersatz, sondern die Schuld.

16) 나종명, 무과실책임의 법해석론적 연구, 법학연구 Vol. 6, 원광대학교 법학연구소 (1984), 207면 이하.

　　자본주의의 고도화와 기업들의 역할이 커지면서 또한 과실이 없지
만 타인에게 손해가 발생하는 경우가 증가하게 되었고, 이러한 손해의
처리와 관련하여 무과실책임주의가 등장하게 되었다. 타인에게 피해는
발생하였는데 손해배상의 여부가 가해기업의 과실 여부에 의존한다면,
피해자의 입장에서는 불공평하게 된다. 이러한 맥락에서 환경정책기본
법 등에서는 환경오염으로 인한 피해와 관련하여서도 무과실책임을 규
정하고 있다. 무과실책임과는 달리 위험책임(Gefährdungshaftung)은 그
성립에 있어서 위법성과 유책성은 요건이 아니고, 이는 특별한 의미가
있는 위험을 수용하기 위한 수단으로 작용한다.[17] 위험이 증가하고, 위
험을 야기시킬 우려가 높은 기업(企業)들이 증가할수록 타인에 대한 피
해의 발생 가능성은 증가하게 된다. 위험책임은 허용되는 방법으로 위
험한 활동을 행하거나 위험한 시설을 운영하여서 이익을 얻는 자가 위
험의 실현으로 인하여 손해를 발생시킨 경우에, 특별한 위험(besondere
Gefahr)을 지배하고 있는 것에 대한 귀책의무에 입각한 책임이다.[18] 여
기서 특별한 위험이라 함은 손해를 발생시킬 개연성이 높고 비일상적이
고 빈번할 때라고 할 수 있다. 즉 일반적으로 위험책임이 인정되자면,
위험한 활동을 하거나 위험한 시설 등을 운영하여 손해를 발생시킬 개
연성이 높고 비일상적일 때 특별한 입법을 통하여 위험책임이 인정되는
것이다.

　　환경오염으로 인한 피해에 대한 책임의 분배와 관련하여 책임의
적절한 분배가 요청된다고 할 것이다. 무과실책임 내지 위험책임의 확
장은 누가 책임질 잘못을 하였는가라는 관점으로부터, 발생한 피해의
분배를 어떻게 할 것인가의 정책적인 고려로의 관점의 전환(轉換)을 가

---

17) 이승우, 독일의 환경사법상 위험책임, 環境法研究 第28卷 1號, 332면.
18) Hein Kötz, Deliktsrecht, 6. Aufl., 1994, Rdnr. 352: 위험책임은 대상적으로 구체화된
　　위험원(gegenständlich verkörperte Gefahrenquellen)에 대한 책임으로 이해하는 것
　　이 일반적이다.

져오게 된다.[19] 이렇게 책임의 분배가 정책적 고려에 의한다면, 사업자 내지 원인자의 입장 역시 충분하게 고려될 필요가 있다. 일반적으로 사업은 그 자체로 수많은 위험을 내포하고 있으며, 사업의 영위가 불안정할수록 환경에 대한 위협도 커지게 된다. 누구든지 자신에게 주어진 책임을 다한 경우에는 배상책임으로부터 자유로울 수 있어야 할 것이고, 단지 자신이 위험한 것을 다룬다는 이유만으로 무과실책임 내지 위험책임을 부담하게 된다면 이것은 또 다른 문제를 야기하지는 않을까 사료된다. 즉, 누군가는 우리 사회에서 위험하지만 꼭 필요한 것들을 취급하여야 하는데, 이를 취급함에 있어서 자신이 주의를 다하였음에도 불구하고 피해가 발생하였다는 사실에 기초하여 배상책임을 부담시킨다면, 우리 사회에 꼭 필요한 이러한 것들을 누가 다루고자 하고 시장 내지 소비자들에게 제공하려고 할 것인가라는 우려도 제기된다. 사회적으로 꼭 필요하지만 특별한 위험을 내포한 시설로부터 발생하는 피해에 대해서는 특정의 사업자만의 책임으로 돌릴 것이 아니라 사회 전체의 부담으로 돌리는 것이 공평하지 않는가라는 의문도 든다. 책임의 공평한 분배를 위한 보다 면밀한 조정이 요청된다 할 것이다.

B. 환경정책기본법상 무과실책임의 전개

1. 환경보전법

민법 제750조의 불법행위책임에 대한 특칙으로 환경오염피해에 관한 무과실책임을 최초로 규정한 법률이 바로 환경보전법이다. 1977년 환경보전법[20] 제60조 (생명·신체의 피해에 대한 무과실책임)에서는 "①사업장등에서 발생되는 오염물질로 인하여 사람의 생명 또는 신체에 피해

---

19) 나종명, 무과실책임의 법해석론적 연구, 법학연구 Vol. 6, 원광대학교 법학연구소 (1984), 205면 이하.
20) 환경보전법[시행 1978.7.1.] [법률 제3078호, 1977.12.31., 제정]

가 발생한 때에는 당해 사업자는 그 피해를 배상하여야 한다. ②사업장
등이 2개이상 있을 경우에 어느 사업장등에서 배출된 오염물질에 의하
여 제1항의 규정에 의한 피해가 발생한 것인지를 알 수 없을 때에는 각
사업자는 연대하여 그 피해를 배상하여야 한다. ③제1항의 규정에 의한
피해의 배상에 관하여 이 법에 의한 것을 제외하고는 민법의 규정에 의
한다. 다만, 민법 이외의 법률에 다른 규정이 있을 때에는 그 규정에 의
한다."라고 규정하였다. 동법의 무과실책임은 장소적으로 사업장 등에
서의 오염물질로 인한 피해에 한정하고 있다. 그리고 발생한 피해의 태
양 역시 사람의 생명 또는 신체에 대한 피해로 한정하고 있었다.

2. 환경정책기본법

　　1992년에 제정된 환경정책기본법21) 제31조 (환경오염의 피해에 대한
무과실책임)에서는 "①사업장등에서 발생되는 환경오염으로 인하여 피해
가 발생한 때에는 당해 사업자는 그 피해를 배상하여야 한다. ②사업장
등이 2개이상 있는 경우에 어느 사업장등에 의하여 제1항의 피해가 발
생한 것인지를 알 수 없을 때에는 각 사업자는 연대하여 배상하여야 한
다." 라고 규정하여, 장소적으로는 사업장등에서 발생되는 환경오염에
한정하였고, 다만 피해의 태양과 관련하여서는 제한을 두지 아니하였다.
　　2008년 일부개정된 환경정책기본법22) 제31조 (환경오염의 피해에 대
한 무과실책임)에서는 "①사업장등에서 발생되는 환경오염 또는 환경훼
손으로 인하여 피해가 발생한 때에는 당해 사업자는 그 피해를 배상하

---

21) 환경정책기본법[시행 1991.2.2.] [법률 제4257호, 1990.8.1., 제정] .
22) 환경정책기본법 [시행 2000.8.1.] [법률 제6097호, 1999.12.31., 일부개정] 제3조 (정
　　의) 이 법에서 사용하는 용어의 정의는 다음과 같다. <개정 1999.12.31.> 4. "환
　　경오염"이라 함은 사업활동 기타 사람의 활동에 따라 발생되는 대기오염, 수질오
　　염, 토양오염, 해양오염, 방사능오염, 소음·진동, 악취등으로서 사람의 건강이나 환
　　경에 피해를 주는 상태를 말한다. 4의2. "환경훼손"이라 함은 야생동·식물의 남획
　　및 그 서식지의 파괴, 생태계 질서의 교란, 자연경관의 훼손등으로 인하여 자연환
　　경의 본래적 기능에 중대한 손상을 주는 상태를 말한다.

여야 한다. <개정 1999.12.31.> ②사업장등이 2개 이상 있는 경우에 어느 사업장등에 의하여 제1항의 피해가 발생한 것인지를 알 수 없을 때에는 각 사업자는 연대하여 배상하여야 한다." 라고 하여, 환경오염 외에 환경훼손이라는 개념을 추가하였다. 환경오염과 환경훼손을 포괄하여 환경침해라고 할 수도 있을 것이다.

2012년 전부개정된 환경정책기본법23) 제44조(환경오염의 피해에 대한 무과실책임)에서는 "① 환경오염 또는 환경훼손으로 피해가 발생한 경우에는 해당 환경오염 또는 환경훼손의 원인자가 그 피해를 배상하여야 한다. ② 환경오염 또는 환경훼손의 원인자가 둘 이상인 경우에 어느 원인자에 의하여 제1항에 따른 피해가 발생한 것인지를 알 수 없을 때에는 각 원인자가 연대하여 배상하여야 한다." 라고 규정하여, 사업장 등이라는 개념을 삭제하여 환경침해의 발생 장소를 더 이상 묻지 않게 되었으며, 책임의 주체도 사업자가 아니라 원인자로 규정하여 보다 확대하고 있다.24)

그런데, 배상책임의 주체를 가해자가 아니라 '원인자'라고 하는데, 원인자라는 용어는 일반적인 민사책임법리상의 용어가 아닐 뿐만 아니라 원인자의 범위에 논란의 여지가 있어서 손해배상의 주체를 불분명하게 할 수 있다는 비판이 있다.25)

2018년 환경정책기본법26)에서는 제3조에서 환경오염의 개념에 일

---

23) 환경정책기본법 [시행 2012.7.22.] [법률 제10893호, 2011.7.21., 전부개정]
24) 박종원, 환경책임법제의 동향과 주요 쟁점. 환경법과 정책 Vol. 18, 강원대학교 비교법학연구소, (2017.2), 14면.
25) 전경운, 환경정책기본법 제31조에 의한 무과실책임의 문제점과 개정방향 - 한경정책기본법의 개정안 제44조와 관련하여 -, 環境法研究 第31卷 2號, 337면.
   김홍균, 로스쿨환경법, 2016, 홍문사, 27면 이하.
26) 환경정책기본법 [시행 2018.1.18.] [법률 제14532호, 2017.1.17., 타법개정] 제3조(정의) 이 법에서 사용하는 용어의 뜻은 다음과 같다. <개정 2016.1.27.> 4. "환경오염"이란 사업활동 및 그 밖의 사람의 활동에 의하여 발생하는 대기오염, 수질오염, 토양오염, 해양오염, 방사능오염, 소음·진동, 악취, 일조 방해, 인공조명에 의한 빛공해 등으로서 사람의 건강이나 환경에 피해를 주는 상태를 말한다. 5. "환경훼

조 방해, 인공조명에 의한 빛공해를 추가하고, 환경훼손의 개념에서 표
토(表土)의 유실을 추가하여 이전보다 확장하거나 구체화하고 있다. 문
제는 이처럼 환경침해의 개념을 확장하는 경우에 피해자의 입장에서는
보호가 증가되어 환영할 수 있으나, 원인자에 포함될 수 있는 자에게는
예상하지 못한 배상책임을 부담하게 되는 경우도 있다는 것이다.

3. 환경정책기본법 제44조상 책임의 내용

환경정책기본법 제44조 제1항에서 "환경오염 또는 환경훼손으로
피해가 발생한 경우에는 해당 환경오염 또는 환경훼손의 원인자가 그
피해를 배상하여야 한다."라고 규정하고 있는바, 즉, 환경침해로 인한 피
해에 대해서는 과실 여부를 불문하고 피해를 배상하도록 규정하고 있는
바, 이러한 책임의 성격과 관련하여 다음과 같은 견해가 주장되고 있다.

a) 무과실책임설

동 조항의 책임은 무과실책임이라는 견해로서, 동 조항의 책임을
위험책임으로 규명하는 경우에는 위험책임에 특유한 책임한도액 및 위
자료 배제 규정들이 함께 포함되어야 함에도 그러한 규정이 없기 때문
에, 동 조항의 책임은 위험책임을 규정한 것이 아니라 일반적 무과실책
임을 규정한 것이라는 견해이다. 또한 동 조항의 책임을 위험책임으로
규명한다면, 책임요건으로서 위법성이 요구되지 아니하므로, 원인자는
시설의 설치 또는 인·허가상의 모든 요건을 준수한 정상경영으로 인한
환경오염에 대해서도 책임을 부담하게 되는 결과를 가져온다.[27] 판례

손"이란 야생동식물의 남획(濫獲) 및 그 서식지의 파괴, 생태계질서의 교란, 자연
경관의 훼손, 표토(表土)의 유실 등으로 자연환경의 본래적 기능에 중대한 손상을
주는 상태를 말한다.

27) 독일의 환경책임법(UmweltHG)은 정상경영을 행한 사업자의 과도한 책임을 방지
하기 위해서 제5조에서 물건의 이용이 비본질적(unwesentlich)이거나 장소적 관계
에 비추어 기대할 수 있는 정도로만 침해된 때에는 배상의무는 배제된다고 하여
서 정상경영에 대한 배려를 하고 있다.

역시 (구)환경정책기본법 제31조를 적용하면서 수인한도론에 따른 위법
성을 언급하고 있다는 점에서, 동 조항의 책임을 위험책임으로 보지는
않는 것으로 보인다.[28]

b) 위험책임설

동 조항의 책임은 위험책임이라는 견해로서, 위험책임은 책임의 성
립요건으로서 과실만을 요구하지 아니하는(verschuldensunabhängige
Haftung) 무과실책임과는 구분된다고 본다. 즉 위험책임은 단순히 과실
이 없어도 손해를 배상하는 책임이 아니라 위법성도 필요로 하지 않는
책임이 그 특징이다.[29] 즉 과실책임은 객관적인 불법판단의 요소로서
위법성과 주관적인 요소로서 책임성을 전제로 하지만, 위험책임은 책임
이 귀속되는 근거로서 금지된 용태(verbotenes Verhalten)에서 찾는 것이
아니라 위험하지만 허가된 시설이나 행위에서 찾게 되므로, 위험책임은
주관적인 비난가능성 뿐만 아니라 객관적인 위법성을 요건으로 하지 않
는다.[30] 위험책임이라면 그 귀책근거는 위험한 시설을 관리·운영하고
있다는 사실로서, 위험한 시설을 적법하게 관리·운영을 하다가 피해가
발생하여도 관리·운영자는 책임을 부담하게 된다.[31] 환경정책기본법 제

---

28) 전경운, 환경오염피해구제법상 사업자의 무과실책임, 홍익법학 제17권 제2호
    (2016), 199면: 만일 판례가 수인한도론을 적용하여 경미한 손해의 배상을 부정한
    다면, 위험책임의 이론에 반하는 것이 될 것이다.
29) 안경희, "사업자의 환경오염피해에 대한 무과실책임", 경희법학 제50권 제4호,
    2015, 12, 42-43면.
    이은영, 채권각론, 박영사, 2004, 745면 이하: 이은영 교수는 위험책임을 무과실책
    임으로 보고 있는바, 위험책임은 책임의 근거가 위험이 야기에 있음을 나타내는
    반면에, 무과실책임이란 가해자가 과실이 없더라도 책임을 진다는 것을 말할 뿐
    이라고 한다.
30) Karl Larenz, Die Schadenshaftung nach dem Wasserhaushaltsgesetz im System der
    zivilrechtlichen Haftungsgründe, VersR., 1963, S. 596; Karl Larenz/Claus-Wilhelm
    Canaris, Leherbuch des Schuldrechts, Band Ⅱ/2, 13. Aufl., S. 610; Erwin Deutsch,
    Unerlaubte Handlungen, Schadensersatz und Schmerzensgeld, 3. Aufl., Rn. 326).
31) 이승우, 독일의 환경사법상 위험책임, 環境法研究 第28卷 1號, 332면.

44조 제1항을 위험책임(Gefährdungshaftung)으로 보는 경우에는, 환경오염으로 인한 피해가 발생한 경우에 원인자의 고의·과실 및 위법성과 무관하게 가해행위와 피해 발생간의 인과관계만 입증하면 손해배상을 받을 수 있게 된다.[32)

c) 소결

환경정책기본법의 제44조 제1항을 위험책임으로 보는 것은, 위험책임의 범위를 너무나 확장하게 된다. 환경오염으로 인한 피해에 대해서 위험책임을 인정하는 것은, 특별한 위험을 지배한 자에게 위험책임이 인정되어야 한다는 위험책임의 일반적인 법리를 벗어난 것이라고 할 수 있다. 즉 일반인이 생활 속에서 발생시키는 환경오염 등으로 인한 피해는 과실책임의 법리에 의하여야 하고, 위험책임의 법리를 적용하는 경우는 환경위험적인 시설(예를 들면, 특별히 위험한 시설) 등을 지배하여 그 위험성이 특별한 경우에만 위험책임의 법리가 적용되어야할 것이다. 위험책임으로 보는 경우에는 가해행위의 위법성을 요하지않으므로, 위법성의 문제로 다루어지는 수인한도론이 적용되지 않는다는 명문의 규정을 두어야 할 것이다. 위험책임으로 보기 위해서는 정상적 운영으로 인한 경미한 침해(비본질적인 침해) 내지 장소 통상적으로 인용가능한 손해에 대한 면책규정 내지 불가항력에 대한 면책규정이 함께 규정되고, 다른 책임법제와의 관계에 대해서도 규정되어야 할 것이다. 그러므로, 동 조항상의 책임은 일단 일반적 무과실책임으로 보아야 할 것이다.

---

32) 전경운, 환경정책기본법 제31조에 의한 무과실책임의 문제점과 개정방향 - 환경정책기본법의 개정안 제44조와 관련하여 -, 環境法研究 第31卷 2號, 326면.
   김홍균, 로스쿨환경법, 2016, 홍문사, 25면: 그런데 김홍균 교수는 위험책임과 무과실책임을 구분하지 아니하는 것으로 보인다.

4. 환경정책기본법 제44조의 법적 성질

환경정책기본법 제44조 제1항은 민법 제750조에 대한 특별규정으로서, 무과실책임을 규정하는 것으로 보는 경우에, 현재적으로 무과실책임의 무분별한 확장에 대해서 비판적 견해도 있는바, 이러한 맥락에서 동 규정의 법적 성질에 대한 논의가 필요하다.

a) 방침규정설 내지 정책선언규정설

환경정책기본법의 입법취지나 규정 등의 내용을 볼 때 동 규정이 국민에게 손해배상청구권을 취득하게 하는 효력규정으로 보기 어렵고, 공법상 환경기준에 대한 규제와 환경정책의 지표(指標)를 제시하는 행정법규라고 보는 것이 타당하다는 취지에서 구체적인 효력을 부인하고 방침규정으로 보아야 한다는 입장이다.[33]

(구)환경정책기본법 제31조의 입법취지는 무과실책임을 환경정책의 기본원칙으로 한다는 것으로 해석되므로 그 자체로서는 실체법적 효력을 갖지 못하고, 다른 개별법에 의한 구체적인 손해배상규정이 입법되어야 그 실효성이 확보된다고 보아야 할 것이다. 이처럼 해석하여야 하는 이유로 환경정책기본법은 환경오염의 행정적 규제에 관한 기본법이고, 동법 제5절은 「분쟁조정및피해구제」라는 표제하에 제29조·제30조에서 국가 및 지방자치단체는 환경보전과 환경오염으로 인한 피해구제를 위하여 필요한 조치를 하도록 규정할 뿐, 구환경보전법 제60조 제3항과 같은 효력을 담보하는 구체적인 규정이 흠결되어 있기 때문이라는 주장도 있다.[34]

모든 환경오염으로 인한 피해에 대하여 무과실책임을 인정하는 것

---

33) 류지태, 환경책임법 입법론. 공법연구 제20집, 1992, 316면.
34) 이은영, 채권각론, 박영사, 1995, 714면: (구)환경보전법 제60조 제3항 "제1항의 규정에 의한 피해의 배상에 관하여 이 법에 의한 것을 제외하고는 민법의 규정에 의한다. 다만 민법 이외의 법률에 다른 규정이 있을 때에는 그 규정에 의한다."

은 타당하지 않으므로, 제44조의 법적 성질은 정책선언적 규정으로 보
아야 할 것이며, 환경오염으로 인한 피해지 보호를 위하여 무과실책임
에 입각한 환경책임법[35]이 제정되어 있으므로, 피해에 대한 배상책임은
그 법에 맡기고 환경정책기본법은 하나의 정책선언적 규정으로 보는 것
이 합당할 것이라는 견해도 있다.[36)

b) 과실 · 위법 추정설

동 규정의 적용에 따른 책임의 무제한한 확장을 막기 위해 동 규정
의 책임을 위험책임이 아닌 불법에 기한 책임으로 파악한다. 민법상의
행위불법에 근거한 불법행위를 전제로 고의 · 과실 및 위법성의 입증을
면제하였다는 취지에 불과하고, 피고가 면책을 위해 무과실 · 적법을 주
장하는 것을 배제하는 것은 아니라고 보는 견해이다.[37)

c) 효력규정설

동 규정은 구체적 효력을 갖는 규정이라고 하여, 문언 그대로 공법
적으로나 사법적으로나 완전한 효력을 발한다는 입장이다.[38) (구)환경
정책기본법 제31조 제1항은 불법행위에 관한 민법 규정의 특별 규정이
라고 할 것이므로 환경오염으로 인하여 손해를 입은 자가 환경정책기본

---

35) 환경오염피해 배상책임 및 구제에 관한 법률.
36) 전경운, 환경오염피해구제를 위한 민사법제의 개선방안 및 대안모색, 環境法研究
    第36卷 1號, 151면 이하.
37) 김형석, 민사적 환경책임, 서울대학교 法學 제52권 제1호 (2011년 3월), 227면 이
    하.
    송덕수, 채권법각론, 2017, 박영사, 574면.
    인천지법 부천지원 2004. 10. 22. 선고 2002가단23361 판결: 확정: 민법 제750조의
    일반 불법행위법을 근거로 피고들에게 손해배상을 구하나, 위 환경정책기본법의
    규정은 손해의 책임과 발생에 관한 입증책임을 환경오염을 발생시키는 사업자에
    게 지우는 것으로서 민법 제750조에 대한 특별규정이라고 보아야 하므로 환경오
    염으로 인한 손해배상사건에 관하여는 그 피해자가 위 법률의 적용을 구하는 주
    장을 하였는지 여부를 가리지 아니하고 민법상의 손해배상 규정에 우선하여 적용
    하여야 할 것이다.
38) 김홍균, 로스쿨환경법, 2016, 홍문사, 24면.

법에 의하여 손해배상을 주장하지 않았다고 하더라도 법원은 민법에 우선하여 환경정책기본법을 적용하여야 한다라는 판시도 있다.[39]

d) 입법과오설

동 규정의 무과실책임 규정은 다음과 같은 이유로 입법상 과오(過誤)라는 견해이다.[40] 첫째로, 프로그램적 내지 선언적 성격을 갖는 환경정책기본법에 구체적 효력규정을 두는 것은 바람직하지 아니하다. 둘째로, 책임요건으로 정하는 환경오염과 환경훼손이라는 침해행위가 대단히 광범하고 모호하고, 환경오염, 피해의 발생으로서 손해의 종류와 내용 등의 구성요건의 구체적인 기준이 불확실하며, 시설의 운영자가 아니라 모든 환경침해를 대상으로 하는 것은 문제가 있다.[41] 셋째, 가해자와 피해자의 이해의 조절을 고려하지 않고 있다.[42] 넷째, 정상적인 운영의 경우를 포함하여 수인가능한 범위에 대한 내용이 없으며, 불가항력에 대한 면책규정도 결여되어 있는 등 책임에 대한 제한이 따르지 않는다.[43] 다섯째, 개별분야에서의 특수한 환경오염에 대하여, 특별법으로 무과실책임을 인정하는 규정을 무용지물로 만들 수 있다.

e) 소결

우리의 환경정책기본법상의 무과실책임 규정은 입법상 오류(誤謬)

---

39) 대법원 2008. 9. 11. 선고 2006다50338 판결[손해배상(기)].
40) 강현호, 환경국가와 환경법, 2015, 신론사, 408면 이하.
41) 이승우, 독일의 환경사법상 위험책임, 環境法研究 第28卷 1號, 332면.
42) 윤용석, 환경오염의 민사책임에 관한 새로운 동향. 재산법연구, 제11권 1호, 1994, 74면.
   독일 환경책임법 제1조(환경작용으로 인한 시설책임)에 의하면 "부록1에 제시된 시설의 환경작용으로 인해 사람이 사망하거나 신체와 건강이 침해되고 물건이 손상되면 시설의 소유자는 피해자에게 그로 인해 발생한 손해를 배상할 의무가 있다"고 규정하고 있다.
43) 전경운, "환경침해로 인한 위법성판단과 환경정책기본법 제31조의 효력 – 대판 2001.2.9. 선고 99다55434 판결 –", 『민사법학』 제22권, 민사법학회, 2002, 450-451면 참조.

라고 사료된다. 환경침해로 인한 피해를 전보하여야 한다는 이념이 강하게 반영된 결과, 환경을 이용하여 사업을 영위하는 자들에 대한 고려가 충분하게 반영되지 아니하였고, 환경침해의 반면으로 얻어지는 다양한 사회적 이익에 대한 형량도 적절하게 이루어지지 아니한 것으로 보인다.[44] 예를 들면, 독일의 환경책임법 규정을 보면 환경침해로 인한 책임을 긍정하지만 무과실책임이 적용되는 주체를 가능한 한 명확하게 규정하는 등 이익의 적절한 형량을 하고 있음을 볼 수 있다.[45] 즉, 위험책임에 기초하면서도 행위책임이 아니라 시설책임에 따름으로써 그 적용범위를 제한하고 있으며, 또한 시설책임에 의하면서도 될 수 있는 한 추상성을 배제하기 위하여 통일적인 일반적 규정을 포기하고 해당되는 시설의 종류를 [별표 I]에서 나열하는 열거주의에 따르고 있다.[46] 그리

---

[44] 전경운, 환경정책기본법 제31조에 의한 무과실책임의 문제점과 개정방향 - 환경정책기본법의 개정안 제44조와 관련하여-, 環境法研究 第31卷 2號, 330면: 예를 들어, 2007년 12월 태안 앞바다에서 삼성중공업 소속 해상크레인과 허베이 스피리트 (HEBEI SPIRIT)호가 충돌하여 다량의 기름을 유출하는 대형사고가 발생하여 막대한 손해가 발생하였는데, 이러한 경우에 허베이 스피리트호의 선박소유자는 유류오염손해배상책임법상 금액 유한책임을 지게 된다. 그러나 유조선인 선박은 사업장등으로 볼 수 있으므로, 환경정책기본법 제31조에 의한 무과실책임으로 피해자들이 손해배상청구를 하면, 동법 제31조는 책임제한의 규정이 없으므로 선박소유자는 무한책임을 부담하게 되어서, 금액유한책임을 규정한 유류오염손해배상책임법의 규정을 무용지물로 만들어 버리게 된다.

[45] 1986년 체르노빌 원자력발전소 폭발사건이나 유독 소방액의 라인강 유입에 따른 어류 폐사 사건 등으로 인하여 환경책임법제의 필요성이 제기되었던바, 1991년 환경책임법이 제정되었다. 환경책임법의 제정 이전에는 환경침해에 대한 책임은 BGB § 823와 § 906, 그리고 연방이미씨온보호법 § 14조 등에 의거하였으나, 환경침해에 대하여 충분하게 규율하지 못한다는 비판에 직면하여 환경책임법을 제정하게 되었다.
독일 환경책임법의 주요규정들을 살펴보면 다음과 같다:
제1조(환경침해에 있어서 시설의 책임), § 4 Ausschluß der Haftung(책임의 면제), § 5 Beschränkung der Haftung bei Sachschäden(물적 손해에 있어서 책임의 제한), § 15 Haftungshöchstgrenzen.(책임상한).

[46] 고문현, 환경정책기본법 제31조 무과실책임규정의 개정방안. 환경정책연구 8(4), 2009, 138면.

고, 환경오염피해에 대한 책임의 부담 및 피해자 구제와 관련하여 환경오염피해 배상책임 및 구제에 관한 법률이 제정되어 이제 시행되고 있으므로, 환경정책기본법 상의 무과실책임조항은 삭제하는 것이 바람직하다.[47]

C. 평석

판례는 환경정책기본법상의 무과실책임조항을 들어서 공단 내지 공사의 배상책임을 긍정하고 있다. 공단 내지 공사는 동 조항의 사업자 등 내지 원인자에 해당되므로 배상책임을 부담하게 된다고 본다. 그리고 소음으로 인한 피해도 환경오염에 해당되므로 환경정책기본법상의 배상책임의 요건을 충족한다. 그렇다면, 구태여 민법 제758조 제1항에 따라서 배상할 의무가 있다고 판시할 필요가 있는가 하는 점이다. 만약 이렇게 나아가기 위해서는 환경정책기본법상의 배상책임과 민법상 배상책임의 관계를 먼저 언급하였어야만 하는 것은 아닌가 하는 점이다. 즉, 환경정책기본법이 민법에 비하여는 특별법의 지위를 점하므로 환경정책기본법이 우선적으로 적용되어야 하는 것은 아닌가 하는 점에 대해서 먼저 판단되었어야 하는 것은 아닌가 하는 점이다. 나아가 환경정책기본법상의 무과실책임의 내용과 법적 성질까지도 판단하는 것이 필요하지는 않는가 하는 점을 지적하고 싶다. 사견으로는 환경정책기본법상의 무과실책임조항은 하나의 선언적 의미를 담는 것으로 보는 것이 입법체계상으로나 규율내용상으로 타당한 것으로 사료되고, 추후에 동규정은 폐지될 필요가 있나고 사료된다.

---

47) 김홍균, 로스쿨환경법, 2016, 홍문사, 37면.

Ⅵ. 환경침해와 이해조정

환경침해[48)]는 그 정도의 문제이지 우리 주위에서는 항상 일어나고 있다. 본 사안에서는 철도의 운행으로 인하여 소음이 발생하였고, 그로 인하여 가축에게 피해가 발생한 사안이다. 이러한 문제를 불법행위에 기초한 손해배상의 문제로 바라보고 있는바, 과연 그러한 시각이 바람직한 것인가에 대한 고찰이 필요하다. 철도의 운행으로 인한 소음·진동으로 인한 피해를 불법행위책임으로 전개한다면 배상책임의 성립요건으로서 원인자의 가해행위, 행위의 위법성, 피해 그리고 가해행위와 피해발생 사이의 인과관계의 입증을 들 수 있을 것이다. 우리 판례는 본 사안을 불법행위로 인한 손해배상책임으로 보고, 환경침해행위의 위법성을 논증하기 위해서 수인한도론을 활용하고 있다. 그렇지만, 환경침해와 관련된 사안을 불법행위책임과 관련하여 수인한도론으로만 해결하여야 하는가에 대해서는 의문이 제기되고 있다.[49)]

A. 수인한도론에 의한 이해조정

수인한도론은 일본에서 계수된 이론으로서, 이미씨온의 문제를 권리남용으로 다루는 프랑스의 판례 이론을 발전시킨 이론이라고 할 수 있다. 프랑스 민법에는 독일 민법 제906조[50)]나 우리 민법 제217조[51)]와

---

48) 김덕중, 환경침해의 위법성 판단과 수인한도의 법리에 관한 연구, 圓光法學 第25卷 第1號, 39면 이하: 환경침해라 함은 환경을 침해하는 위법행위를 포괄하여 일컫는 말로서 독일환경책임법에서 처음 사용된 개념이다.

49) 안경희, 항공기소음으로 인한 민사책임, 環境法研究 제33권 제2호, 2011, 268면 이하.

50) BGB § 906 Zuführung unwägbarer Stoffe(불가량물질의 유입) (1) Der Eigentümer eines Grundstücks kann die Zuführung von Gasen, Dämpfen, Gerüchen, Rauch, Ruß, Wärme, Geräusch, Erschütterungen und ähnliche von einem anderen Grundstück ausgehende Einwirkungen insoweit nicht verbieten, als die Einwirkung

die Benutzung seines Grundstücks nicht oder nur unwesentlich beeinträchtigt. Eine unwesentliche Beeinträchtigung liegt in der Regel vor, wenn die in Gesetzen oder Rechtsverordnungen festgelegten Grenz- oder Richtwerte von den nach diesen Vorschriften ermittelten und bewerteten Einwirkungen nicht überschritten werden. Gleiches gilt für Werte in allgemeinen Verwaltungsvorschriften, die nach § 48 des Bundes-Immissionsschutzgesetzes erlassen worden sind und den Stand der Technik wiedergeben(토지소유자는 가스, 증기, 악취, 연기, 매연, 열기, 소음, 진동의 유입 및 타인의 토지로부터 유출되는 유사한 영향이, 그러한 영향이 자신의 토지 이용을 방해하지 않거나 또는 단지 경미하게 방해하는 한 이를 금지할 수 없다. 경미한 방해는 통상적으로 이러한 법령에 의하여 수집되고 평가된 영향에 대한 법령에 규정된 한계수치 또는 기준수치가 초과되지 아니하는 한 존재한다. 동일한 것이 연방이미씨온보호법 제48조에 의하여 발급되고 기술의 수준을 반영하는 일반적 행정규칙에서의 수치에게도 적용된다). (2) Das Gleiche gilt insoweit, als eine wesentliche Beeinträchtigung durch eine ortsübliche Benutzung des anderen Grundstücks herbeigeführt wird und nicht durch Maßnahmen verhindert werden kann, die Benutzern dieser Art wirtschaftlich zumutbar sind. Hat der Eigentümer hiernach eine Einwirkung zu dulden, so kann er von dem Benutzer des anderen Grundstücks einen angemessenen Ausgleich in Geld verlangen, wenn die Einwirkung eine ortsübliche Benutzung seines Grundstücks oder dessen Ertrag über das zumutbare Maß hinaus beeinträchtigt(중대한 방해가 다른 토지의 지역통상적 이용을 통하여 야기되고, 이러한 유형의 이용자에게 경제적으로 수인가능한 조치들을 통하여 방지되어질 수 없는 한, 동일한 것이 적용된다. 소유자가 이로 인하여 영향을 수인하여야만 한다면, 그는 다른 토지의 이용자에게, 만일 영향이 그의 토지의 지역통상적 이용 또는 그 토지의 수익을 수인가능하지 아니한 정도로 방해한다면, 적절한 보상을 금전으로 요구할 수 있다). (3) Die Zuführung durch eine besondere Leitung ist unzulässig(특별한 관로를 통한 유입은 허용되지 않는다).

BGB § 1004 Beseitigungs- und Unterlassungsanspruch(제거 및 유지청구권) (1) Wird das Eigentum in anderer Weise als durch Entziehung oder Vorenthaltung des Besitzes beeinträchtigt, so kann der Eigentümer von dem Störer die Beseitigung der Beeinträchtigung verlangen. Sind weitere Beeinträchtigungen zu besorgen, so kann der Eigentümer auf Unterlassung klagen(소유권이 다른 방식으로 침해된다면, 소유자는 침해자에 대해서 침해의 제거를 요구할 수 있다. 추속적 침해가 우려된다면, 소유자는 유지를 소구할 수 있다). (2) Der Anspruch ist ausgeschlossen, wenn der Eigentümer zur Duldung verpflichtet ist(제거청구권과 유지청구권은 소유자가 수인할 의무가 있는 경우에는 배제된다).

51) 안경희, 항공기소음으로 인한 민사책임, 環境法研究 제33권 제2호, 2011, 268면 이

같은 이미씨온의 허용기준에 관한 규정이 없는 고로, 판례를 통하여 이미씨온으로 이웃이 통상적으로 인용하여아 하는 불편의 정도를 넘는 손해를 가한 때에는 권리남용이 된다고 보아 불법행위책임을 인정하였다. 일본 민법 역시 프랑스 민법과 같은 상황이었고, 프랑스 판례이론으로부터 이웃이 통상적으로 인용하여야 하는 정도를 가지고 '수인한도'라고 하였다. 즉 권리침해를 불법행위책임의 성립요건으로 하는 일본 민법 제709조의 해석과정에서, 위법성과 관련하여 수인한도론이 등장하였다.52) 수인한도론의 기능을 확장하여, 위법성의 판단기준으로서의 수인한도론이 고의·과실의 판단기준으로도 인정될 수 있다는 것이 신수인한도론이다. 여기서는 수인한도를 넘으면 위법성 뿐만 아니라 과실도 인정된다고 본다. 즉, 피해자가 입은 손해의 종류 및 정도와 가해행위의 태양, 손해의 회피조치 등 가해자측의 제요인, 거기에 지역성 기타 요인을 비교 형량하여 손해가 수인한도를 넘는다고 인정되는 경우에는, 과실적 요소인 예견가능성의 유무와 상관없이 과실도 긍정된다. 이러한 신수인한도론은 1960년대 이후 빈발하는 공해분쟁에서 피해자가 가해자의 예견가능성을 입증하는 것이 곤란하게 되자 이를 극복하는 과정에서 등장하였으며, 과실의 유무 판단을 예견가능성이라고 하는 주관적 심리적 상태가 아니라, 수인한도라고 하는 객관적 문제로 파악하고자

하: 연혁적으로 볼 때 제217조는 일제시대에 우리나라에 의용되었던 일본민법에는 없던 조문을 신설한 규정으로, 이미씨온에 대한 명문규정을 두고 있었던 1900년 독일민법 제906조를 참조하여 마련된 규정이다.

52) 최창렬, 수인한도론의 법리 소고, 財産法研究 제29권 제4호, (2013. 2), 191면: 1919년의 일본 대심원의 판결은 권리의 행사라고 하여도 부당한 방법으로 타인의 권리를 침해한 경우에는 불법행위가 성립할 수 있음을 전제로 "그 행위가 사회 관념상 피해자에게 인용할 수 없는 것으로서 일반적으로 인정되어 있는 침해의 정도를 넘는 때에는 권리행사의 적당한 범위 내에 있다고 할 수 없다"라고 하여 수인한도를 설정하였고, 따라서 수인한도론은 주로 생활방해나 환경오염의 영역을 중심으로 위법성의 판단기준으로 발전하게 되었다.
일본 민법 제709조 고의 또는 과실로 인해 타인의 권리 또는 법률상 보호되는 이익을 침해한 자는 이로 인해 생긴 손해를 배상할 책임을 진다.

한다.53)

　　우리 판례 역시 오래 전부터 수인한도론으로 위법성을 판단하고 있다. 불법행위 성립요건으로서의 위법성의 판단 기준은 그 유해의 정도가 사회생활상 통상의 수인한도를 넘는 것인지 여부인데, 그 수인한도의 기준을 결정함에 있어서는 일반적으로 침해되는 권리나 이익의 성질과 침해의 정도뿐만 아니라 침해행위가 갖는 공공성의 내용과 정도, 그 지역환경의 특수성, 공법적인 규제에 의하여 확보하려는 환경기준, 침해를 방지 또는 경감시키거나 손해를 회피할 방안의 유무 및 그 난이 정도 등 여러 사정을 종합적으로 고려하여 구체적 사건에 따라 개별적으로 결정하여야 한다고 판시하여 왔다.54) 판례는 수인한도론을 활용하여 민법 제758조 제1항의 '공작물의 설치 또는 보존의 하자' 내지 국가배상법 제5조 제1항의 '영조물의 설치나 관리의 하자'도 판단하고 있는 것으로 보인다.55)

---

53) 최창렬, 수인한도론의 법리 소고, 財産法研究 제29권 제4호, (2013. 2), 200면.
54) 대법원 2012. 1. 12. 선고 2009다84608,84615,84622,84639 판결 [손해배상(기)·손해배상(기)·손해배상(기)·손해배상(기)]; 대법원 2010. 11. 25. 선고 2007다74560 판결 [손해배상(기)]; 대법원 2010. 7. 15. 선고 2006다84126 판결; 대법원 2008. 8. 21. 선고 2008다9358,9365 판결 [채무부존재확인] 차량이 통행하는 도로에서 유입되는 소음으로 인한 환경침해의 위법성과 관련하여 판례는 인근 공동주택의 거주자에게 사회통념상 일반적으로 수인할 정도를 넘어서는 침해가 있는지 여부는 주택법 등에서 제시하는 주택건설기준보다는 환경정책기본법 등에서 설정하고 있는 환경기준을 우선적으로 고려하여 판단하여야 한다고 판시하였다.
55) 대법원 2015. 10. 15. 선고 2013다23914 판결 [손해배상(기)]: 국가배상법 제5조 제1항에 정한 '영조물의 설치나 관리의 하자'란 공공의 목적에 공여된 영조물이 그 용도에 따라 갖추어야 할 안전성을 갖추지 못한 상태에 있음을 말하고, 여기서 안전성을 갖추지 못한 상태, 즉 타인에게 위해를 끼칠 위험성이 있는 상태란 그 영조물을 구성하는 물적 시설 자체에 있는 물리적·외형적 흠결이나 불비로 인하여 그 이용자에게 위해를 끼칠 위험성이 있는 경우뿐만 아니라 그 영조물이 공공의 목적에 이용됨에 있어 그 이용상태 및 정도가 일정한 한도를 초과하여 제3자에게 사회통념상 수인할 것이 기대되는 한도를 넘는 피해를 입히는 경우까지 포함한다고 보아야 할 것이다. 그리고 수인한도의 기준을 결정함에 있어서는 일반적으로 침해되는 권리나 이익의 성질과 침해의 정도뿐만 아니라 침해행위가 갖는 공공성

B. 법규정에 의한 이해조정

1. 민법 제217조에 의한 조정적 보상청구

민법 제217조(매연 등에 의한 인지에 대한 방해금지)는 (구)민법에는 없는 조문으로서, 현행 민법이 제정되면서 우리 민법에 도입되었다. 민의원 법제사법위원회의 민법안심의록(民法案審議錄)에 의하면 제217조는 구민법에는 없는 조문으로서 독일민법 제906조[56]를 외국의 입법례로 소개하고 있다. 민법 제217조[57]의 구조를 보면, 첫째로 토지소유자는 매연 등의 유출로 이웃 거주자의 생활에 고통을 주지 아니하도록 금지를 규정하고(제1항), 둘째로 이웃거주자는 이러한 생활방해가 이웃 토지의 통상의 용도(eine ortsübliche Benutzung des anderen Grundstücks)에 적당한 것일 때에는 이를 인용할 의무를 규정하고(제2항), 셋째로 이웃토지의 소유자나 거주자는 특정의 요건 하에서는 토지소유자(가해자)에게 '적당한 조처'를 청구할 수 있다(제1항)고 규정하고 있다.

이웃 토지(가해지)의 통상적 이용에 대해서는 토지소유자는 이를 인용할 의무를 부담하는데, 통상적 이용은 가해지의 이용적합성에 관한 문제로 이는 거래관념 등에 의하거나 또는 침해에 관계된 지역의 평균

의 내용과 정도, 그 지역환경의 특수성, 공법적인 규제에 의하여 확보하려는 환경기준, 침해를 방지 또는 경감시키거나 손해를 회피할 방안의 유무 및 그 난이 정도 등 여러 사정을 종합적으로 고려하여 구체적 사건에 따라 개별적으로 결정하여야 할 것이다(대법원 2005. 1. 27. 선고 2003다49566 판결, 대법원 2010. 11. 25. 선고 2007다74560 판결 등 참조).

56) 민의원 법제사법위원회 민법안심의소위원회, 民法案審議錄(上卷), (1957), 137면 (전경운, 고속도로소음에 대한 유지청구에서의 위법성판단 - 대법원 2015. 9. 24. 선고 2011다91784 판결 -, 法曹 2017 · 4(Vol. 722), 600면에서 재인용).

57) 민법 제217조(매연 등에 의한 인지에 대한 방해금지) ①토지소유자는 매연, 열기체, 액체, 음향, 진동 기타 이에 유사한 것으로 이웃 토지의 사용을 방해하거나 이웃 거주자의 생활에 고통을 주지 아니하도록 적당한 조처를 할 의무가 있다. ②이웃 거주자는 전항의 사태가 이웃 토지의 통상의 용도에 적당한 것인 때에는 이를 인용할 의무가 있다.

적 주민의 가정적 감정에 의해서 정해야 하는데, 주위에 있는 토지의 다수가 대략 같은 침해적인 효과의 종류와 정도를 가지고 이용될 때를 의미한다.58) 그리고, 토지소유자에게 중대한 침해가 발생하는 경우에는 적당한 조처를 할 의무가 발생하는데, 여기서 '적당한 조치'라는 것은 기술적으로 가능할 뿐만 아니라 가해자에게 이러한 조치를 취하는 것이 경제적으로 기대가능한 모든 조치, 즉 사회통념상 기대가능한 모든 조치를 의미하는 것으로 보아야 할 것이다. '적당한 조치'로서 경제적 기술적으로 가능한 경우에는 예방적 조치를 청구할 수 있고, 이러한 예방 조치도 불가능한 경우에는 조정적 보상청구를 행사할 수 있는 것으로 보아야 할 것이다.59)

---

58) 전경운, "환경침해로 인한 위법성판단과 환경정책기본법 제31조의 효력 - 대판 2001. 2. 9.
   선고 99다55434 판결 -", 『민사법학』 제22권, 민사법학회, 2002, 446면.
   김성남, 생활방해에서 수인한도 적용에 관한 연구 - 판례를 중심으로 -, 법학논문집 제40집 제1호 (중앙대학교 법학연구원), 341면 이하.
59) 전경운, 소음침해에 대한 방해제거 및 방해예방청구권의 법적 근거와 인용의무 등 - 대법원 1007. 6. 15. 선고 2004다37904,37911 판결, 민사법학 한국민사법학회, 제 42집(2008), 419면 이하.
   안경희, 항공기소음으로 인한 민사책임, 環境法研究 제33권 제2호, 2011, 287면: 겉으로 보기에는 수인한도론에서 제시되는 수인한도의 판단기준들과 민법 제217조에 따른 인용의무의 판단기준이 비슷한 것 같지만, 수인한도론에서는 피해의 성질, 시설의 공공성 등 모든 판단요소들을 비교·교량하여 수인한도를 정하게 되므로 어떠한 요소를 어느 범위에서 고려할 것인가는 법관의 자의적인 판단에 일임되어 있는 문제가 야기될 수 있다. 민법 제217조에 따르면 침해의 중대성, 지역통상성, 회피가능성의 단계로 위법성을 판단하게 되어서, 판단의 과정적 측면이나, 법치국가원칙으로부터 도출되는 명확성과 예측가능성의 측면에서 보다 타당하다고 사료된다.
   김성남, 생활방해에서 수인한도 적용에 관한 연구 - 판례를 중심으로 -, 법학논문집 제40집 제1호 (중앙대학교 법학연구원), 341면: 종래의 주류적 견해에서는 민법 제217조 제1항에 열거되어 있는 매연, 열기체, 음향 등을 불가량물(不可量物)이라고 하고 제217조의 적용대상을 불가량물로 한정한다. 이는 초기 산업사회에서 형성된 독일민법 제906조의 해석의 영향을 받은 것으로 보인다.

2. 독일 민법 제906조와의 비교

독일 민법 제906조(불가량물질의 유입)는 "(1) 토지소유자는 가스, 증기, 악취, 연기, 매연, 열기, 소음, 진동의 유입 및 타인의 토지로부터 유출되는 유사한 영향이, 그러한 영향이 자신의 토지 이용을 방해하지 않거나 또는 단지 경미하게(unwesentlich = 비본질적으로) 방해[60]하는 한 이를 금지할 수 없다. 경미한 방해는 통상적으로 이러한 법령에 의하여 수집되고 평가된 영향에 대한 법령에 규정된 한계수치 또는 기준수치가 초과되지 아니하는 한 존재한다. 동일한 것이 연방이미씨온보호법 제48조에 의하여 발급되고 기술의 수준을 반영하는 일반적 행정규칙에서의 수치에게도 적용된다. (2) 중대한 방해(wesentliche = 본질적 방해)가 다른 토지의 지역통상적 이용을 통하여 야기되고, 이러한 유형의 이용자에게 경제적으로 수인가능한 조치들을 통하여 방지되어질 수 없는 한, 동일한 것이 적용된다.[61] 소유자가 이로 인하여 영향을 수인하여야만 한다면, 그는 다른 토지의 이용자에게, 만일 영향이 그의 토지의 지역통상적 이용 또는 그의 수익을 수인가능하지 아니한 정도로 방해한다면, 적절한 보상을 금전으로 요구할 수 있다. (3) 특별한 관로를 통한 유입은 허용되지 않는다."라고 규정하고 있다.

제906조는 이미씨온 즉 생활방해를 전제로 하고 있으며, 민사법상 인인보호의 일반규범으로 간주된다. 이를 통해서 인인과 토지의 소유자의 이용의 이익과의 조화를 도모한다. 제906조는 소유권의 내용규정으로서 소유자의 보호가 아니라, 오히려 수인의무를 규정하고 있다. 타인의 토지(가해토지)로부터 영향이 자신의 토지(피해토지)를 침해하지 않거

---

60) BGHZ 51, 396 (397 f.): 여기서 방해는 이웃토지에서 생활하는 자에 대한 건강상 (신체상) 평온의 모든 교란 내지 이웃토지에 존재하는 동물과 식물을 포함하여 물건에 대한 모든 손상을 의미한다.
61) BGH Urt. v. 29.03.1984 III ZR 11/83.

나 또는 경미하게 침해하면 이를 수인하여야 한다. 법령상 규정된 한계수치 또는 기준수치의 준수는 경미한 침해를 징표한다. 중대한 침해에 대해서는 원칙적으로 수인하지 아니하고 대항할 수 있다. 언제 중대한 (=본질적) 침해가 존재하는지는 이성적인 평균인의 판단과 평균인에게 다른 공·사익의 평가 하에 기대되는 것에 의하여 판단된다.[62]

그렇지만, 중대한 내지 본질적 침해일지라도, 제906조 제2항 제1문에 따라서 수인하여야 하는데, 즉, 중대한 침해라도 지역통상적인 경우 (eine ortsübliche Benutzung)로서 이러한 유형의 이용자가 경제적으로 수인가능한 조치를 통해서 방지할 수 없다면 수인되어야 한다. 이처럼 본질적 침해가 수인되는 경우에는 제906조 제2항 제2문의 요건 하에서 소유자는 적절한 보상을 금전으로 요구할 수 있다.[63]

여기서 제906조상 '토지의 지역통상적 이용' 여부가 중요한 개념인데, 이는 가해토지가 판단의 기준이 되며, 주위에 있는 토지의 다수가 유사한 종류와 정도로 침해를 발생시키는 것으로 이용될 경우 지역통상적 이용으로 볼 수 있다. 토지의 지역통상적 이용의 판단에 결정적인 요인은 관련 토지와 그 주변에 있는 대다수의 토지가 일정하고 일관된 침해를 일으키는데 사용되는지 여부이다.

구체적인 경우에 문제된 지역에서 지배적인 실제 이용관계가 문제되며, 하나의 커다란 산업시설도 주위의 특징을 결정할 수 있어서, 독일 판례는 특히 초지역적인 교통시설에서 발생하는 소음침해는 토지의 지역통상적 이용에 해당한다고 보아, 고속도로에서 차량운행(Autobahnverkehr), 철도운영(Eisenbahnbetrieb)[64], 지역간 버스노선(Omnibuslinien), 공항

---

62) BGHZ 157, 33, 43.
63) Gaier, Reinhard, Münchener Kommentar zum Bürgerlichen Gesetzbuch, 7. Aufl., 2017, § 906 Rn. 1 ff. u. 10 f.
   전경운, 환경침해로 인한 위법성판단과 환경정책기본법 제31조의 효력 - 대판 2001. 2. 9. 선고 99다55434 판결-",『민사법학』제22권, 민사법학회, 2002, 433면.
64) Hafner, Philipp, Zivilrechtlicher Lärmschutz an Eisenbahnstrecken, NVwZ 2015, S.

(Flughäfen)으로 인한 비행장 소음은 지역통상적 이용으로 인한 침해에 해당한다고 보고 있다. 즉 독일 판례는 고속도로, 철도, 공항 등으로 인한 소음은 예상할 수 없는 특별한 경우가 아닌 한, 가해토지의 지역통상적 이용으로 인하여 발생한 것으로 피해자들의 인용의무가 인정된다고 보고 있다. 따라서, 침해행위의 위법성이 부정되어서 손해배상청구를 인정하지 않고 있다.[65] 다만, 피해자는 중대한 방해를 수인함으로 인하여 그의 토지의 지역통상적 이용 또는 그의 수익을 수인가능하지 아니한 정도로 방해받는다면 조절적 보상을 금전으로 신청할 수 있다.

C. 평석

우리 판례는 계속하여 도로나 철도 내지 공항 등으로부터 발생하는 소음으로 인한 피해를 불법행위에 터잡아 손해배상책임을 논하는 방향으로 나아가고 있다. 그런데, 이러한 접근은 도로나 철도 또는 공항이 가지는 사회적 필수시설로서의 의미를 제대로 반영하지 못할 뿐만 아니라 민법 제217조가 규율하고 있는 인인(隣人)간의 이해조정의 의미를 제대로 적용하지 못할 우려가 있다고 사료된다. 특히 우리나라와 같이 상대적으로 토지의 이용이 집약적으로 이루어지고 있는 나라에서는 사회기반시설의 설치로 인한 인인간의 문제가 빈번하게 발생할 우려가 있음에도 이러한 해결방향은 일반생활관계에서 기본법으로 기능하는 민법의 취지를 제대로 반영하지 못하는 우를 범하는 것은 아닌가 우려된다.

민법 제217조는 상린관계에 대한 이해조정규정으로서 기능을 수행할 수 있을 것이다. 이에 따르면 가해토지 소유자는 방지조치를 취할 의무가 있고, 피해토지 소유자는 경미한 방해는 수인할 의무가 있다. 중

---

648 ff.
65) 전경운, 고속도로소음에 대한 유지청구에서의 위법성판단 - 대법원 2015. 9. 24. 선고 2011다91784 판결 -, 法曹 2017·4(Vol. 722), 592면 이하.

대한 방해에 대해서는 그것이 토지통상적 이용에 기초하고 경제적으로
수인가능한 범위내에서 배제될 수 없다면 역시 수인하여야 하며, 이 경
우에 피해토지 소유자가 자신의 토지를 지역통상적으로 이용할 수 없거
나 또는 그 토지의 수익을 수인가능하지 아니한 정도로 방해받는 경우
에는 적절한 보상을 금전으로 청구할 수 있는 것으로 해석할 수 있다.
이처럼 상린관계에서 발생할 수 있는 문제에 대해서 민법에서 적절하게
이해조정을 규율하고 있음에도 불법행위의 관점으로 나아가는 점에 대
해서는 재고할 필요가 있다고 사료된다.

　환경침해로 인한 피해와 관련하여 과연 어느 관점으로부터 접근하
는 것이 보다 합리적인가에 대하여 진지한 고민이 필요하다고 할 것이
다. 독일 민법 제906조를 계수한 우리 민법 제217조 제2항에 의하면,
가해 토지의 통상적 용도에 적당한 환경침해에 대해서 피해자는 인용의
무가 있다고 명시적으로 규정하고 있다. 수인한도론은 일본으로부터 무
비판적으로 받아들여서 적용하여 왔다는 사실을 직시하고 이제는 방향
을 전환하여 환경침해로 인한 민사법상의 책임과 관련하여서는 민법 제
217조에 터잡아 논할 필요가 있다고 사료된다. 나아가 민법 제217조를
보다 상세하게 인인간의 이익 조정 그리고 환경침해로 인한 사인간의
이익조정 규정으로 발전시킬 필요가 있다고 할 것이다.

　이 사건과 관련하여서도 민법 제217조에 의하여 살펴본다면, 공단
이나 공사가 설치·운영하는 철도로부터 유출되는 소음이 이웃토지에 영
향을 미치고 있으며, 그 영향이 경미하지 아니하고 중대한 것으로 판단
될 수는 있을 것이다. 그러한 경우에도 철도소음이 지역통상적 이용에
기초하고 경제적으로 수인가능한 소지를 통하여 방지될 수 있는가를 먼
저 판단한 연후에, 이것이 가능하지 아니하다면 피해자는 수인하여야
할 것이다. 피해자가 수인으로 인하여 입는 피해에 대해서는 적절한 보
상을 할 수 있을 것이다. 본 사안에서는 철도소음이 지역통상적 이용에
기초한 것으로 볼 수 있는지 여부 그리고 이러한 소음을 경제적으로 수

인가능한 범위내에서 제거할 수 있는지에 대해서는 언급되지 않고 있다. 그렇지만 여기시는 차음벽(遮音壁)의 설치라는 경제적으로 수인가능한 조치들을 통해서 방지될 수 있을 것으로 사료되므로, 피해자는 먼저 차음벽의 설치를 구하여야 할 것이지 금전적 보상을 청구할 수는 없는 것이 된다. 만약 차음벽의 설치가 경제적으로 수인가능하지 않다면 피해자는 수인하여야 하는데, 만일 피해자가 이러한 수인으로 인하여 자신의 토지의 지역통상적 이용(여기서는 목장으로 이용하는 것) 또는 토지의 수익을 수인가능하지 아니할 정도로 방해받는다면, 피해자는 적정한 보상을 금전으로(einen angemessenen Ausgleich in Geld) 요구할 수 있을 것이다. 이러한 접근이 다소 논리적인 과정을 요구하는 번거로운 것이라 하더라도, 보다 면밀하게 관련된 자들의 이해조정을 가능하게 하지 않을까 사료된다.

Ⅶ. 한국철도시설공단 및 한국철도공사의 법적 성질

A. 연혁

한국철도시설공단 및 한국철도공사가 분사(分社)되기 전에는 한국철도공사법에 의거하여 한국철도공사가 철도의 건설 및 관리와 운영까지 모두 담당하였다. 그러다가, 철도산업발전기본법이 제정되면서 당시 민영화 풍조와 더불어서 철도산업의 경쟁력을 강화하고 공공성을 확보하기 위하여 철도시설부문은 국가의 투자책임 하에 한국철도시설공단에서 건설·관리하고, 철도운영부문은 한국철도공사에서 운영·관리하는 구조를 만들었다. 그에 따라서 한국철도시설공단에 대해서는 한국철도시설공단법이 제정되었고, 한국철도시설공단은 1. 철도시설의 건설 및 관리 2. 외국철도 건설과 남북연결 및 동북아 철도망의 건설 3. 철도시설에 관한 기술의 개발·관리 및 지원 … 9. 제1호 내지 제8호의 사업을 위한 부동산의 취득 및 관리 등의 임무를 담당하게 되었다. 그리고 한국철도공사에 대해서는 한국철도공사법이 제정되었으며, 동 공사는 1. 철도여객사업, 화물운송사업, 철도와 다른 교통수단의 연계운송사업 2. 철도 장비와 철도용품의 제작·판매·정비 및 임대사업 3. 철도 차량의 정비 및 임대사업 … 등을 담당하게 되었다.

한국철도시설공단과 한국철도공사는 법인격은 다르지만, 결국 철도의 설치와 관리라는 임무를 수행하는 동반자라고 할 수 있을 것이고, 이들의 법적 실체 역시 구분하기 어렵다고 사료된다.[66]

B. 법적 성질

한국철도시설공단 및 한국철도공사의 법적 성질을 어떻게 볼 것인가 중요하다. 이들의 법적 성질로서 고려될 수 있는 것은 크게 공공단체로서 공법인(公法人)으로 볼 수 있는가 아니면 사법인(私法人)으로서 공무를 수행하는 한도 내에서 공무수탁사인으로 볼 수 있는가로 압축될 수 있을 것이다.

1. 공법인으로서 영조물법인

공법인이란 국가나 지방자치단체가 공적인 설립 목적을 부여하고 민법·상법 등의 사법(私法)이 아닌 특별법에 의하여 공행정조직으로 설립된 법인을 뜻한다. 공법인은 국가가 특별한 법률에 의하여 법인격을 부여하고 공직 입무를 수행하기 때문에 행정주체로서의 지위를 갖는

---

66) 김재규, 공법인에 관한 연구, 성균관대학교 박사학위논문, 2009, 143면 및 185면: 공단은 공공서비스를 제공하거나 국가나 지방자치단체의 행정업무를 위탁받아 수행할 목적으로 법률 또는 법률에 근거한 조례에 의하여 설립되는 공법인이고, 공사는 기업성이 두드러진 공법인이다.

다.67) 공법인에는 일반적으로 공공조합, 공법상의 재단 그리고 영조물
법인이 있다.68) 한국철도시설공단 및 한국철도공사은 모두 철도의 건설
과 관리 및 운영이라는 공공서비스를 담당하는 기구로서 영조물법인에
해당된다고 볼 것이다.69)

---

67) 김재규, 공법인에 관한 연구, 성균관대학교 박사학위논문, 2009, 17면.

68) 강현호, 국가경영행정법(상), 디비북스, 2012, 129면 이하: 영조물법인(營造物法人: Anstalten des öffentlichen Rechts)이란 일정한 행정목적을 달성하기 위하여 설립된 인적·물적 시설의 종합체로서 독립한 법인격(法人格)을 가지는 단체이다.

69) 이광윤, 공공서비스 개념의 법세계화에 관한 연구, 토지공법연구 제21집, 한국토지 공법학회(2004), 380면: 대한주택공사와 한국토지공사와 같이 명백히 상공업적 서비스를 담당하는 공기업이 아닌 행정적 영조물법인(공단이라고 명명하는 것이 타당함)이 행정서비스 헌장이 아닌 고객서비스 헌장을 제정하고 실천하는 법리상의 오류를 범하고 있는데, 상공업적 영조물법인이 되기 위하여는 ①목적, ②재무상의 운영형태, ③운영방식의 세가지점에서 사기업에 유사하여야만 상공업적 영조물법인으로 간주할 수 있다. 즉, 재화와 용역을 상품화하고, 운영자금의 대부분이 이용자의 사용료로 충당되고, 회계상 그리고 이용자와의 분쟁이 사법의 적용을 받을 때에만 상공업적 영조물법인으로 간주되고, 그 중 어느 하나를 결하여도 모두 행정적 영조물법인으로 간주된다.

이광윤, 公法人의 處分 - 대법원 2008. 1. 31. 선고 2005두8269 판결 -, 행정판례연구 제22-2권(2017), 311면 이하: 행정적 공법인과 상업적 공법인을 구분하지 않게 되면 모든 공법인을 개별적 법령 또는 자치법규의 위임이 없는 한 모두 사법관계로 보는 오류에 빠지게 된다. 공기업의 하나인 상업적 공법인은 개별 법령의 위임이 없는 한 원칙적으로 행정의 주체가 아니며, 행정적 업무를 담당하는 공법인은(ex; 한국연구재단) 구체적인 행위에 대하여 개별법령의 위임 여부에 상관없이 원칙적으로 해당사무에 관하여 설립법령에 의하여 행정청의 지위에 서는 것이 당연하다.

강현호, "공법인과 사법인의 구별에 대한 기초적 논의", 공법연구(제32집 제1호), 한국공법학회, 2003. 11, 450면: 앞으로는 법률로써 어떠한 法人을 창설함에 있어 이를 공법인으로 할 것인지 사법인으로 할 것인지를 분명히 하고 이에 상응하는 입법을 하여야 할 것이다. 그렇지 아니하면 준거법률의 규정들이 공법적인 것과 사법적인 것들이 혼재되어서 추후의 동법인의 법률관계를 모호하게 만드는 첩경이 될 것이다.

동지: 김재규, 공법인에 관한 연구, 성균관대학교 박사학위논문, 2009, 215면 이하: 법인 설립시 공법인으로 설립할 것인지, 사법인으로 설립할 것인지 입법정책 결정을 하고, 그에 따라 입법취지를 분명히 법문에 반영하며, 그 법적 성격에 부합하는 법 규정들을 두어야 한다. 일본의 경우 공법인 설립 규정에 법인의 법적

2. 공무수탁사인

공무수탁사인(Beliehene)이란 법령, 행정처분 또는 공법상 계약에 의거하여 자신의 명의(名義)로 공법상의 권한을 행사하는 사인(私人)으로서, 권한의 범위 내에서 행정청 내지 공무담당자로서의 지위를 향유한다. 사인이 행정주체로부터 수탁 받는 공법상의 권한의 내용은 공행정 사무를 자신의 이름으로 수행할 수 있는 권한이다.[70]

일부의 견해는 공무수탁사인을 행정주체의 반열에 두고 있으나[71], 공무수탁사인은 사인(私人)인 점에서 - 사견에 의하면 - 어떠한 경우에도 행정주체가 될 수는 없으며, 다만 공무를 담당하는 범위 내에서 행정청 내지 공무원으로서의 지위를 영위한다고 할 것이다.[72] 공무수탁사인이 행정청의 지위를 갖기는 하지만 사법상의 주체인 사인에 불과하며, 위탁받은 권한 외에는 임무의 수행으로 인한 법적 효과가 귀속되거나 임무에 대한 별도의 이해관계를 가지지 아니하므로, 공무수탁사인을 행정주체가 아니라고 할 것이라는 견해도 주장된다.[73]

성격을 "공법상 법인으로 한다."는 규정을 둔 입법례가 있다.

[70] 이상천, 國家賠償法 제2조 제1항의 立法論上 問題點, 행정법연구 26, (2010.4), 238면 이하: 공무를 위탁 받은 사인과 공무수탁사인은 동일하지 않다고 볼 수는 없으며, 만약 그러한 전제 하에서 문제가 있다면 합리적 해석론과 입법의 오류를 수정하는 것이 필요하다고 한다.

[71] 김철용, 행정법, 고시계사, 2012. 66면 및 699면.

[72] 김중권, 행정법, 법문사 2013, 131면.
정남철, 현대행정의 작용형식, 법문사, 2016, 447면 이하.
강현호, 국가경영행정법(상), 디비북스, 2012, 68면 이하: 공무수탁사인은 오늘날 지나치게 비대한 행정권을 축소하는 일환으로 활용되기도 하며, 다른 한편으로는 국가와 지방자치단체의 행정부담을 완화하고 사인의 창의성과 자발성 그리고 전문성을 활용하는 의미도 있다. 하지만 공무가 사인에 의하여 수행되는 경우에 공익이 훼손될 우려가 있으므로, 공무는 원칙적으로 행정주체에 의하여 수행되어야 하며, 사인(私人)에 의한 공무의 수행은 예외적으로 이루어져야 한다.

[73] 박재윤, 행정조직형태에 관한 법정책적 접근 - 독일 조종이론적 관점에서 -, 행정법연구 (26), (2010.4), 268면.

3. 소결

어떤 조직체를 공법인으로 볼 것인가 아니면 사법인으로 볼 것인가는 여러 가지 측면에서 중요하다.[74] 특히, 공법인은 행정주체로서 기능을 하므로 그 자체로 공법상의 권리·의무의 주체가 될 수 있는 점이다. 어떠한 법인이 공법인인지 아닌지의 판단은 해당 법인이 공법인으로 '설립(設立)'되었는가에 따라 판단할 문제이다. 공법인으로서의 설립에 있어서 가장 중요한 준거는 민법이나 상법과 같은 일반법이 아니라 특별한 법률에 근거하여 설립되었는가의 여부라고 할 것이다. 특별법에 의한 설립은 사적 자치에 근거한 것이 아니라 고권적 행위에 근거한 것이라고 보아야 할 것이기 때문이다.[75] 한국철도시설공단 및 한국철도공사는 각각 특별법에 의하여 설립되고 철도의 설치 및 운영이라는 공무를 수행하는 조직체이므로 영조물법인으로 보는 것이 타당하다.[76]

---

74) 강현호, "공법인과 사법인의 구별에 대한 기초적 논의", 공법연구(제32집 제1호), 한국공법학회, 2003. 11, 433면: 공법인과 사법인의 구별이 필요한 행정법 분야 또는 행정법적으로 구별의 실익이 있다고 주장되는 논점은 매우 다양하다. 예를 들면, 법인의 설립 근거와 목적, 공공성의 강도, 업무수행에 대한 감시 수준, 공권력 행사 여부, 구성원에 대한 처분의 법적 성질, 구성원에 대한 관계, 공행정주체로서의 적격성, 법 규정 미비시 관계법령의 해석·적용, 입법시 권리보호 정도, 타인과의 형평성 고려 수준, 분쟁시 소송절차, 불법행위시 배상책임, 행정강제 허용 여부, 기본권 주체성 등이다.

김재규, 공법인에 관한 연구, 성균관대학교 박사학위논문, 2009, 69면: 국가나 지방자치단체가 별도의 설립 근거법이 없이 주식회사 형태의 상법인의 주식을 보유함으로써 실질적으로 지배하게 된 경우 해당 법인이 공법인이 되는가가 문제된다. 원래 사인에 의하여 주식회사로 설립되었으나, 국가 소유지분이 과반수가 되어서 공기업이 되는 경우도 마찬가지이다.

75) 이상덕, 변호사회의 법적 성질과 소송형식, 행정법연구 (39), 행정법이론실무학회, (2014.7), 37면.

76) 이원우, "공기업의 민영화와 공공성확보를 위한 제도개혁의 과제", 공법연구(제31집 제1호), 한국공법학회, 2002. 11, 46면: 조직 민영화를 통해 사법적 조직형식으로 전환된 법인도 공법인으로 포착할 수 있어야 하기 때문에, 사법적 조직형식의 사용 여부가 공법인의 결정적인 기준은 되지 못한다. 공공주체가 직접 경제과정

C. 공공단체의 법적 성질과 관련된 중요 판례

1. 한국토지공사

사실관계는 김모씨가 파주시에 토지 및 그 지상공장건물을 소유하고 있었고, 한국토지공사는 파주시 택지개발사업을 하면서 김모씨 소유 토지 등을 수용하게 되었다. 김모씨 등에게 수용절차에 따라서 보상이 이루어졌고, 한국토지공사는 건물철거와 지장물 이전을 계고하였다. 그럼에도 김모씨 등이 토지 및 건물등을 계속 사용하자 한국토지공사는 대집행을 하게 되었다. 김모씨 등은 수용절차의 하자를 이유로 한국토지공사에게 배상을 청구하는 소를 제기하였으나 전부 기각되었다.

동 사안과 관련하여 원심에서는 대집행이라는 공권력을 위탁받은 '한국토지공사'를 공무수탁사인으로 본 후에, 나아가 국가배상법 제2조 상의 '공무원'으로 볼 수 있고, 따라서 배상책임과 관련하여 고의·중과실이 아닌 경우에는 책임을 지지 아니한다고 보았다.77)

에 생산단위로 참여하는 경우 또는 경제과정에 참여하는 다른 생산주체에 대하여 소유 그 밖에 참여지분을 통해 지배력을 행사하는 경우 해당 생산주체를 공기업으로 정의하면서, 「상법」에 의하여 주식회사 형식으로 설립된 공법인으로 인정할 수 있다.

김재규, 공법인에 관한 연구, 성균관대학교 박사학위논문, 2009, 138면: 대부분의 공법인은 그 설립 및 운영재원을 국가 또는 지방자치단체의 재정으로부터의 출연금, 보조금 등으로 확보하거나, 법령에 의한 독점권 부여에 따른 수수료, 사업수입 등의 수입으로 충당하고 있다.

77) 서울고등법원 2007. 10. 4. 선고 2006나37894, 37900 판결: 한편 위 한국토지공사법 및 같은 법 시행령에 의하면, 피고 토지공사가 토지개발사업을 행하는 경우에는 지방자치단체의 장은 공익사업법 제89조의 규정에 의한 대집행 권한을 피고 토지공사에 위탁한다고 규정하고 있으므로, 위 규정에 따라 대집행 권한을 위탁받은 피고 토지공사는 그 위탁범위 내에서는 공무원으로 볼 수 있다 할 것이고(대법원 2003. 11. 14. 선고 2002다55304 판결 참조), 공무원이 직무수행 중 분법행위로 타인에게 손해를 입힌 경우에 국가나 지방자치단체가 국가배상책임을 부담하는 외에 공무원 개인도 고의 또는 중과실이 있는 경우에는 불법행위로 인한 손해배상책임을 진다고 할 것이므로(대법원 2001. 4. 24. 선고 2000다57856 판결 참조), 피고 토지공사도 이 사건 대집행을 실시함에 있어서 불법행위로 타인에게 손해를

그런데, 대법원은 "한국토지공사는 구 한국토지공사법(2007. 4. 6. 법률 제8340호로 개정되기 전의 것, 이하 '토지공사법'이라 한다) 제2조, 제4조에 의하여 정부가 자본금의 전액을 출자하여 설립한 법인이고, 이 사건 택지개발사업은 같은 법 제9조 제4호에 규정된 한국토지공사의 사업으로서, 이러한 사업에 관하여는 공익사업을 위한 토지 등의 취득 및 보상에 관한 법률(이하 '공익사업법'이라 한다) 제89조 제1항, 토지공사법 제22조 제6호 및 같은 법 시행령 제40조의3 제1항의 규정에 의하여, 본래 시·도지사나 시장·군수 또는 구청장의 업무에 속하는 대집행권한을 한국토지공사에게 위탁하도록 되어 있는바, 한국토지공사는 이러한 법령의 위탁에 의하여 이 사건 대집행을 수권받은 자로서 공무인 대집행을 실시함에 따르는 권리·의무 및 책임이 귀속되는 행정주체의 지위에 있다고 볼 것이지 지방자치단체 등의 기관으로서 국가배상법 제2조 소정의 공무원에 해당한다고 볼 것은 아니다."라고 판시하였다.[78]

동 판례에 의할 때, 한국토지공사를 행정주체로 보고 있는바, 이는 한국토지공사를 공법인으로 보는 것으로 보아 배상책임의 주체로 보는 것으로 사료된다.[79] 한국토지공사를 사법인으로 보는 경우에는 국가배상법 제2조 상의 공무수탁사인으로 보는 것이 논리적이라고 사료된다.

입힌 경우에 대집행 권한을 위탁받은 공무원으로서 고의 또는 중과실이 있는 경우에 그 불법행위로 인한 손해배상책임을 진다고 할 것이고, 나머지 피고 박 산업 김 는 피고 ◇◇, ㅁㅁ , ◎◎ 토지공사의 업무 담당자이거나 피고 토지공사와 사이에 용역계약을 체결한 법인이거나 그 대표자로서 피고 토지공사의 지휘·감독 하에 대집행 작업을 실시한 것이므로 형평의 원칙상 피고 토지공사와 마찬가지로 고의 또는 중과실이 있는 경우에 한하여 그 불법행위로 인한 손해배상책임을 진다고 할 것이다.

78) 대법원 2010. 1. 28. 선고 2007다82950,82967 판결 [손해배상(기)·부당이득금].
79) 정준현, 국가배상의 책임주체와 과실책임에 관한 연구, 「미국헌법연구」 제22권 제1호, 미국헌법학회, (2011.4), 343면: 각주 42).

2. 대한주택공사

사실관계는 다음과 같다: 김모씨 소유의 토지를 포함한 택지개발사업을 추진하는 대한주택공사(원고)가 행정대집행법 등 관련법령에 따라 김모씨(피고)의 비용으로 택지개발사업지구에 들어 있는 김모씨 소유의 지장물을 다른 곳으로 이전하였다고 주장하면서, 대한주택공사(원고)가 김모씨(피고)를 상대로 민사소송의 방식으로 그 대집행비용의 지급을 구하는 사안이다. 제1심판결은 원고가 행정대집행법과 국세징수법의 규정에 따라 대집행비용을 징수할 수 있을 뿐이고 민사소송의 방법으로 대집행비용을 청구할 수 없다는 이유로 원고의 소를 각하하였고, 원고가 이에 불복하여 항소하였고, 대한주택공사의 법적 성질과 관련하여 원심에서와 마찬가지로 대법원 역시 행정주체로서의 지위를 긍정하였다: "대한주택공사(2009. 5. 22. 법률 제9706호 한국토지주택공사법 부칙 제8조에 의하여 원고에게 권리·의무가 포괄승계되었다)는 구 대한주택공사법(위 한국토지주택공사법 부칙 제2조로 폐지, 이하 '법'이라 한다) 제2조, 제5조에 의하여 정부가 자본금의 전액을 출자하여 설립한 법인이고, 대한주택공사가 택지개발촉진법에 따른 택지개발사업을 수행하는 경우 이러한 사업에 관하여는 법 제9조 제1항 제2호, 제9조 제2항 제7호, 구 대한주택공사법 시행령(2009. 9. 21. 대통령령 제21744호 한국토지주택공사법 시행령 부칙 제2조로 폐지, 이하 '시행령'이라 한다) 제10조 제1항 제2호, 공익사업을 위한 토지 등의 취득 및 보상에 관한 법률 제89조 제2항에 따라 시·도지사나 시장·군수 또는 구청장의 업무에 속하는 대집행권한을 대한주택공사에 위탁하노톡 되어 있다. 따라서 대한주택공사는 위 사업을 수행함에 있어 법령에 의하여 대집행권한을 위탁받은 자로서 공무인 대집행을 실시함에 따르는 권리·의무 및 책임이 귀속되는 행정주체의 지위에 있다고 볼 것이다. … 이와 같은 대한주택공사의 법인격 및 대집행권한 수탁에 따른 지위, 행정대집행의 목적, 내용 및 비용징수 등에 관한 각

규정 취지 등을 종합하면, 대한주택공사가 법 및 시행령에 의하여 대집
행권한을 위탁받아 공무인 대집행을 실시히기 위하여 지출한 비용은 행
정대집행법의 절차에 따라 국세징수법의 예에 의하여 징수할 수 있다고
봄이 상당하다."라고 판시하였다.[80] 동 사안에서는 원심에서부터 대한
주택공사를 행정주체로 보고 있는바, 이는 대한주택공사를 공법인으로
보는 것으로 보인다. 대한주택공사를 사법인으로 보았고 그래서 공무수
탁사인이 되고, 공무수탁사인도 행정주체의 일종으로 본다면 국가배상
법 제2조 상의 공무원의 개념에 혼란이 발생하지 않을까 우려가 된다.

3. 소결

대한주택공사와 한국토지공사 등의 법적 성질에 대한 규명은 되지
않고 있다. 원심에서는 한국토지공사와 관련하여 대집행이라는 공권력
을 위탁받은 공무수탁사인으로 보기도 하였으나, 대법원에서는 공무인
대집행을 실시함에 따르는 권리·의무 및 책임이 귀속되는 행정주체의
지위에 있다고 보고 있다. 이 판례가 한국토지공사를 공법인으로 보는
것인가에 대해서 명쾌한 답을 내리고 있지는 아니한 것으로 보인다.

한국토지공사를 공무수탁사인으로 보는 경우에는 국가배상법 제2
조 제1항에 따라서 국가배상법이 적용될 수 있고, 따라서 국가나 지방

---

80) 대법원 2011. 9. 8. 선고 2010다48240 판결 [손해배상(기)].
　서울고등법원 2010. 6. 3. 선고 2010나14478 손해배상(기): 그런데 대한주택공사는
　구 대한주택공사법(2009. 5. 22. 법률 제9706호로 폐지되기 전의 것) 제2조, 제5조
　에 의하여 정부가 자본금의 전액을 출자하여 설립한 법인이고, 대한주택공사가
　수행한 택지개발사업은 구 대한주택공사법 제9조 제1항 제2호에 규정된 사업으로
　서 이러한 사업에 관하여는 공익사업을 위한 토지 등의 취득 및 보상에 관한 법률
　제89조 제1항, 구 대한주택공사법 제9조 제2항 제7호, 구 대한주택공사법 시행령
　제10조의 규정에 의하여 본래 시·도지사나 시장·군수 또는 구청장의 업무에 속
　하는 대집행권한을 대한주택공사에 위탁하도록 되어 있다. 따라서 대한주택공사
　는 이러한 법령의 위탁에 의하여 대집행을 수권받아 공무인 대집행을 실시함에
　따르는 권리·의무 및 책임이 귀속되는 행정주체의 지위에 있다.

자치단체가 배상책임을 부담하게 되며, 동 공사의 책임은 고의나 중과실이 있는 경우에만 구상책임을 부담하게 되고, 경과실만 있는 경우에는 책임을 부담하지 않게 된다. 판시 내용에서는 공사가 공법인으로서 행정주체인지 여부에 대해서는 언급하지 않고 있다. 다만, 공사가 특별법에 의하여 설립되었고 공익적인 활동을 하며, 설립에 있어서 재원과 공권력의 행사 등을 고려하고 있는 것으로 볼 때 공법인 내지 공공단체로 보고 있다고 추측할 수 있다고 사료된다.[81] 그렇다면, 한국철도시설공단 내지 한국철도공사 역시 공법인으로 그 법적 성질을 규명할 수도 있지 않을까 사료된다.

D. 공법인의 배상책임

공단 내지 공사를 영조물법인으로 보는 경우에는, 동 법인이 권리주체로서 배상책임을 부담하게 된다. 한국철도시설공단 및 한국철도공사를 영조물법인으로 보는 경우에는 배상책임과 관련하여 국가배상법이 적용되는 것이 합리적이라고 볼 수 있음에도 불구하고, 우리나라에서는 배상책임의 근거와 관련하여 국가배상법이 적용될 것인가 아니면 민법에 따를 것인가가 문제될 수 있다. 왜냐하면, 우리 헌법은 제헌헌법 이래로 공무원의 불법행위에 대한 책임주체를 국가 또는 공공단체로 규정하고 있으나, 1951년 9월 8일자 국가배상법 제2조에서 "공무원이 그 직무를 행함에 당하여 고의 또는 과실로 법령에 위반하여 타인에게 손해를 가하였을 때에는 국가 또는 공공단체는 그 손해를 배상할 책임이 있다"고 규정하였을 뿐, 그 후에는 배상책임자를 국가 또는 지방자치단체로 그 범위를 한정하고 있기 때문이다. 그래서 영조물법인 등의 공공

---

81) 참조판례: 대법원 2018. 4. 10. 선고 2017도17699 판결 [소비자생활협동조합법위반·의료법위반·사기] 이를 위해 국민건강보험법은, 공법인인 국민건강보험공단을 단일의 보험자로 설립하고(제13조).

단체의 배상책임의 준거법률에 대해서 이견이 있으며, 국가배상법 제8
조는 헌법에 위반되는 것은 아닌가 의문도 제기된다.[82)]

1. 합헌설

공공단체(공법인)의 직원이 공무원의 신분을 가지고 있지 않은 점,
지방자치단체 이외의 공공단체도 일반법인 민법에 의해 배상책임을 지
고 있는 점 등에 비추어, 국가배상법상의 관련규정이 위헌이라고 보기
는 어렵다는 견해이다.[83)] 합헌적인 해석론상 헌법 제29조와의 관계에서
국가배상법은 배상 주체의 대표적인 것을 예시한 것으로 보아야 한다는
견해도 있다.[84)]

2. 위헌설 내지 제한적 위헌설

국가배상법 제8조[85)]가 배상책임의 주체를 국가 또는 지방자치단체
에 한정하는 것으로 해석되는 한 위헌으로 보아야 한다는 견해이다.[86)]
헌법은 국가 또는 공공단체가 배상책임을 진다는 것을 전제로 그 요건
이나 절차만을 법률에 유보한 것이므로, 공공단체의 배상책임 그 자체
에 대해서 민법에 유보한 것은 위헌이며, 지방자치단체와 그 밖의 공공

---

82) 정하중, 우리 국가배상법의 개선방안, 토지보상법연구 제16집, 4면; 정준현, 국가배
   상의 책임주체와 과실책임에 관한 연구, 「미국헌법연구」 제22권 제1호, 미국헌법
   학회, (2011.4), 340면; 김기진, 국가배상의 주체에 관한 연구 – 국가배상법 제1조
   의 위헌성 –, 연세법학연구 Vol.9 No.2 [2003], 173면.
83) 김남진·김연태, 행정법 Ⅰ, 15판, 548–549면.
84) 정준현, 국가배상의 책임주체와 과실책임에 관한 연구, 「미국헌법연구」 제22권 제
   1호, 미국헌법학회, (2011.4), 342면 이하: 물론, 입법론상으로는 「국가배상법」상의
   '지방자치단체'를 헌법의 규정에 맞게 '공공단체'로 개정하는 것이 바람직하다 하
   겠다.
85) 국가배상법 제8조(다른 법률과의 관계) 국가나 지방자치단체의 손해배상 책임에
   관하여는 이 법에 규정된 사항 외에는 「민법」에 따른다. 다만, 「민법」 외의 법률
   에 다른 규정이 있을 때에는 그 규정에 따른다.
86) 홍준형, 행정법, 법문사, 2011, 589면; 정하중. 「행정법개론」, 519면; 홍정선, 「행정
   법특강」, 박영사 2009, 507면.

단체는 행정주체로서 같은 공행정작용을 발하면서도 각기 법적 성질이 다른 법률의 적용을 받는다는 것은 평등의 원칙에 위반되고, 아울러 민법에 의한 배상이 충분치 못한 경우 기타의 공공단체에 소속된 공무원에 의해 손해를 입은 피해자는 지방자치단체의 공무원에 의해 손해를 입은 피해자에 비하여 불리한 입장에 놓이게 되며, 따라서 국가배상법 제2조에서 배상책임자를 공공단체 중 지방자치단체로만 한정해서 규율한 것은 국가배상법의 입법취지에 반하고, 헌법상 보장된 국가배상청구권이라고 하는 청구권적 기본권을 차별적으로 제한하는 것으로서 위헌의 소지가 있다고 본다.[87)]

3. 유추적용설

공공단체의 배상책임에 관하여 특별한 규정을 두지 않은 것은 입법의 불비이며 해석을 통하여 보충하여야 한다는 견해이다. 공공단체의 배상책임에 관한 명문의 규정이 없는 현행법의 해석론으로는 공평의 원칙상 국가배상법 제2조 또는 제5조를 유추적용하여 공무수행으로 인한 공공단체의 배상책임에도 국가배상책임을 적용하여야 한다고 본다.[88)]

4. 입법정책설

국가배상책임의 주체를 결정하는 것은 입법정책적인 문제로서 적어도 공공단체의 활동이 공권력을 행사하는 권력적 성격인 경우에는 국가배상법상의 배상 주체에 포함시키는 것을 고려할 수 있다는 견해이다.[89)] 공공단체는 공권력을 행사하며 행정청 내지 공무원의 역할을 수행하고 있으며, 행정소송법상 제39조(피고적격) 당사자소송은 국가·공공

---

87) 정연주, 현행 국가배상제도에 대한 헌법적 검토, 법학논총, 30(1), 전남대학교 법학연구소, (2018.2), 175면 이하.
88) 박균성, 행정법강의, 2015, 12판, 488면.
89) 정하중, 행정법개론, 2015, 9판, 510면; 김성수, 「일반행정법개론」, 홍문사 제5판, 620면.

단체 그 밖의 권리주체를 피고로 한다, 제40조(재판관할) 제9조90)의 규
정은 당사자소송의 경우에 준용한다. 다만, 국가 또는 공공단체가 피고
인 경우에는 관계행정청의 소재지를 피고의 소재지로 본다 등의 규정들
역시 공공단체의 행정주체성을 긍정하고 있다고 본다.

5. 소결

국가배상법은 제1조(목적)에서 "이 법은 국가나 지방자치단체의 손
해배상(損害賠償)의 책임과 배상절차를 규정함을 목적으로 한다."라고
밝히고 있어서, 공공단체에 대해서는 명시적으로 규정하고 있지는 않고
있다. 동법 제8조(다른 법률과의 관계) 역시 "국가나 지방자치단체의 손해
배상 책임에 관하여는 이 법에 규정된 사항 외에는 「민법」에 따른다.
다만, 「민법」 외의 법률에 다른 규정이 있을 때에는 그 규정에 따른다."
라고 하여 국가나 지방자치단체만을 책임의 주체로 인정하고 있다. 그
러므로, 공공단체에 대해서는 현재적으로 법령에 규정이 없으므로, 국
가배상법을 유추적용하거나 아니면 민법을 적용할 수 밖에 없을 것으로
사료된다.91)

---

90) 행정소송법 제9조(재판관할) ①취소소송의 제1심관할법원은 피고의 소재지를 관
할하는 행정법원으로 한다. <개정 2014.5.20> ② 제1항에도 불구하고 다음 각
호의 어느 하나에 해당하는 피고에 대하여 취소소송을 제기하는 경우에는 대법원
소재지를 관할하는 행정법원에 제기할 수 있다. <신설 2014.5.20>1. 중앙행정기
관, 중앙행정기관의 부속기관과 합의제행정기관 또는 그 장 2. 국가의 사무를 위
임 또는 위탁받은 공공단체 또는 그 장.

91) 배상책임에 있어서 국가배상법과 민법의 차이: 국가배상법 제2조와 민법 제756조
의 차이와 관련하여, 국가배상책임에서는 민법 제756조 제1항 단서와 같은 면책
규정이 없으며, 구상(求償)과 관련하여 국가배상법 제2조 제1항은 공무원 개인에
대한 국가 또는 지방자치단체의 구상권을 고의 또는 중과실의 경우로 한정하고
있어서 민법 제756조 제3항이 경과실까지 포함하는 것과 비교할 때 공무를 수행
하는 공무원 개인의 책임을 경감시키는 점에서 차이를 보이고 있다. 국가배상법
제5조와 민법 제758조와 비교하면, 공작물보다는 공공의 영조물의 범위가 더 넓
다. 그리고 공작물의 점유자에게 일정한 면책사유가 있음에 반하여, 영조물책임에
있어서는 그러한 면책규정을 두고 있지 않은 차이가 있다. 또한 구상(求償)과 관

그렇지만 공무원의 직무상 불법행위로 인한 배상책임의 주체를 국가와 공공단체로 규정하는 헌법 제29조[92])의 규율내용에 의하면 국가배상법 제8조가 배상책임의 주체를 국가 또는 지방자치단체에 한정하는 것으로 해석되는 한 위헌으로 보는 것이 타당하다고 사료된다. 헌법은 국가 또는 공공단체가 배상책임을 진다는 것을 전제로, 그 요건이나 절차만을 법률에 유보한 것으로 해석하는 것이 합리적으로 보인다.

국가나 지방자치단체와 공공단체는 모두 행정주체로서 공익을 추구하고 있는바, 그러한 과정에서 제기되는 피해의 구제는 통일된 법원칙에 의거하는 것이 바람직하다. 일반 행정기관이 공법인으로 전환되었다고 하여 공법인의 위법한 작용으로 손해를 입은 자는 더 이상 국가배상법에 따른 손해배상을 청구할 수 없고, 민법에 의한 손해배상만을 청구할 수 있도록 하는 것은 불합리하다고 볼 수 있다. 공익을 추구하는 과정에서 일어난 피해와 관련하여 피해자가 그 발생원인에 따라서 다르게 취급하는 것은 평등의 원칙과 헌법상의 기본권보장의 원칙에 위반되는 것으로 사료된다.[93]) 입법론적으로는 국가배상법 제1조(목적)를 "이 법은 국가 또는 공공단체의 손해배상의 책임과 배상절차를 규정함을 목적으로 한다"라고 개정하는 방안을 고려할 수 있다.[94])

련하여 국가배상법 제5조 제2항의 적용에 있어서도 공무원 개인에 대한 국가 또는 지방자치단체의 구상권은 고의 또는 중과실의 경우로 한정된다고 볼 수 있는 점에서, 민법 제758조 제3항이 경과실까지 포함하는 차이가 있다.

92) 헌법 제29조 ①공무원의 직무상 불법행위로 손해를 받은 국민은 법률이 정하는 바에 의하여 국가 또는 공공단체에 정당한 배상을 청구할 수 있다. 이 경우 공무원 자신의 책임은 면제되지 아니한다. ②군인·군무원·경찰공무원 기타 법률이 정하는 자가 전투·훈련등 직무집행과 관련하여 받은 손해에 대하여는 법률이 정하는 보상 외에 국가 또는 공공단체에 공무원의 직무상 불법행위로 인한 배상은 청구할 수 없다.

93) 정연주, 현행 국가배상제도에 대한 헌법적 검토, 법학논총, 38(1), 전남대학교 법학연구소, (2018.2), 175면 이하.

94) 정하중, 우리 국가배상법의 개선방안, 토지보상법연구 제16집, 32면 이하.
김기진, 국가배상의 주체에 관한 연구 - 국가배상법 제1조의 위헌성 -, 연세법학

Ⅷ. 결론

환경정책기본법상 무과실책임 규정의 법적 함의에 대해서 재고할 필요가 있다. 환경보호라는 이념이 과잉으로 개입하여 환경법을 이해관련자들의 이익에 대한 충분한 고려 없이 제·개정되는 현실을 직시할 때, 이러한 경향에 대해서 법원에서 수정할 필요가 있지 않을까 사료된다. 이념의 과잉현상에 대해서는 법원이 제3자의 입장에서 관련당사자들의 이익을 적절하게 형량하는 것이 요청된다. 그러므로, 무과실책임규정을 환경정책기본법에 두는 것이 바람직한가에 대해서 일갈할 필요가 있다. 환경오염의 문제는 공법적인 차원과 사법적인 차원이 있는데, 공법적인 차원은 공익을 위하여 환경에 대한 침해를 예방하거나 제거하는 것임에 반하여, 사법적인 차원에서는 환경을 매개로 하는 인인간의 이해조정의 문제라는 점을 직시할 필요가 있다. 환경침해는 주로 인인간에 발생하게 되므로, 인인간의 이해조정을 규율하는 민법 제217조를 적절하게 활용할 필요가 있다. 특히, 사회적 기반시설에 의한 환경침해에 대해서는 손해배상의 법리보다는 손실보상의 법리로 접근하는 것이 바람직하다. 공공서비스의 수행을 타인에게 위임하여 수행하는 경우에, 특히 수임자가 단체인 경우에 이들의 법적 성질을 어떻게 파악하는가가 중요한데, 이를 위해서는 공법인과 사법인의 구별기준을 재정립할 필요가 있다. 공법인의 책임에 대해서는 헌법의 정신에 의거하여 국가배상법의 적용을 고려할 필요가 있다.

연구 Vol.9 No.2 [2003], 177면 이하: 일본의 경우에도 일본 헌법 제17조에서 공무원의 불법행위로 인한 손해의 경우에 국가 또는 공공단체에 대한 배상청구를 규율하였는데, 일본 국가배상법 제1조(공권력의 행사에 당하는 공무원의 가해로 인한 손해배상책임·구상권)는 "① 국가 또는 공공단체의 공권력의 행사에 당하는 공무원이 그 직무를 행함에 있어 고의 또는 과실로 위법하게 타인에게 손해를 가한 때에는 국가 또는 공공단체는 그 손해를 배상할 책임이 있다. ② 전항의 경우에 공무원에게 고의 또는 중대한 과실이 있는 때에는 국가 또는 공공단체는 그 공무원에 대하여 구상권을 가진다." 라고 규정하고 있다.

참고문헌

강구철, 국가배상책임자에 관한 연구. 법학논총 18, (2006.2), 79－105면.

강구철, 프랑스의 국가배상책임에 관한 연구. 법학논총 제22권 제2호, 국민대학교 법학연구소 (2010.2), 93－132면.

강현호, 행정법의 이해, 동방문화사, 2018.

강현호, 환경국가와 환경법, 신론사, 2015.

강현호, "공법인과 사법인의 구별에 대한 기초적 논의", 공법연구(제32집 제1호), 한국공법학회, 2003. 11, 441－2면.

고문현, 환경정책기본법 제31조 무과실책임규정의 개정방안. 환경정책연구 8(4), 2009, 125－147면.

김기진, 국가배상의 주체에 관한 연구 － 국가배상법 제1조의 위헌성 －, 연세법학연구 Vol.9 No.2 [2003], 171－183면.

김덕중, 환경침해의 위법성 판단과 수인한도의 법리에 관한 연구, 圓光法學 第25卷 第1號, 39－66면.

김성남, 생활방해에서 수인한도 적용에 관한 연구 － 판례를 중심으로 －, 법학논문집 제40집 제1호 (중앙대학교 법학연구원), 333－376면.

김민규, 건축법령상의 일조확보 기준과 민사책임법상의 일조기준 사이의 괴리와 혼미, 法學論叢 第20輯 第1號, 동아대학교, 213－248면.

김세규, 국가배상법상 배상책임과 관련한 문제 재론, 토지공법연구 제73집 제2호 (2016.2), 355－375면.

김재규, 공법인에 관한 연구, 성균관대학교 박사학위논문, 2009, 1－279면.

김준호, 민법강의, 2013년, 법문사.

김중권, 『김중권의 행정법』, 법문사, 2013.

김중권, "국가배상법상의 과실책임주의의 이해전환을 위한 소고", 『법조』 2009. 8(Vol.635)

김철용, 행정법, 고시계사, 2012.

김학선, 항공기 소음소송에 관한 법적 고찰, 경희법학(제46권 제4호) 2011.

김형석, 민사적 환경책임, 서울대학교 法學 제52권 제1호 (2011년 3월), 205－246면.

김홍균, 로스쿨환경법, 2016, 홍문사.

김홍균. 2001. "환경정책기본법 개정방향-분쟁조정 및 피해구제 -".「환경법연구」제23권 1호, 면.

나종명, 무과실책임의 법해석론적 연구, 법학연구 Vol. 6, 원광대학교 법학연구소 (1984), 203－219면.

박균성, 행정법론(상), 박영사, 2015.

박균성, 公務受託者의 法的 地位와 損害賠償責任, 행정판례연구, Vol.15 No.1 [2010] 151－187면.

박재윤, 행정조직형태에 과한 법정책적 접근 － 독일 조종이론적 관점에서 －, 행정법연구 (26), (2010.4), 261－280면.

박종원. 환경책임법제의 동향과 주요 쟁점. 환경법과 정책 Vol. 18, 강원대학교 비교법학연구소, (2017.2), 1－57면.

박현정, 프랑스 행정법상 과실책임 제도 －'역무과실'의 성격, 위법성과의 관계를 중심으로 －, 행정법연구 제41호, 사단법인 행정법이론실무학회, 2015년 2월, 55－83면.

류지태, 환경책임법 입법론. 공법연구 제20집, 1992, 면.

설계경, 국가배상법 제5조에 관한 소고, 외법논집, 제37권 제3호(2013.8), 83－98면.

송덕수, 채권법각론, 2017, 박영사.

안경희, 독일법상 항공기소음으로 인한 손실보상청구,『법조협회』제58권 제10호, 2009, 185면 이하 참조.

안경희, 항공기소음으로 인한 민사책임, 環境法研究 제33권 제2호, 2011, 면.

윤용석. "환경오염의 민사책임에 관한 새로운 동향".「재산법연구」. 제11권 1호, 1994.

이광윤, 공공서비스 개념의 법세계화에 관한 연구, 토지공법연구 제21집,

한국토지공법학회(2004), 367－382면.

이광윤, 公法人의 處分 － 대법원 2008. 1. 31. 선고 2005두8269 판결 －, 행정판례연구 제22-2권(2017), 311－336면.

이상덕, 변호사회의 법적 성질과 소송형식, 행정법연구 (39), 행정법이론 실무학회, (2014.7), 27－58면.

이상천, 國家賠償法 제2조 제1항의 立法論上 問題點, 행정법연구 26, (2010.4), 225－259면.

이승우, 독일의 환경사법상 위험책임, 環境法研究 第28卷 1號, 331－354면.

이원우, "공기업의 민영화와 공공성확보를 위한 제도개혁의 과제", 공법연구(제31집 제1호), 한국공법학회, 2002. 11, 46면.

이은영, 채권각론, 박영사, 2004.

전경운, 환경침해로 인한 위법성판단과 환경정책기본법 제31조의 효력 － 대판 2001. 2. 9. 선고 99다55434 판결", 『민사법학』 제22권, 민사법학회, 2002, 420－455면.

전경운. 환경책임법 제정의 필요성과 그 내용, 「환경법연구」, 제25권 제1호, 2003. 27－77면.

전경운. "환경침해피해의 사법상 구제원리", 「환경법연구」, 제25권 제2호, 2003, 384－385면.

전경운, 환경정책기본법 제31조에 의한 무과실책임의 문제점과 개정방향 － 환경정책기본법의 개정안 제44조와 관련하여-, 環境法研究 第31卷 2號, 319－347면.

전경운, 고속도로소음에 대한 유지청구에서의 위법성판단 － 대법원 2015. 9. 24. 선고 2011다91784 판결 -, 法曹 2017·4(Vol. 722), 575－600면.

정남철, 현대행정의 작용형식, 법문사, 2016.

정연주, 현행 국가배상제도에 대한 헌법적 검토, 법학논총, 38(1), 전남대학교 법학연구소, (2018.2), 169－197면.

정준현, 국가배상의 책임주체와 과실책임에 관한 연구, 「미국헌법연구」 제22권 제1호, 미국헌법학회, (2011.4), 325－356면.

정하중, 우리 국가배상법의 개선방안, 토지보상법연구 제16집, 1－41면.

조정호, 불법행위책임에 대한 고찰 - 과실책임과 무과실책임을 중심으로
    -, 사회과학연구 제13집 제2권, 영남대학교 사회과학연구소, 1993,
    12, 1-18면.
조홍식. 1998. "토양환경침해에 대한 법적 책임". 「환경법연구」 제20권,
최광준. "환경책임법의 기본구조와 기본내용". 「재산법연구」. 제21권 2호,
    2006, 325면.
최상호, 환경오염에 대한 민사책임, 계명대학교 출판부, 1999, 1-542면.
최상호, 독일의 環境責任法과 우리 나라의 環境政策基本法의 比較考察,
    민사법학(16), 한국민사법학회, 358-388면.
최창렬, 수인한도론의 법리 소고, 財産法研究 제29권 제4호, (2013. 2),
    187-213면.
한귀현, 環境損害에 대한 責任法制 - 유럽환경손해책임지침과 독일환경손해
    법안을 중심으로 -, 공법연구 제35집 제1호 2006년 10월, 695-724면.
Berkemann, Jörg, Lärmfragen in den vergangenen 40 Jahren - Und
    die immer noch offenen Fragen ZUR 2016
Engel,   Rüdiger,   Aktuelle   Fragen   des   Lärmschutzes:
    Lärmaktionsplanung, NVwZ 2010.
Hafner, Philipp, Zivilrechtlicher Lärmschutz an Eisenbahnstrecken,
    (NVwZ 2015, 648).
Gaier, Reinhard, Münchener Kommentar zum Bürgerlichen
    Gesetzbuch, 7. Aufl., 2017, § 906.
Kloepfer, M. Umweltrecht, 3 Aufl., 2004, C.H.Beck, SS. 452-501.

국문초록

우리 인간들은 환경을 이용하면서 살아가고 있다. 환경에는 생활환경과 자연환경으로 크게 구분될 수 있다. 환경의 요소로는 대기, 물, 토양, 소음·진동, 자연 등이 있을 수 있고, 인간들이 환경에 끼치는 위해로서 대기나 물 또는 토양을 더럽히는 오염물질을 배출한다든가, 소음·진동을 과도하게 야기하는 것을 들 수 있다. 이러한 환경침해에 의하여 타인에게 손해를 발생시킬 수 있는데, 이에 대해서는 손해를 전보하여야 한다.

손해의 전보에 있어서 기왕의 과실책임주의 외에 무과실책임주의가 등장하고 있는데, 우리 환경정책기본법 제44조 제1항에서 과실을 묻지 아니하고 배상책임을 긍정하고 있다. 이러한 무과실책임의 확장에 대해서는 적절한 이해의 고려가 불충분하다고 사료된다. 그래서 환경정책기본법상의 무과실책임규정은 삭제되는 것이 타당하고, 개별법률에서 규율하는 것이 바람직하다.

환경침해에 대해서 책임을 묻는 경우에, 환경침해의 위법성이 요청되는데, 이를 수인한도론에 의하여 판단하고 있는바, 구태여 민법 제217조와 같은 환경침해에 있어서의 이해조정규정이 있음에도 수인한도론을 원용할 필요가 있는가 의문이 제기된다. 독일 민법 제906조를 계수한 우리 민법 제217조를 환경침해에 있어서의 이해조정규범으로 적극적으로 활용할 필요가 있다.

환경침해를 야기한 자가 공무를 수행하는 단체인 경우에 그의 법적 성질을 어떻게 파악하는가가 문제되는데, 한국철도시설공단 내지 한국철도공사와 같은 단체를 공법인의 볼 수 있는가가 문제된다. 공법인으로서의 판단준거를 명확하게 할 필요가 있으며, 나아가 공공단체로서의 공법인에 대해서는, 그 배상책임을 국가배상법에 의하도록 할 필요성이 있다.

주제어: 환경침해, 공법인, 수인한도론, 한국철도시설공단, 한국철도공사, 무과실책임, 위험책임

Zusammenfassung

Eine Verteilung der Verantwortlichkeit und Abwägung der Interesse in Umwelteingriffen der öffentlich-rechtlichen juristischen Person

Kang, Hyun Ho[*]

Wir, die Menschen, leben, indem wir die Umwelt für uns nutzen. Die Umwelt gliedert sich in Lebens- und Naturumwelt. Als Elemente der Umwelt sind Luft, Wasser, Boden, Lärm, Natur usw. zu rechnen. Als Umwelteingriffe sind die Emissionen der schmutzige Luft, Wasser oder Boden bzw. die Verursachung der unzumutbare Lärm und Erschütterung zu bezeichnen. Wenn Schäden durch diese Umwelteingriffe entstanden sind, sind sie ausgegleichen werden.

Beim Ersatz der Schäden tritt neben dem Prinzip der Verschuldenshaftung die verschuldensunabhänige Haftung wie die Gefährdungshaftung auf. Das koreanische Umwelt Politik Rahmengesetz(KUPRG) schreibt im § 44 Abs. 1 vor, daß die Verursacher der Umwelteingriffe die entstanden Schäden zu ersetzen haben. Die Regelung fragt nicht nach dem Verschulden der Verursacher der Umwelteingriffe, sondern nur Schäden und Kausalität zwischen Umwelteingriffen und daraus entstanden Schäden. Nach meiner Ansicht fehlt es in dieser Regelung genügende Interessenabwägung zwischen den Beteiligten. Dazu ist es hinzuweisen, daß KUPRG ein

---

[*] Sungkyunkwan University, Law School

Rahmengesetz ist, das eine grobe politische Orientierung im Umweltpolitik enthält, darum ist es empfehlenswert, daraus keine direkte Wirkung nach außen entfallen zu lassen.

In Bezug auf die Verantwortlichkeit der Umwelteingriffe, ist nach der Rechtsprechung deren Rechtswidrigkeit notwendig. Bei der Beurteilung der Rechtswidrigkeit ist die Theorie von Zumutbarkeit zu benutzen. Aber es ist zu fragen, die Zumutbarkeitstheorie Gebrauch zu machen, obwohl das koreanische BGB(KBGB) die bedeutsame Regelung für den Interessenausgleich wie § 217 KBGB unter den Beteiligten hat. M.E. ist § 217 vom KBGB aktiv zu benutzen, das § 906 vom deutschen BGB übernommen hatte, um die Interessen unter den Nachbarn in bezug auf die Umweltemissionen auszugleichen.

Es ist auch zu untersuchen, welchen rechltichen Charakter die Organisationen wie Koreanische Schienenbahn Einrichtungsanstalt (KSBEA) und Koreanissche Schienenbahn Gesellschaft(KSG) aufweisen. Es geht darum, ob sie als öffentlich- rechtliche juristische Personen zu qualifizieren sind. M.E. ist es notwendig, die Beurteilungsmaßstäbe zwischen öffentlich-rechtlichen Körperschaften und privat- rechtlichen Körperschaften aufzustellen und in bezug auf rechtliche Haftung der öffentlich-rechtlichen Körperschaften das koreanische Staatshaftungsgesetz anzuwenden, um die Einheitlichkeit der Gesetzesanwendung zwischen öffentlich-rechtlichen Körperschaften und Gemeinden bzw. Staaten zu garantieren.

Keywords: Öffentlich rechtliche Körperschaft, Zumutbarkcitstheorie, Koreanische Schienenbahn Einrichtungsanstalt, Koreanissche Schienenbahn Gesellschaft, Verschuldensunabhängige Haftung, Gefährdungshaftung

투고일   2018. 12. 7.
심사일   2018. 12. 22.
게재확정일 2018. 12. 27.

經濟行政法

公共契約에서 契約金額調整을 排除하는 特約의 效力
(林聖勳)

公共契約에서 契約金額調整을 排除하는 特約의 效力

林聖勳*

대상판결 : 대법원 2017. 12. 21. 선고 2012다74076 판결

Ⅰ. 대상판결의 개요

1. 사실관계

(1) 원고들은 2007. 4. 16. 집단에너지시설 건설공사를 도급받기로 하는 이 사건 도급계약을 체결하였다.

(2) 이 사건 도급계약의 내용에 포함된 이 사건 특약은 "입찰예정 금액 중 국외업체와 계약하는 부분(이하 '국외 공급분')과 관련된 금액은 계약기간 중의 물가변농을 고려한 금액으로서 물가조정으로 인한 계약 금액조정이 필요하지 아니한 고정불변금액이므로, 입찰자는 입찰 전에 진 계약기간 동안 발생할 수 있는 물가변동(환율변동 등)을 감안하여 입

---

* 법학박사, 대법원 재판연구관

- 311 -

찰금액을 작성하여야 하고, 국외 공급분의 계약금액 고정에 대하여 민·형사상 이의를 제기할 수 없다."라고 규정하였다.

(3) 원고들은 2007. 6.경 국외업체로부터 가스터빈을 매수하고 매매대금으로 스웨덴 크로나화를 지급하였고, 2008. 1.경 국외업체로부터 스팀터빈을 매수하고 매매대금으로 일본 엔화를 지급하였다.

(4) 원고들은 2008년 발생한 세계적인 금융위기로 환율이 상승하여 터빈가격이 폭등하자 2009. 5. 7. 이 사건 도급계약의 계약금액조정을 요청하였으나 이 사건 특약을 이유로 거절당하였다.

2. 관계법령

국가를 당사자로 하는 계약에 관한 법률(이하 '국가계약법')

제5조(계약의 원칙)

① 계약은 상호 대등한 입장에서 당사자의 합의에 따라 체결되어야 하며, 당사자는 계약의 내용을 신의성실의 원칙에 따라 이를 이행하여야 한다.

제19조(물가변동 등에 의한 계약금액조정)

각 중앙관서의 장 또는 계약담당공무원은 공사·제조·용역 기타 국고의 부담이 되는 계약을 체결한 다음 물가의 변동, 설계변경 기타 계약내용의 변경으로 인하여 계약금액을 조정할 필요가 있을 때에는 대통령령이 정하는 바에 의하여 그 계약금액을 조정한다.[1]

---

1) 예산회계법 시행령(1977. 4. 1. 대통령령 제8524호) 제95조의2에서는 '조정할 수 있다'라고 규정되어 있었는데, 1983. 3. 28. 대통령령 제11081호로 개정된 예산회계법 시행령에서 '조정한다'라고 변경되었고, 예산회계법(1989. 3. 31. 법률 제4012호) 제92조에서 '물가변동등에 의한 계약금액 조정'에 관한 규정이 법률로 격상된 이후에도 '조정한다'라는 규정을 그대로 유지하고 있다.

국가계약법 시행령

제4조(계약의 원칙)

각 중앙관서의 장 또는 그 위임·위탁을 받은 공무원은 계약을 체결함에 있어서 법, 이 영 및 관계법령에 규정된 계약상대자의 계약상 이익을 부당하게 제한하는 특약 또는 조건을 정하여서는 아니된다.

제64조(물가변동으로 인한 계약금액의 조정)

① 각 중앙관서의 장 또는 계약담당공무원은 법 제19조의 규정에 의하여 국고의 부담이 되는 계약을 체결(장기계속공사 및 장기물품제조 등의 경우에는 제1차계약의 체결을 말한다) 한 날부터 60일 이상 경과하고 동시에 다음 각호의 1에 해당되는 때에는 재정경제부령이 정하는 바에 의하여 계약금액(장기계속공사 및 장기물품제조 등의 경우에는 제1차계약 체결시 부기한 총공사 및 총제조 등의 금액을 말한다. 이하 이 장에서 같다)을 조정한다. 이 경우 조정기준일(조정사유가 발생한 날을 말한다)부터 60일 이내에는 이를 다시 조정하지 못한다.

1. 입찰일(수의계약의 경우에는 계약체결일을, 2차 이후의 계약금액조정에 있어서는 직전 조정기준일을 말한다. 이하 이 항 및 제6항에서 같다)을 기준일로 하여 기획재정부령이 정하는 바에 의하여 산출된 품목조정률이 100분의 3 이상 증감된 때

2. 입찰일을 기준일로 하여 기획재정부령이 정하는 바에 의하여 산출된 지수조정률이 100분의 3 이상 증감된 때

⑦ 각 중앙관서의 장 또는 계약담당공무원은 환율변동을 원인으로 하여 제1항에 따른 계약금액조정요건이 성립된 경우에는 계약금액을 조정한다.[2)

---

2) '환율변동을 이유로 국가계약법 제19조에 따른 계약금액의 조정을 할 수 없다'는 법제처 법령해석(2008. 9. 2.자 안건번호 08-0235)으로 인하여, 환율변동으로 인한 계약금액조정에 관한 논란의 여지를 없애기 위해 2008. 12. 31. 대통령령 제

3. 대법원의 판단

가. 다수의견

국가계약법상 물가의 변동으로 인한 계약금액조정 규정은 국가 등이 사인과의 계약관계를 공정하고 합리적·효율적으로 처리할 수 있도록 계약담당자 등이 지켜야 할 사항을 규정한 데에 그칠 뿐이고, 국가 등이 계약상대자와의 합의에 기초하여 계약당사자 사이에만 효력이 있는 특수조건 등을 부가하는 것을 금지하거나 제한하는 것이라고 할 수 없으며, 사적 자치와 계약자유의 원칙상 그러한 계약 내용이나 조치의 효력을 함부로 부인할 것이 아니다.

다만 국가계약법 시행령 제4조는 "계약담당공무원은 계약을 체결함에 있어서 국가계약법령 및 관계 법령에 규정된 계약상대자의 계약상 이익을 부당하게 제한하는 특약 또는 조건을 정하여서는 아니 된다."라고 규정하고 있으므로, 공공계약에서 계약상대자의 계약상 이익을 부당하게 제한하는 특약은 효력이 없다고 할 것이다. 여기서 어떠한 특약이 계약상대자의 계약상 이익을 부당하게 제한하는 것으로서 국가계약법 시행령 제4조에 위배되어 효력이 없다고 하기 위해서는 그 특약이 계약상대자에게 다소 불이익하다는 점만으로는 부족하고, 국가 등이 계약상대자의 정당한 이익과 합리적인 기대에 반하여 형평에 어긋나는 특약을 정함으로써 계약상대자에게 부당하게 불이익을 주었다는 점이 인정되어야 한다.

나. 반대의견

공공계약을 체결할 당시에 약정으로 물가변동이나 환율변동으로 인한 위험을 미리 배분하는 것이 효율적인 경우도 있을 수 있다. 그러

21202호로 개정된 국가계약법 시행령에서 신설되었다.

나 국가계약법 제19조는 그러한 약정을 허용하는 것보다 조정을 강제하는 것이 바람직하다는 입법적 선택을 한 것이다. 이러한 입법이 헌법에 반한다거나 감당할 수 없이 부당한 극히 예외적인 상황이 아니라면 국가와 그 상대방은 이에 따라야 한다.

이러한 규정은 공공계약에 대하여 사적 자치와 계약 자유의 원칙을 제한하는 것으로서 강행규정 또는 효력규정에 해당한다. 따라서 공공계약의 당사자인 국가와 그 상대방은 공공계약 체결 이후 물가변동이나 환율변동에 따른 손실의 위험을 공정하고 형평에 맞게 배분하기 위하여 계약금액을 조정하여야 하고, 이를 배제하는 약정은 효력이 없다고 보아야 한다.

이러한 결론은 다음에서 보듯이 법규정의 문언에서 명백하게 드러나 있다고 볼 수 있을 뿐만 아니라, 공공계약과 국가계약법의 성격, 입법경위에서 알 수 있는 입법자의 의사, 법규정의 체계와 목적 등에 비추어 보아도 타당하다.

(1) 공공계약이 사인 간의 계약과 실질적으로 동일하다거나 공공계약에서 국가 등이 사인과 동일한 지위에 서 있다고 할 수는 없다. 일반 사인 간의 사법상 계약과 달리 공공계약과 관련한 재원은 국민으로부터 강제적으로 징수하는 세금으로 충당된다. 그런데도 계약담당공무원이 항상 '최선의 계약 체결'이라는 동기를 갖는 것은 아니므로 부패와 비리, 자의와 전횡을 막기 위해 엄격한 법적 규율이 필요하다.

현실적 측면에서 보면 공공계약의 상대방은 사인 간의 계약과 달리 대금의 수령에 관한 위험을 부담하지 않기 때문에 계약의 내용이 형평을 잃거나 부당한 점이 있더라도 이를 감내하고 계약을 체결하려는 경향이 있다. 또한 공공계약의 상대방을 누구로 정할지는 경제와 사회에 중대한 영향을 미칠 수 있으므로 공공계약은 국가의 중요한 정책 수단이 된다.

이와 같이 공공계약에는 사법상의 계약과는 구별되는 특성이 있기 때문에, 공공계약을 규율하는 국가계약법령은 계약체결 단계부터 계약 내용의 성립과 실현에 이르기까지 공공성을 유지하고 궁극적으로 공익을 실현함을 주된 목적으로 한다. 이에 따라 국가계약법령은 계약법을 보충하여 계약담당공무원의 재량을 적정하게 제한하고 통제하기 위하여 공공계약에 직접 적용될 것을 전제로 마련된 것이다. 따라서 물가변동 등에 따른 계약금액조정 규정은 국가 등이 체결하는 계약에 당연히 적용되고 이를 배제하는 약정은 무효라고 보는 것이 공공계약의 특성에 부합한다.

(2) 국가계약법령 규정은 공공계약에서 국가와 그 계약상대자의 거래상 지위의 차이와 그 남용 가능성을 고려한 것으로, 민사법 원리를 일부 수정하여 계약상대자의 이익을 보호하고 공무원의 재량을 통제하여 계약의 이행과 실현 과정에서 공공성을 유지·확보하기 위한 규정이다. 따라서 중앙관서의 장 등에게 계약금액 변경에 관한 공익적 조정자역할을 부여한 법령 규정을 무력화하거나 그러한 규정을 사전에 배제하는 약정은 법령을 위반한 것으로 무효라고 보아야 한다. 이러한 규정을 단순히 이른바 행정기관의 내부적 규율이나 예산 관련 규정이라고 볼수는 없다.

(3) 계약담당공무원이 국가계약법 규정의 적용을 사전에 완전히 배제하거나 회피하는 약정을 함으로써 국가가 직접 법률을 위반하는 경우에는 개인이나 기업이 행정법규를 위반한 계약을 체결하는 경우보다 더욱 쉽게 그 계약의 효력을 부정하여야 한다. 계약담당공무원이 공공계약의 공정성·형평성을 달성하기 위하여 공공계약의 내용을 규제하려는 입법부, 나아가 민주주의원리와 법치국가원리에 어긋나는 조치를 취하는 것은 그 위법성이 더욱 중대하기 때문이다.

Ⅱ. 쟁점의 정리

대상판결에서는 국가계약법 제19조에 의한 계약금액조정의 적용을 배제하는 특약의 효력에 관하여, 국가계약법 제19조가 강행규정인지 여부의 관점에서 다수의견과 반대의견이 견해를 달리하였다. 다수의견은 공공계약3)이 사법(私法)상 계약임을 전제로 국가 등의 사적 자치와 계약 자유를 중시하면서 국가계약법 제19조를 강행규정으로 해석하지 않더라도 국가계약법 시행령 제4조를 통하여 계약상대자 보호가 가능하다는 입장에 서 있는 반면, 반대의견은 공공계약에 공법과 사법의 혼합적 성격이 있음을 근거로 국가계약법 제19조의 강행규정성을 논증하였다.4)

이에 대하여는 반대의견을 지지하면서 다수의견에 비판적인 견해가 제기되고 있다.5) 국가작용은 사법적 형식에 의하더라도 법치주의를 근간으로 하는 헌법상 원리에 구속되어야 하므로 공공계약에 대하여 사적 자치를 강조하는 입장은 재고될 필요가 있다거나,6) 공공계약의 체결 및 이행은 국가에 의한 후견적 관여를 허용하고 장려하는 것이 더 바람

---

3) 국가, 지방자치단체 기타 행정주체가 행정수요의 충족을 위해 사인과 체결하는 물품매매계약과 건축공사 기타 용역에 관한 도급계약에 대하여는 행정조달계약, 공공조달계약, 관급계약 등 다양한 용어가 사용되고 있으나, 이 논문에서는 대상판결을 따라 '공공계약'이라는 용어를 사용하였다.

4) 이러한 내용의 반대의견은 공법과 사법이 혼합된 공공계약 영역에 대하여 종래의 사법 일변도적인 시각에서 벗어나 공법적 규율과 사법적 규율의 상호보완관계에 의거한 방법론을 적용한 것으로 볼 수 있다. 공법과 사법의 기능적 상호보완관계에 관하여는 박정훈, 공·사법 구별의 방법론적 의의와 한계,『공법연구』37집 3호, 한국공법학회, 2009. 2., 102~103쪽 참조.

5) 대상판결 이전에 국가계약법 제19조에 따른 계약금액조정을 금지하는 특약은 위법하여 허용될 수 없다는 견해로는 계승균, 정부계약법상 계약금액조정제도,『경영법률』16집 2호, 한국경영법률학회, 2006. 4., 654쪽; 박은진, 프랑스 행정계약법상 불예견이론에 관한 연구,『행정법연구』35호, 행정법이론실무학회, 2013. 4., 165쪽 참조.

6) 이계정, 2017년 분야별 중요판례분석 민법(上), 2018. 3. 15.자 법률신문.

직한 영역으로서 반대의견의 태도가 공공계약 영역에의 후견적 개입을 선택한 입법사의 의사를 존중히는 길이자 법치주의의 보루로서의 사법부의 존재의의에 더욱 부합하는 태도라는 것이다.[7]

　　공공계약이 사법상 계약이라는 종래 대법원의 입장에 대하여 학설은 공공계약도 공법상 계약에 해당하고 행정소송 대상이 되어야 한다는 점에 대한 강한 비판이 제기되어 왔다.[8] 공공계약에 관한 이러한 논의는 주로 공공계약의 낙찰자 결정에 관한 분쟁에 관한 것이었다. 이에 대하여 대법원은 '공공계약은 사법상 계약'이라는 프레임 하에서 국가계약법령에 위반한 입찰절차상 하자가 있더라도 그 법령은 내부규정에 불과하다고 하면서 제한적인 조건 하에서만 무효가 된다는 입장을 보여 왔다.[9]

　　그런데, 공공계약이 성립한 이후 공공계약에 따른 국가 등과 계약상대자 사이의 법률관계도 공법적 성격을 가지는지에 관하여는 낙찰자 결정과는 국면을 달리한다고 볼 수도 있다.[10] 가장 대표적인 분쟁사례가 대상판결에서와 같이 관련 법령에서 정한 계약상대자의 계약상 이익을 배제하는 특약의 효력에 관한 것이다. 대상판결의 반대의견에서와

---

7) 이화연, 국가계약법령의 물가변동에 따른 계약금액조정규정에 위배되는 계약금액 고정특약의 효력에 관하여, 『사법』 44호, 사법발전재단, 2018. 6., 355~356쪽.
8) 김대인, 행정계약법의 이해, 2007, 경인문화사, 70~74쪽, 264~267쪽; 2016, 고려대학교 법학박사학위논문, 61~71쪽, 258쪽; 박정훈, 행정법의 체계와 방법론, 2005, 박영사, 163~241쪽; 이광윤/김철우, 행정조달계약의 성질에 대한 연구, 『성균관법학』 28권 2호, 성균관대학교 법학연구소, 2016. 6., 79~104쪽; 이현수, 공법상 당사자소송의 연원과 발전방향, 『일감법학』 32호, 건국대학교 법학연구소, 2015. 10., 342~344쪽; 정호경/선지원, 공공조달계약의 법적 성격과 통제에 관한 연구, 『법제연구』 46호, 한국법제연구원, 2014. 6., 183~188쪽.
9) 대법원 2001. 12. 11. 선고 2001다33604 판결.
10) 관점에 따라서는 낙찰자 결정은 '계약상대방 선택의 자유'가, 계약상대방의 계약상 이익을 제한하는 특약은 '계약내용 형성의 자유'가 문제된다는 점에서 차이가 있을 뿐인데, 국가 등의 사적자치 및 계약자유를 보장할 것인지 행정의 법률적합성 원칙을 강조할 것인지라는 관점에서 보면 이는 상대적 차이에 불과하다고 볼 수도 있다.

같이 공공계약에 공법적 성격이 포함되어 있다는 점에서 출발하면, ①
공공계약에 따른 국가 등과 계약상대자 사이의 법률관계가 '공법상의
법률관계'에 해당하는지, ② 공법상의 법률관계에 해당한다고 볼 경우
사법상 계약으로 보는 경우와 그 법률관계에 관한 심사기준에 어떠한
차이가 있는지, ③ 심사기준의 차이뿐만 아니라 그에 관한 분쟁이 행정
소송(공법상 당사자소송)의 대상에 해당하는지라는 후속 문제가 자연스럽
게 제기된다.

　　이에 대한 대법원의 입장을 정리하여 보면, ① '공공계약은 사법상
계약'이라는 프레임 하에서, ② 낙찰자 결정 관련 절차규정을 '내부규정'
으로 보는 것과 달리 국가계약법 시행령 제4조를 위반한 특약은 효력이
없다(대법원 2015. 10. 15. 선고 2015다206270, 2015다206287 판결)라고 하여
위 조항을 강행규정 또는 효력규정으로 보고 있으며,11) ③ 민사소송과
공법상 당사자소송은 심리절차 면에서 큰 차이가 나지 않는다는 입장으
로 파악된다.12) 이러한 입장의 연장선상에서 다수의견은 국가계약법 시
행령 제4조가 강행규정임을 인정하는 이상, 추가적으로 국가계약법 제
19조까지 강행규정으로 인정하면 이는 국가 등의 계약 자유 및 사적 자
치의 과도한 제한이 된다는 입장으로 보인다.13)

---

11) 판례는 국가계약법 제11조(계약서 작성의무)(대법원 2005. 5. 27. 선고 2004다
　　30811, 30828 판결)와 국가계약법 시행령 제4조(계약상대자의 계약상 이익을 부당
　　하게 제한하는 특약 또는 조건 금지)만 강행규정 또는 효력규정으로 보고 있고,
　　입찰절차에 관한 규정(국가계약법 제7조, 제10조), 지체상금에 관한 규정(국가계
　　약법 제26조, 대법원 1996. 4. 26. 선고 95다11436 판결), 계약보증금에 관한 규정
　　(국가계약법 제12조, 대법원 2004. 12. 10. 선고 2002다73852 판결)은 내부규정으
　　로 보고 있다. 이영선, 국가계약법령상 물가변동에 따른 계약금액조정 규정의 적
　　용을 배제하는 합의의 효력,『사법』43호, 사법발전재단, 2018. 3., 602쪽 참조.
12) 대법원 2018. 2. 13. 선고 2014두11328 판결은 '행정사건이 심리절차는 행정소송의
　　특수성을 감안하여 행정소송법이 정하고 있는 특칙이 적용될 수 있는 점을 제외
　　하면 심리절차 면에서 민사소송 절차와 큰 차이가 없다'고 하면서, 민사사건을 행
　　정소송 절차로 진행한 것 자체가 위법하다고 볼 수도 없다고 판단하였다.
13) 이는 김창석 대법관의 보충의견에서 부각되는 논거이다. 「반대의견과 같이 계약상

반대의견도 다수의견과 마찬가지로 '공공계약은 사법상 계약'이라는 프레임 및 국가 등이 사적 자치와 계약 자유를 향유하고 공공계약의 법률관계는 민사소송의 대상이라는 관점에서 출발하고 있으나, 국가계약법 시행령 제4조 외에 국가계약법 제19조가 국가 등에 대한 중첩적으로 사적 자치와 계약 자유를 제한하는 강행규정으로 작용하고,[14] 국가계약법 제19조의 적용을 배제하는 특약은 그 자체로 국가계약법 시행령 제4조에 위반한 것으로 무효[15]라고 본다는 점에서 다수의견과 차이가 있다.

국가계약법 제19조에 따른 계약금액조정은 국가계약법 시행령 제4조가 말하는 법에 규정된 계약상대자의 계약상 이익에 해당하므로, 결국 국가계약법 제19조의 적용을 배제하는 특약이 무효인지 여부는 그

대자에 대하여도 직접적인 효력을 갖는 강행규정으로 해석할 경우 개별 계약의 구체적 특성이나 약정의 내용 등과 무관하게 언제나 일률적으로 위 조항이 적용됨으로써 계약의 목적이나 위험의 합리적 분배 등 제반 사정에 대한 심사숙고 끝에 당사자가 내린 자유로운 의사결정을 국가 등이 함부로 무효로 돌리는 것이 된다. 이는 사적 자치의 핵심적 가치를 부정하는 것이다. 개별적·구체적인 사안에서 계약상대자의 보호와 계약정의의 실현에 대한 요청은 반대의견과 같은 위헌적인 해석을 따르지 아니하더라도, 다수의견에서 살펴본 것처럼 "계약담당공무원은 계약을 체결함에 있어서 국가계약법령 및 관계 법령에 규정된 계약상대자의 계약상 이익을 부당하게 제한하는 특약 또는 조건을 정하여서는 아니 된다."라고 규정된 국가계약법 시행령 제4조에 관한 대법원의 해석에 근거하여 통제를 하여도 충분히 충족될 수 있다.」

14) 이와 관련하여 반대의견은 「물가변동 등에 따른 계약금액조정 규정에서 정한 요건을 충족하는데도 이를 배제하도록 약정한 경우에는 그 특약은 무효이고 이 규정에 따라 법적 효과를 부여하여야 한다. 물론 이 요건을 충족하지 않더라도 국가계약법 시행령 제4조를 위반하는 특약이나 조건은 무효라고 보아야 한다.」라고 하였다.

15) 이와 관련하여 반대의견은 「국가 등의 계약담당공무원이 입찰안내서 등을 통하여 계약상대자에게 물가변동 등에 따른 계약금액조정 규정의 적용을 배제하도록 하였다면, 그 자체로 국가 등이 우월한 지위를 남용하여 국가계약법 제19조와 국가계약법 시행령 제64조 제1항, 제7항에서 정한 물가변동 등에 따른 계약금액의 조정에 관한 계약상대자의 계약상 정당한 이익과 합리적인 기대를 부당하게 제한한 것으로 볼 수 있다.」라고 하였다.

'부당성' 판단에 좌우될 수밖에 없다. 이는 '공공계약은 사법상 계약'이라는 프레임 하에서는 국가 등의 계약 자유 및 사적 자치의 인정 범위의 문제일 것이지만, '공공계약은 공법상 계약'이라는 프레임 하에서는 국가 등이 계약상대자의 계약상 이익을 배제할 수 있는 권한, 즉 공공계약의 내용을 형성함에 있어서의 재량 인정 범위의 문제가 된다. 공공계약에 대한 통제의 관점에서 보면, '공공계약은 사법상 계약'이라는 프레임 하에서는 민법 제103조(반사회질서의 법률행위), 제104조(불공정한 법률행위) 위반이라는 심사기준을 사용하게 된다.16) 반면 '공공계약은 공법상 계약'이라는 프레임 하에서는 국가계약법 제19조가 국가 등의 계약내용을 기속하는지, 내용형성에 관한 재량이 부여된다 하더라도 재량권 일탈·남용으로 위법한 하자가 있는 것은 아닌지라는 심사기준을 사용하게 된다. 결국 국가계약법 제19조에 따른 계약금액조정을 배제하는 특약의 효력에 대한 사법심사에 있어서는, 국가계약법 시행령 제4조의 '부당성'을 사법적 관점과 공법적 관점 중 어느 관점에서 심사할 때 공공계약의 공공성도 확보하면서 계약상대자의 계약상 이익이 적정하게 보호될 수 있는지가 핵심 문제라고 볼 수 있다.

이와 관련하여 국가계약법 시행령 제4조가 굉장히 제한적으로 적용됨에 따라 그 규정만으로 계약상대자의 보호가 충분히 이루어지기 어렵고 그로 인해 향후 계약금액 고정특약을 제시하는 경우가 증가할 것으로 예측된다는 다수의견에 대한 비판이 제기되고 있다.17) 이러한 비판에 비추어 보더라도, 계약금액 고정특약에 대한 적정한 통제 문제를 국가계약법 시행령 제4조의 해석론으로 해결할 수 있는지(다수의견) 아니면 국가세약법 시행령 제4조 이외의 추가적인 강행규정이 필요한지(반대의견)가 대상판결에서 있어 가장 중요한 쟁점이 된다.

---

16) 반대의견은 이러한 심사기준을 적용하면서 공공계약의 공법적 성격을 국가계약법 제19조의 강행규정성의 하나의 논거로 사용하고 있다.

17) 이계정, 앞의 글 참조.

한편 계약금액조정을 배제하는 특약이 가장 문제되는 사안은 계약
상대사가 실계·시공 일괄입찰 및 확정금액으로 공사계약을 체결하는
경우이다. 이러한 계약을 체결한 이후 설계 및 시공을 하는 과정에서
입찰 당시 제공된 지질조사보고서와 지질조건이 다르거나 입찰과정에
서 확인하지 못한 문화재 또는 지장물로 인하여 공사기간이 연장되고
공사비용이 증가하는 경우(이하 '현장여건 상이')가 발생할 수 있다. 이러
한 경우를 대비하여 국가계약법 시행령 제91조 제1항은 일괄입찰에 대
한 설계변경의 경우 '정부에 책임있는 사유 또는 천재·지변 등 불가항력
의 사유로 인한 경우를 제외하고는 그 계약금액을 증액할 수 없다'라고
규정하는데, 기획재정부 계약예규 중 공사계약일반조건은 계약대금증액
이 허용되는 경우인 '정부의 책임있는 사유 또는 불가항력의 사유'에 해
당하는 구체적인 경우를 규정하고 있고(제21조 제5항),[18] 국가계약법령,
공사 관계법령[19] 및 공사계약일반조건에 의한 계약상대자의 계약상 이

[18) 1. 사업계획 변경 등 발주기관의 필요에 의한 경우
  2. 발주기관 외에 해당공사와 관련된 인허가기관 등의 요구가 있어 이를 발주기관이
     수용하는 경우
  3. 공사관련법령(표준시방서, 전문시방서, 설계기준 및 지침 등 포함)의 제·개정으로
     인한 경우
  4. 공사관련법령에 정한 바에 따라 시공하였음에도 불구하고 발생되는 민원에 의한
     경우
  5. 발주기관 또는 공사 관련기관이 교부한 지하매설 지장물 도면과 현장 상태가 상
     이하거나 계약이후 신규로 매설된 지장물에 의한 경우
  6. 토지·건물소유자의 반대, 지장물의 존치, 관련기관의 인허가 불허 등으로 지질조
     사가 불가능했던 부분의 경우
  7. 제32조에 정한 사항 등 계약당사자 누구의 책임에도 속하지 않는 사유에 의한 경우
     제32조(불가항력) ①불가항력이라 함은 태풍·홍수 기타 악천후, 전쟁 또는 사변, 지
     진, 화재, 전염병, 폭동 기타 계약당사자의 통제범위를 벗어난 사태의 발생 등의
     사유(이하 "불가항력의 사유"라 한다)로 인하여 계약당사자 누구의 책임에도 속하
     지 아니하는 경우를 말한다.
19) 계약금액조정과 관련한 공사 관계법령으로는 2013. 8. 6. 신설된 건설산업기본법
    제22조 제5항이 있다.
    제22조(건설공사에 관한 도급계약의 원칙)

익을 제한하는 내용의 공사계약특수조건은 효력이 인정되지 않는다고 규정하고 있다(제3조 제3,4항).[20] 그럼에도 계약금액 고정특약을 통하여 현장여건 상이로 인한 리스크를 계약상대자로 하여금 부담하도록 할 수 있는지가 문제되는데, 이와 관련하여 비교법적으로 (1) 미국법상 현장여건 상이 관련 판례의 변천 및 연방조달규정(Federal Acquisition Regulation, FAR)의 현장여건 상이 조항, (2) 독일법상 공사현장 리스크 관련 규율 및 건설공사발주규칙(Verdingungsordnung für Bauleistungen, VOB)에 관하여 살펴봄으로써,[21] 국가계약법 시행령 제4조 해석 및 추가적인 강행규정의 필요성에 관한 시사점을 얻고자 한다.

---

⑤ 건설공사 도급계약의 내용이 당사자 일방에게 현저하게 불공정한 경우로서 다음 각 호의 어느 하나에 해당하는 경우에는 그 부분에 한정하여 무효로 한다. <신설 2013.8.6>
  1. 계약체결 이후 설계변경, 경제상황의 변동에 따라 발생하는 계약금액의 변경을 상당한 이유 없이 인정하지 아니하거나 그 부담을 상대방에게 전가하는 경우
  2. 계약체결 이후 공사내용의 변경에 따른 계약기간의 변경을 상당한 이유 없이 인정하지 아니하거나 그 부담을 상대방에게 전가하는 경우
  3. 도급계약의 형태, 건설공사의 내용 등 관련된 모든 사정에 비추어 계약체결 당시 예상하기 어려운 내용에 대하여 상대방에게 책임을 전가하는 경우
  4. 계약내용에 대하여 구체적인 정함이 없거나 당사자 간 이견이 있을 경우 계약내용을 일방의 의사에 따라 정함으로써 상대방의 정당한 이익을 침해한 경우
  5. 계약불이행에 따른 당사자의 손해배상책임을 과도하게 경감하거나 가중하여 정함으로써 상대방의 정당한 이익을 침해한 경우
  6. 「민법」 등 관계 법령에서 인정하고 있는 상대방의 권리를 상당한 이유 없이 배제하거나 제한하는 경우
20) ③ 계약담당공무원은 「국가를 당사자로 하는 계약에 관한 법령」, 공사관계 법령 및 이 조건에 정한 계약일반사항 외에 해당 계약의 적정한 이행을 위하여 필요한 경우 공사계약특수조건을 정하여 계약을 체결할 수 있다.
  ④ 제3항에 의하여 정한 공사계약특수조건에 「국가를 당사자로 하는 계약에 관한 법령」, 공사 관계법령 및 이 조건에 의한 계약상대자의 계약상 이익을 제한하는 내용이 있는 경우에 특수조건의 해당 내용은 효력이 인정되지 아니한다.
21) 이에 관한 국내문헌으로는 김승현, 국제건설계약에서의 예견하지 못한 현장조건, 『국제거래법연구』 제14집 제2호, 국제거래법학회, 2005. 12., 145~181쪽 ; 조영준, 건설계약관리, 2010, 한올출판사, 55~83쪽 참조.

Ⅲ. 비교법적 검토

1. 미국법상 현장여건 상이 관련 판례의 변천 및 연방조달규정상 현장여건 상이 조항

가. 현장여건 상이 관련 미국 판례의 발전[22]

미국 법원은 '현장여건 상이'로 인한 위험배분에 대하여 19세기까지는 계약 자유의 원칙에 따라 발주자가 위험을 부담한다는 명시적인 문구가 없는 경우 계약상대자가 부담한다는 입장을 보이다가, 20세기 초부터 발주자가 제시한 시공방법에 대하여 경쟁입찰을 거쳐 계약상대자를 결정하는 절차에서 계약상대자는 시공현장이나 설계에 대한 확인을 하지 못하기 때문에 발주자의 설계가 시공 중 발견된 특정 저질에 적합한지에 대한 의무를 부담하지 않고, 발주자가 제시한 설계 또는 공법에 대하여 발주자가 리스크를 부담한다는 입장을 취하기 시작하였다.[23]

한편 발주자가 경쟁입찰에서 현장여건 관련 정보를 제공하는 경우, 현장여건에 대한 부실진술(misrepresentation)에 대한 법적 책임을 피하고자 '입찰자는 발주자가 제공하는 정보에 의존할 수 없다'는 면책규정을 포함시키기 시작하였는데, 미국 연방대법원은 발주자에 일방적으로 유리한 면책규정의 적용을 제한하는 판결을 하여 왔다. 대표적으로

---

22) Pillip Lane Bruner, Force Majeure and unforeseen ground condition in the new millennium: unifying principles and 'tales of iron wars', International Construction Law Review, Vol.17(2000), pp. 62~68, 72~77 참조.

23) United States v. Spearin(1918) 사건은 시공사가 발주자의 상세설계에 따라 하수도 공사를 시행하였는데 하수도가 수압을 견디지 못하고 파손된 사건에서 발주자는 계약규정상 시공사가 작업이 완료되어 승인될 때까지 작업과 부지에 대한 책임을 지도록 되어 있으므로 시공사가 부지 정리 및 재설치 위험을 부담하여야 한다고 주장하였으나, 연방대법원은 시공사가 발주자가 제시한 설계에 따라 시공을 하는 경우에는 발주자 설계상 흠결로 인한 결과에 대하여는 책임이 없다고 판단하였다.

Hollerbach v. United States(1914) 사건에서 발주자는 댐 수리를 위한 연방계약에서 저질정보를 제공하면서 입찰안내에서 (1) 사무실에서 지도와 도면을 검토, (2) 현장 방문, (3) 지역적 조건, 기후의 불확실성, 다른 모든 우연한 사정을 포함하여 계약이행 방식과 장애에 대한 독자적인 예상, (4) 댐 관리인과 지역 전문가를 방문하여 합리적 제안에 필요한 정보를 취득할 것을 요구하였다. 연방항소법원은 시공사가 현장 방문 및 업무 확인 절차를 거쳤으면 발주자의 저질정보가 잘못된 것임을 알 수 있었다고 하면서 시공사가 발주자가 제공한 잘못된 저질정보에 대한 책임을 부담하도록 판단한 것에 대하여, 연방대법원은 "발주자가 자신이 입찰서에 제시한 현장여건을 전제로 시공방식을 제시한 이상, 발주자의 현장여건에 대한 부실진술로 인한 문제는 발주자가 책임을 져야 한다"고 판단하였다.24)

나. 현장여건 상이에 관한 합리적인 위험배분을 위한 계약규정의 등장25)

연방대법원이 발주자가 현장여건 상이로 인한 리스크를 시공사에게 전가하는 면책규정의 적용을 배제하는 일련의 판결을 한 이후, 미국 연방정부는 1921년도에 공공건설계약에 설계변경 및 계약금액조정 규

24) Christie v. United States(1915) 사건에서도 발주자 제시 토양자료상으로는 '자갈, 모래, 진흙' 이외의 다른 저질은 없다고 하였으나, 시공과정에서 굴착이 어려운 '통나무, 시멘트화된 모래와 자갈, 사암'이 확인되어 공사비용이 증가하였다. 연방대법원은 입찰안내서에서 입찰자에게 '저질의 성격에 대하여는 스스로 정보를 취득할 것'이라는 면책규정이 적용되지 않는다고 판단하였다. 237 U.S. 234(1915).
    United States v. Atlantic Dredging Co.(1920) 사건에서도 하천 준설공사에 있어 발주자의 시추조사 자료에는 하천 바닥의 저질이 약저질로 되어 있었는데 실제 시공과정에서 강저질로 확인된 사안에서도, 연방대법원은 '계약서상 발수자 시추조사 결과는 시추조사가 이루어진 인근 구역 전체의 하천 바닥의 저질을 대표하는 것으로 정확성이 있음을 보장하는 것은 아님'이라는 면책규정이 적용되지 않는다고 판단하였다. 253 U.S. 1(1920).
25) Pillip Lane Bruner, op. cit. pp. 93~94 참조.

정을 도입하였고, 1926년도에는 건설계약표준규정에 '변경된 조건
(Changed Condition)'이라는 표제로 관련 규정이 신설되었으며, 1937년부
터는 미국 건설협회(American Institute of Architecture)의 계약일반조건에
도 유사한 조항이 신설되었다. 이와 같이 미국 연방대법원의 판결로 인
하여 공공건설계약 분야에 도입된 계약금액조정 조항이 이는 민간건설
계약 분야로 확대되는 결과가 되었다.

다. 미국 연방조달규정(FAR)의 현장여건 상이 조항

현재 미국 공공건설계약에서 현장여건 상이에 관하여는 연방조달
규정 52.236 - 2조에서 규정하고 있는데, (1) 지하조건 또는 잠재된 조
건으로서 계약상 표시된 것과 현저히 다른 경우, (2) 부지 내의 알려지
지 않은 물리적 조건으로서, 계약에서 정해진 작업에서 통상적으로 직면
하게 되는 것이고 그에 내재된 것으로 일반적으로 인정되는 것과는 본
질적으로 다른 경우에 설계변경 및 계약금액조정이 인정된다. 미국 연방
조달계약상 현장여건 상이 규정의 취지는 아래와 같은 Foster Constr. C.
A. & Williams Bros. v. United States 판결26)에서 잘 드러난다.

변경된 조건에 관한 설계변경 조항을 둔 목적은 입찰과정에서 현
장여건에 대한 도박적 성격을 제거하기 위한 것이다. 입찰참가자들은
불리한 현장여건을 직면할 리스크를 피하기 위하여 스스로 시추조사를
함에 따른 비용과 편익을 형량할 필요가 없다. 그리고 입찰참가자들은
그러한 리스크를 회피하기 위한 비용으로 입찰금액을 얼마나 높여야 할
것인지에 대하여 고민할 필요도 없다. 입찰참가자들은 발주자 제시보다
현장여건이 유리하여 횡재를 얻지도 못하지만 발주자 제시보다 현장여
건이 불리하여 재앙을 맞을 일도 없다. 입찰참가자들이 리스크 회피 비
용으로 입찰참가금액을 실제보다 높이지 않음으로 인하여 발생하지 않

---

26) 435 F.2d 873(1970), 887.

을 위험으로 인한 계약금액 상승이 없으므로, 부풀려지지 않은 정확한 입찰경쟁은 발주자에도 이익이 된다. 발주자는 현장여건 관련 제공자료에 명시되지 않았으나 시공과정에서 직면하게 되는 잠재된 조건에 대하여만 그에 해당하는 작업비용을 지불하면 된다.

결국 미국 연방조달규정상 현장여건 상이 조항은 계약 당시 예측할 수 없는 현장여건으로 인한 리스크를 계약상대자에게 전가하지 않음으로써 계약상대자로 하여금 계약 당시 주어진 정보를 기초로 하여 입찰금액을 결정할 수 있도록 하고, 이를 통하여 계약상대자가 예상할 수 없는 현장여건으로 인한 리스크금액을 입찰금액 및 계약금액에 반영하였다가 그 리스크가 현실화되지 않음으로 인하여 불로소득적인 이익을 얻는 것도 방지하는 기능을 수행한다.

한편, 미국 연방조달규정 36.502조는 150,000불을 초과하는 총액확정 건설계약(fixed-price construction contract)에 있어 현장여건 상이 조항을 강행규정으로 하고 있는데, 미국법상 Christian 이론에 의하면 강행규정이 누락된 경우에는 자동적으로 계약에 편입되어 계약내용이 되는 것으로 해석되기 때문에,27) 미국 공공건설계약에서는 총액확정계약의 경우 현장여건 상이 조항 적용이 배제되는 경우는 상정하기 어렵다.

---

27) 박정훈, 앞의 책, 217쪽은 강행규정의 계약에의 편입 여부를 불문하고 구속력을 갖는다는 것이 미국 공공계약의 강력한 공법적 성격의 징표라고 한다. 건권길, 미국 연상성부 조달계약에 관한 법적 고찰, 『미국헌법연구』 23권 1호, 미국헌법학회, 2012. 4., 279쪽은 정부조달계약의 법적 성격을 공법상 계약으로 보고 국가계약법령에 대하여 법규로서의 효력을 인정한다면 Christian 이론을 인정하는 것과 큰 차이는 없을 것이라는 입장이다.

2. 독일법상 공사현장 리스크 관련 규율 및 건설공사발주규칙[28]

독일의 경우 '공사현장 리스크'(Baugrundrisiko)란 공사현장에 대한 가능한 최선의 조사에도 불구하고 발주자나 계약상대자의 과실 없이 시공 중 발생하는 어려움으로서 그로 인하여 시공내용의 변경 또는 시공기간의 연장을 가져오는 경우를 의미한다. 독일에서는 공사현장 리스크는 기본적으로 발주자가 부담하는 것으로 해석된다. 이와 관련하여 공사현장은 독일 민법 제644조,[29] 제645조[30] 소정의 발주자가 제공하는 재료로 해석되고, 독일 건설공사발주규칙(VOB/A) 제9조는 아래와 같이 공사현장 관련 발주자의 정보제공의무 및 시공사 리스크 제한에 관하여 규정한다.

독일 건설공사발주규칙(VOB/A) 제7조(공사내용 제시) 제1항

1. 공사내용은 입찰참가자에게 동일한 의미로 이해되고, 입찰참가자가 사전에 광범위한 준비작업 없이도 가격을 확실히 산정할 수 있을 정도로 충분하게 명확히 기술되어야 한다.

2. 적절한 가격 결정을 할 수 있도록, 가격에 영향을 미치는 모든 요소는 확정되어 입찰문서에 제시되어야 한다.

3. 시공사는 자신이 전혀 영향을 끼칠 수 없고, 공사비나 공사기간

---

28) Wolfgang Rosener, Unforeseeable ground (including water) conditions – Principle and practice under German and related law, International Construction Law Review, Vol. 17(2000), pp.102~123 참조.

29) 도급인이 제공한 재료의 우연적 멸실 및 훼손에 대하여 수급인은 책임이 없다.

30) 일의 도급인이 제공한 재료의 하자로 인하여 또는 도급인이 일의 수행에 관하여 한 지시로 인하여 수급인에 책임 있는 사유의 관여 없이 그 수취 전에 멸실, 훼손되거나 수행할 수 없게 된 때에는, 수급인은 급부한 노동에 상당하는 부분의 보수 및 보수에 포함되지 아니한 비용의 상환을 청구할 수 있다.

에 미치는 영향을 미쳐 평가할 수 없는 상황이나 사건으로부터 발생하
는 통상적이지 않은 위험에 노출되어서는 아니된다.

　　6. 공사수행에 결정적으로 중요한 현장조건, 예를 들어 토양이나
수질 관련 조건 등은 입찰참가자가 쉽게 그러한 조건이 공사수행에 미
치는 영향의 정도를 평가할 수 있도록 기술되어야 한다.

　　한편 독일 법원은 위와 같은 건설공사발주규칙 조항에 따라 발주
자가 공사현장 조건을 확정할 책임이 있고 이를 설계서에 기술할 의무
가 있음이 일반적으로 인정된다고 하면서, 발주자가 공사현장여건에 대
한 정보를 제공하는 경우 계약상대자는 그 정보를 신뢰할 수 있고, 정
보가 없는 경우 공사현장은 통상적인 것으로 추정할 수 있다고 함으로
써, 발주자가 제공하지 않은 현장여건 상이에 따른 계약상대자의 책임
을 제한하고 있다.

　　나아가 독일 건설공사발주규칙은 총액확정계약의 경우 원칙적으로
공사대금 변경이 허용되지 않으나, 예견하지 못한 상황으로 인하여 계
약의 통상적인 이행을 넘어서는 추가공사를 하여야 할 경우에는 독일민
법 제313조의 사정변경 원칙을 기초로 그에 대한 보상을 허용한다.

독일 건설공사발주규칙(VOB/B) 제2조 제7항

　　공사대금이 총액확정방식으로 지급되는 경우, 공사대금은 변경되
지 않는다. 그러나 공사수행내용이 계약에서 통상적으로 예정된 범위와
현저한 차이가 있어 총액확정대금을 그대로 유지하는 것이 더 이상 허
용될 수 없는 경우에는(독일민법 제313조[31]), 증가하거나 감소된 비용에

---

[31] 계약의 기초가 된 사정이 계약체결 후에 현저히 변경되고, 그 변경이 만일 당사자
　　들이 이를 예견할 수 있었다면 계약을 체결하지 아니하였거나 다른 내용으로 계
　　약을 체결하였을 것인 경우에, 개발적인 경우의 모든 사정, 특히 계약상 또는 법
　　률상의 위험분배를 고려하면 당사자 일방에게 원래의 계약에 구속되는 것을 기대

대하여 조정이 이루어져야 한다.

3. 시사점

미국법의 경우 정부가 스스로 사인과 동일한 지위에 서게 되면 사적 계약당사자 사이의 법적 관계를 지배하는 동일한 법원칙에 따라야 한다(McQuagge 판결)고 하고 있기는 하지만, 회계감사원에 대한 이의신청(발주자 결정) 또는 계약분쟁심사위원회에 대한 심사청구(계약상 법률관계)를 거쳐 연방청구법원에 소송을 제기하도록 함으로써 사법상 계약에서와는 다른 특별한 구제절차를 두고 있을 뿐만 아니라,[32] 연방대법원이 선도적으로 발주자 면책 규정에 대한 엄격한 해석을 하는 한편, 이를 기초로 연방조달규정의 강행규정을 통하여 계약금액조정에 관한 법률관계를 규율한다는 점에서 실체법적으로도 공법적 특징을 보이고 있다.

독일법의 경우에도 국고이론에 따라 공공계약은 사법상 계약이라는 관점에서 출발하나, 독일 민법 제644조, 제645조의 도급에 있어 '도급인이 제공한 재료'에 따른 발주자의 책임, 그리고 독일 민법 제313조에 따른 사정변경 원칙을 통하여 발주자 면책 규정에 대한 통제를 하고, 나아가 독일 건설공사발주규칙에서는 발주자에게 현장여건에 관한 정보제공의무를 부과하고 정보제공이 되지 않은 경우 위험은 계약상대자가 부담하지 않도록 하는 입찰절차에 대한 사전적 규제를 하는 점을 주목할 만하다.

할 수 없는 때에는, 계약의 변경을 청구할 수 있다.

32) 김대인, 앞의 책, 250~257쪽; 박정훈, 앞의 책, 215~220쪽; 전현철, 앞의 글, 271~291쪽 참조.

Ⅳ. 국가계약법 시행령 제4조의 해석론

1. 대법원 판례의 입장 및 문제점

대법원 1998. 4. 28. 선고 97다51223 판결[33])에서 구 지방재정법 시행령 제70조에 의하여 지방계약에 준용되는 구 예산회계법 시행령 제64조[34])의 강행규정성을 인정한 이후, 대법원 2015. 10. 15. 선고 2015다206270, 2015다206287 판결에서 계약상대자의 계약상 이익을 부당하게 제한하는 특약으로서 무효가 되는 판단기준으로 "국가가 거래상의 지위를 남용하여 계약상대자의 정당한 이익과 합리적인 기대에 반하여 형평에 어긋나는 특약을 정함으로써 거래상대자에게 부당하게 불이익을 주었다는 점이 인정되어야 한다"고 함으로써, 공정거래법상 거래상 지위의 남용행위[35]) 또는 약관규제법상 불공정약관[36])에 대한 판단기준

---

33) "구 지방재정법시행령 제70조에 의하여 지방자치단체를 당사자로 하는 계약에 준용되는 구 예산회계법시행령 제64조에 따르면 지방자치단체의 장은 계약을 체결함에 있어서 구 예산회계법과 그 시행령 및 관계 법령에 규정된 계약상대자의 계약상 이익을 부당하게 제한하는 특약 또는 조건을 정하여서는 아니 된다는 것이므로 피고가 주장하는 바와 같이 원고와 피고가 이 사건 계약을 체결함에 있어서 이 사건 차액보증금을 예금함으로써 생기는 이자를 피고 시에 귀속시키기로 하는 묵시적인 약정이 있었다 하더라도 그와 같은 약정은 구 예산회계법과 그 시행령 및 관계 법령인 정부보관금취급규칙에 규정된 계약상대자의 계약상 이익을 부당하게 제한하는 특약으로서 효력을 가질 수 없다 할 것이다."

34) "각 중앙관서의 장 또는 그 위임을 받은 공무원은 계약을 체결함에 있어서 법, 이 영 및 관계법령에 규정된 계약상대자의 계약상 이익을 부당하게 제한하는 특약 또는 조건을 정하여서는 아니된다."라고 규정하여, 국가계약법 시행령 제4조의 대농소이하다.

35) "이러한 거래상 지위의 남용행위가 공정거래법상 불공정거래행위에 해당하는 것과 별개로 위와 같은 행위를 실현시키고자 하는 사업자와 상대방 사이의 약정이 경제력의 차이로 인하여 우월한 지위에 있는 사업자가 그 지위를 이용하여 자기는 부당한 이득을 얻고 상대방에게는 과도한 반대급부 또는 기타의 부당한 부담을 지우는 것으로 평가할 수 있는 경우에는 선량한 풍속 기타 사회질서에 위반한 법률행위로서 무효이다." (대법원 2017. 9. 7. 선고 2017다229048 판결)

을 차용하고 있는 것을 보인다.

　　이러한 대법원 판례의 태도는 국가계약법령상 계약상대자의 계약상 이익을 배제하는 특약에 대한 효력에 관한 국가계약법 시행령 제4조의 해석에 있어, 어떠한 이유에서 공정거래법 또는 약관규제법의 법리를 차용하는지에 관한 명확한 설명이 없다는 점에서부터 의문이 있다.

　　뿐만 아니라 위 판단기준을 제시한 대법원 판결에서는 원고들이 입찰 당시 설계변경(준설토 운반로 및 운반거리의 대규모 변경)을 예상할 수 있었다고 보기 어렵고 발주자가 계약상대자에게 불리한 조항을 임의로 추가한 점 등을 기초로 그 조항이 무효라고 판단하였으나, 그 이후에는 국가계약법 시행령 제4조를 굉장히 제한적으로만 적용하고 있는 추세이다. 특히 입찰 당시 발주처가 문화재 존재 및 발굴조사 필요성 등 공사현장의 추상적 리스크를 고지하고 그로 인한 추가비용은 계약상대자가 부담하는 특약을 한 경우, 계약상대자는 공사현장의 리스크 및 그 비용부담을 충분히 고려하여 계약체결을 하였으므로, 위 비용부담 특약은 계약상대자의 계약상 이익을 부당하게 제한하는 것으로 보기 볼 수 없다는 입장을 보였다.[37] 이 사건에 있어 다수의견도 입찰안내서에서부터 국외 공급분은 고정불변금액이라고 하여 입찰절차가 진행되었고 국외 공급분 관련 환율의 변동가능성을 예상할 수 있었다는 점이 국가계약법 시행령 제4조의 적용을 배제하는 주요 논거로 제시되었다.

　　그러나 국가계약법 시행령 제4조를 위와 같이 제한적으로만 적용

---

36) "약관규제법 제6조 제1항, 제2항 제1호에 따라 고객에 대하여 부당하게 불리한 조항으로서 '신의성실의 원칙에 반하여 공정을 잃은 약관조항'이라는 이유로 무효라고 보기 위해서는, 그 약관조항이 고객에게 다소 불이익하다는 점만으로는 부족하고, 약관 작성자가 거래상의 지위를 남용하여 계약 상대방의 정당한 이익과 합리적인 기대에 반하여 형평에 어긋나는 약관 조항을 작성·사용함으로써 건전한 거래질서를 훼손하는 등 고객에게 부당하게 불이익을 주었다는 점이 인정되어야 한다." (대법원 2014. 12. 11. 선고 2014다50151 판결)
37) 대표적으로 대법원 2016. 9. 8. 선고 2015다222517 판결.

하는 것은, 앞서 살펴 본 미국법이나 독일법에서의 현장여건 상이에 관한 법리에 비추어 볼 때 계약상대자의 계약상 이익을 과도하게 제한하는 해석론이라는 비판을 피하기 어렵다. 이와 같이 국가계약법 시행령 제4조가 적정한 통제수단으로 기능하지 못하고 있다는 것이 국가계약법령의 강행규정의 인정범위를 확대하자는 견해를 뒷받침하는 주요 논거가 되고 있다.[38] 그런데 공공계약을 공법상 계약으로 보고 공법적 관점에서 공공계약에 대한 통제를 할 수 있다고 보는 경우에도 이러한 견해가 타당하다고 할 수 있는가?

2. 공법적 관점에서의 국가계약법 시행령 제4조의 해석론

가. 공법적 관점에서의 접근 필요성

계약상대자의 계약상 이익을 보호하는 국가계약법령 또는 공사계약일반조건 규정은 '사법적 관점'에서 보면 공공계약 내용 형성의 자유를 제한하는 것인데, 사적 자치 및 계약자유의 원칙을 강조하는 시각에서는 양 당사자의 합의가 계약자유의 제한보다 중시된다. 이에 대하여 미국법과 독일법은 '사법적 관점'에서 출발하면서도 미국법은 강행규정의 확대를 통하여 공공계약 내용 형성의 자유의 인정 범위를 축소하는 방법을 사용하고, 독일법은 발주자에 정보제공의무를 부과하면서 제공되지 않은 정보에 관한 현장여건의 위험은 계약상대자가 부담하지 않도록 함으로써, 공공계약의 특성을 사법상 계약의 효력 해석에 적절히 반영하고 있다고 평가할 수 있다.

우리나라 공공계약에 대하여도 국가 등이 약관규제법의 취지에 따라 계약내용이 공정하게 이루어지도록 배려해야 할 책무가 있고, 약관규제법상 내용통제에 있어 해당 조항의 부당성을 판단하면서 공공계약

이 가진 특수성, 즉 행정조달계약이 공익을 위하여 체결된다는 점, 재원이 국민의 세금으로 충당된다는 점, 체결과정의 투명성과 공정성을 위하여 보다 엄격한 절차적인 요건을 갖추기 위하여 불가피한 요소가 있다는 점, 계약의 이행과정에서 부패와 비리의 방지를 위하여 엄격한 기준을 필요로 한다는 점이 충분히 고려되어야 한다는 견해[39]도 있다.

　　물론 공공계약을 사법상 계약으로 보면서 그 유무효 판단에 있어 공법적인 시각을 투영하는 방식으로 국가 등의 우월적 지위 남용에서 계약상대자를 보호하는 해석론이 불가능한 것은 아니다. 하지만 보다 근본적으로는 공공계약에서 국가 등이 사적 자치 및 계약의 자유를 향유하는 기본권 주체인지 아니면 국가계약법령 및 각종 일반조건에 따라 공공계약 체결 권한을 보유한 주체로서 관련 법령을 준수하여 계약체결 및 계약내용 형성 권한을 행사하는 공적 주체인지가 관점 선택에 있어 보다 중요한 관건이라 할 수 있다. 사인(私人)의 사적 자치 및 계약의 자유는 '자기결정'에 따른 의사표시를 필수적 구성요소로 하는 법률행위가 기본 개념이다. 반면 공공계약에서 국가 등은 국가계약법령 및 각종 일반조건의 절차적·내용적 제약 하에서 공공계약을 체결하여야 한다는 점에서 '자기결정'보다는 법률적합성 원칙, 공익적합성 원칙이 우선 적용되고,[40] 독일 연방행정절차법상 공법상 계약과 유사하게 법령상 내용적 제약을 위반한 경우에 대하여 국가계약법 시행령 제4조가 그 효력에 관한 별도의 규정으로 작용한다는 점에서, 공공계약에 관한 내용 통제에 있어서는 공법적 시각에서 접근이 필요하다.[41]

---

39) 권대우, 행정조달계약과 약관규제,『법학논총』24집 2호, 한양대학교 법학연구소, 2007. 7., 321~322쪽.

40) 김판기, 앞의 글, 85쪽; 정호경/선지원, 앞의 글, 199~200쪽 참조.

41) 독일의 국고행정에 대한 공법적 기속과 관련한 행정사법 이론에 관하여는 정하중, 사법행정의 기본권기속,『서강법학연구』2권, 서강대학교 법학연구소, 2000. 3., 51~73쪽 참조. 프랑스에서도 불예견이론은 사법상 계약에는 적용되지 않고 행정계약에 특유한 법리로 파악하고 있다고 한다. 박은진, 앞의 글, 152쪽, 이에 대하여 민법학계에서는 프랑스에서도 콩세유데타가 불예견이론을 인정하는 행정판례

나. 위법한 공공계약의 효력에 관한 일반론

독일의 경우 연방행정절차법 제정 이전에는 위법한 공법상 계약은 무효라는 것이 통설적인 견해였으나, 연방행정절차법 제59조에서 공법상 계약의 무효사유를 별도로 규정함으로써 위법한 공법상 계약의 효력에 대하여 입법적으로 해결하였다.[42] 위법한 공법상 계약의 하자는 무효 여부만이 문제된다는 견해가 학설상 다수의 견해이나,[43] 이에 대하여 무효 사유에까지는 이르지 않은 경우 취소가능성을 인정하자는 견해도 제기되고 있다.[44]

그런데, 공공계약의 경우 대법원은 국가계약법 시행령 제4조가 국가계약법령상 내용적 제약을 벗어난 특약의 효력에 관한 규정이라는 입장이다.[45] 따라서 국가계약법령을 위반한 특약이나 조건의 효력은 위법

와 파기원이 불예견이론을 인정하지 않는 민사판례가 형식적으로 충돌되는 것처럼 보이지만, 불예견이론은 행정계약의 내용을 변경하는 것이 공공서비스의 영속성과 기능을 보장하기 위한 유일한 방법인 경우에 한하여 이를 인정하고 사법적으로 균형에 맞지 않는 경우에는 불예견이론이 적용되지 않는다고 소개하고 있다. 정상현, 프랑스 민법상 불예견이론과 우리 민법에의 시사점,『민사법학』제41호, 한국민사법학회, 2008. 6., 506~507쪽 참조.

42) 이에 관한 상세한 내용은 김병기, 행정절차법 개정을 통한 행정계약법 총론의 법제화 방안,『행정법학』제5호, 한국행정법학회, 2013. 9., 187~195쪽 참조.

43) 김남진/김연태, 행정법I(제20판), 2016, 법문사, 391~392쪽; 김중권, 행정법(제2판), 2016, 법문사, 403쪽(법위반 모두가 무효사유가 되는지 여부가 문제라고 하면서, 행정계약에 관한 법규정이 없는 이상 강행규정위반을 비롯한 민법상의 법률행위의 무효에 관한 논의를 중심으로 살펴야 하고, '위법하지만 무효는 아닌 행정계약'의 존재는 전적으로 판례의 무효논증에 좌우된다는 입장이다); 박균성, 행정법론(상), 제16판, 2017, 박영사, 498~499쪽(행정의 원활한 수행의 보장을 위하여 법률외 규정에 의해 행정행위에서의 공정력에 준하는 효력, 즉 위법한 계약이라도 상대방인 국민인 일정한 기간 내에만 그 계약의 무효를 주장할 수 있는 것으로 규정할 수 있다는 입장이다)

44) 김병기, 앞의 글, 169쪽; 김판기, 앞의 글, 179쪽; 이와 같은 독일에서의 '단순위법한 계약'이라는 개념은 프랑스, 영국, 미국에서는 인정되지 않는다고 한다. 김대인, 앞의 책, 212쪽 참조.

45) 금지규정을 위반한 사법상 계약의 효력에 관하여 당해 법규정이 명문의 정함이 없

한 공법상 계약의 일반론의 적용 대상이 되지 않고 공법적 관점에서 국가계약법 시행령 제4조를 어떻게 해석할 것인지가 문제된다.

다. 공법적 관점에서 공공계약의 내용 통제를 위한 '부당성'의 해석방법

국가계약법 시행령 제4조는 "계약의 원칙"으로 "계약상대자의 계약상 이익을 부당하게 제한하는 특약 또는 조건을 정하여서는 아니된다."라고 규정하고 있다. 이는 계약담당공무원이 계약내용을 형성할 권한을 행사함에 있어 계약상대자의 계약상 이익을 보호하는 국가계약법령 또는 일반조건을 준수하여야 함이 원칙이나, 공익상 국가계약법령에 규정된 계약상대자의 계약상 이익을 제한하는 것이 부당하지 않은 경우 예외적으로 그러한 특약 또는 조건을 정하는 것을 허용하는 취지로 보아야 한다. 이러한 관점에서 보면 국가계약법 시행령 제4조는 계약담당공무원에게 국가계약법령과 다른 내용의 특약 내지 조건을 정할 수 있는 계약내용 형성의 여지를 부여하되, 그러한 계약내용 형성의 여지의

는 경우에는 법원이 이를 정할 수 있다(대법원 2010. 12. 23. 선고 2008다75119 판결). 국가계약법 시행령 제4조를 위반한 특약이 무효라는 대법원 판단은 이러한 법리를 기초로 한 것으로 볼 수 있다. 공공계약을 공법상 계약으로 보는 경우에도, 금지규정을 위반한 공법상 계약의 효력에 대하여 유사한 법리가 적용된다고 볼 수 있다. 다만, 위 대법원 2008다75119 판결은 "금지규정이 이른바 공법에 속하는 것인 경우에는, 법이 빈번하게 명문으로 규정하는 형벌이나 행정적 불이익 등 공법적 제재에 의하여 그러한 행위를 금압하는 것을 넘어서 그 금지규정이 그러한 입법자의 침묵 또는 법흠결에도 불구하고 사법의 영역에까지 그 효력을 미쳐서 당해 법률행위의 효과에도 영향이 있다고 할 것인지를 신중하게 판단하여야 한다."라고 하여, 공법상의 금지규정이 사인간의 거래관계를 사법(私法)적으로 무효화하는지에 대하여는 엄격한 기준이 적용되어야 한다고 판단하였으나, 공법상 계약의 경우에는 사법상 계약과 달리 공법상의 금지규정 위반은 행정의 행위를 보다 완화된 기준 하에서도 무효화하는 것으로 해석할 수 있을 것이다. 이러한 관점에서 반대의견의 "국가가 직접 법률을 위반하는 경우에는 개인이나 기업이 행정법규를 위반한 계약을 체결하는 경우보다 더욱 쉽게 그 계약의 효력을 부정하여야 한다."라는 판시는 경청할 필요가 크다.

한계로 '부당성'을 설정한 것으로 볼 수 있다.

이러한 관점에서 보면, '부당성' 판단에 있어서는 반대의견이 제시하고 있는 "공공계약에서 국가와 그 계약상대자의 거래상 지위의 차이와 그 남용 가능성을 고려하여, 계약상대자의 이익을 보호하고 공무원의 재량을 통제하여 계약의 이행과 실현 과정에서 공공성을 유지·확보하는지"가 중요한 판단기준이 된다.

나아가 사법상의 계약에 있어 계약무효사유는 무효를 주장하는 자가 증명책임을 부담하나, 이러한 증명책임에 관한 법리가 공공계약에도 적용되어 계약상대자가 '부당성'의 주장·증명책임을 진다고 볼 수는 없다. 계약담당공무원으로서는 계약상대자의 계약상 이익을 보호하는 국가계약법령을 준수할 일차적인 의무에서 벗어나 이를 제한하는 특약 또는 조건을 부과할 수 있는 여지를 부여받는 대신, 그와 같은 예외적인 특약 또는 조건이 계약의 이행과 실현 과정에서 어떠한 공공성을 가지는지를 주장·입증할 책임도 부담한다고 보아야 한다.

라. 계약금액조정 사유에 따른 '부당성' 판단 방법

국가계약법 제19조는 계약금액조정 사유로 ① 물가변동, ② 설계변경, ③ 그 밖의 계약내용의 변경을 규정하고 있는데, 계약금액조정을 배제하는 특약은 각 사유별로 부당성 판단에 차이가 발생할 수 있다.

우선 대상판결은 물가변동 중 환율변동이 문제된 사안인데, 피고가 국외 공급분에 대하여 환율변동을 감안하여 입찰금액을 작성하도록 안내하고 있고 계약상대자는 환율변동의 위험성을 고려하여 가격을 정하거나 환 헤지를 하고 그에 필요한 비용을 계약내용으로 반영할 수 있다는 점에서, 환율변동에 따른 계약금액조정을 배제하는 특약에 대한 부당성 판단은 보디 임격한 기준이 적용될 수 있다.[46)]

[46)] 다수의견에 대한 보충의견(조희대 대법관)은 국가계약법 제19조가 물가변동에 따른 계약금액조정만을 규정하고 있음에도, 국가계약법 제64조 제7항이 그 범위를

　　물가변동의 경우에도 대법원은 대상판결의 법리를 적용하여 국가
계약법 제19조는 강행규정이 아니라는 전제 하에서 물가변동의 경우에
도 계약금액을 조정하지 않기로 한 약정이 무효라고 판단한 원심을 파
기하였다.[47] 다만 위 사건에서 대법원은 국가계약법 시행령 제4조 적용
에 있어 '부당성'을 인정하지 않은 이유로, 원고가 증액을 구하는 규모
는 3년간 합계 1.8%의 물가상승분에 불과하고 특수조건에 현저한 가격
변동이 발생한 경우에는 가격조정이 가능하다는 별도 규정을 두고 있다
는 점을 지적하고 있다. 물가변동으로 인한 계약금액조정제도와 관련하
여 미국 연방조달규정은 ① 계약이행 개시 후 1년이 경과한 시점에서
추가적으로 발생한 비용이 상당하고, 계약기간의 연장이 필요한 때, ②
조정대상인 계약금액이 상당히 클 때, ③ 자재비와 노임에 대한 경제적
변동이 너무 극심하여 계약금액의 조정이 어려운 상태에서 발주자와 계
약자 간에 합리적인 위험배분이 곤란할 때 활용하는 것이 바람직하다고
규정되어 있고, 일본의 경우에도 공공공사표준정부계약약관에서 물가변
동으로 시공비가 증가되었을 경우 증가된 금액 전체에 대하여 변경하는
것이 아니라, 시공자가 부담하는 것이 타당하다고 판단되는 경미한 변
동분을 초과하는 금액에 대하여만 계약금액을 조정하도록 되어 있다.[48]
이러한 외국의 사례에 비추어 보더라도 물가변동으로 인한 계약금액조
정을 일정 범위에서 배제하는 것은 부당하다고 보기 어렵다고 볼 수 있
으나, 그와 같은 특약이 계약 당시에 예측하지 못한 물가의 변동으로
계약이행을 포기하거나 그 내용에 따른 의무를 제대로 이행하지 못하여

　　확대하여 환율변동에 따른 계약금액조정을 규정한 것은 모법조항의 위임범위를
　　벗어난 것이라는 입장을 보이고 있는데, 이는 환율변동은 계약금액조정 대상으로
　　적합하지 않다는 관점이 반영된 것으로 볼 수 있다. 환율은 나라 대 나라의 화폐
　　가치의 비교로 애초에 불확실성을 바탕으로 하는 것이기에 일반적으로 오르는 특
　　성을 갖는 물가와는 근본적으로 구별된다는 견해로 정원, 공공계약에서의 물가변
　　동 계약금액조정 배제특약은 원칙적으로 유효, 2018. 1. 3.자 법률신문 참조.
47) 대법원 2018. 10. 25. 선고 2015다221958 판결.
48) 이영선, 앞의 글, 605~606쪽 참조.

공공계약의 목적 달성에 지장이 초래될 정도에 이름에도 계약금액조정을 배제하는 것으로 해석되기는 어려울 것이다.

현장여건 상이 등으로 인한 설계변경의 경우, 현장여건 상이 가능성에 관한 추상적 리스크만 고지되어 계약상대자가 그러한 추상적인 리스크만을 인지한 상태에서 계약금액조정을 배제하는 특약에 합의하였다는 사정만으로 특약이 부당하지 않다는 판단기준을 적용할 경우 사실상 국가 등의 우월적 지위 남용에 대한 실효적 통제가 불가능하게 된다. 미국의 Foster Constr. C. A. & Williams Bros. v. United States 판결의 취지와 같이 입찰참가자들이 리스크 회피 비용을 입찰참가금액에 반영할 수 있도록 하거나, 아니면 독일 건설공사발주규칙에서와 같이 입찰참가자가 사전에 준비작업 없이도 입찰가격 산정에 필요한 충분한 정보가 제공되지 않은 상황에서, 계약금액조정을 배제하는 것은 부당한 계약상대자의 이익 제한으로 볼 소지가 높다.[49]

3. 국가계약법 제19조의 기속(羈束)적 성격 내지 강행규정성

다수의견이 국가계약법 제19조의 강행규정성을 인정하지 않은 가장 중요한 이유는 공공계약에는 일괄입찰방식, 총액입찰방식 등 다양한 유형이 있고 일정한 경우에는 계약금액을 고정하여야 할 필요가 있을 수 있는데 계약금액조정조항을 강행규정으로 보는 경우 탄력적인 대응이 어렵고 그로 인하여 효율적인 재정 운용과 건전 재정이라는 공익 달

---

49) 이영선, 앞의 글, 620쪽도 "물가변동에 따른 계약금액조정을 불허하는 경우 설계가격 산정 시나 공사입찰 시에 향후 물가변동을 어느 정도 반영하여 입찰하도록 하여야 하는데, 우리나라의 공공공사 입찰제도가 낙찰 하한율(적격심사제)이나 단가심사(종합심사낙찰제) 등을 입찰 가격 범위를 제한하고 있으므로, 이로 인해 앞으로 계약이행 과정 중의 물가변동을 반영하여 입찰하는 것이 곤란한 것은 아닌지 자세히 살필 필요는 있다"고 지적하고 있다.

성에 배치되는 결과가 발생할 수 있기 때문으로 보인다.50) 국가계약법 제19조 규정 자체가 "계약금액을 조정할 필요가 있을 때에는" 대통령령으로 정하는 바에 따라 그 계약금액을 조정한다고 규정하고 있으므로, 계약금액조정의 필요성에 대하여는 요건재량 내지 판단여지가 인정된다고 볼 수 있고, 이러한 요건재량 내지 판단여지는 국가계약법 시행령 제4조에 따른 "부당성"에 따른 제한을 받는다고 볼 수 있을 것이다.

　이에 대하여 반대의견을 지지하는 견해는 국가계약법 제19조의 강행규정성을 인정하는 것이 공공계약 영역에서의 후견적 개입을 선택한 입법자의 의사를 존중하는 길이고, 계약금액조정을 인정하여 계약상대자를 보호할 가치가 없는 경우도 발생할 수 있으나 이는 국가계약법령의 개정을 통하여 계약금액조정을 배제하거나 그러한 구체적인 사정을 조정률에 반영하는 입법적인 개선을 통하여 시정할 대상이라고 보고 있다.51)

　그러나 공공계약은 쌍방이 사적 자치와 계약 자유를 향유하는 사인 간 거래관계에 법원이 후견적으로 개입하는 것과 달리 행정이 일차적으로 계약상대자와 계약관계를 형성하고 이를 법원이 사법적으로 통제한다는 점에서 사법상 계약에서의 자율과 후견의 패러다임이 동일하게 적용된다고 보기 어렵다. 나아가 국가계약법령은 이러한 특수한 사정을 반영하여 "계약금액을 조정할 필요가 있는 경우" 조정한다고 하고, 계약금액조정에 따른 계약상 이익을 제한하는 특약이나 조건도 그 제한만으로 곧바로 무효로 하는 것이 아니라 "부당성"이라는 추가적인 요건을 두고 있다. 이와 같은 국가계약법 제19조 및 국가계약법 시행령 제4조의 문언 및 체계상 입법자가 계약금액을 조정할 필요가 없거나 계약금액을 조정하지 않는 것이 부당하지 않은 경우까지 법원의 후견적 개입을 예정한 것으로 보기는 어렵다. 오히려 계약담당공무원에게 공익

---

50) 이영선, 앞의 글, 610, 617쪽 참조.
51) 이화연, 앞의 글, 348, 356쪽 참조.

에 부합하는 내용으로 계약금액조정에 관한 계약내용을 형성할 권한을
인정하면서, 그 권한 행사에 대한 통제방안을 모색하는 것이 공공계약
을 둘러싼 공익과 사익을 조화롭게 실현하는 방안이 될 수 있다.

V. 결론

1. 대상판결에 대한 평가

공공계약에 대한 공법적 관점에서 보더라도, 국가계약법 제19조의
강행규정성을 인정하여 이를 배제하는 특약을 일률적으로 무효로 함으
로써 계약담당공무원의 공익에 부합하는 계약금액조정에 관한 계약내
용 형성의 권한을 배제하는 것은 바람직하지 않다는 점에서 다수의견의
결론은 수긍할 수 있으나, 이러한 결론이 정당성을 확보하기 위해서는
공공계약의 공법적 성격을 감안하여 국가계약법 시행령 제4조의 보다
엄격한 적용을 통하여 국가 등의 계약상대방의 계약상 이익을 제한하는
특약 또는 조건 부과에 대한 적정한 통제가 보장되어야 할 것이다.[52]

2. 입법론적 개선방안

한편 계약금액조정에 관한 리스크의 합리적 배분 실현은 사후적인

---

[52] 공공계약에 있어 국가계약법 시행령 제4조에 관한 분쟁을 해결함에 있어 민사소송
에서 공법적 관점을 투영한 사법심사가 현실적인 한계가 있다고 본다면, 이를 공
법상 당사자소송의 대상으로 하여 공법적 특수성을 반영한 사법심사가 이루어지
도록 하는 방안도 검토할 수 있다. 당사자소송의 활성화가 종래 사적자치를 내세
워 공법석 관섬을 배제하여 온 사법에 대해 공법적 마인드를 갖게 하는 계기로 인
식할 필요가 있다는 견해로 김중권, 법무부 행정소송법개정시안의 주요 내용에
관한 소고 ― 잠정적 권리구제와 당사자소송과 관련해서 ―,『공법학연구』제14
권 제1호, 한국비교공법학회, 2013. 9., 399~400쪽 참조.

사법적(司法的) 통제만으로는 완전하게 달성하기 어려운 측면이 있으므로, 입찰절치 및 기획재정부 일반기준의 개선이라는 사전적인 통제를 위한 제도적 개선도 함께 이루어질 필요가 크다.

입찰절차와 관련하여, 입찰절차에서 당해 계약과 관련하여 가격 결정을 위한 정보를 최대한 상세히 제공하면서 이를 반영한 입찰가격을 제시할 수 있도록 할 경우 계약의 불확실성을 최소화하면서 계약담당공무원으로서는 정당하게 계약금액을 고정할 권한을 확보할 수 있을 것이다.

기획재정부가 제정하는 일반기준53) 정비의 필요성도 지적하지 않을 수 없다. 공사계약일반조건 제3조 제4항에서는 "제3항에 의하여 정한 공사계약특수조건에「국가를 당사자로 하는 계약에 관한 법령」, 공사 관계법령 및 이 조건에 의한 계약상대자의 계약상 이익을 제한하는 내용이 있는 경우에 특수조건의 해당 내용은 효력이 인정되지 아니한다."라고 함으로써 그 문언상으로는 국가계약법령 및 공사계약일반조건이 강행규정으로 적용될 수 있도록 규정하고 있다. 그러나 대법원은 이러한 일반조건이 국가계약법 시행령 제4조를 배제하거나 그에 모순되게 정한 것이 아니라 국가계약법 시행령 제4조를 구체화한 내용으로 보일 뿐이므로 이를 해석함에 있어서도 국가계약법 시행령 제4조의 입법취지에 맞게 '계약상대자의 계약상 이익을 부당하게 제한하는 경우'에 한하여 특수조건의 효력이 인정되지 않는다고 보아야 한다는 입장이다.54) 위 일반기준 조항에 따라 강행규정의 범위가 무한정 확대되는 것이 바람직하지 않은 측면에서 대법원의 판단에 구체적 타당성이 없는

---

53) 일반조건은 기획재정부 회계예규로서 전형적인 행정청 내부의 지침인 행정규칙에 불과하나, 당사자 사이에 이를 계약에 편입시키기로 합의함으로써 계약 내용의 일부를 구성한다. 정철민, 국가계약법령상 지체상금과는 별도로 특수조건에서 정한 손해배상액의 예정이 일반조건 제3조 제3항에 의하여 무효인지 여부,『대법원 판례해설』93호, 법원도서관, 2013. 2., 505쪽 참조.

54) 대법원 2012. 12. 27. 선고 2012다15695 판결.

것은 아니나, 미국 연방조달규정에서와 같이 당연히 계약내용으로 편입
되고 그에 반하는 특약은 제한되는 강행규정을 보다 세밀하게 특정하고
그러한 강행규정을 위반하는 특수조건의 내용은 효력이 인정되지 않는
다고 함으로써 계약담당공무원이 특수조건을 규정할 권한을 사전적으
로 통제하는 방안도 적극적으로 검토되어야 한다.

참고문헌

1. 단행본

김남진/김연태, 행정법I(제20판), 2016, 법문사

김대인, 행정계약법의 이해, 2007, 경인문화사

김중권, 행정법(제2판), 2016, 법문사

김판기, 행정계약의 공법적 체계에 관한 연구, 2016, 고려대학교 법학박사
    학위논문

박균성, 행정법론(상), 제16판, 2017, 박영사

박정훈, 행정법의 체계와 방법론, 2005, 박영사

조영준, 건설계약관리, 2010, 한올출판사

2. 단행논문

김승현, 국제건설계약에서의 예견하지 못한 현장조건, 『국제거래법연구』
    제14집 제2호, 국제거래법학회, 2005. 12.

계승균, 정부계약법상 계약금액조정제도, 『경영법률』 16집 2호, 한국경영
    법률학회, 2006. 4.

권대우, 행정조달계약과 약관규제, 『법학논총』 24집 2호, 한양대학교 법학
    연구소, 2007. 7.

김병기, 행정절차법 개정을 통한 행정계약법 총론의 법제화 방안, 『행정
    법학』 제5호, 한국행정법학회, 2013. 9.

김중권, 법무부 행정소송법개정시안의 주요 내용에 관한 소고 ― 잠정적
    권리구제와 당사자소송과 관련해서 ―, 『공법학연구』 제14권 제1호,
    한국비교공법학회, 2013. 9.

박은진, 프랑스 행정계약법상 불예견이론에 관한 연구, 『행정법연구』 35

호, 행정법이론실무학회, 2013. 4.

박정훈, 공·사법 구별의 방법론적 의의와 한계,『공법연구』37집 3호, 한국
　　공법학회, 2009. 2.

이계정, 2017년 분야별 중요판례분석 민법(上), 2018. 3. 15.자 법률신문

이영선, 국가계약법령상 물가변동에 따른 계약금액조정 규정의 적용을 배
　　제하는 합의의 효력,『사법』43호, 사법발전재단, 2018. 3.

이화연, 국가계약법령의 물가변동에 따른 계약금액조정규정에 위배되는
　　계약금액 고정특약의 효력에 관하여,『사법』44호, 사법발전재단,
　　2018. 6.

이광윤/김철우, 행정조달계약의 성질에 대한 연구,『성균관법학』28권 2
　　호, 성균관대학교 법학연구소, 2016. 6.

이현수, 공법상 당사자소송의 연원과 발전방향,『일감법학』32호, 건국대
　　학교 법학연구소, 2015. 10.

전현철, 미국 연장정부 조달계약에 관한 법적 고찰,『미국헌법연구』23권
　　1호, 미국헌법학회, 2012. 4.

정상현, 프랑스 민법상 불예견이론과 우리 민법에의 시사점,『민사법학』
　　제41호, 한국민사법학회, 2008. 6.

정원, 공공계약에서의 물가변동 계약금액조정 배제특약은 원칙적으로 유
　　효, 2018. 1. 3.자 법률신문

정철민, 국가계약법령상 지체상금과는 별도로 특수조건에서 정한 손해배
　　상액의 예정이 일반조건 제3조 제3항에 의하여 무효인지 여부,『대법
　　원판례해설』93호, 법원도서관, 2013. 2.

정하중, 사법행정의 기본권기속,『서강법학연구』2권, 서강대학교 법학연
　　구소, 2000. 3.

정호경/선지원, 공공조달계약의 법저 성격과 통제에 관한 연구,『법제연구
　　』46호, 한국법제연구원, 2014. 6.

Pillip Lane Bruner, Force Majeure and unforeseen ground condition in
　　the new millennium: unifying principles and 'tales of iron wars',

International Construction Law Review, Vol. 17, 2000.

Wolfgang Rosener, Unforeseeable ground (including water) conditions
— Principle and practice under German and related law,
International Construction Law Review, Vol. 17, 2000.

국문초록

　공공계약에서 계약금액조정을 배제하는 특약의 사법상 효력에 관하여 대상판결의 다수의견은 국가계약법 제19조가 강행규정은 아니므로 그 특약이 일률적으로 효력이 없는 것은 아니지만 국가계약법 시행령 제4조가 적용되어 계약상대자의 계약상 이익을 부당하게 제한하는 경우 그 특약은 효력이 없다고 판단하였다.

　'공공계약은 사법상 계약'이라는 프레임 하에서 이는 계약자유 및 사적 자치의 인정 범위의 문제일 것이지만, '공공계약은 공법상 계약'이라는 프레임 하에서는 국가 등이 계약상대자의 계약상 이익을 배제할 수 있는 권한, 즉 공공계약의 내용을 형성함에 있어서의 재량에 대한 통제라는 관점에서 분석이 이루어져야 한다. 이 경우 국가계약법 제19조가 계약담당공무원에게 공익에 부합하는 내용으로 계약금액조정에 관한 계약내용을 형성할 재량을 배제하는 것으로 보기는 어렵다. 오히려 대법원은 국가계약법 시행령 제4조가 계약금액조정을 배제하는 특약의 효력에 관한 규정이라고 보고 있으므로, 국가계약법 시행령 제4조의 해석론을 통하여 계약담당공무원의 계약금액조정을 배제하는 특약에 관한 계약내용 형성에 대하여 적절한 통제가 이루어질 수 있다는 점에서 대상판결의 다수의견의 결론은 공법적 관점에서도 수긍할 수 있다고 보인다.

　다만 이러한 결론이 정당성을 확보하기 위해서는 국가계약법 시행령 제4조를 보다 엄격하게 적용하여 계약금액조정을 배제하는 특약에 대한 실질적인 사법적 통제가 이루어지도록 할 필요가 크다. 입찰단계에서 계약금액조정의 시유가 되는 추상적인 리스크만 고지하면서 계약상대자가 그 리스크를 감수하기로 하였다는 사정만으로 특약이 부당하지 않다고 보게 되면 사실상 국가 등의 우월적 지위 남용에 대한 실효적 통제는 불가능하다. 입찰참가자가 입찰가격을 산정함에 있어 필요한 정보가 충분히 제공되지 않았거나, 입찰참가자들이 리스크 회피 비용을 입찰참가금액에 반영할 수 없음에도 일방적으로 계약금액조정을 배제함으로써 그로 인한 리스크를 계약상대자로 하여금 부담하도록 하는 것은 부당한 계약상 이익 제한으로서 효력이 없다고 보아야 한다.

　나아가 계약금액조정에 관한 리스크의 합리적 배분을 사후적인 사법적 통제에만 맡길 것이 아니라 입찰절차 및 기획재정부 일반기준의 개선도 필요하다. 당해 계약과 관련하여 가격 결정을 위한 정보를 최대한 상세히 제공하면서 이를 반영한 입찰가격을 제시할 수 있도록 하거나, 미국 연방조달규정에서와 같이 당연히 계약내용으로 편입되고 그에 반하는 특약은 제한되는 강행규정을 보다 세밀하게 특정하고 그러한 강행규정을 위반하는 특수조건의 내용은 효력이 인정되지 않는 방향으로 기획재정부 일반기준을 정비하는 방안이 적극적으로 검토되어야 한다.

　　주제어: 공공계약, 계약금액조정, 국가계약법 시행령 제4조, 강행규정, 현장여건 상이

Abstract

Validity of the Special Terms Excluding the Adjustment of Contract Amount in Public Contract

Lim Sunghoon*

The Supreme Court ruled that the special terms excluding the application of the provision on the adjustment of contract amount under the Act on Contract to Which the State Is a Party(hereinafter "State Contract Act") is not always invalid but the special terms which unjustifiably limits the counterparty's contractual interests in violation of Article 4 of the Enforcement Decree of State Contract Act is deemed invalid.

Under the framework that public contract belongs to the domain of civil law, the validity of the special terms excluding the adjustment of contract amount is a matter of the freedom of contract and the extent of private autonomy. Under the framework of public contract. However, the framework that public contract belongs to the domain of administrative law, the analysis should be made in terms of control over the discretion of contracting officer in forming the content of the contract.

Article 19 of the National Contract Law does not seem to exclude the discretion of the contracting officer to form a contract on the contract amount adjustment for the public interest. Rather, the Supreme

---

* Ph.D., Senior Judicial Researcher(Supreme Court of Korea)

Court considers Article 4 of the Enforcement Decree of State Contract Act to be a provision on the effect of the special terms excluding the adjustment of contract amount. Therefore, the judgment of the Supreme Court can be accepted from the viewpoint of public law because the discretion of contracting officer can be controlled through the interpretation of Article 4 of the Enforcement Decree of State Contract Act.

However, in order to secure the legitimacy of these conclusions, it is necessary to apply Article 4 of the Enforcement Decree of State Contract Act more strictly, so that substantial judicial control over the special terms excluding the adjustment of contract amount should be made. In fact, it is impossible to effectively control the abuse of the discretion of contracting officer, if the contract is not deemed unfair by the fact that the counterparty only takes the burden about the adjustment of contract at the bidding stage without detailed and accurate information.

Furthermore, in order to realize the rational allocation of the risk related to the adjustment of contract, the bidding process is improved so as to provide the information for pricing as much as possible. And the general provisions should be improved to clearly specify which provisions are mandatory and the special terms in violation of such provision must be invalid.

Keywords: Public Contract, Federal Acquisition Regulation, Adjustment of Contract Amount, Mandatory Provision, Changed Condition

투고일 2018. 12. 7.
심사일 2018. 12. 22.
게재확정일 2018. 12. 27.

建築行政法

開發行爲許可가 擬制되는 建築許可 拒否處分에 대한 司法審査 基準 및 審査强度[*]

文重欽[**]

대상판결: 대법원 2017. 3. 15. 선고 2016두55490 판결(①대상판결),
대법원 2017. 10. 12. 선고 2017두48956 판결(②대상판결)

---

 * 이 논문은 2018. 6. 15. 제339차 한국행정판례연구회 발표문을 보완·수정한 것이다.
** 서울중앙지방법원 판사

Ⅰ. 판결개요

1. 사실관계

(1) ①대상판결(계사신축 사안)

1) 원고는 2013. 4. 24. 피고(영광군수)에게 전남 영광군 염산면 상계리 소재 전 17,740㎡와 임야 730㎡(이하 '이 사건 신청지'라 한다) 지상에 건축면적 및 연면적 8,649.43㎡인 사육두수 8만 수 규모의 계사(이하 '이 사건 계사'라 한다)를 신축하기 위하여 개발행위허가신청 등을 포함한 건축허가신청을 하였는데, 피고는 2013. 9. 6. 군계획위원회 개발행위허가 심의 부결을 이유로 위 신청을 반려하였다.

2) 원고는 일부를 보완하여 2014. 3. 18. 피고에게 건축허가를 다시 신청(이하 '이 사건 신청'이라 한다)하였으나, 피고는 주변지역 거주자들에 대한 의견수렴·반영 절차의 미흡을 이유로 2014. 5. 28. 이 사건 신청을 반려하였고(이하 '종전 처분'이라 한다), 전라남도행정심판위원회는 2014. 11. 24. 이러한 사유는 정당한 처분사유가 되지 못한다는 이유로 종전 처분을 취소하는 재결을 하였다.

3) 이후 피고는 "이 사건 신청지가 주변마을 경계의 능선에 위치하여 악취, 소음, 토양오염 및 비산먼지 등 마을에 피해를 줄 가능성이 매우 크고, 봉덕저수지 등 수계의 악영향 및 침수 또는 방류로 인한 농업용수오염의 우려가 크다."라는 이유로, 2015. 1. 6. 원고에 대하여 이 사건 신청을 다시 반려하였다. 이에 원고는 재량권 일탈·남용 등을 주장하면서 위 건축허가 반려처분에 대한 취소소송을 제기하였다.

(2) ②대상판결(산업단지 개발계획구역 내 근린생활시설신축 사안)

1) 원고는 경북 칠곡군 북삼읍 오평리 소재 전 27,816㎡와 같은 리 소재 전 6,103㎡(이하 '이 사건 토지'라 한다) 중 2,163㎡ 지상에 건축면적

428.4㎡인 지상 1층 제1종근린생활시설(소매점)을 신축하기 위하여 2016. 1. 28. 피고(칠곡군수)에게 개발행위허가와 농지전용허가가 포함된 건축허가 신청(이하 '이 사건 신청'이라 한다)을 하였다.[1]

  2) 피고는 "관련부서와 협의한 결과,[2] 이 사건 토지는 북삼오평일 반산업단지 개발(이하 '이 사건 사업'이라 한다)계획에 포함되므로 건축물 공사가 진행 중이거나 완료된 후 이 사건 사업이 시행될 경우 건축물 철거 등으로 재산상의 손실이 발생할 수 있으므로 사업의 원활한 추진을 위하여 건축을 허가할 수 없다."라는 이유[3]로, 2016. 2. 15. 원고에 대하여 이 사건 신청을 불허하였다. 이에 원고는 재량권 일탈·남용을

---

1) 원심판결에서는 명시되어 있지 않지만 ②대상판결에는, "甲은 이 사건 토지 중 2,163㎡ 지상에 건축면적 466.39㎡인 지상 1층 제1종 근린생활시설(소매점)을, 乙은 이 사건 토지 중 2,162㎡ 지상에 건축면적 428.4㎡인 동종 시설을, 丙은 이 사건 토지 중 일부인 2,163㎡ 지상에 건축면적 428.4㎡인 동종 시설을 각각 신축하기 위하여 2016. 1. 28. 동시에 건축허가신청을 하였다. 한편 원고와 甲은 주소지가 같고, 乙과 丙 역시 주소지가 같으며, 원고, 甲, 乙, 丙(이하 '원고 등 4인'이라고 한다)은 모두 이 사건 토지의 소유자로부터 각기 토지사용 승낙을 받았다."라는 사실이 추가로 적시되어 있다.

2) 원심판결은 이 사건 토지가 피고가 계획하고 있는 이 사건 사업 예정지에 포함되어 있다는 사유만을 처분사유로 보았으나, ②대상판결은 ㉠ 건축허가가 있게 되면 개발행위허가 등이 의제되므로 이에 관하여 관련부서와의 협의가 필요하고, 이는 허가기준 충족여부에 관한 것인 점, ㉡ 피고가 소송 중에 이 사건 신청을 받아들일 경우 주변 신축 건물의 난립 등의 문제가 있다는 주장을 한 점을 고려하여, 원고가 개발행위 허가기준 등을 갖추지 못하였다는 사유도 처분사유에 포함된 것으로 보았다.

3) 대법원은 처분의 이유제시의 정도와 관련하여, (침해적 처분인지, 거부처분인지 불문하고) "처분서에 기재된 내용과 관계 법령 및 당해 처분에 이르기까지의 전체적인 과정 등을 종합적으로 고려하여, 처분 당시 당사자가 어떠한 근거와 이유로 처분이 이루어진 것인지를 충분히 알 수 있어서 그에 불복하여 행정구제절차로 나아가는 데에 별다른 지장이 없었던 것으로 인정되는 경우에는 처분서에 처분의 근거와 이유가 구체적으로 명시되어 있지 않았다 하더라도 그로 말미암아 그 처분이 위법한 것으로 된다고 할 수는 없다(대법원 2009. 12. 10. 선고 2007두20362 판결, 대법원 2017. 8. 29. 선고 2016두44186 판결)."라고 판시하여 그 이유제시의 정도를 상당히 완화하고 있다.

주장하면서 위 불허 처분에 대한 취소소송을 제기하였다.

2. 판결의 요지

(1) ①대상판결

1) 1심판결4)의 요지

① 이 사건 계사의 규모와 이 사건 신청지의 입지상 위 신청지 인근의 수질 및 대기환경에 부정적 영향의 우려가 있는 점, ② 원고의 관리 부주의 또는 장마철이나 폭우 등으로 말미암은 오·폐수 유출가능성이 없다고 단정할 수 없는 점, ③ 개발행위가 환경에 미치는 영향은 정확한 예측이 곤란하고 자연환경은 한번 파괴되면 그 회복에 막대한 시간과 비용이 소요되고 그로인한 불이익은 국민 전체 및 후세에까지 미치게 되는 특성이 있으므로, 행정청이 환경오염을 이유로 개발행위를 제한할 공익상의 필요가 있는지를 판단하는 경우 그 판단은 폭넓게 존중될 필요가 있는 점 등을 고려하여, 피고의 재량판단에 사실오인이나 비례·평등의 원칙 위배 등의 위법이 없다고 보았다.

2) 원심판결5)의 요지

① 원심의 감정결과에 의하면 무창계사(無窓鷄舍)로부터 300m 떨어진 곳에서는 악취를 거의 감지할 수 없는데, 이 사건 신청지와 가장 가까운 마을에 악취가 도달할 가능성이 낮고, 인근 주민들의 피해가 통상의 수인한도 범위 내에 있는 점, ② 원고의 환경피해 방지계획이 불충분하다고 볼 자료가 없고, 향후 악취가 법상 기준을 초과하는 경우 개선명령 등을 통하여 사후적으로 규제가 가능한 점, ③ 원고는 이 사건 계사에서 흘러나오는 우수를 수계 반대 방향으로 방류하고, 콘크리트 타설을 통해 오염물질이 토양에 침투하는 것을 차단하며, 배출계분

---

4) 광주지방법원 2015. 8. 20. 선고 2015구합10193 판결
5) 광주고등법원 2016. 9. 29. 선고 2015누6537 판결

을 전량 위탁 처리할 예정인 점, ④ 영광군에 이미 20여 곳 이상의 무
창계사가 운영되고 있고, 군계획위원회의 최초 심의에서 악취, 먼지, 폐
수 등의 문제가 특별히 제기되지 않았던 점 등을 고려하면, 피고의 재
량권 행사는 재량권을 일탈·남용한 것이라는 이유로 1심판결을 취소하
였다.

   3) ①대상판결[6]의 요지

「국토의 계획 및 이용에 관한 법률」(이하 '국토계획법'이라 한다)이 정
한 용도지역 안에서의 건축허가는 건축법 제11조 제1항에 의한 건축허
가와 국토계획법 제56조 제1항의 개발행위허가의 성질을 아울러 갖는
데, 개발행위허가는 허가기준 및 금지요건이 불확정개념으로 규정된 부
분이 많아 그 요건에 해당하는지 여부는 행정청의 재량판단의 영역에
속한다. 그러므로 그에 대한 사법심사는 행정청의 공익판단에 관한 재
량의 여지를 감안하여 원칙적으로 재량권의 일탈이나 남용이 있는지 여
부만을 대상으로 하고, 사실오인과 비례·평등의 원칙 위반 여부 등이 그
판단 기준이 된다(대법원 2005. 7. 14. 선고 2004두6181 판결, 대법원 2012.
12. 13. 선고 2011두29205 판결[7] 등 참조).

   그리고 특히 환경의 훼손이나 오염을 발생시킬 우려가 있는 개발

---

6) 대법원 2017. 3. 15. 선고 2016두55490 판결
7) 인용된 두 개의 판결 모두 토지에 대한 형질변경행위(국토계획법 제56조 제1항 제
   2호)를 수반하는 건축허가에 관한 사안이다. 나아가 건축물의 건축(국토계획법 제
   56조 제1항 제1호)에 관한 개발행위허가가 의제되는 건축허가의 경우에도 건축법
   및 국토계획법의 체계 및 내용 등에 비추어 보면, 건축물의 건축이 국토계획법상
   개발행위에 해당할 경우 그에 대한 건축허가를 하는 허가권자는 건축허가에 배치·
   저촉되는 관계 법령상 제한 사유의 하나로 국토계획법령의 개발행위허가기준을
   확인하여야 하므로, 국토계획법상 건축물의 건축에 관한 개발행위허가가 의제되
   는 건축허가신청이 국토계획법령이 정한 개발행위허가기준에 부합하지 아니하면
   허가권자로서는 이를 거부할 수 있다(대법원 2016. 8. 24. 선고 2016두35762 판결).
   관련 평석으로는 고은설, "건축물의 건축에 관한 개발행위허가가 의제되는 건축
   허가의 법적성질", 법과 정의 그리고 사람: 박병대 대법관 재임기념 문집, 사법발
   전재단, 2017

행위에 대한 행정청의 허가와 관련하여 재량권의 일탈·남용 여부를 심사할 때에는, 해당지역 주민들의 토지이용실태와 생활환경 등 구체적 지역 상황과 상반되는 이익을 가진 이해관계자들 사이의 권익 균형 및 환경권의 보호에 관한 각종 규정의 입법 취지 등을 종합하여 신중하게 판단하여야 한다. 그러므로 그 심사 및 판단에는, 우리 헌법이 "모든 국민은 건강하고 쾌적한 환경에서 생활할 권리를 가지며, 국가와 국민은 환경보전을 위하여 노력하여야 한다."라고 규정하여(제35조 제1항) 환경권을 헌법상 기본권으로 명시함과 동시에 국가와 국민에게 환경보전을 위하여 노력할 의무를 부과하고 있는 점, 환경정책기본법은 환경권에 관한 헌법이념에 근거하여, 환경보전을 위하여 노력하여야 할 국민의 권리·의무와 국가 및 지방자치단체, 사업자의 책무를 구체적으로 정하는 한편(제1조, 제4조, 제5조, 제6조), 국가·지방자치단체·사업자 및 국민은 환경을 이용하는 모든 행위를 할 때에는 환경보전을 우선적으로 고려하여야 한다고 규정하고 있는 점(제2조), '환경오염 발생 우려'와 같이 장래에 발생할 불확실한 상황과 파급효과에 대한 예측이 필요한 요건에 관한 행정청의 재량적 판단은 내용이 현저히 합리성을 결여하였다거나 상반되는 이익이나 가치를 대비해 볼 때 형평이나 비례의 원칙에 뚜렷하게 배치되는 등의 사정이 없는 한 폭넓게 존중될 필요가 있는 점 등을 함께 고려하여야 한다. 이 경우 행정청의 당초 예측이나 평가와 일부 다른 내용의 감정의견이 제시되었다는 등의 사정만으로 쉽게 행정청의 판단이 위법하다고 단정할 것은 아니다.

① 이 사건 신청지는 국토계획법상 용도지역이 생산관리지역, 농림지역이고, 주변 토지에 비하여 지대가 높은 능선에 위치하는 개활지인데, 전형적인 농촌마을 모습을 띠고 있고, 그 주변에는 농경지가 펼쳐져 있는 점, ② 이 사건 신청지로부터 1km 이내에 5개 마을이 있는데, 위 신청지는 위 마을들의 중심에 위치하고, 남쪽으로 약 650m 떨어진 곳에는 봉덕저수지가 위치하여 있는 점, ③ 원고의 무창계사는 내부의

온도 및 습도조절을 위한 배기구가 설치되어 이를 통해 악취가 발산될 가능성이 있는데, 그 주위에 악취를 차단할 수 있는 지형지물이 전혀 없어 인근 주거지에 직접적인 영향을 미칠 우려가 있는 점, ④ 사후적 규제만으로는 주거 등 환경회복에 한계가 있고, 현재 이 사건 신청지 주변에서 운영 중인 대규모 양계장은 없는 점 등의 제반 사정을 앞에서 본 국토계획법령의 규정과 환경권에 관한 헌법 및 관련 법률의 취지, 행정청의 재량판단에 대한 사법심사의 대상 등에 관한 법리에 비추어 살펴보면, 피고의 재량권 행사에 비례의 원칙 위반 등 재량권을 일탈·남용한 위법이 있다고 단정하기 어렵다고 보아 원심판결을 파기 환송[8]하였다.

(2) ②대상판결

1) 1심판결[9]의 요지

① 피고는 2009. 9.경 이 사건 사업계획을 수립하고 기본계획 및 실시설계 용역에 착수하였으나, 실수요자를 구하기 어려워 2013. 1.경 기본계획 및 실시설계 용역을 중단하였는데, 그로부터 약 3년이 지난 이 사건 신청 당시까지 이러한 상태가 계속된 점, ② 피고가 이 사건 사업계획이 수립된 지 약 7년이 지난 현재까지 경상북도지사에게 일반산업단지 지정 신청조차 하지 않는 등 장차 일반산업단지 지정 및 산업단지계획 승인과 완공 시기 등을 예측하기가 어려운 점, ③ 원고가 이 사건 토지상에 건축물을 신축하더라도 일반산업단지 조성에 따른 수용 대상이 될 것이라고 단정할 수 없고, 설령 그렇지 않더라도 피고에게 감당하기 어려운 損害를 입게 할 것이라고는 보이지 않는 점, ④ 반면 원고는 장기간 이 사건 토지상에 건축물을 신축하거나 사업을 영위할 수

---

8) 파기 환송심(광주고등법원 2017누3396호)에서 2017. 12. 22. 원고 패소 판결이 선고되어 그대로 확정되었다.

9) 대구지방법원 2016. 8. 23. 선고 2016구합20694 판결

없게 되어 상당한 손해를 입게 될 것으로 보이는 점 등을 고려하여, 피고가 비례의 원칙을 위반하여 재량권을 일탈·남용하였다고 보았다.

2) 원심판결10)의 요지

1심판결에 거시된 사정과 더불어, ① 피고의 개발계획상 이 사건 사업에 필요한 총 사업비 3,623억 원 중 대부분을 민간업체가 부담하는 것으로 되어 있는데, 원심 변론종결일까지도 민간사업자를 선정하지 못한 점, ② 산업단지지정권자에 의하여 산업단지 지정에 관한 주민 등의 의견청취를 위한 공고가 있는 지역 안에서는 개발사업에 지장이 되는 건축행위 등을 제한할 수 있으나,11) 이 사건 사업은 이러한 공고가 이루어지기 전의 단계에 있는 점 등을 아울러 고려할 때, 이 사건 토지가 산업단지 조성예정지에 포함되어 있다는 사유만으로 피고가 이 사건 신청을 거부한 것은 비례의 원칙을 위배하여 재량권을 일탈·남용한 것으로 위법하다고 보아 1심의 결론을 유지하였다.

3) ②대상판결12)의 요지

국토계획법 제56조에 따른 개발행위허가와 농지법 제34조에 따른 농지전용허가·협의는 그 금지요건·허가기준 등이 불확정개념으로 규정된 부분이 많아 그 요건·기준에 부합하는지의 판단에 관하여 행정청에 재량권이 부여되어 있으므로, 그 요건에 해당하는지 여부는 행정청의 재량판단의 영역에 속한다. 나아가 국토계획법이 정한 용도지역 안에서 토지의 형질변경행위·농지전용행위를 수반하는 건축허가는 건축법 제11조 제1항에 의한 건축허가와 위와 같은 개발행위허가 및 농지전용허가의 성질을 아울러 갖게 되므로 이 역시 재량행위에 해당하고, 그에 대한 사법심사는 행정청의 공익판단에 관한 재량의 여지를 감안하여 원칙

---

10) 대구고등법원 2017. 5. 26. 선고 2016누6079 판결
11) 「구 산업입지 및 개발에 관한 법률」(2016. 12. 20. 법률 제14449호로 개정되기 전의 것) 제12조 제1항, 같은 법 시행령 제14조 제1항, 같은 법 시행규칙 제6조의2
12) 대법원 2017. 10. 12. 선고 2017두48956 판결

적으로 재량권의 일탈이나 남용이 있는지 여부만을 대상으로 하는데, 그 판단기준은 사실오인과 비례·평등의 원칙 위반 여부 등이 된다(대법원 2017. 6. 19. 선고 2016두30866 판결, 대법원 2016. 10. 27. 선고 2015두41579 판결 등 참조). 이러한 재량권 일탈·남용에 관하여는 그 행정행위의 효력을 다투는 사람이 주장·증명책임을 부담한다(위 2015두41579 판결 등 참조).13) 한편 국토계획법 제76조 제1항, 제36조의 위임에 따른 국토계획법 시행령 제71조 제1항 제14호 [별표 15] 2.의 나.에 의하면, '보전녹지지역'에서 도시·군계획조례로 건축이 허용되는 '제1종 근린생활시설'은 해당 용도에 쓰이는 바닥면적의 합계가 500㎡ 미만이어야 한다.

① 원고 등 4인은 이 사건 토지의 사용승낙을 받아 위 토지 중 일부씩에 관하여 총 4건의 건축허가신청을 동시에 하였는데, 민가가 드문 보전녹지지역의 넓은 농지에 소매점 건축허가를 일괄 신청하여 위 신청 취지의 진정성에 의심스러운 점, ② 원고 등 4인이 건축하려는 소매점들은 상당한 건축물의 군(群)을 형성하여 주변지역의 토지이용 실태를 고려하면 개발행위허가기준 등을 충족하는지 의심스럽고, 인근 농지의 농업 경영에 피해를 초래하고 주변 지역의 난개발을 막기 어렵게 되는 점, ③ 피고가 산업단지 조성을 추진하고 있다는 점 역시 재량판단의 한 공익적 요소로 고려할 수 있는 반면, 원고 등 4인은 이 사건 토지의 소유자도 아니므로 건축불허가로 인하여 재산권 침해의 불이익이 크지 아니한 점, ④ 원고 등 4인의 건축허가신청(건축면적이 모두 466.39㎡이거나 428.4㎡)은 보전녹지지역에서 도시·군계획조례로 건축이 허용되는 제1종 근린생활시설의 바닥면적 합계 500㎡ 미만이라는 국토계획법령

13) 효과재량에 관한 입증책임 배분이 불확정개념으로 되어 있는 요건 판단에 대한 재량과 동일하게 적용되어서는 아니 된다는 비판적 견해가 있는데(임성훈, "행정에 대한 폭넓은 존중과 사법심사기준", 행정법연구, 제52호, 2018, 181면), 법률요건 분류설의 입장에서 보면 일응 설득력이 있고, 행정에 대한 절차적 통제의 강화의 측면에서도 이러한 재량하자의 부존재의 증명책임을 행정청에게 지우고, 설명의무를 부담시킬 필요성이 도출된다.

상 규제를 염두에 둔 것으로 보이는 점, ⑤ 인근 토지에 건축허가가 있었다는 이유만으로 그 주변 토지에 건축허가를 모두 인용하면 난개발을 막을 방법이 없어 개발행위허가 제도를 유명무실하게 만들 우려가 있는 점 등을 모두 종합하여 보면, 이 사건 신청이 개발행위허가농지전용행위허가 기준 등을 갖추지 못하였다고 본 피고의 판단에 비례·평등원칙 위반 등 재량권 일탈·남용이 있다고 보기 어렵다고 보아 원심판결을 파기환송[14]하였다.

II. 서론

1. 건축허가 관련 행정소송의 현황과 주요 유형 및 구체적 심리사항

건축과 관련된 행정소송사건을 통계적으로 개관하면, 2016년도에는 전체 행정소송사건 합계 19,541건 중 435건(약 2.2%)의 비중을 차지하였는데, 서울행정법원 48건, 수원지방법원 75건, 대구지방법원 29건, 광주지방법원 44건 등으로 나타났다.[15] 2015년도에는 전체 행정소송사건 합계 18,271건 중 437건(약 2.4%)으로, 서울행정법원 50건, 수원지방법원 62건, 대구지방법원 39건, 광주지방법원 26건 등이 제기되었다.[16] 건축과 관련된 행정소송사건은 실무상 고정적으로 일정한 비중을 차지하는 주요 분쟁유형이다.

재판실무상 건축법이 적용되는 행정소송사건의 사안들은 비교적

---

14) 파기 환송심(대구고등법원 2017누7253호)에서 2018. 1. 26. 원고 패소 판결이 선고되어 그대로 확정되었다.
15) 2016년 사법연감, 가사, 행정, 특허, 선거편, 918면
16) 2015년 사법연감, 가사, 행정, 특허, 선거편, 882면

다양한데, 대상판결과 같이 개발행위허가 등의 의제가 문제되는 건축허가 관련 행정소송사건 중 반복적으로 제기되는 사안들을 주된 유형별로 분석해 보면 다음과 같다.

첫째로 가장 많이 문제가 되는 유형은 계사・축사・돈사 등 동・식물 관련시설 설치 관련 사건이다.[17] 이러한 유형의 사건에서 인근 주민들은 환경피해 등을 이유로 그 설치를 반대하고, 행정청은 건축허가 신청을 거부하게 되는데, 거부처분의 주된 처분사유는 악취, 소음, 토양오염 및 비산먼지 등으로 인한 환경피해, 집단민원[18]의 발생(우려) 등이다. 원고는 거부처분 취소소송에서 주로 처분사유의 부존재와 더불어 재량권 일탈・남용을 주장하면서 그 위법성을 다투는데, 법원은 인근 마을과의 거리・거주하는 주민의 수, 입지 및 유사시설의 분포, 주변의 지형지물(수계, 산지로 차폐되는지 여부), 시설의 규모(면적, 사육두수) 및 형태(무창계사 등), 오염물질의 처리시설 및 처리방법(위탁처리 등) 등의 사유를 구체적으로 심리하고 있는 것으로 보인다(①대상판결).

둘째 유형은 (동물)장례식장[19], 숙박시설 등 기피시설 설치 관련 사건이다.[20] 이러한 유형의 사건에서 건축허가 거부처분의 주된 처분사유는 입지의 부적정성(주거밀집지역 등), 주변지역의 경관훼손 및 주변환경과의 부조화, 교통장애 유발, 인근 주민들의 주거생활 환경 및 교육환경 저해, 민원의 야기 등인데, 마찬가지로 원고는 주로 사실오인과 재량권 일탈・남용을 주장한다. 법원은 주변의 주거지역 등의 입지, 기피시설의 규모, 지형지물로 차폐되는지 여부, 도시계획과의 조화, 교통장

---

17) 대구고등법원 2014. 1. 17. 선고 2013누1257 판결, 광주지방법원 2015. 8. 20. 신고 2015구합10193 판결 등

18) 인근 주민들이 반대한다고 하더라도 '그 자체만으로는' 건축허가를 불허할 적법한 기준이 될 수는 없다(대법원 2001. 5. 8. 선고 2001두1482 판결 등).

19) 고인의 죽음을 애도하고 '사후명목을 기원하는 시설'인 장례식장을 혐오시설 내지 기피시설로는 볼 수 없다(대법원 2004. 6. 24. 선고 2002두3263 판결 등).

20) 대구지방법원 2014. 8. 20. 선고 2014구합20492 판결, 수원지방법원 2017. 12. 5. 선고 2017구합64126 판결(예식장을 장례식장으로 용도변경을 신청한 사안) 등

애 유발 여부, 장례식장 등의 수요·공급 등의 사유를 구체적으로 심리
하고 있는 깃은 나타난다.

마지막으로 기타 건축물 등의 유형으로 통상적으로 행정청이 신축
허가 신청을 거부하면서 계획 중인 개발계획 등에 배치되고, 건축물이
주변 환경과 조화를 이루지 않는다는 등의 처분사유를 제시하는 유형이
다.21) 원고는 재산권 침해의 중대성을 이유로 재량권 일탈·남용을 주로
주장한다. 이와 관련하여, 법원은 주변지역 토지 등의 사용용도, 건축물
의 입지, 개발계획의 구체성과 그 진행정도, 재산권 침해의 정도와 기간
등을 구체적으로 심리하고 있다(②대상판결).

2. 종래 재판실무의 경향과 문제점

개발행위허가가 의제되는 건축허가와 관련된 행정청의 재량권 일
탈·남용을 심사함에 있어서 종전의 재판실무는 비교적 엄격한 잣대(심
사강도)로 판단하였다. 예를 들면, 계사·축사·돈사 등과 관련된 환경오
염 유발시설 사건에 있어서, 환경오염의 인과관계 등의 구체적인 입증
이 어렵고, 환경피해에 대한 사후적 조치로는 보호가 불충분할 수 있음
에도 행정청에게 구체적 입증을 요구하였고, 재량권 행사의 범위를 좁
게 인정하였다. 이로 인하여 인근 주민들을 환경피해로부터 보호함에
있어서 공백이 생기는 경우가 있었다. 또한 개발행위허가, 특히 토지형
질변경허가가 의제되는 건축허가의 경우 국토계획법상 개발행위허가가
의제되므로 도시계획적 요소가 충분히 반영되어 심사되어야 함에도 건
축허가에 관한 법리22)에 사로잡힌 나머지 이러한 측면이 충분히 고려

---

21) 대구지방법원 2016. 8. 23. 선고 2016구합20694 판결, 대구지방법원 2014. 2. 14. 선고
    2013구합2275 판결 등
22) 원칙적으로 건축허가는, 그 허가요건을 충족하는 건축허가가 신청된 경우에 반드
    시 발급되어야 하는 기속행위이므로, 행정청은 중대한 공익상 필요가 없는 이상
    건축법 등 관계법령이 정하는 제한사유 이외의 사유로 거부할 수 없고(대법원

되지 아니하였던 측면이 있었다. 그러한 연유로 인하여 행정청의 재량
행위에 대한 심사강도가 상당이 높았고, 당연한 결과로 다른 유형의 행
정소송 사건에 비하여 상대적으로 원고 승소율이 상당히 높았던 것으로
보인다.

그러나 최근 대법원은 '자연환경·생활환경에 미치는 영향' 등과 같
이 장래에 발생할 불확실한 상황과 파급효과에 대한 예측이 필요한 요
건에 관한 행정청의 재량적 판단을 폭 넓게 존중해야 한다는 취지의 일
련의 판결을 하여 행정소송의 사법심사 강도를 상당히 완화하고 있는
것으로 나타난다.23) 대상판결은 이러한 일련의 판결들과 그 맥을 같이
하고 있는 것으로 종래의 대법원의 견해를 명시적으로 변경한 것은 아
니지만 행정청의 재량판단에 대한 존중을 통해 종래의 재판실무의 흐름
을 상당히 변화시킨 것으로 구체적 고찰의 필요성이 있다고 할 것이다.

Ⅲ. 평석

1. 사안의 쟁점

평석대상 판결은, 국토계획법상 개발행위허가, 특히 토지형질변경
허가24)가 의제되는 건축허가의 법적 성격(재량행위)과 그에 대한 사법심

1992. 12. 11. 선고 92누3038 판결, 대법원 2009. 9. 24. 선고 2009두8946 판결 등),
이러한 경우 중대한 공익상 필요가 있는지에 관하여는 행정청에게 그 입증책임이
있다고 봄이 상당하다. 하지만 건축법 제11조 제5항에 의해 개발행위허가 등이 의
제되는 경우 건축허가에 관한 위와 같은 법리가 그대로 적용될 수 없고, 그 법적
성질 및 사법심사 기준이 달리 규명되어야 한다.
23) 대법원 2017. 6. 19. 선고 2016두30866 판결(제2종 근린생활시설 신축 사안), 대법
원 2017. 10. 31. 선고 2017두46783 판결(건설폐기물중간처리업 사안) 등
24) ②대상판결은 개발행위허가뿐만 아니라 농지전용허가도 함께 의제되는 건축허가
에 관한 사안이었는데, 제1심 판결 및 원심판결에서의 설시 내용에 의하면 그 주

사의 기준에 관하여 종래의 견해를 유지하면서, '환경오염 발생 우려', '주위환경과의 조화'에 관한 행정청의 재량적 판단이 존중되어야 함을 강조하였다. 따라서 평석대상 판결의 쟁점은, 개발행위허가가 의제되는 건축허가에 대한 사법심사 기준, 특히 개발행위 허가기준 중 장래에 발생할 불확실한 상황과 파급효과에 대한 예측이 필요한 불확정개념25)의 해석·적용에 관한 행정의 자율성에 대한 사법심사의 강도라고 할 것이다.

  독일의 판례·학설의 영향으로 불확정개념의 해석·적용에 관하여 인정되는 판단여지(Beurteilungsspielraum)와 효과부분에 대한 재량(Ermessen)을 구별할 것인지 여부에 관하여, 불확정개념의 해석·적용은 하나의 올바른 결정을 발견하기 위한 법의 인식작용으로 양자는 구별된다는 견해26)와 요건판단과 효과결정에서 인식적·의지적·평가적 요소는 함께 작용되므로 양자의 구별을 부정하는 견해27)가 대립된다. 살피건대, 인정근거 및 기준 등에 있어 차이가 있고, 특히 입증책임의 분배와 관련하여 실익이 있으므로, 일응 양자를 구별할 필요성은 있다고 봄이 타당하다.28) 하지만 우리나라의 확립된 판례는 이를 구별하지 아니한 채 모두 '재량'에 속하는 것으로 보고 있다.29)

   안점이 개발행위허가가 의제된다는 측면에 있었던 것으로 보이고, 농지법 제34조, 농지법 시행령 제33조 제1항 제5호는 농지전용허가의 심사기준으로서 "해당 농지의 전용이 인근 농지의 농업경영과 농어촌생활환경의 유지에 피해가 없을 것"을 들고 있어 개발행위허가기준의 요건과 상당 부분 유사하므로, 이하에서는 개발행위허가에 초점을 맞추어 살펴보기로 한다.

25) 독일에서는 법적 개념이라는 것을 강조하기 위해 불확정법개념(unbestimmter Rechtsbegriff)라고 하거나 법률에 사용된 불확정개념이라는 의미에서 불확정법률개념(unbestimmter Gesetzesbegriff)이라고도 한다.

26) 김용섭, "독립유공자 서훈취소의 법적 쟁점", 행정판례연구, 제21-2집, 2016, 42면; 박균성, 행정법론(상), 제12판, 박영사, 2013, 291면; 홍정선, 행정법원론(상), 제19판, 박영사, 2011, 316면; 김남진/김연태, 행정법 I, 제20판, 법문사, 2016, 215면

27) 박정훈, "불확정개념과 판단여지", 행정작용법, 중범김동희교수정년기념논문집, 박영사, 2005, 266면 이하

28) 拙著, "징계처분과 재량통제에 관한 연구", 사법논집, 제54집, 2012, 368면

29) 대법원 2007. 1. 11. 선고 2004두10432 판결

이하에서는 건축허가와 인·허가의제의 기본적 구조에 대하여 개관하고, 개발행위허가가 의제되는 건축허가에 대한 사법심사 기준 및 강도에 관한 대상판결의 논증과 판시가 타당한지 여부에 관하여 이론적·실무적 관점에서 검토해 보고자 한다.

2. 건축허가와 인·허가의제의 기본구조

(1) 개관

건축허가는 허가를 통해 국민의 건축에 관한 일반적 금지를 개별적 사안마다 해제하여 자유권을 회복시켜주는 제도인데, 이는 경찰법상의 허가제의 대표적인 것으로 건축물로부터 발생하는 위험방지를 주된 목적으로 한다. 따라서 강학상 허가에 해당하는 건축허가는 일반적으로 그 요건을 충족하는 한 반드시 발급되어야 하는 기속행위이고,[30] 판례도 건축허가에 대해 같은 입장을 취하고 있다.[31]

그런데 건축법에는 인·허가의제[32]제도[33]가 규정(제11조 제5항)되

---

30) 김종보, 건설법의 이해, 피데스, 2013, 116면
31) 건축허가권자는 건축허가신청이 건축법 등 관계 법규에서 정하는 어떠한 제한에 배치되지 않는 이상 당연히 같은 법조에서 정하는 건축허가를 하여야 하고, 중대한 공익상의 필요가 없는데도 관계 법령에서 정하는 제한사유 이외의 사유를 들어 요건을 갖춘 자에 대한 허가를 거부할 수는 없다(대법원 2009. 9. 24. 선고 2009두8946 판결).
32) 인·허가의제는 일정한 행위를 행정청 스스로가 발하는 것이 아니라, 법상의 '기간이 경과'한 후에 법규범에 의해 간주된다는 의미로 사용될 수도 있을 것이다(김중권, "의제적 행정행위에 관한 소고", 법제, 제520호, 2001, 53~63면)
33) 통상적으로 독일행정법상 집중효(Konzentrationswirkung)와 비교되어 설명되는데, 집중효는 행정계획의 확정절차를 거쳐 최종적으로 행정계획이 결정되면 관련된 모든 행정처분의 효력이 상실되고 계획결정에 포섭되는 효력을 말하고, 이는 독일 연방행정절차법 제75조(Rechtswirkungen der Planfeststellung) 제1항 제2문(neben der Planfeststellung sind andere behördliche Entscheidungen, insbesondere öffentlich–rechtliche Genehmigungen, Verleihungen, Erlaubnisse, Bewilligungen, Zustimmungen und Planfeststellungen nicht erforderlich.)을 근거로 한다. 독일행정

어 있다. 인·허가의제제도[34]는 하나의 인·허가를 받으면 다른 허가, 인가를 받은 것으로 보는 제도를 말한다.[35] 이와 같이 건축법에 인·허가의제 제도를 둔 취지는, 인·허가의제사항과 관련하여 건축허가의 관할 행정청으로 그 창구를 단일화하고 절차를 간소화하며 비용과 시간을 절감함으로써 국민의 권익을 보호하려는 것[36]이다.[37] 건축법상 인·허가의제제도를 통해 건축허가를 받으면 일반적으로 재량행위로 평가되는 국토계획법상의 개발행위허가[38], 농지법상의 농지전용허가 등이 폭넓게 의제되고 있다. 결국 건축법상 인·허가의제조항을 통해 건축허가로 수 개의 재량행위가 의제되는 이상 인·허가가 의제되는 건축허가를 기속행위로 보기는 어려울 것이다.[39]

법상 집중효는 인·허가의제와 달리 ① 사업의 안정성을 확보하고자 ② 이해관계인의 집중적 참여를 통해 이루어지는 ③ 계획확정절차에 부여되는 특유한 효과로서 ④ 다른 법률에 의한 모든 인·허가를 받은 것으로 의제된다는 차이점이 있다(박균성/김재광, "인·허가의제제도의 문제점과 개선방안", 행정법연구, 제26호, 2010, 35~36면).; 독일에서의 구체적 논의에 관하여는, 서원우, "대규모시설계획확정절차의 집중효-독일에서의 논의를 중심으로-", 현대행정법학이론 Ⅱ, 1996, 272~288면 참조

34) 인·허가의제제도의 시초는 1973. 12. 24. 제정·공포된 산업기지개발촉진법으로 알려져 있는데, 그 후 투자활성화를 명목으로 계속적으로 확대 도입되고 있다(정태용, "인·허가의제제도에 관한 고찰", 법제, 제530호, 2002, 3면). 그러나 법치주의적 관점에서 사전적 진입규제를 통한 공익보호를 우회하고, 이해갈등상황을 적극적으로 조율하는 행정의 임무를 해태하며(선정원, "인·허가의제와 심사촉진", 공법연구, 제38집 제2호, 2009, 88면), 의제되는 규제법령이 보호하고자 하는 공익이나 제3자의 이익이 침해될 수 있다는 비판이 있다(최계영, "건축신고와 인·허가의제", 행정법연구, 제25호, 2009, 169면).
35) 박균성, 앞의 책, 601면
36) 이에 더하여 행정청 사이의 갈등과 중복심사를 피하기 위한 목적을 추가로 드는 견해도 있다(선정원, 앞의 글, 88, 100면).
37) 대법원 2015. 7. 9. 선고 2015두39590 판결 등
38) 대법원 2016. 7. 29. 선고 2014두3532 판결(국토계획법 제56조 제1항 제2호의 규정에 의한 토지의 형질변경허가는 그 금지요건이 불확정개념으로 규정되어 있어 그 금지요건에 해당하는지 여부를 판단함에 있어서 행정청에게 재량권이 부여되어 있다.)
39) 김종보, 앞의 책, 118면

한편 인·허가의제는 행정기관의 권한의 변경을 야기하기에 법률상
의 근거를 요하고(행정권한법정주의), 투명성 확보를 위해서 그 범위도 법
률에 특정되어야 한다.[40] 이에 건축법도 인·허가 의제의 근거를 제11조
제5항에서 두고 있는데, 그 문언과 행정권한법정주의, 제3자의 이익에
대한 보호의 필요성 등을 아울러 고려하면, 위 규정에 열거되지 아니한
인·허가는 의제가 되지 아니한다고 봄이 타당하다.[41] 나아가 인·허가의
제제도를 도입할 때에는 일정한 원칙이 있어야 할 것이다. 즉, 의제대상
인 인허가들 사이에 일정한 관련성이 있어야 하고, 그 성질상 서로 묶
여서는 곤란한 인허가는 의제로 묶어서는 아니 될 것이다.[42]

40) 박균성/김재광, 앞의 글, 37면, 정태용, 앞의 글, 5~6면
41) 정태용, 건축법해설, 한국법제연구원, 2006, 166~167면; 박균성, 앞의 책, 602면; 홍
    정선, 앞의 책, 272면; 김남진/김연태, 앞의 책, 247면; 대법원 1992. 5. 12. 선고 91
    누7378 판결(구 관광진흥법 제7조의 규정에 의하면 관광숙박업 및 관광객이용시
    설업의 등록을 한 때에는 같은 조 각호의 사항에 관하여 당해사업에 대한 소관관
    청의 허가·면허·인가·승인·지정 또는 인정 등을 받았거나 소관관청에 신고한 것으
    로 본다고 되어 있으나, 그 각호의 사항 중에 건축법에 의한 용도변경허가는 포함
    되어 있지 않을 뿐 아니라 위 규정은 제한적인 열거규정이고 예시적인 규정이라
    고는 볼 수 없으므로 건축법상의 용도변경허가까지도 포함되는 것으로 유추 또는
    확대해석할 수도 없다고 본 사례)
42) 이러한 측면을 고려하여 인·허가의제제도의 도입원칙으로, ① 상호관련성의 원칙
    (의제되는 인허가들은 함께 고려되어 인허가절차를 촉진시킬 수 있도록 상호관련
    성이 있어야 한다), ② 심사촉진효과성의 원칙(서로 결합하여 심사했을 때 심사촉
    진의 효과가 날 수 있어야 한다), ③ 부정 영향시 이용금지의 원칙(두 업무가 결합
    되면 부정적인 영향이 미칠 우려가 있으면 상호 결합시켜 심사해서는 아니 된다),
    ④ 절차지연방지의 원칙(인허가의제로 심사의 복잡성이 지나치게 심화되어 절차
    가 지연될 우려가 있는 인허가들은 의제로 결합시키는 것은 신중을 기하여야 한
    다), ⑤ 유형화의 원칙(인허가의제의 대상과 범위를 정함에 있어 획일적일 수는
    없고 민원인의 사업유형에 따라 그의 대상과 범위를 달리하여 유형화하는 것이
    필요하다), ⑥ 민원인 부담경감의 원칙(인허가의제가 활성화되기 위해서는 첨부서
    류 제출에 따른 과중한 비용부담을 최소화시킬 필요가 있다), ⑦ 최소성의 원칙
    (인허가의제의 대상과 범위는 필요이상으로 확대하는 것은 법치행정의 원칙을 훼
    손할 우려가 있으므로 명백하고도 필요성이 있는 경우에 한정하여 의제대상으로
    삼아야 할 것이다) 등을 도출할 수 있다(박균성/김재광, 앞의 글, 49면).

(2) 건축허가와 인·허가의제의 요건

1) 인·허가의제의 기본구조

주무행정기관의 주된 행정처분으로 관계행정기관이 담당하는 인·허가가 의제되기 위하여 일반적으로 ① 주무행정기관이 관계행정기관과 '협의'[43]를 거칠 것, ② 의제대상 인·허가의 근거 법령에 마련된 요건이 구비될 것이 요구된다.[44] 건축법도 마찬가지이다. 건축법 제11조 제6항은 주된 행정처분인 건축허가처분으로부터 관련 인·허가가 의제되기 위해서는 관계행정기관과 미리 협의하여야 하고, 관계행정기관은 협의 요청을 받은 날부터 15일 이내에 의견을 제출하여야 하는데, 이 경우 관계행정기관은 국토계획법과 인·허가의제되는 관계 법령 등의 처리기준이 아닌 사유를 이유로 협의를 거부할 수 없고, 협의 요청을 받은 날부터 15일 이내에 의견을 제출하지 아니하면 협의가 이루어진 것으로 본다고 규정하고 있다.

2) 협의의 법적 성격

건축법 제11조 제6항에 따라 건축허가에 의해 관련 인·허가가 의제되기 위해서는 '협의'가 요구되는데, 여기서의 협의를 '자문'의 의미로 보면 주무행정기관은 관계행정기관의 의견에 구속되지 아니하고 독자적인 판단에 근거하여 건축허가를 할 수 있을 것이고, 반면 '동의'의 의미로 파악하면 관계행정기관이 부동의 협의의견을 제시할 경우 주무행정기관은 이에 기속되어야 하고, 이를 위반할 시 건축허가도 위법하게 된다고 할 것이다. 행정실무상으로는 협의를 동의로 보고 있지 아니하

---

43) 협의에 관한 규정을 두고 있지 아니한 법률도 있는데, 이는 입법의 미비이고, 협의 규정이 없는 경우에도 실무상으로는 협의를 하는 것이 일반적이라고 한다(정태용, 앞의 글, 10면). 또한 협의규정이 없는 경우에도 협의를 거쳐야 한다는 견해가 있다(박균성, 앞의 책, 603면).

44) 이용우, "인허가의제의 요건 및 이에 대한 사법심사의 기준에 관한 연구", 사법논집, 제61집, 2016, 93면

나 관계행정기관의 협의의견을 최대한 존중하고 있다고 한다.[45]

학설은 서로 일치되어 있지 아니하다. ① '동의'의 의미로 파악하는 견해[46]는 협의를 통해 관계행정기관의 의제대상이 되는 처분에 관한 실체적 요건의 판단이 이루어진다고 한다. 즉 협의를 의제대상의 실체적 요건 준수를 담보하기 위한 장치로 파악한다. 반면 ② '자문'의 의미로 해석하는 견해[47]는 '협의'라는 문언에 그 근거를 두는데, 명문이 협의라고 규정하고 있는 이상 합의라고 볼 수는 없다는 것이다. 나아가 ③ 협의의무는 있으나, 법령의 문언, 보호되는 공익의 성격, 다른 관련자들에게 미치는 영향 등을 고려하여 유형에 따라서 반드시 관계행정기관의 의견에 구속되지 않는다는 견해[48]도 있다.

대법원은 기본적으로 협의를 인·허가의제의 요건으로 보고 있지만[49] 협의의 법적 성격에 관하여 명시적으로 입장을 밝히지는 아니하고 있다.[50] 다만 하급심 관련 재판례 중에는 인·허가의제규정에서의

---

45) 박균성/김재광, 앞의 글, 38면
46) 최계영, 앞의 글, 170면; 정태용, 앞의 글, 11면; 김재광, "행정법상 집중효제도의 검토", 토지공법연구, 제9호, 2000, 75면
47) 이용우, 앞의 글, 97~98면; 박균성/김재광, "인·허가의제제도의 재검토", 토지공법연구, 제81집, 2018, 98면
48) 선정원, "복합민원과 인·허가의제", 행정판례연구, 제6집, 2000, 123면
49) 대법원 2012. 2. 9. 선고 2009두16305 판결(구 지원특별법 제11조에 의한 사업시행 승인을 하는 경우 같은 법 제29조 제1항에 규정된 사업 관련 모든 인허가의제 사항에 관하여 관계 행정기관의 장과 일괄하여 사전 협의를 거칠 것을 요건으로 하는 것은 아니고, 사업시행승인 후 인허가의제 사항에 관하여 관계 행정기관의 장과 협의를 거치면 그때 해당 인허가가 의제된다고 보는 것이 타당하다.)에 의하면, 반드시 인·허가의제 대상이 되는 전부에 대하여 협의를 거쳐야 하는 것은 아니라고 봄이 타당하다.
50) 대법원 2002. 10. 11. 선고 2001두151 판결(공유수면 점용허가를 필요로 하는 채광계획 인가신청에 대하여도, 공유수면 관리청이 재량적 판단에 의하여 공유수면 점용을 허가 여부를 결정할 수 있고, 그 결과 공유수면 점용을 허용하지 않기로 결정하였다면, 채광계획 인가관청은 이를 사유로 하여 채광계획을 인가하지 아니할 수 있는 것이다.)은 일응 채광계획 인가관청이 공유수면 관리청과 다른 판단을 할 수 있는 가능성을 열어둔 것으로 보인다.

협의의 의미를 관계행정기관의 동의를 구하는 것으로 사실상 합의를 의미한다고 본 사례가 있다.[51)]

사견으로는, 건축법 제11조 제6항이 "협의"라는 문언을 사용하고 있는 이상 이를 동의의 의미로 해석하는 것은 문언의 가능한 의미를 벗어나는 것으로 생각된다. 나아가 법령에 의해 허가권한을 부여받은 이상 의제되는 인·허가 요건도 관계행정기관의 의견을 고려하여 독자적으로 판단할 수 있다고 봄이 타당하다. 따라서 협의를 자문의 의미를 파악하면 주무행정기관이 협의절차를 거친 이상 부동의의 협의의견에 기속되지는 아니한다고 볼 것이나, 관계행정기관의 의견과 달리 주된 처분을 발령할 경우 주된 처분의 재량권 일탈·남용 여부를 판단함에 있어서 그 근거가 취약하게 될 것이다. 다만 협의 자체를 거치지 아니한 경우 행정기관의 내부절차인 점, 상대방은 협의 여부를 알 수 없는 점 등을 고려할 때, 중대·명백한 하자로 보기는 어렵고, 다만 그와 같은 하자는 취소사유가 될 수 있을 것이다.[52)]

---

51) 의정부지방법원 2018. 12. 9. 선고 2008구합2069 판결, 서울고등법원 2009. 8. 25. 선고 2009누1558 판결(인·허가의제규정은 행정청이 자신의 권한 범위 내에서 허가, 인가, 승인 등을 하는 경우 다른 행정기관의 권한의 범위에 속하는 허가, 인가, 승인 등도 같이 이루어진 것으로 보는 규정이다. 이는 민원인으로 하여금 여러 개의 인·허가 등을 각 행정기관에서 개별적으로 받게 할 경우 인·허가 등의 절차가 복잡해지므로, 의제대상 인·허가 등을 정하고 있는 각 개별법의 실체적 요건에 적합하고, 소관 행정청과의 협의가 있는 때에, 주된 인·허가시에 의제대상 인·허가 등이 있는 것으로 봄으로써 목적사업을 위한 복합적인 인·허가의 신속한 결정처리를 위하여 여러 절차를 일원화 하여 절차적 편의를 도모하고자 하는 것이고, 의제대상 인·허가사항에 관한 실체적 요건을 갖추었는지 여부, 인·허가를 하여도 되는지에 대한 검토는 해당 인·허가사항의 인·허가권한을 가진 행정기관이 개별 인·허가처분을 할 때와 동일한 정도의 검토가 이루어지는 것이라 하겠다. 따라서 인·허가의제규정에 있어서 관계 행정기관과의 협의는 단순히 의제대상 인·허가행정기관의 의견을 듣는 데에 그치는 것이 아니라 의제대상 인·허가행정기관의 동의를 구하는 것으로서 사실상 합의를 뜻한다고 할 것이다.), 대법원 2012. 2. 9. 선고 2009두16305 판결
52) 정태용, 앞의 책, 170~171면; 다만 주된 인·허가를 취소함으로써 얻는 공익과 귀책사유 없는 상대방의 손실을 비교형량할 때, 실제로 취소가 가능할 것인지 여부는

한편, 개발행위허가, 농지전용허가의 경우 지방자치단체의 장이 일
반적으로 그 권한을 보유하고 있고, 건축허가도 마찬가지이기에 개발행
위허가 등에 관한 협의의견과 달리 건축허가가 될 것으로 보이지는 아
니한다. 또한 건축법 제11조 제6항의 권한이 "다른 행정기관의 권한에
속"하는 경우가 아니기에 협의절차 자체를 거지지 아니하더라도 절차적
으로 위법한 것으로 보기는 어렵다.53)

3) 절차적 요건

의제대상 인·허가의 절차적 요건과 관련하여, 인·허가의제제도의
취지 등을 근거로 관할과 절차는 일원화된다는 견해(절차집중설)가 일반
적이고,54) 인·허가의제절차를 모두 거칠 필요는 없으나 인·허가의제제
도의 취지 및 이해관계인의 권익보호의 관점에서 적법절차에 합치하도
록 통합절차를 거쳐야 한다는 견해(제한적 절차집중설)가 있다.55) 대법원
은 의제대상 인·허가의 근거 법령에 마련된 개개의 절차적 요건은 적
용되지 아니한다는 입장(절차집중설)을 취하고 있다.56) 건축법상 인·허

불투명하다(정태용, 앞의 글, 11면).
53) 대법원 2014. 4. 24. 선고 2013두23607 판결(이 사건 항만공사에 관하여는 피고가
스스로 권한을 가지고 있는 이상, 공유수면 매립면허나 공유수면 매립실시계획승
인 등의 공유수면 매립 관련 인허가에 대하여는 제주시장을 비롯한 다른 행정기
관의 장과 별도의 협의절차를 거칠 필요가 없으므로, 그러한 절차 없이 이루어진
이 사건 고시에 항만법 제85조 제3항에 정한 협의절차 흠결의 위법이 있다고 볼
수 없다.); 실무상으로는 지방자치단체 소속 담당과장으로부터 협의의견을 받는
것으로 보인다.
54) 최계영, 앞의 글, 169면
55) 박균성, 앞의 책, 603~604면; 박균성/김재광, 앞의 글, 93면; 홍정선, 앞의 책, 272면
56) 대법원 2009. 4. 23. 선고 2008두686 판결[구 '사회간접자본시설에 대한 민간투자
법'(2005. 1. 27. 법률 제7386호 사회기반시설에 대한 민간투자법으로 개정되기 전
의 것)에 의한 실시계획의 고시가 있으면 별도로 공익사업법에 의한 사업인정이
필요하지 않은 것은 물론이고, 그 사업인정을 위하여 요구되는 공익사업법 제21
조의 의견청취를 거치지 않아도 된다고 할 것이다.], 대법원 1992. 11. 10. 선고 92
누1162 판결(건설부장관이 촉진법 제33조에 따라 관계기관의 장과의 협의를 거쳐
사업계획승인을 한 이상 같은 조 제4항의 허가, 인가, 결정, 승인 등이 있는 것으

가의제의 취지가 절차간소화에 있는 점, 절차적 요건이 모두 적용된다
고 볼 경우 사실상 창구만 일원화될 뿐 절차가 전혀 간소화되지 않게
되는 점, 특히 건축법상 건축의 경우 상대적으로 대규모의 사업에 해당
되지는 아니하는 점 등을 고려하면, 대법원 판시와 같이 인·허가의 절
차적 요건은 적용되지 아니한다고 보는 것이 타당하고, 이로 야기될 수
있는 이해관계인의 권익보호의 미비는 입법을 통하여 해결하는 것이 바
람직하다고 생각된다.[57]

4) 실체적 요건

실체적 요건에 관하여는 일반적으로 통합되지 않는 것으로 해석하
는 것이 일반적이고,[58] 그 근거로는 법치행정의 원칙,[59] 개별법의 추구
목적과 보호하고자 하는 공익 등을 들고 있다.[60] 이에 대하여 대규모
사업계획 등에서는 복잡한 이익들의 종합적 형량과 신속성이 필요하므
로, 주무행정기관이 의제되는 인·허가의 요건을 이익형량의 요소로 고려
할 수 있다는 견해[61]도 있다.

대법원은 국토계획법 제56조에 따른 개발행위허가를 받은 것으로
의제되는 건축신고와 관련하여, '국토계획법상의 개발행위허가로 의제
되는 건축신고가 개발행위허가의 기준을 갖추지 못한 경우 행정청으로
서는 이를 이유로 그 수리를 거부할 수 있다고 보아야 한다.'라고 판
시[62]하였는데, 이는 건축허가에도 그대로 적용된다고 할 것이다. 즉, 개
발행위허가가 의제되는 건축허가의 경우 주무행정기관이 개발행위허가
에 관한 실체적 요건을 심사할 의무가 있다.[63]

로 볼 것이고, 그 절차와 별도로 도시계획법 제12조 등 소정의 중앙도시계획위원
회의 의결이나 주민의 의견청취 등 절차를 거칠 필요는 없는 것이다.)
57) 임영호, 인·허가의제규정의 적용범위, 대법원판례해설 제51집, 2005, 614면
58) 최계영, 앞의 글, 169면
59) 박균성, 앞의 책, 605면
60) 김종보, 앞의 책, 126면
61) 선정원, "인·허가의제와 심사촉진", 공법연구, 제38집 제2호, 2009, 96~97면
62) 대법원 2011. 1. 20. 선고 2010두14954 전원합의체 판결

살피건대, 건축법상 인·허가 의제조항에 의해 절차가 통합된다고
하더라도 개별법의 고유한 목적과 취지가 있고, 그 요건도 서로 달리하
는 점, 건축허가권자는 건축허가를 하려면 해당 용도·규모 또는 형태의
건축물을 건축하려는 대지에 건축하는 것이 국토계획법 제54조, 제56조
부터 제62조까지 및 제76조부터 제82조까지의 규정과 그 밖에 대통령
령으로 정하는 관계 법령의 규정에 맞는지를 확인하도록 하고 있는 점
(건축법 제12조 제1항), 건축허가를 받으려는 자는 인·허가의제사항 관련
법령에서 제출하도록 의무화하고 있는 신청서와 구비서류를 제출하여
야 하는 점(건축법 제11조 제3항), 인·허가의제로 침해될 수 있는 제3자
의 권익 내지 공익의 보호에 소홀해 질 수 있는 점 등을 고려할 때, 특
별한 사정이 없는 한[64] 개발행위허가가 의제되는 건축허가의 경우 절
차집중과는 별개로 주무행정기관이 개발행위허가에 관한 실체적 요건
을 모두 심사하여야 한다고 봄이 타당하다.

(3) 인·허가 의제의 효과와 범위 및 쟁송

1) 건축허가의 법적성격의 전환

일반적으로 건축허가는 그 자체만으로는 그 요건을 충족하는 한
반드시 발급되어야 하는 기속행위에 해당한다. 하지만 인·허가의제규

---

63) 이러한 법리는 인·허가의제제도 일반에까지 기계적으로 확대 적용될 수 없고, 각
각의 법령 내지 제도의 각기 고유한 목적과 취지에 따라 적용되어야 할 것이다(이
용우, 앞의 글, 105~124면). 즉 인·허가의제제도의 도입취지를 고려하면 입법취지
를 달리하는 원자력발전소, 공항, 항만 등 대규모 국책사업에 관한 인·허가의제제
도에 대해서까지 일률적으로 적용되기는 어려울 것으로 생각된다(박균성/김재광,
앞의 글, 96면).; 관련 판례로는 대법원 2014. 4. 24. 선고 2013두23607 판결(공유수
면 매립실시계획승인에 관하여 구 공유수면관리법 제38조 제3항의 '법령에 따라
토지를 수용하거나 사용할 수 있는 사업을 위하여 매립이 필요한 경우'가 근기법
령의 모순 저촉, 인·허가의제세노 마련의 취지 등을 고려하여 적용되지 아니한다
고 본 사안), 대법원 2013. 6. 13. 선고 2013두6350 판결
64) 법령의 모순 저촉 등으로 인·허가의제 제도의 취지가 몰각될 수 있는 경우 등이 해
당될 수 있을 것이다.

376 行政判例研究 XXIII-2(2018)

정을 통해 재량행위인 국토계획법상의 개발행위허가, 농지법상의 농지 전용허가 등이 의제되고, 의제되는 인·허가의 실체적 요건이 적용되어야 하므로, 결국 개발행위허가 등이 의제되는 건축허가는 재량행위로서의 속성을 가지게 된다고 할 것이다.[65]

2) 인·허가 의제의 범위
① 부분인·허가의 인정여부 및 한계

건축허가로 인하여 인·허가가 의제되는 범위는 건축허가 신청시 관계 서류가 제출되어 검토가 된 사항에 한정된다고 봄이 타당하다.[66] 그리고 주된 인·허가로 의제되는 인·허가 중 일부에 대해서만 협의가 완료된 경우 신청에 따라 주된 인·허가를 할 수 있고, 이 경우 협의가 완료된 일부 인·허가 부분에 대하여만 인허가가 의제된다고 봄이 타당하다.[67] 이러한 '부분·인허가의제'는 건축법상 인·허가의제제도의 취지가 절차의 간소화에 있는데, 건축허가 전에 반드시 관련 모든 인·허가의제 사항에 관하여 관계행정기관과 협의를 거쳐야 한다고 해석하게 되면, 일부의 인·허가의제의 효력만을 먼저 얻고자 하는 신청인의 의사에 부합하지 아니하고, 그 시간도 상당히 소요되어 제도의 취지에 반하기 때문이다. 판례도 부분·인허가의제를 인정하는 입장으로 보인다.[68]

나아가 주무행정기관이 건축허가 신청인이 일괄처리를 신청한 인·허가 의제 중 일부를 배제 또는 거부하거나 사후적으로 취소 내지 철회할 수 있는지에 관하여, 기속행위에 있어서도 장래에 있어서의 법률요건의 충족을 확보할 필요가 있는 때 등에는 부관을 붙일 수 있다고 할 것이므로,[69] 행정청은 건축허가 당시에도 충분이 검토되었거나 검토할

---

65) 김종보, 앞의 책, 118면; 이용우, 앞의 글, 135면
66) 재판실무에 있어서도 처분의 경위를 서술함에 있어서 "개발행위허가신청을 포함하는 건축허가신청"이라는 방법으로 건축허가신청과 별도로 개발행위신청을 하였는지 여부에 관하여 사실인정을 하고 있는 것으로 보인다.
67) 박균성/김재광, 앞의 글, 100~102면
68) 대법원 2012. 2. 9. 선고 2009두16305 판결

수 있었고, 이로 의제되는 인·허가가 당초부터 보완이 불가능하며, 이로
인하여 건축허가 자체의 목적 달성이 불가능하게 되는 등 건축법에서
인·허가의제 제도를 규정하고 있는 취지를 형해화할 정도에 이르지 아
니한 경우에는 제한적으로 이를 인정할 수 있다고 생각된다.[70] 판례는
중소기업창업법에 따른 사업계획승인의 경우 의제된 인허가만 취소 내
지 철회함으로써 사업계획에 대한 승인의 효력은 유지하면서 해당 의제
된 인허가의 효력만을 소멸시킬 수 있다고 보았다.[71]

② 의제되는 인·허가에 의한 의제

인·허가의제의 경우 의제대상이 되는 인·허가의 요건만을 검토할
뿐 '의제의 의제'가 되는 요건은 검토되지 아니하고, 만약 이를 인정할
시 건축허가만으로 연쇄적으로 의제가 되어 대부분의 인·허가를 갈음하
는 결과를 초래할 수 있는바, 이를 인정하기는 어렵다고 봄이 상당하
다.[72] 이에 대하여 실제 집행기관에서의 분쟁가능성을 미연에 차단하기
위해서 의제의 의제는 되지 아니하는 것으로 명문화할 필요가 있다는
견해가 있다.[73] 또한 주된 인·허가가 있으면 의제대상 인·허가가 있는
것으로 보는데 그치는 것이고, 더 나아가 다른 법률에 의하여 인·허가
를 받았음을 전제로 한 그 다른 법률의 모든 규정들까지 적용되는 것은
아니라고 할 것이다.[74]

---

69) 조해현, 행정소송 Ⅰ, 한국사법행정학회, 2008, 626~627면
70) 서울고등법원 2017. 2. 8. 선고 2016누49206 판결, 수원지방법원 2016. 5. 31. 선고
    2015구합66654 판결
71) 대법원 2018. 7. 12. 선고 2017두48734 판결(군수가 갑 주식회사에 구 중소기업창
    업 지원법 제35조에 따라 산지전용허가 등이 의제되는 사업계획을 승인하면서 산
    지전용허가와 관련하여 재해방지 등 명령을 이행하지 아니한 경우 산지전용허가
    를 취소할 수 있다는 조건을 첨부하였는데, 갑 회사가 재해방지 조치를 이행하지
    않았다는 이유로 산지전용허가 취소를 통보하고, 이어 토지의 형질변경 허가 등
    이 취소되어 공장설립 등이 불가능하게 되었다는 이유로 갑 회사에 사업계획승인
    을 취소한 사안)
72) 정태용, 앞의 글, 15면
73) 박균성/김재광, 앞의 글, 104면

3) 인·허가가 의제되는 건축허가 거부처분 또는
건축허가 처분과 쟁송
① 건축허가 거부처분의 경우

주무행정기관의 건축허가가 있게 되면 개발행위허가 등을 받은 것으로 의제될 뿐이고,[75] 주된 인·허가인 건축허가가 거부된 경우 개발행위허가 등이 거부된 것으로 의제되지는 아니한다.[76] 즉, 건축허가 거부처분을 하면서 그 처분사유로 건축허가 거부사유뿐만 아니라 토지형질변경허가 거부사유 등을 제시하더라도 건축허가 거부처분 외에 별도의 토지형질변경허가 거부처분 등이 존재하는 것은 아니다. 따라서 주된 행정처분인 건축허가 거부처분을 쟁송의 대상으로 하고, 주된 행정처분을 한 주무행정기관을 상대방(피고)으로 하여 항고소송을 제기하여야 하고, 그 항고소송에서 의제대상 인·허가에 관한 하자(공격방어방법)를 주장할 수 있다.[77] 실무적으로도 건축허가 거부처분과 관련하여서는 항고소송의 대상이 크게 문제되지 아니하는 것으로 보인다.

나아가 주된 행정처분인 건축허가 거부처분만이 항고소송의 대상이 된다고 볼 경우, 의제대상 인·허가에 관한 하자가 건축허가 거부처

---

74) 서울행정법원 실무연구회, 행정소송의 이론과 실무(개정판), 사법발전재단, 2013, 922면; 대법원 2004. 7. 22. 선고 2004다19715 판결; 관련 평석으로 임영호, 앞의 글 참조
75) 건축법 제11조 제5항
76) 행정청이 문서에 의하여 처분을 한 경우 그 처분서의 문언이 불분명하다는 등의 특별한 사정이 없는 한, 그 문언에 따라 어떤 처분을 하였는지 여부를 확정하여야 할 것이고, 처분서의 문언만으로도 행정청이 어떤 처분을 하였는지가 분명함에도 불구하고 처분경위나 처분 이후의 상대방의 태도 등 다른 사정을 고려하여 처분서의 문언과는 달리 다른 처분까지 포함되어 있는 것으로 확대해석하여서는 아니된다 할 것인데(대법원 2005. 7. 28. 선고 2003두469 판결), 통상적으로 건축허가 거부처분서에는 주무행정기관과 건축허가 관련 내용만이 기재되어 있는 것으로 나타나고, 관계행정기관의 의제대상 인·허가 거부처분은 외부적으로 나타나지 아니한다.
77) 대법원 2001. 1. 16. 선고 99두10988 판결

분에 어떠한 영향을 줄 것인지 문제된다. 개발행위허가 등 의제대상 인·허가에 관한 불허가사유가 존재함을 이유로 주무행정기관이 건축허가 거부처분을 하는 경우 실무적으로 주무행정기관이 처분사유로 제시한 의제대상 인·허가의 불허사유의 존부에 관하여 심리하고, 그 존부에 따라 건축허가 거부처분이 위법한지 여부를 판단하는 논증구조를 따르고 있다.[78] 의제대상 인·허가의 불허사유 인정에 잘못이 있는 경우에는 재량권 행사에 있어서 기초가 되는 사실인정에 오류가 있는 것이기에[79] 통상적으로 건축허가 거부처분에 대한 재량권 일탈·남용이 인정될 가능성이 높다. 또한 피고가 제시한 건축허가 거부사유가 쉽게 보완될 수 있는 것이라는 점 등의 사정이 존재한다면 그러한 사유만으로 건축허가를 거부하는 것은 재량권의 일탈·남용에 해당한다고 볼 수 있을 것이다.[80]

② 건축허가 처분의 경우

쟁송의 대상이 문제되는 경우는 인·허가가 의제되는 주된 행정처분이 발령된 경우이다. 현재의 행정소송실무는 분쟁의 일회적 해결을 고려하여 오직 주된 행정처분만이 쟁송의 대상이 된다고 보아 인·허가 의제 제도를 둘러싼 법적 분쟁을 하나의 소송절차에서 해결하고 있는 것으로 보인다. 이에 대하여 법률의제이론에 의해 의제되는 인·허가가 실재한다고 볼 수 있는 점, 판례는 부분 인·허가를 인정하고 있는 점, 인·허가 상대방의 권익보호 및 행정경제의 관점을 아울러 고려하여 의제되는 인·허가만을 쟁송의 대상으로 삼을 수 있다는 견해[81]가 유력하

---

78) 이용우, 앞의 글, 132면
79) 대법원 2005. 7. 14. 선고 2004두6181 판결, 대법원 2012. 12. 13. 선고 2011두29205 판결
80) 대법원 2004. 10. 15. 선고 2003두6573 판결; 이용우, 앞의 글, 134면
81) 이러한 입장은 대법원 2017. 9. 12. 선고 2017두45131 판결(인허가 의제대상이 되는 처분의 공시방법에 관한 하자가 있더라도, 그로써 해당 인허가 등 의제의 효과가 발생하지 않을 여지가 있게 될 뿐이고, 그러한 사정이 주택건설사업계획 승인

다.82)

한편 의제대상 인·허가에 하자가 존재함에도 건축허가의 효력이 유지되는 경우 쟁송에서 의제되는 인·허가만을 분리하여 그 효력을 부인하는 것이 가능한가의 문제가 있다. 이에 대하여 의제대상 인·허가에 하자가 존재하더라도 건축허가가 재량권을 일탈·남용하지 않았다고 보아 원고의 청구를 기각하게 되면, 문제된 의제대상 인·허가의 위법 여부에 관한 법원의 판단에는 기속력83)이나 기판력84)이 미치지 않게 된다는 이유로 현재의 법 제도 하에서는 그 실효성에 의문을 제기하는 견해가 있다.85)

3. 개발행위허가가 의제되는 건축허가에 대한 사법심사 기준 및 심사강도

(1) 개발행위허가의 의의

국토계획법은 '국토'의 이용-개발과 보전을 위한 '계획'의 수립 및 집행 등에 필요한 사항을 정하여 공공복리를 증진시키고 국민의 삶의 질을 향상시키는 것을 목적으로 하고 있다(제1조). '토지'의 합리적인 이용을 위해 토지상에 위치할 건축물의 허용여부(건축허용성) 및 허용요건을 정하는 기능을 담당하고 있는 것인데,86) 결국 종국적인 목적은 토지

처분 자체의 위법사유가 될 수는 없다고 본 사례)을 인·허가 실재론에 입각한 것이라고 평가하고 있다(박균성/김재광, 앞의 글, 103면).

82) 박균성/김재광, 앞의 글, 105~107면
83) 행정소송법 제30조 제1항은 처분 등을 취소하는 확정판결의 경우에 기속력을 인정하고 있으나, 청구 기각 판결은 이에 해당되지 아니한다.
84) 취소판결의 기판력은 소송물로 된 행정처분의 위법성 존부에 관한 판단 그 자체에만 미치는 것이므로(대법원 1996. 4. 26. 선고 95누5820 판결), 제3자의 건축허가처분에 대한 취소소송에서 패소 판결이 확정되면 건축허가처분이 적법하다는 점에 관하여만 기판력이 생긴다고 할 것이다.
85) 이용우, 앞의 글, 153~154면
86) 김종보, 앞의 책, 209면

상의 건축물의 건축을 통제하기 위한 것이라 할 것이다.[87]

국토계획법은 이를 위해 용도지역제와 지구단위계획을 통해 건축 허용성을 우선적으로 정하고 있으나 완결적이지 아니하고, 이를 보충하기 위한 수단으로 개발행위허가제를 규정하고 있다. 국토계획법 제56조 제1항은 개발행위를 하려는 자는 개발행위허가를 받아야 한다고 개발행위허가제를 규정하면서 "건축물의 건축 또는 공작물의 설치(제1호)"를, "토지의 형질 변경(제2호)" 등 그 허가대상을 열거하고 있다.[88] 이러한 개발행위허가제는 도시관리계획의 목적달성에 지장을 주는 토지이용행위를 방지하는 기능을 한다.[89]

판례는 이러한 개발행위허가에 대하여 그 금지요건이 불확정개념으로 규정되어 있기 때문에 행정청에게 재량권이 부여되는 것으로 보는데,[90] 이러한 법리만으로 그에 대한 사법심사 기준 및 심사강도의 문제가 완전히 해명된 것으로 보기는 어렵다. 따라서 개발행위허가가 의제되는 건축허가에 대한 사법심사 기준과 심사강도를 결정하기 위해서는 국토계획법상 개발행위허가, 특히 건축허가(제1호), 토지형질변경허가(제2호)의 법적 성격이 검토되어야 할 것이므로 이하에서 구체적으로 살펴보도록 한다.

(2) 개발행위허가의 법적 성격

1) 도시계획과 사법심사 및 심사강도

행정계획은 행정에 관한 전문적·기술적 판단을 기초로 행정목표를 달성하기 위하여 행정수단을 종합·조정함으로써 장래의 일정한 질서를 실현하기 위한 활동기준으로 설정된 것을 말하는데,[91] 대표적인 예로

---

87) 김종보, 앞의 책, 187면
88) 대상판결에서도 위 각 호가 석용되었다.
89) 정태용, 국토계획법, 개정3판, 한국법제연구원, 2009, 342면
90) 대법원 2016. 7. 29. 선고 2014두3532 판결, 대법원 2016. 8. 24. 선고 2016두35762 판결

도시계획을 들 수 있다.

　행정계획은 장래에 대한 예측을 전제로 행정의 목표를 설정하고 그 목표달성을 위한 수단을 선택하는 것을 내용으로 하는 형성석 성격을 지니므로, 법률에 의하여 행정계획의 기준을 규율하는 것에는 한계가 있다. 그 논리적 귀결로 행정이 행정계획의 구체적 내용을 결정할 수밖에 없고, 일반 일반재량보다 훨씬 폭넓은 계획재량을 가지게 된다.92) 이와 관련하여 계획재량은 형량명령이라는 재량하자론이 적용되므로 행정재량과는 질적으로 다른 것이라는 견해93)와 양자 모두 행정청에게 선택의 자유를 인정하여 양적 차이만 존재하고, 형량명령은 비례원칙의 구체화일 뿐이라는 견해94)가 대립된다. 살피건대, 양자는 행정청에 부여된 자율성의 상대적 차이에 기인하는 것으로 본질적인 차이가 있는 것으로 보기는 어렵다고 생각된다.

　계획재량의 경우 형량명령의 문제를 빠뜨릴 수 없는데, 형량명령이란 1960년 독일연방건설법전 제1조 제4항 제2문(현행법 제1조 제7항)에서 규정된 것을 연방행정법원이 발전시킨 법리95)로서, 행정계획을 수립함에 있어서 관련된 이익을 정당하게 형량하여야 한다는 원칙을 말한다.96) 우리 대법원도 이러한 이론을 수용하고 있다.97) 행정계획이 형량

---

91) 대법원 2007. 4. 12. 선고 2005두1893 판결
92) 박균성, 앞의 책, 243~247면
93) 석종현, "행정재량과 계획재량", 고시연구, 1981, 101면 이하; 김해룡, "행정계획의 법리와 문제점", 행정작용법, 중범김동희교수정년기념논문집, 박영사, 2005, 687면; 김병기, "도시·군관리계획 변경입안제안 거부와 형량명령", 행정법연구, 제37호, 2013, 189면
94) 박균성, 앞의 책, 253면; 홍정선, 앞의 책, 280면; 김현준, "행정계획에 대한 사법심사-도시계획소송에 대한 한독 비교검토를 중심으로-", 특별법연구, 제13권, 2016, 104면
95) 독일연방행정법원의 판례에 의하면, 형량명령은 ① 형량 자체가 행해져야 할 것, ② 형량에 구체적 상황에 따라 그에 포함되어야 할 이익이 모두 포함될 것, ③ 관련 공·사익의 가치를 잘못 파악하거나 ④ 관련 이익의 조정이 개개 이익의 가치와 비례관계를 벗어나지 아니할 것을 그 내용으로 하고 있다[BVerwGE 48, 56(63 f.) (김남진·김연태, 앞의 책, 379에서 재인용)].

명령의 내용에 위반하는 경우 형량하자가 있게 되는데, 그 위법성은 유
형별로 판단해야 할 것이나,[98] 대법원은 하자별로 위법의 판단기준을
개별화하지는 아니하고 있는 것으로 보인다. 이러한 형량명령의 목적은
가장 최적화된 상태로 이익 또는 자원의 배분이 되도록 하는 것인데,
형량에 대한 법원의 사법적 통제는 제한적일 수밖에 없기에 절차적 통
제 등을 통한 사전적·예방적 통제의 중요성이 더 커진다고 할 것이다.

    만약 개발행위허가에 계획적 성격이 부여되어 있다면, 행정청의 재
량권 행사에 대한 사법심사 강도가 약화된다고 할 것인바, 이하에서 개
발행위허가의 성격에 대하여 살펴본다.

2) 개발행위허가와 도시계획적 성격
① 국토계획법상 토지형질변경허가

    토지의 형질변경은 절토·성토·정지 등으로 토지의 형상을 변경하
는 행위와 공유수면의 매립을 뜻하는 것으로서(국토계획법 시행령 제51조

---

96) 박균성, 앞의 책, 253면
97) 대법원 2011. 2. 24. 선고 2010두21464 판결(행정주체가 가지는 형성의 자유는 무
    제한적인 것이 아니라 행정계획에 관련되는 자들의 이익을 공익과 사익 사이에서
    는 물론이고 공익 상호간과 사익 상호간에도 정당하게 비교·교량하여야 한다는 제
    한이 있으므로, 행정주체가 행정계획을 입안·결정함에 있어서 이익형량을 전혀 행
    하지 아니하거나 이익형량의 고려 대상에 마땅히 포함시켜야 할 사항을 누락한
    경우 또는 이익형량을 하였으나 정당성과 객관성이 결여된 경우에는 그 행정계획
    결정은 형량에 하자가 있어 위법하게 된다)
98) ① 조사의 결함(조사의무를 이행하지 않은 하자)의 경우 이익을 전혀 조사하지 않
    거나 형량의 결과에 영향을 미칠 정도로 미흡한 경우 위법하고, ② 형량의 흠결
    (고려하여야 할 이익을 빠뜨리는 하자)의 경우 형량결과에 영향을 미치지 않을 정
    도의 가치가 저은 이익이 형량에서 고려되지 않은 경우에는 위법하다고 보기는
    어려우며, ③ 평가의 과오(관련된 공익 또는 사익의 가치를 잘못 평가한 경우)의
    경우 사소한 이익에 대한 가치평가상의 과오가 아닌 한 위법사유가 되고, ④ 형량
    불비례(형량에 있어 비례성을 결한 경우)의 경우 이익형량이 '심히' 불균형을 잃은
    경우 위법하게 되는데, 절차상 하자인 ①, ②의 경우 다시 적법하게 형량하여 동
    일한 내용의 처분을 할 수 있다고 할 것이나, 내용상 하자인 ③, ④의 경우 특별한
    사정이 없는 한 동일한 내용의 처분을 할 수 없다(박균성, 앞의 책, 254~255면).

제1항 제3호), 토지의 형질을 외형상으로 사실상 변경시킬 것과 그 변경으로 말미암아 원상회복이 어려운 상태에 있을 것을 요한다.[99] 여기서의 절토는 기존토지의 토석의 양을 줄이는 행위를, 성토는 기존토지의 토석의 양을 늘리는 행위를 의미한다.[100] 이와 같이 토지의 형질변경행위는 토지형상의 외형적 변경, 즉 물리적인 형상의 변경의 측면이 강조되고 있다.[101] 하지만 이미 토지의 형상이 사실상 대지여서 '형상변경'을 위한 공사가 필요하지 않은 경우라도 지목이 대지가 아닌 토지의 경우 '성질변경'을 위한 토지형질변경허가가 요구된다. 이러한 토지형질변경허가는 전·답 등의 토지의 지목을 대지로 전환하여 장래의 건축물의 건축을 허용할 것인지를 결정하는 기능(건축허용성)을 수행한다.[102]

한편 국토계획법은 도시계획이 도시기본계획과 도시관리계획을 포괄하는 것으로 규정하고 있지만(제2조 제2호), 도시관리계획에 관하여 그 종류를 나열하고 있을 뿐 법적 개념을 적극적으로 정의하고 있지는 아니하다(제2조 제4호[103]). 위 규정내용을 통해 도시관리계획의 개념요소를

---

99) 대법원 1993. 8. 27. 선고 93도403 판결 등
100) 대법원 1995. 3. 10. 선고 94도3209 판결
101) 정태용, 앞의 책, 347면
102) 김종보, 앞의 책, 229면
103) 제2조(정의) 이 법에서 사용하는 용어의 뜻은 다음과 같다.
　　2. "도시·군계획"이란 특별시·광역시·특별자치시· 특별자치도·시 또는 군(광역시의 관할 구역에 있는 군은 제외한다. 이하 같다)의 관할 구역에 대하여 수립하는 공간구조와 발전방향에 대한 계획으로서 도시·군기본계획과 도시·군관리계획으로 구분한다.
　　4. "도시·군관리계획"이란 특별시·광역시·특별자치시·특별자치도·시 또는 군의 개발·정비 및 보전을 위하여 수립하는 토지 이용, 교통, 환경, 경관, 안전, 산업, 정보통신, 보건, 복지, 안보, 문화 등에 관한 다음 각 목의 계획을 말한다.
　　가. 용도지역·용도지구의 지정 또는 변경에 관한 계획
　　나. 개발제한구역, 도시자연공원구역, 시가화조정구역(市街化調整區域), 수산자원보호구역의 지정 또는 변경에 관한 계획
　　다. 기반시설의 설치·정비 또는 개량에 관한 계획
　　라. 도시개발사업이나 정비사업에 관한 계획

추출해 보면, "도시내의 토지의 합리적 이용을 위해 용도지역 및 기반시설과 건축단위를 설정하며, 각 건축단위의 건축허용성 및 건축허가요건을 정하는 행정계획"으로 정의할 수 있다.[104] 따라서 만약 개발행위허가를 통해 건축허용성 및 건축허가요건이 결정된다면 이는 실질적으로 개발행위허가가 도시관리계획의 기능을 수행하는 것으로 볼 수 있을 것이다.

그런데 용도지역제 도시계획만이 수립된 지역(지구단위계획 미수립지역)이나 지구단위계획이 수립되어 있더라도 건축허용성이나 건축단위에 관한 사항이 포함되어 있지 아니한 지역[105]에서는, 행정청이 개발행위허가를 통해 당해 토지의 건축허용성을 일차적으로 판단하고 있다.[106] 즉, 우리 법제상 용도지역제 및 지구단위계획이 건축허용성을 완결적으로 정하고 있지 않기에, 개발행위허가가 형식적 의미의 도시관리계획은 아니지만 도시관리계획의 기능을 보충적으로 수행하고 있는 것이다. 따라서 개발행위허가의 재량성에는 실질적으로는 개별필지단위별로 도시계획결정권자의 계획재량도 포함되어 있다고 할 것인바, 이러한 도시계획적 요소가 고려되어 토지형질변경허가에 있어서 행정청에게 상대적으로 폭넓은 재량권이 부여되는 것이다.[107]

② 국토계획법상 건축허가

국토계획법은 건축물의 건축에 관하여 건축법상 건축허가와는 별도로 개발행위허가를 받도록 하고 있다(제56조 제1항 제1호). 개발행위허가의 대상인 건축물도 건축법에 따른 건축물을 의미한다(같은 법 시행령

마. 지구단위계획구역의 시성 또는 변경에 관한 계획과 지구단위계획
바. 입지규제최소구역의 지정 또는 변경에 관한 계획과 입지규제최소구역계획
104) 김종보, 앞의 책, 196면
105) 국토계획법 제52조 제1항은 기반시설(제2호)이나 건축허가요건(제4호)에 관한 사항만을 필수적으로 요구할 뿐이다.
106) 김종보, 앞의 책, 209면
107) 김종보, "토지형질변경허가의 법적 성질", 행정판례연구, 제11집, 2006, 403면

제51조 제1항 제1호). 하지만 건축법상의 건축허가는 그 주된 관심사가 건축물이 얼마나 안전한지, 즉 건축물로부터 발생하는 위험방지가 그 목적인 반면, 국토계획법상 건축허가는 토지의 합리적 이용이라는 관점에서 그 요건이 결정되는 바, 그 법적성격이 상이하여 별개의 허가를 받도록 한 것이다.[108]

다시 말해서 국토계획법상 건축허가의 공익은 도시전체의 미관이나 환경과의 조화, 주변토지의 이용상황 등 토지의 효율적 이용이기 때문에, 토지형질변경허가와 같이 건축허용성을 결정하는 것은 아니더라도 그 공익의 추구를 위해 행정청에 상당한 선택권이 부여되고 있는 것이다.[109] 이러한 이유로 개발행위허가의 허가기준이 불확정개념으로 이루어져 있고, 이를 고려하여 건축물의 건축에 관한 개발행위허가의 발령여부가 결정되기에 행정에게 자율성이 부여되어 공익 판단에 관한 재량의 여지가 생기게 된다.[110]

(3) 개발행위허가의 기준

1) 국토계획법령

개발행위허가의 일반적 허가기준으로, 국토계획법 제58조 제1항은 개발행위허가의 신청내용이 용도지역별 특성을 고려하여 대통령령으로 정하는 개발행위의 규모에 적합할 것(제1호), 도시·군관리계획 등에 어긋나지 아니할 것(제2호), 주변지역의 토지이용실태 또는 토지이용계획, 건축물의 높이, 토지의 경사도, 수목의 상태, 물의 배수, 하천·호소·습지의 배수 등 주변환경이나 경관과 조화를 이룰 것(제4호) 등에 적합하여야 한다고 규정하고 있다.

---

108) 김종보, "건축허가에 존재하는 재량문제", 행정법연구, 제3호, 1998, 161~165면; 김종보, 앞의 책, 246면; 전진원, 개발행위허가에 관한 연구, 서울대학교 법학전문석사 학위논문, 2015, 135면
109) 김종보, "건축법과 도시계획법의 관계", 공법연구, 제26집 제2호, 1998, 353면
110) 정태용, 앞의 책, 345면

국토계획법 시행령 제56조 제1항 [별표 1의2]는 일반적 허가기준을 구체화하고 있는데, 특히 주변지역과의 관계(1.라.)에 관하여 "개발행위로 건축 또는 설치하는 건축물 또는 공작물이 주변의 자연경관 및 미관을 훼손하지 아니하고, 그 높이·형태 및 색채가 주변건축물과 조화를 이루어야 하며, 도시·군계획으로 경관계획이 수립되어 있는 경우에는 그에 적합할 것"111), "개발행위로 인하여 당해 지역 및 그 주변지역에 대기오염·수질오염·토질오염·소음·진동·분진 등에 의한 환경오염·생태계파괴·위해발생 등이 발생할 우려가 없을 것"이라는 허가기준을 정하고 있다.

나아가 국토계획법 제76조 제1항, 같은 법 시행령 제71조 제1항은 지정된 용도지역별로 건축의 용도·종류 및 규모 등에 관한 일반적 제한을 하고 있고, 토지형질변경에 관하여는 국토계획법 제58조 제1항, 같은 법 시행령 제55조 제1항에 의하여 자연환경이나 농지와 산림을 보전하고 무분별한 난개발을 방지하며 국토를 효율적으로 이용·개발·보전하기 위해 가급적 형질변경이 이루어지는 면적을 제한하기 위해 개발행위허가를 받아 형질변경을 할 수 있는 면적을 제한하고 있다.112)

이와 같이 국토계획법령상 개발행위허가의 기준에는 "주변환경이나 경관과 조화를 이룰 것", "환경오염·생태계파괴·위해발생 등이 발생할 우려가 없을 것"과 같은 불확정개념113)이 포함되어 있다. 불확정개념의 해석·적용도 원칙적으로 법원의 전면적인 사법심사의 대상이 된다고 할 것이나, 다만 비대체적 결정의 영역, 구속적 가치평가의 영역,

111) 대법원 1990. 11. 27. 선고 90누2000 판결(형질변경으로 인한 당해 토지의 환경, 풍치, 미관 뿐만 아니라 당해 토지와 인접하여 있는 주위 토지의 환경, 풍치, 미관 등에 미치는 영향, 나아가 미관상 당해 토지 및 주변의 환경에 대한 원형보존의 필요유무 및 도시전체의 미관과도 관련하여 종합적으로 판단하여야 할 것이다.)
112) 대법원 2008. 3. 14. 선고 2006두9344 판결, 대법원 2006. 11. 23. 선고 2006두13954 판결
113) 불확정법개념에 대한 사법심사 기준에 관한 비교법적 고찰에 관하여는, 임성훈, 앞의 글, 164~177면 참조

예측결정의 영역, 정책적 결정의 영역, 고도의 전문성이 요구되는 영역 등에서 판단여지가 인정되어 사법심사의 강도가 약화된다.[114] 따라서 개발행위허가 기준 중 환경 등에 관한 미래의 사실관계에 대한 예측적 결정 등에 대한 판단 과정에서 행정청에게 "판단의 여지"가 부여되기에 행정청이 "평가의 특권(Einschätzungsprärogative)"을 가지게 되고,[115] 판례의 입장에 따르면 행정청에 재량권이 부여되는 영역이 된다고 할 것이다.

살피건대, 국토계획법 제56조 제1항은 개발행위허가의 대상이 되는 행위로 건축물의 건축(제1호), 토지의 형질변경(제2호)을 병렬적으로 규정하고 있는 점, 법령의 체계 및 문언에 비추어 위와 같은 일반적 허가기준은 양자에 공통적으로 적용되는 점, 건축법과의 연결고리인 건축법 제11조 제5항 제3호의 인·허가의제규정도 동일하게 적용되는 점에 비추어 볼 때, 비록 건축허용성의 부여를 통하여 도시계획적 기능을 하는 형질변경행위보다는 상대적으로 약하지만, 건축물의 건축에 해당하여 개발행위허가를 받아야하는 건축허가에도 행정에게 자율성이 부여된다고 할 것이다.[116]

2) 헌법상 환경권에 대한 고려

헌법은 행정법의 중요한 법원으로서 행정법의 체계를 형성하는 기능을 한다.[117] 헌법은 행정작용의 사법심사의 직접적인 척도로 적용되기도 하지만, 특히 행정의 사법에 대한 관계에서의 자율성과 형성의 자유의 범위에 관한 문제를 정하는 법규범으로 매우 중요한 역할을 하는

---

114) 박균성, 앞의 책, 307면
115) Wolff/Bachof/Stober/Kluth, Verwaltungsrecht Bd 1., 13. Aufl., München, 2017, S. 340ff.
116) 고은설, 앞의 글, 297면
117) Eberhard Schmidt-Aßmann, Das allegemeines Verwaltungsrecht als Ordnungsidee: Grundlagen und Aufgaben der verwaltungsrechtlichen Systembildung, 2. Aufl. Berlin, 2004, S. 10~12.

것이다.118) 이는 법원에 있어서는 행정처분에 대한 사법심사의 강도의
문제와 연결될 수 있다.

그런데, 우리헌법은 "모든 국민은 건강하고 쾌적한 환경에서 생활
할 권리를 가지며, 국가와 국민은 환경보전을 위하여 노력하여야 한다."
라고 규정하고 있다(제35조 제1항). 이러한 환경권의 내용에는 공기 물,
토양 등 자연적 환경을 비롯하여 자연의 경관도 포함되고, 더 나아가
문화적 환경뿐 아니라 사회적 환경도 포함되는데,119) 환경권을 헌법상
기본권으로 명시함과 동시에 국가와 국민에게 환경보전을 위하여 노력
할 의무를 부과하고 있다.120)

또한 환경정책기본법은 환경보전을 위하여 노력하여야 할 국민의
권리·의무와 국가 및 지방자치단체, 사업자의 책무를 구체적으로 정하
고(제1조, 제4조, 제5조, 제6조), 국가·지방자치단체·사업자 및 국민은 환
경을 이용하는 모든 행위를 할 때에는 환경보전을 우선적으로 고려하여
야 한다고 규정하고 있다(제2조).

살피건대, 헌법상 환경권과 위 관련 규정은 행정에게 환경을 보호
하기 위한 상당히 적극적인 요청을 하고 있는 것으로 생각된다. 또한
환경피해는 발생된 이후에 회복하기는 상당히 어려운 불가역적인 것이
다. 환경을 보호하기 위해서는 사후적인 치유보다 사전적인 예방이 보
다 효율적일 것임은 분명하고, 환경이익의 침해의 개연성이 나타남에도

---

118) 박정훈, "행정법의 법원", 행정법의 체계와 방법론, 박영사, 2007, 134면; 행정
    법과 헌법의 관계에 관하여 상세한 내용은 박정훈, "헌법과 행정법 – 행정소송
    과 헌법소송의 관계", 법학, 제39권 제4호, 서울대학교 법학연구소, 1999 참조.
119) 부산고등법원 1995. 5. 18.자 95카합5 판결, 대법원 1995. 9. 15. 선고 95다23378
    판결
120) 환경권은 명문의 법률규정이나 관계 법령의 규정 취지 및 조리에 비추어 권리
    의 주체, 대상, 내용, 행사 방법 등이 구체적으로 정립될 수 있어야만 인정되
    는 것이므로(대법원 1995. 5. 23.자 94마2218 결정), 사법상의 권리로서의 환경
    권을 인정하는 명문의 규정이 없는데도 환경권에 기하여 직접 방해배제청구권
    을 인정할 수는 없다(대법원 1997. 7. 22. 선고 96다56153 판결).

그에 관한 우려가 충분히 해소되지 않는다면 국가의 행정은 예방적 조
치를 행하여야 함이 마땅하다.[121] 헌법기관인 행정이 도시계획적 기능
을 가지고 있는 개발행위허가의 발령 여부를 결정함에 있어서는 이러한
요청을 충분히 고려하여야 할 것이다.

4. 대상 판결에 대한 검토

대상판결은 국토계획법상 개발행위허가가 의제되는 건축허가의 법
적 성격에 관하여 건축허가와 개발행위허가의 성질을 아울러 가지고,
불확정개념으로 되어 있는 개발행위허가의 허가기준으로 인하여 행정
에게 재량이 부여되는 것으로 보았다. 특히 그 허가기준인 "주위환경과
의 조화", "환경오염 발생 우려"에 대한 행정청의 재량적 판단을 존중할
필요성이 있다는 점을 강조하는 방법으로 사법심사의 강도를 상당히 완
화하였다. 이러한 대상판결의 태도는 다음과 같은 점을 고려하면 일응
타당한 것으로 생각된다.

첫째, 개발행위허가가 의제되는 건축허가에 관한 행정청의 재량권
행사가 그 범위를 일탈·남용하였는지 여부를 심사함에 있어서 종전의
재판실무는 비교적 엄격한 잣대(심사강도)로 판단하였다. 대상판결의 사
안과 같은 계사 등 환경오염을 유발하는 시설을 건축하는 건축허가를
발령할지 여부를 결정함에 있어서, 행정청은 환경오염 유발 우려에 대
한 구체적 입증에 어려움에 처하는 경우가 많았고, 이로 인하여 인근
주민들을 환경피해가 어느 정도 예상되는 경우에도 환경피해로부터 인
근 주민들을 충분히 보호하지 못하는 경우가 있었다. 또한 행정청이 도
시계획가적 입장에서 도시 전체에 대한 도시계획적 요소를 충분히 반영
하지 못하게 하는 측면이 있었다. 이러한 실무적인 문제점이 있었고, 그

---

121) 대법원 2006. 6. 2.자 2004마1148, 1149 결정

시정122)의 필요성도 있었던 것으로 보인다.

둘째, 법리적으로 보더라도 토지형질변경에 관한 개발행위허가는 용도지역제 도시계획만이 수립된 지역이나 지구단위계획이 수립되어 있더라도 건축허용성이나 건축단위에 관한 사항이 포함되어 있지 아니한 경우에 도시계획적 관점에서 행정청이 당해 토지의 건축허용성을 일차적으로 판단하는 수단이 되는 것이다. 따라서 실질적인 기능은 도시계획을 보충하는 것이므로, 이러한 도시계획적 요소가 고려되어 행정청에게 상대적으로 폭넓은 재량권이 부여된다고 할 것이다.

셋째, 헌법상 행정은 입법·사법과 함께 하나의 독립적인 헌법기관으로 천명되어 있다.123) 법률이 행정에 의해 적용·집행된 경우 최초의 법률 적용자는 행정이고, 행정재판은 그 적용을 사후적으로 다시 살펴보는 것이다.124) 법원이 불확정개념을 전적으로 재검토할 수 있다고 할 것이나, 환경법, 계획법의 영역에서의 예측적 판단과 같이 전문적·정책적 영역의 경우 재량판단의 여지가 인정되어 제한적 사법심사를 하여야 할 필요성이 크다.125) 즉, 이러한 영역의 경우 입법자가 불확정개념이라는 입법적 수단을 통해 행정청에게 상당한 재량을 부여한 것이므로, 행정재판에 있어서도 법원은 헌법상 기관인 행정을 인정하고 행정의 판단을 존중하여야 필요성이 있다. 따라서 재량행위에 대한 사법심사를 함에 있어서는 행정청의 재량에 기한 공익판단에서의 자율성을 감안하

---

122) ②대상판결의 판시 이유 중 "인근 토지에 건축허가가 있었다는 이유만으로 그 주변 토지에 건축허가를 모두 인용하면 난개발을 막을 방법이 없어 개발행위허가 제도를 유명무실하게 만들 우려가 있다."라는 부분은 이러한 측면을 염두해 둔 것으로 보인다.
123) 대한민국헌법은 제3장에서 국회, 제4장에서 정부, 제5장에서 법원에 관하여 각각 규정하고 있다.
124) 박정훈, "행성법학의 과제와 임무─행정법학의 미래 : '민주' 및 '민주적 함의'의 자각─", 한국공법학회 학술대회 발표문(미공간), 2016, 71면
125) Hartmut Maurer, Allgemeines Verwaltungsrecht, 18. Aufl., München, 2011, S. 151~172.

여 법원은 독자의 결론을 도출함이 없이 당해 행위에 재량권의 일탈·남용이 있는지 어부만을 심사하여야 하는 것이다.[126]

넷째, 우리 헌법은 환경권을 헌법상 기본권으로 명시함과 동시에 국가와 국민에게 환경보전을 위하여 노력할 의무를 부과하고 있는바(제35조 제1항), 행정이 환경을 보전할 의무는 헌법적 요청으로 강조되어야 한다. 국가의 행정은 사후적 조치로 불충분할 수 있는 환경피해가 예상된다면 예방적 조치를 행하여야 함이 마땅하다. 이러한 헌법상 요청은 행정이 도시계획적 기능을 가지고 있는 개발행위허가의 발령 여부를 결정함에 있어서 여러 수단 중 예방적 조처를 선택함으로써 행정이 환경보전을 두텁게 보장하는 방향으로 의사결정을 한 경우 법원으로서는 그와 같은 1차적 의사결정을 존중하여야 할 필요성을 크게 한다고 할 것이다.

마지막으로 다만, 이러한 법원의 재량행위에 대한 사법심사 강도의 약화가 재량행위에 대한 사법심사의 포기를 의미하는 것이 되어서는 안된다고 생각한다. 행정소송과 행정절차는 기능적으로 관련된 상호관련적 절차로서 서로 분리하여 고찰할 수 없다.[127] 행정청의 재량행위에 대한 실체법적 통제가 미치지 못하는 곳에는 절차법적 통제의 상대적 강화를 통해 그 결정의 정당성이 확보되어야 하고, 절차적 보호와 실체적 보호는 전체적으로 일정한 요구수준이 보장되어야 한다.[128] 즉, 행정처분의 이유제시 등 행정절차와 행정과정에 대한 심사의 강도는 상대

---

126) 대법원 2001. 2. 9. 선고 98두17593 판결; ①대상판결의 판시 내용 중 "행정청의 당초 예측이나 평가와 일부 다른 내용의 감정의견이 제시되었다는 등의 사정만으로 쉽게 행정청의 판단이 위법하다고 단정할 것은 아니다."라고 내용은 이러한 측면을 강조한 것으로 생각된다.

127) 박정훈, "행정소송과 행정절차(1)-비교법적 고찰 및 네 개의 접점문제-", 행정소송의 구조와 기능, 박영사, 2008, 558면

128) Appel, Ivo, Das Verwaltungsrecht zwischen klassischem dogmatischen Verständnis und steuerungswissenschaftlichen Anspruch, VVDStRL, Bd. 67, 2008, S. 273~274.

적으로 더 강화될 필요성이 있다고 할 것이다.[129]

Ⅳ. 대상판결의 의의 및 이후의 재판실무

법치행정의 원칙을 관철하기 위해서는 법령이 일의적으로 명확하게 규정되고, 행정은 법령이 정한 바를 그대로 집행하면 될 것이다. 하지만 이를 실현함에 있어서는 행정현실의 다양성, 전문화, 입법기술상의 한계가 있고, 위와 같은 형식적 집행이 구체적 타당성 또는 공익의 요청에 부합한다고 볼 수도 없다.

따라서 헌법상 기관인 행정이 공익의 실현이라는 임무를 수행하기 위해서는 일정한 한계 내에서 재량권이 인정되어야 한다. 그러나 이러한 재량권의 범위는 목적하고 있는 공익의 성격, 내용, 크기에 따라 서로 상이해 진다고 할 것인바, 재량권 행사의 한계를 설정하는 작업은 상당히 어려운 일이라고 생각된다.

특별행정법으로서 국토계획법상 개발행위허가를 통해 추구하고자 하는 공익은 도시전체의 미관이나 환경과의 조화, 주변토지의 이용상황 등 토지의 효율적 이용이라고 할 것이다. 이와 같은 공익을 추구함에 있어서 구체적 공익을 확정하고, 관련 공·사익과 형량을 하는 것은 국가 전체의 법질서의 관점에서 고찰되어야 한다. 공익적 임무의 최적 수행이라는 관점에서 도시계획이라는 장래·형성적이고, 계속적·전문적인 임무를 수행하는 것은 헌법상 독립한 기관인 행정이 먼저 담당하고, 법원은 그와 같은 행정의 임무수행이 적절성을 통제하는 역할을 수행하는

---

129) 임성훈, 앞의 글, 176면; ②대상판결에서는 "관련부서와 협의한 결과"라는 처분사유의 기재에 원고가 개발행위 허가기준 등을 갖추지 못하였다는 사실도 처분사유에 포함된 것으로 보았다. 이러한 기재는 행정청의 처분의 법적 근거와 사실상의 사유 제시라는 측면에서 상당히 미흡한 것으로 생각되고, 이러한 부분에 대한 사법심사는 좀 더 엄밀하게 될 필요성이 있다고 생각된다.

것이 타당할 수 있다. 법원이 엄격한 척도로 행정의 임무수행을 통제하여 심사강도를 강화해 나가는 것만이 능사는 아닐 것이다. 임무의 성격 등에 따라 공익수행의 역할배분을 달리 할 필요가 있고, 종래의 판례도 행정현실의 변화 등에 따라 부단히 재검토되어야 한다.

대상판결은 토지형질변경행위(국토계획법 제56조 제1항 제2호)를 수반하는 건축허가 거부처분에 관한 재량권 행사 영역에서의 한계를 설정하였다. 즉, 토지형질변경행위를 수반하는 건축허가 거부처분에 대한 사법심사의 기준과 강도와 관련하여, 개발행위 허가기준인 "주위환경과의 조화", "환경오염 발생 우려"에 대한 행정청의 재량적 판단을 일응 존중할 필요성이 있다는 점을 강조하였다.130) 이를 통해 대상판결은 행정에게 자율성을 부여해 주고, 도시계획적 고려와 환경권 보장을 강화하는 방향으로 기존의 실무의 흐름을 변화시킨 데 그 의의를 찾을 수 있다고 할 것이다.131)

---

130) 다만 이는 환경보호의 필요성 등을 강조하면서 토지형질 변경행위를 수반하는 건축허가 '거부처분'을 법원이 취소함에 있어서는 신중하여야 한다고 것으로, 난개발을 초래하는 개발행위허가 의제되는 건축'허가처분'에 대하여 인근주민이 항고소송을 제기한 경우에도 그대로 확대적용되어 법원이 행정청의 부실한 예측적 판단을 존중하여야 한다는 취지로 보기는 어렵다.

131) 2018. 6. 12.자를 기준으로 ①대상판결이 인용된 건축허가 거부처분 취소소송에 관한 선고 사건 수는 총 24건인데, 그중 22건에서 원고 패소 판결이 선고되었고, 그중 1건은 1심에서 원고 승소 판결이 선고되었다가 2심에서 취소되고 원고 패소 판결이 선고되었으며, 1건만이 원고 승소 판결로 확정된 것으로 나타나고, ②대상판결이 인용된 건축허가 거부처분 취소청구에 관한 선고 사건 수는 2건으로 모두 패소 판결이 선고되었다. 이에 비추어 보면, 대상판결로 인하여 기존의 실무의 흐름은 상당히 변화된 것으로 보인다.

참고문헌

1. 국내문헌

(1) 단행본

김종보, 건설법의 이해, 피데스, 2013

김남진/김연태, 행정법 Ⅰ, 제20판, 법문사, 2016

박균성, 행정법론(상), 제12판, 박영사, 2013

정태용, 건축법해설, 한국법제연구원, 2006

정태용, 국토계획법, 개정3판, 한국법제연구원, 2009

조해현, 행정소송 Ⅰ, 한국사법행정학회, 2008

홍정선, 행정법원론(상), 제19판, 박영사, 2011

서울행정법원 실무연구회, 행정소송의 이론과 실무(개정판), 사법발전재
　　단, 2013

2016년 사법연감, 가사, 행정, 특허, 선거편

2015년 사법연감, 가사, 행정, 특허, 선거편

(2) 논문

고은설, "건축물의 건축에 관한 개발행위허가가 의제되는 건축허가의 법
　　적성질", 법과 정의 그리고 사람: 박병대 대법관 재임기념 문집, 사법
　　발전재단, 2017

김병기, "도시·군관리계획 변경입안제안 거부와 형량명령", 행정법연구, 37
　　호, 2013

김용섭, "독립유공자 서훈취소의 법적 쟁점", 행정판례연구, 제21 - 2집,
　　2016

김재광, "행정법상 집중효제도의 검토", 토지공법연구, 제9호, 2000

김종보, "건축법과 도시계획법의 관계", 공법연구, 제26집 제2호, 1998

김종보, "건축허가에 존재하는 재량문제", 행정법연구, 제3호, 1998

김종보, "토지형질변경허가의 법적 성질", 행정판례연구, 제11집, 2006

김중권, "의제적 행정행위에 관한 소고", 법제, 제520호, 2001

김해룡, "행정계획의 법리와 문제점", 행정작용법, 중범김동희교수정년기
    념논문집, 박영사, 2005

김현준, "행정계획에 대한 사법심사-도시계획소송에 대한 한독 비교검토
    를 중심으로-", 특별법연구, 제13권, 2016

拙著, "징계처분과 재량통제에 관한 연구", 사법논집, 제54집, 2012

박균성/김재광, "인·허가의제제도의 문제점과 개선방안", 행정법연구, 제
    26호, 2010

박균성/김재광, "인·허가의제제도의 재검토", 토지공법연구, 제81집, 2018

박정훈, "행정법의 법원", 행정법의 체계와 방법론, 박영사, 2007

박정훈, "행정법학의 과제와 임무-행정법학의 미래 : '민주' 및 '민주적
    합의'의 자각-", 한국공법학회 학술대회 발표문(미공간), 2016

박정훈, "행정소송과 행정절차(1)-비교법적 고찰 및 네 개의 접점문제
    -", 행정소송의 구조와 기능, 박영사, 2008

박정훈, "헌법과 행정법-행정소송과 헌법소송의 관계", 법학, 제39권 제4
    호, 서울대학교 법학연구소, 1999

박정훈, "불확정개념과 판단여지", 행정작용법, 중범김동희교수정년기념논
    문집, 박영사, 2005

서원우, "대규모시설계획확정절차의 집중효-독일에서의 논의를 중심으로
    -", 현대행정법학이론 Ⅱ, 1996

석종현, "행정재량과 계획재량", 고시연구, 1981

선정원, "복합민원과 인·허가의제", 행정판례연구, 제6집, 2000

선정원, "인·허가의제와 심사촉진", 공법연구, 제38집 제2호, 2009

이용우, "인허가의제의 요건 및 이에 대한 사법심사의 기준에 관한 연구",
    사법논집, 제61집, 2016

임성훈, "행정에 대한 폭넓은 존중과 사법심사기준", 행정법연구, 제52호,
    2018

임영호, "인·허가의제규정의 적용범위", 대법원판례해설 제51집, 2005
전진원, "개발행위허가에 관한 연구", 서울대학교 법학전문석사 학위논문,
　　2015
정태용, "인·허가의제제도에 관한 고찰", 법제, 제530호, 2002
최계영, "건축신고와 인·허가의제", 행정법연구, 제25호, 2009

2. 외국문헌

Appel, Ivo, Das Verwaltungsrecht zwischen klassischem dogmatischen
　　Verständnis und steuerungswissenschaftlichen Anspruch, VVDStRL,
　　Bd. 67, 2008
Eberhard Schmidt－Aßmann, Das allegemeines Verwaltungsrecht als
　　Ordnungsidee: Grundlagen und Aufgaben der
　　verwaltungsrechtlichen Systembildung, 2. Aufl. Berlin, 2004
Hartmut Maurer, Allgemeines Verwaltungsrecht, 18. Aufl., München,
　　2011
Wolff/Bachof/Stober/Kluth, Verwaltungsrecht Bd 1., 13. Aufl.,
　　München, 2017

국문초록

　본 연구는 대법원 2017. 3. 15. 선고 2016두55490 판결, 대법원 2017. 10. 12. 선고 2017두48956 판결에 대한 평석이다. 종래의 재판실무는 개발행위허가가 의제되는 건축허가를 사법심사함에 있어서 비교적 엄격한 잣대로 판단하였다. 이로 인하여 행정이 환경오염 유발시설의 건축으로 야기되는 환경피해로부터 인근 주민들을 보호함에 있어서 공백을 초래하였고, 주위환경과 조화되지 아니하는 건축물의 난립을 야기하였다.

　이러한 행정현실을 시정하기 위하여 대상판결은 개발행위허가가 의제되는 건축허가가 개발행위허가의 성질을 아울러 가지고, 개발행위 허가기준이 불확정개념으로 되어 있어 행정에게 재량권이 부여되는 것으로 보았다. 특히 "주위환경과의 조화", "환경오염 발생 우려"에 대한 행정청의 예측적 판단을 존중할 필요가 있음을 강조하였다. 이를 통해 행정청에게 자율성을 부여해 주고, 도시계획적 고려와 환경권 보장을 강화하는 방향으로 기존실무의 흐름을 변화시킨 데 그 의의가 있다.

　이러한 대상판결의 태도는 ① 개발행위허가가 토지에 대한 건축허용성을 결정함으로써 도시계획을 보충하는 기능을 하는 점, ② 우리 헌법 제35조 제1항은 환경권을 헌법상 기본권으로 명시하고 있는바, 행정의 환경보존의무는 헌법상 요청으로 강조되어야 하는 점, ③ 환경피해에 대한 정확한 원인을 입증하는 것은 상당히 어렵고, 환경피해는 불가역적인 것인 점, ④ 헌법상 행정은 독립적인 헌법기관으로서 부여된 임무를 적절하게 수행하기 위해서는 자율성이 인정되어야 하는 점을 고려하면 일응 타당한 것으로 평가된다.

　다만, 개발행위허가가 의제되는 건축허가에 대한 사법심사 강도의 약화가 사법심사의 포기를 의미하는 것이 되어서는 아니 된다. 행정소송과 행정절차는 기능적으로 관련된 상호보완적 절차이다. 행정청의 재량행위에 대한 실체법적 통제가 미치지 못하는 곳에는 절차법적 통제의 상대적 강화를 통해 그 결정의 정당성이 확보되어야 한다. 따라서 행정처분의 이유제시 등 행정절차에 대한 심사의 강도는 상대적으로 더 강화될 필요성이 있다고 할 것이다.

주제어: 개발행위허가, 토지형질변경, 건축허가, 인·허가의제, 도시계획

Abstract

A Study on the Scope of Judicial Review regarding Building Permission that shall be deemed Permission for Development Activities granted.

Moon, Jung−heum*

This paper is a case study on the 'Supreme Court 2016DU55490 Decision sentenced on March 15, 2017 and Supreme Court 2017DU48956 Decision sentenced on October 12, 2017'. In these cases, the Supreme Court affirmed that Building Permission that shall be deemed Permission for Development Activities granted has legal characteristics of Permission for Development Activities, and administrative agencies may use their discretion in granting Building Permission, because Standards for Granting Permission for Development Activities are undefined. Especially the Supreme Court decided that courts should respect administrative agencies's predictive decisions about "harmony with the actual utilization condition or land utilization plan of neighboring areas, and with peripheral environments and sceneries", "concerns about environmental pollution". It made courts contemplate urban planning, environmental rights in making their decisions.

In principle, I agree with the Supreme Court's judgement on the legal characteristic of Permission for Development Activities for the following reasons. ① Primary roles of Permission for Development

---

* Seoul Central District Court, Judge

Activities are to grant development, and compensate Urban Management Plan. ② Constitution of the Republic of Korea Article 35(1) states that all citizens shall have the right to a healthy and pleasant environment, and the State shall endeavor to protect the environment. ③ It is very hard to prove exact causes of environmental pollution, and environmental damages are irreversible. ④ Administrative agencies are constitutional institutions, so discretion should be given so as to perform their duty of Constitution.

However, to diminish the intensity of control about Permission for Development Activities doesn't mean to renounce Judicial Review about it. Judicial Review is interconnected with administrative procedure. Therefore it is necessary for courts to examine procedural improprieties of administrative agencies strictly.

Keywords: Permission for Development Activities, Changes in the Form and Quality of any Land, Building Permission, Deemed Permission, Urban Management Plan

투고일 2018. 12. 7.
심사일 2018. 12. 22.
게재확정일 2018. 12. 27.

都市 및 住居環境整備法上
賦課金·淸算金 徵收委託과 改善方案*

張賢哲**

대상판결: 대법원 2017. 4. 28. 선고 2016두39498 판결

---

* 이 글은 2018. 10. 19. 행정판례연구회에서 발표한 발표문을 수정·보완한 것이다.
** 법무법인(유) 율촌 변호사.

I. 서론

대상판결은 주택재건축사업에서 시장·군수등[1]이 주택재건축조합
의 청산금 징수위탁을 거절한 경우에,[2] 주택재건축조합이 조합원을 상
대로 공법상 당사자소송을 제기할 수 있다고 보았다.

그러나 도시 및 주거환경정비법(이하 '도시정비법'이라 한다)은 재건
축조합을 행정주체로 보아 부과금과 청산금을 부과·징수할 수 있도록
하면서, 재건축조합으로부터 부과금·청산금 징수를 위탁받은 시장·군
수등은 지방세 체납처분의 예에 따라서 부과금·청산금을 징수할 수 있
도록 하고 있다. 즉, 도시정비법은 재건축조합이 행정처분의 형태로 부
과금·청산금을 부과하도록 하고 있고, 시장·군수등에게 부과금·청산금
징수를 위탁해서 행정상 강제징수의 방법으로 부과금·청산금을 징수하
도록 하고 있다. 그러므로 대상판결의 타당성을 검토하기 위해서는 재
건축조합이 도시정비법에 따라 행정상 강제징수의 방법으로 징수해야
하는 부과금·청산금을 민사상 강제집행의 방법으로 징수할 수 있는지
살펴볼 필요가 있다. 또한 민사상 강제집행의 방법으로 부과금·청산금

---

1) 특별자치시장, 특별자치도지사, 시장, 군수, 자치구의 구청장을 의미한다(도시 및
   주거환경정비법 제2조 제11호 다목).
2) 실무상 정비조합이 시행하는 재건축사업에서는 정비조합이나 시공자가 분양계약
   등을 근거로 조합원이 조합원 분담금(부과금, 청산금)을 완납할 때까지 대지와 건
   축물을 인도하지 않는 경우가 많다. 이 경우 조합원은 대지와 건축물을 인도받기
   위해서 조합원 분담금을 납부할 수밖에 없으므로, 청산금 부과·징수와 관련된 문
   제가 발생하는 일이 드물다. 반면 높은 수익을 기대하기 어려운 재개발사업이나
   규모가 작은 재건축사업에서는 정비조합이 토지주택공사등과 공동으로 사업시행
   을 하는 경우가 있는데, 이러한 경우에는 일반적으로 이전고시가 이루어지면 사
   업시행자가 조합원에게 대지와 건축물을 인도하고, 그 이후에 청산금을 부과·징수
   한다. 그러므로 청산금 부과·징수를 둘러싼 분쟁이 상대적으로 많이 발생한다. 대
   상판결에서는 주택재건축조합이 한국토지주택공사와 공동으로 재건축사업을 시
   행하였기 때문에 대지와 건축물을 인도한 이후에 청산금을 부과하였을 가능성이
   높고, 그 때문에 재건축사업이지만 청산금 부과·징수를 둘러싼 분쟁이 발생하였을
   것으로 보인다.

을 징수할 수 있더라도, 시장·군수등이 부과금·청산금의 징수위탁을 거절한 경우가 부과금·청산금의 징수방법이 법정되어 있지 않거나, 행정상 강제징수가 불가능해서 민사상 강제집행의 방법으로 부과금·청산금을 징수할 수 있는 경우에 해당하는지도 살펴보아야 한다. 이는 정비조합이 조합원에게 직접 부과금·청산금을 징수할 수 있는지, 시장·군수등이 정비조합의 부과금·청산금 징수위탁을 거절할 수 있는지 등의 문제와 연결된다.

위와 같은 쟁점을 중심으로 대상판결의 타당성을 검토하고, 시장·군수등이 정비조합의 부과금·청산금 징수위탁을 거절하는 경우에 발생하는 문제를 해결하기 위해서 부과금·청산금 부과처분의 구속요건적 효력에 따라 공법상 당사자소송을 운용하는 방법을 제시한다. 또한 입법론으로 시장·군수등이 정비조합의 부과금·청산금 징수위탁을 거절하지 못하도록 하는 방법, 정비조합이 부과금·청산금을 직접 행정상 강제징수의 방법으로 징수하도록 하는 방법, 부과금·청산금 부과처분서를 집행권원으로 규정하는 방법, 조합원 분양계약을 양성화하는 방법 등을 검토하기로 한다.

Ⅱ. 대상판결의 소개

1. 사건 개요

성남시 수정구에 있는 동보빌라를 철거하고 그 지상에 186세대 규모의 아파트를 건축하는 주택재건축사업(이하 '이 사건 사업'이라 한다)의 시행자인 동부빌라주택재건축정비사업조합(이하 '원고 조합'이라 한다)은 2008. 6. 2. 한국토지주택공사(이하 '원고 공사'라 한다. 원고 조합과 한꺼번에 부를 때는 '원고들'이라 한다)와 공동사업시행계약을 체결하였다. 원고들은 2009. 2. 9. 성남시장으로부터 사업시행인가를 받았고, 2010. 7. 5. 관리처분계획인가, 2013. 2. 21. 관리처분계획변경인가를 받은 이후, 2013. 12. 5. 이전고시를 하였다.

피고들은 원고 조합의 조합원으로서 이 사건 사업으로 건축된 아파트를 분양받았는데, 원고들은 2013. 12. 6. 피고들에게 변경인가된 관리처분계획에 따라 산정된 청산금 납부를 통지하였다. 그러나 피고들은 납부기한인 2013. 12. 15.까지 청산금을 납부하지 않았다. 이에 원고들은 2013. 12. 18. 피고들에게 청산금 지급을 구하는 공법상 당사자소송을 제기하였다.

제1심 법원이 2015. 6. 9. 원고들의 소를 각하하는 판결을 선고하자, 원고들은 2015. 6. 22. 성남시장에게 청산금 징수를 위탁하는 내용의 업무협조를 요청하였다. 그러나 성남시장은 2015. 6. 26. 원고들의 청산금 징수위탁을 거절하였다.

2. 판결 요지

(1) 제1심 판결3)과 원심판결4)의 요지
- 소각하(제1심 판결), 항소기각(원심판결)

제1심과 원심은 구 도시정비법 제57조 제1항5)에 규정된 청산금을 징수할 때는 지방세체납처분의 예에 따른 강제징수가 인정되어 일반 사법상 채권과는 다른 간이하고 경제적인 특별구제절차가 마련되어 있으므로, 특별한 사정이 없는 한 행정소송의 방법에 따른 권리실현을 허용할 필요가 없다고 판단하였다. 이에 따라 제1심은 피고들에게 청산금의 지급을 구하는 원고들의 소는 권리보호의 이익이 없다는 이유로 각하하

---

3) 수원지방법원 2015. 6. 9. 2013구합20944 판결.
4) 서울고등법원 2016. 1. 21. 선고 2015누48213 판결.
5) 현행 도시정비법 제90조 제1항.

였고, 원심은 원고들의 항소를 기각하였다.

(2) 대상판결의 요지 – 파기자판(제1심 판결 취소)

대상판결은 원심과 마찬가지로 구 도시정비법 제57조 제1항에 규정된 청산금을 징수할 때는 지방세 체납처분의 예에 따른 징수 또는 위탁과 같은 간이하고 경제적인 특별구제절차가 마련되어 있으므로, 특별한 사정이 없는 한 시장·군수가 아닌 사업시행자가 이와 별개로 공법상 당사자소송의 방법으로 청산금 청구를 할 수는 없다고 판단하였다.

다만 대상판결은 성남시장이 시장·군수가 아닌 사업시행자인 원고들의 청산금 징수위탁을 거절한 사실은 지방세 체납처분의 예에 따른 청산금 징수에 장애가 생긴 특별한 사정으로 볼 수 있으므로,[6] 이러한 경우에는 원고들이 피고들을 상대로 공법상 당사자소송으로 청산금의 지급을 구할 수 있다고 보았다.

(3) 환송 후 제1심 판결[7]의 요지

대상판결은 제1심인 수원지방법원으로 환송되었다. 수원지방법원은 원고 일부승소 판결을 선고하였고, 이 판결은 양 당사자가 항소하지 않아 확정되었다.

3. 관련 판결

대법원은 성북구청장이 보문제4구역주택재개발정비사업조합의 청산금 징수위탁을 거절한 사안에서, 주택재개발조합이 식섭 조합원을 상

---

6) "성남시장이 시장·군수가 아닌 사업시행자인 원고들의 징수위탁을 거절함으로써 징수 설자에 의한 이 사건 청산금의 권리실현에 장애가 있게 되는 특별한 사정이 있다고 볼 수 있으므로, 원고들이 피고들을 상대로 공법상 당사자소송에 의하여 이 사건 청산금의 지급을 구하는 이 사건 소는 허용된다고 봄이 타당하다"

7) 수원지방법원 2017. 9. 19. 2017구합64362 판결.

대로 공법상 당사자소송을 제기해서 청산금 지급을 청구할 수 있다고 하였다.[8] 또한 용인시장이 용인동천구역도시개발조합의 도시개발법상 환지청산금 징수위탁을 거절한 사안에서, 도시개발조합이 직접 공법상 당사자소송으로 청산금 지급을 구할 수 있다고 하였다.[9]

Ⅲ. 정비조합의 부과금 · 청산금 부과 · 징수

1. 부과금 · 청산금 부과 · 징수의 의의

사업시행자는 정비사업비[10]를 부담하지만, 토지등소유자에게 정비사업비와 정비사업의 시행과정에서 발생한 수입의 차액을 부과·징수할 수 있는데, 이를 '부과금'이라 한다(도시정비법 제93조 제1항, 제92조 제1항). 또한 사업시행자는 대지 또는 건축물을 분양받은 사람이 종전에 소유하고 있던 토지 또는 건축물의 가격과 분양받은 대지 또는 건축물의 가격 사이에 차이가 있는 경우, 이전고시 이후에 그 차액에 상당하는 금액을 분양받은 사람으로부터 징수하거나 분양받은 사람에게 지급해야 하는데, 이를 '청산금'이라 한다(도시정비법 제89조 제1항). 청산이란 단체가 그 설립 목적을 달성하거나 더 이상 그 목적을 달성할 수 없게 되는 등의 사유가 발생한 경우에, 그 단체를 해산하면서 단체의 권리 · 의무관계를 정리하는 행위를 말한다(민법 제77조 이하).[11] 도시정비법상 청산금은 정비사업이 완료된 때 새롭게 조성된 대지 또는 건축물과 종전 토지 또는

8) 대법원 2017. 5. 17. 선고 2016두40580 판결, 대법원 2017. 8. 18. 선고 2016두52064 판결.
9) 대법원 2017. 4. 28. 선고 2013다1211 판결.
10) 건축물의 철거 및 새 건축물의 건설에 드는 공사비 등 정비사업에 드는 비용을 의미한다(도시정비법 제27조 제4항 제2호).
11) 김종보, "조합원분양계약의 위법성", 사법 제23호, 사법발전재단, 2013. 17면.

건축물 사이의 과부족분을 정산하는 기능을 한다.

　　도시정비법이 조합원에게 납무의무를 부담하도록 하는 비용에는 부과금과 청산금이 있는데, 청산금이 이전고시 이후에 최종적인 청산단계에서 부과된다는 사실을 고려하면, 부과금은 이전고시 이전에 부과되는 비용을 의미한다고 해석할 수 있다. 그러므로 부과금과 청산금은 정비사업에서 조합원이 납부해야 할 비용의 총액, 즉 조합원 분담금의 총액을 구성한다. 조합원이 이전고시 이전에 자신이 납부해야 할 분담금의 일부를 부과금으로 납부한 경우에는 이전고시 이후에 청산금의 형태로 납부해야 할 분담금이 그만큼 줄어든다. 즉, 정비조합은 조합원 분담금 중 이전고시 이전에 부과금으로 부과·징수하고 남은 부분이 있거나 오히려 돌려주어야 할 돈이 있다면, 이전고시 이후에 그 부분을 청산금으로 징수하거나 지급해야 한다.12)

　　도시정비법은 부과금의 금액과 징수방법(제12호), 청산금의 징수·지급(제11호)을 조합원 총회의 의결사항으로 정하고 있다(도시정비법 제45조 제1항). 따라서 정비조합은 조합원 총회의 의결 없이 부과금이나 청산금을 부과·징수할 수 없다.

2. 부과금 · 청산금 부과 · 징수의 연혁

(1) 구 조선시가지계획령과 구 조선토지개량령

　　1934. 6. 20. 제정된 구 조선시가지계획령은 원칙적으로 행정청이 시가지계획사업을 집행하고, 특별히 필요한 경우에만 행정청이 아닌 자가 시가지계획사업의 일부를 집행할 수 있게 히었다(제3조). 시가지계획사업의 집행에 필요한 비용은 행정관청이 집행하는 경우에는 국가가, 공공단체를 통할하는 행정청이 집행한 경우에는 그 공공단체가, 행정청

---

12) 김종보, 위의 논문, 24면.

이 아닌 자가 집행하는 경우에는 그 자가 부담하도록 하였다(제4조). 행정청이 집행하는 토지구획정리사업에 필요한 비용을 부담하는 공공단체는 토지구획정리사업지의 토지소유자 또는 관계인에게 그 비용의 선부 또는 일부를 부담시킬 수 있었다(제48조). 즉, 구 조선시가지계획령은 행정청이 아닌 자가 시가지계획사업을 집행하는 경우에는 토지소유자 또는 관계인에게 비용을 부담시킬 수 있는 근거 규정을 두고 있지 않았다.

반면, 구 조선시가지계획령은 토지구획정리사업을 집행하면서 구 조선시가지계획령에서 규정하고 있지 않은 사항은 1927. 12. 28. 제정된 구 조선토지개량령을 준용하도록 하였다(제43조). 구 조선토지개량령은 환지방식으로 토지개량사업을 하는 경우에 지목, 면적, 등위(위치) 등으로 상쇄하는 것이 가능하지 않는 부분, 즉 종전 토지와 환지 사이의 가격 차이를 금전으로 청산하도록 하였다(제24조 제1항). 이처럼 구 조선시가지계획령은 구 조선토지개량령을 준용해서 행정청이 아닌 자도 토지구획정리사업을 하면서 토지소유자에게 청산금을 지급하거나 지급받을 수 있게 하였다. 다만, 그 절차나 방법을 구체적으로 규정하지는 않았다.

(2) 구 도시계획법과 구 토지개량사업법

1962. 1. 20. 제정된 구 도시계획법은 구 조선시가지계획령과 마찬가지로 행정청이 아닌 자가 도시계획사업에 필요한 비용을 징수할 수 있는 근거 규정을 두지 않았다. 다만, 구 도시계획법은 토지구획정리사업과 관련된 내용 중 구 도시계획법에서 규정하고 있지 않은 내용은 농지개량과 관련된 법령의 규정을 준용하였는데(제40조), 1961. 12. 31. 제정된 구 토지개량사업법은 토지개량조합이 토지개량사업에 필요한 경비를 충당하기 위해서 조합원을 상대로 금전 또는 부역현품을 부과할 수 있도록 하였다. '부과금과 부역, 현품의 부과, 징수방법'(제6호)은 평

의회13)의 의결사항이었다(제30조). 토지개량조합은 조합비 기타 조합수입의 징수를 구·시·군에 위촉할 수 있었다(제41조 제1항). 즉, 구 도시계획법은 행정청이 아닌 자가 경비를 부과·징수할 수 있는 근거 조항을 두지는 않았지만, 행정청이 아닌 자는 구 토지개량사업법을 준용해서 조합경비를 부과·징수할 수 있었고 그 징수를 구·시·군에 위촉할 수 있었다.

이후 구 국토계획법은 1971. 1. 19. 개정으로 청산금을 납부하지 아니하는 사람이 있을 때에는, 행정청이 아닌 시행자가 시장 또는 군수에게 청산금의 징수를 위탁할 수 있도록 하여(제50조 제3항), 청산금 징수위탁의 근거 규정을 마련하였다. 청산금의 징수를 위탁받은 시장 또는 군수는 지방세 체납처분의 예에 따라 이를 징수할 수 있었다(제50조 제4항).

(3) 구 토지구획정리사업법

1966. 8. 3. 제정된 구 토지구획정리사업법에 따르면 토지구획정리조합은 부과금을 체납하는 조합원이 있을 때에는 관할시장 또는 군수에게 그 징수를 위촉할 수 있었고(제29조 제1항), 부과금 징수를 위촉받은 시장 또는 군수는 지방세 체납처분의 예에 따라 징수할 수 있었다(제29조 제2항). 부과금의 금액과 징수방법은 총회 의결사항이었다(제26조 제5호). 구 토지구획정리사업법은 구 도시계획법 중 토지구획정리사업과 관련된 조항을 기초로 만들어졌는데, 구 토지개량사업법을 준용하도록 했던 구 도시계획법과는 달리 구 토지구획정리사업법 자체에 부과금 부과·징수 그리고 징수위촉 규정을 두었다.

또한 구 토지구획정리사업법은 시행자에게 환지처분 공고 이후에

---

13) 평의회는 토지개량조합의 필수기관으로서 조합장과 평의원으로 구성되었다(제22조). 평의원은 조합원이 조합원 중에서 호선하였고(제25조 제1항), 조합의 임원 또는 직원을 겸하지 못하였다(제27조).

확정된 청산금을 징수 또는 교부하도록 하였는데(제68조 제1항 본문), 청신금을 납부할 자가 이를 납부하지 않는 경우에 토지구획정리조합 또는 대한주택공사·한국주택공사는 관할시장 또는 군수에게 그 징수를 위촉할 수 있도록 하였다(제68조 제4항, 제29조 제2항). 즉, 구 토지구획정리사업법은 부과금의 부과·징수, 징수위촉 규정을 청산금에도 그대로 적용하였다고 볼 수 있다.

이러한 구 토지구획정리사업법의 부과금·청산금 징수위촉 규정은 현행 도시정비법의 관련 조항과 크게 다르지 않았다.

(4) 구 도시재개발법

1976. 12. 31. 제정된 구 도시재개발법은 구 토지구획정리사업법과 마찬가지로 재개발조합의 경비와 청산금 부과·징수(제25조 제1항, 제53조 제1항), 관할시장 또는 군수에 대한 징수위탁(제27조 제1항)과 지방세 체납처분의 예에 따른 징수(제27조, 제54조 제3항) 규정을 두었다.

(5) 도시개발법

2000. 1. 28. 제정된 도시개발법 역시 경비와 청산금 부과·징수(제16조 제1항, 제45조 제1항), 시장·군수에 대한 징수위탁과 지방세 체납처분의 예에 따른 징수(제16조, 제45조 제3항) 규정을 두었다.

(6) 도시정비법

2002. 12. 30. 제정된 도시정비법은 현행 도시정비법과 유사하게 부과금과 청산금 부과·징수(제61조 제1항, 제57조 제1항), 부과·징수 위탁(제61조 제4항, 제58조 제1항), 지방세 체납처분의 예에 따른 부과·징수(제61조 제5항, 제58조 제1항)를 규정하였다.

구 주택건설촉진법은 1989. 4. 1. 재건축조합을 주택조합의 한 형태로 도입하였으면서도, 재건축조합이 부과금·청산금을 부과·징수할

수 있는 근거 규정을 두지 않았다. 그러나 도시정비법이 제정되면서 주
택재개발사업에만 적용되던 부과금·청산금의 부과·징수, 징수위탁,
지방세 체납처분의 예에 따른 징수 규정이 재건축사업에도 적용되게
되었다.

(7) 소결

구 도시계획법은 구 토지개량사업법을 준용해서 경비 징수를 위촉
할 수 있도록 하였으나, 그 자체에 경비의 징수위촉 규정을 두지는 않
았으므로 체계적인 정합성을 갖추지 못했다. 그러므로 현행 도시정비법
과 유사한 경비·청산금 징수위촉 조항을 규정하였던 구 토지구획정리사
업법을 현행 도시정비법상 부과금·청산금 징수위탁 조항의 원형으로
볼 수 있다. 구 토지구획정리사업법은 토지구획정리조합(제6조 제1항)을
원칙적으로 시행자로 규정하였고, 토지구획정리조합은 부과금·청산금
부과처분을 할 수 있었다. 그렇지만 전통적인 의미의 행정주체가 아닌
토지구획정리조합에게 직접 지방세 체납처분의 예에 따라 부과금과 청
산금을 강제징수할 수 있는 권한까지 주기는 부담스러웠고, 토지구획정
리조합이 그러한 전문성과 역량을 갖추었다고 보기도 어려웠다. 이러한
이유로 구 토지구획정리사업법은 토지구획정리조합에게 부과금과 청산
금을 부과·징수 권한을 부여하면서도, 체납자를 대상으로 하는 강제징
수는 시장·군수에게 위촉하도록 한 것으로 보인다.

3. 부과금 · 청산금 부과 · 징수의 법적성질

(1) 정비조합의 법률관계

정비조합은 시장·군수등으로부터 인가를 받아 설립되고, 사업시행
계획안과 관리처분계획안을 작성해서 시장·군수등에게 인가를 신청한
다. 즉, 정비조합은 일정한 경우 행정처분의 상대방이 된다. 행정청이

정비조합에게 일정한 행정처분을 거절한다면 정비조합은 행정청을 상대로 거부처분취소소송을 제기할 수 있다.14) 반면에 정비조합은 조합원을 상대로 수용재결, 부과금·청산금 부과처분, 이전고시 등 처분권을 행사해서 일정한 의무를 강제한다. 정비조합의 처분에 불복하는 조합원은 정비조합을 상대로 행정소송을 제기해서 취소를 구해야 한다.15) 이처럼 정비조합은 행정청과 사이에서는 행정처분의 상대방인 동시에 조합원과 사이에서는 행정처분의 주체가 되는 이중적인 지위를 지닌다.

대법원도 정비조합은 조합원을 상대로 하는 법률관계에서는 적어도 특수한 존립목적을 부여받은 특수한 행정주체에 해당하고, 국가의 감독을 받으면서 그 존립목적인 특정한 공공사무를 행한다고 볼 수 있는 범위에서는 공법상 권리의무관계를 형성한다고 보았다.16)

(2) 도시정비법상 부과금·청산금과 조합원의 출자의무이행

정비조합은 민법상 조합의 법적성질과 사단의 법적성질을 모두 지니고 있는 단체다. 재건축사업에서 조합원은 조합정관에 따라 신탁회사에게 토지 또는 건축물 소유권을 이전하고 신탁등기를 마쳐야 한다. 재개발사업에서도 분양신청을 한 조합원은 조합정관에 따라 토지 또는 건축물 소유권을 정비조합에게 이전해야 한다. 또한 조합원은 정비사업의 시행과정에서 발생한 비용을 부과금으로 납부해야 하고(도시정비법 제93조), 종전 토지 또는 건축물과 공급받은 대지 또는 건축물의 가격 차이에 상당하는 금액을 청산금으로 납부해야 한다(도시정비법 제89조). 즉, 조합원은 정비사업이라는 공동사업을 위해서 자신의 토지 또는 건축물 소유권을 이전하고, 금전으로 부과금 또는 청산금을 납부해야 한다. 이는 대지 또는 건축물의 공급이라는 정비조합의 목적을 달성하기 위해서

---

14) 김종보, 건설법의 이해, 피데스, 2018. 496면.
15) 김종보, 위의 책, 432면, 480면.
16) 대법원 1996. 2. 15. 선고 94다31235 전원합의체 판결.

조합원이 정비조합에게 경제적인 수단을 제공하는 행위에 해당하므로, 정비조합이 가지고 있는 민법상 조합의 법적성질에 따른 조합원의 출자 의무이행으로 볼 수 있다.17)

그러므로 부과금·청산금 부과·징수는 정비조합이 조합원에게 출자 의무를 이행하도록 하는 수단으로 볼 수 있다. 이러한 측면에서 보면, 도시정비법상 부과금·청산금 부과·징수가 특정 공익사업이나 공익목적을 위해서 또는 특정물건의 효용을 보존하기 위해서 개인에게 강제적으로 부과되는 경제적 부담을 의미하는 공용부담18)에 해당한다고 보기는 어렵다.

(3) 행정처분인 부과금 · 청산금 부과 · 징수

도시정비법은 사업시행자가 부과금을 '부과 · 징수'할 수 있다고 규정하고 있고, 조합원이 부과금을 체납하는 경우에는 지방세 체납처분의 예에 따라 이를 징수할 수 있다고 규정하고 있다. 그러므로 사업시행자의 부과금 부과 · 징수는 행정처분의 법적성질을 가지고 있다. 통상적으로 '부과 · 징수'라는 표현은 행정처분을 의미하고, 지방세 체납처분의 예에 따라 체납된 부과금을 강제징수하려면 부과금의 강제징수가 지방세 체납처분과 같은 행정상 강제징수라는 점이 전제되어야 하기 때문이다.

또한 도시정비법은 사업시행자에게 조합원이 청산금을 '징수'할 수 있다고 규정하고 있고, 조합원이 청산금을 납부하지 않는 경우에는 지방세 체납처분의 예에 따라 이를 징수할 수 있다. 그러므로 청산금의 부과 · 징수 역시 부과금의 부과 · 징수와 같이 행정처분의 법적성질을 지니고 있다.19)

---

17) 장현철, 정비사업조합의 법석성질과 현금청산금액 산정, 행정법연구 제54호, 사단법인 행정법이론실무학회, 2018. 289~290면.
18) 김동희, 행정법Ⅱ, 박영사, 2017. 366면.
19) 김종보, 위의 논문, 24~25면.

IV. 대상판결의 검토

1. 공법상 의무불이행과 민사상 강제집행

(1) 공법과 사법의 관계

공법상 의무의 불이행을 전제로 그 의무이행을 강제하기 위해서 민사상 강제집행이 허용되는지, 행정상 강제집행수단이 법정되어 있는 경우에도 민사상 강제집행의 방법으로 그 의무이행을 확보할 수 있는지는 실무상 오래 전부터 논의의 대상이었다. 특히 우리나라는 공법상 의무를 확보하기 위한 일반법을 두지 않고 개별 법령의 규정에 따르도록 하고 있으므로, 이러한 문제점이 더욱 두드러진다.

민사상 강제집행의 방법으로 공법상 의무이행을 확보할 수 있는지는 공법과 사법의 관계를 바라보는 관점과 연결되어 있다.[20] 행정소송법 제1조는 '행정청의 위법한 처분 그 밖의 공권력의 행사·불행사 등에 따른 국민의 권리 또는 이익의 침해 구제', '공법상 권리관계 또는 법적용과 관련된 다툼의 적정한 해결'을 목적으로 하고 있고, 같은 법 제3조 제2호는 당사자소송을 '행정청의 처분 등을 원인으로 하는 법률관계에 관한 소송 그 밖에 공법상의 법률관계에 관한 소송으로서 그 법률관계의 한쪽 당사자를 피고로 하는 소송'으로 규정하고 있다. 이처럼 행정소송법은 사법과 구별되는 공법이라는 개념을 전제하고 있다. 또한 행정소송은 행정소송법에 따라, 민사소송은 민사소송법에 따라 이루어지고, 법원조직법에 따라 행정소송은 원칙적으로 행정법원이 관할한다.[21] 그러므로 우리나라의 법체계는 공법과 사법의 구별을 전제하고 있다고 볼

---

20) 이상덕, 건물철거 행정대집행에서 철거의무자 퇴거의 강제방법, 대법원 판례해설 제111호, 법원도서관, 2017. 211면.

21) 법원조직법 제40조의4 "행정법원은 행정소송법에서 정한 행정사건과 다른 법률에 따라 행정법원의 권한에 속하는 사건을 제1심으로 심판한다"

수 있다. 이는 공법과 사법을 상대적으로 엄격하게 구별하고 있는 독일 법의 영향으로 보인다.[22]

　그러나 우리나라는 영국과 미국처럼 대법원을 정점으로 하는 일원 적인 법체계를 가지고 있는 반면, 프랑스와 같이 행정소송이 사법부로 부터 독립되어 행정부 소속의 특별재판소에서 이루어지거나 독일처럼 사법부 자체가 행정법원과 일반법원으로 분할되어 있지는 않다.[23]

　이러한 특성을 고려하면 우리나라 법체계상 공법과 사법이 구별되 더라도, 엄격하게 분리되기보다는 상호 중첩하면서 보완하는 관계에 있 다고 파악해야 한다. 공법과 사법은 방법론에서는 서로 구별되지만, 행 정활동의 법적통제라는 면에서 동일한 목적을 가지고 있다고 볼 수 있 다.[24] 또한 행정상 강제집행과 민사상 강제집행이 하나의 동일한 사실 관계를 규율하기 위해서 사용된다면, 양자의 본질은 동일하다고 볼 수 도 있다.[25]

　이러한 측면에서 보면 행정주체는 공법상 의무이행을 확보하기 위 해서 행정상 강제집행수단뿐만 아니라, 민사상 강제집행수단을 사용할 수도 있다고 보는 것이 타당하다. 특히 공법상 의무이행을 확보할 수 있는 행정상 강제집행수단이 법정되어 있지 않은 경우에는, 민사상 강 제집행의 방법으로 공법상 의무이행을 확보하더라도 별다른 문제가 있 다고 보기 어렵다. 대법원 역시 금전채권의 발생원인이 공법상 법률관 계인 경우에도 이를 징수할 수 있는 행정상 강제집행수단, 즉 체납처분 이라는 강제징수절차의 근거 규정이 없는 경우에는 민사상 부당이득반

22) 박정훈, "공법과 사법의 구별 – 행정조달계약의 법적 성격", 행정법의 체계와 방법 론, 박영사, 221면.
23) 박정훈, "인류의 보편적 지혜로서의 행정소송", 행정소송의 구조와 기능, 박영사 114~115면.
24) 박정훈, 위의 논문(공법과 사법의 구별 – 행정조달계약의 법적 성격), 223면.
25) 박원근, "국유재산의 무단점유자에 대하여 변상금 부과·징수권의 행사와 별도로 민사상 부당이득반환청구권을 행사할 수 있는지 여부", 판례연구 제27호, 부산판 례연구회, 2016. 370면.

환청구를 통해서 금전을 반환받아야 한다고 보았다.26) 그러나 행정상
강제집행수단이 법정되어 있고 행정주체가 이를 행사할 수 있는 경우에
도 행정상 강제집행수단 외에 민사상 강제집행수단을 선택할 수 있는지
는 별도의 논의가 필요하다.

(2) 행정상 강제집행수단의 우선 적용

대법원은 감사원법에 따라 변상을 명하는 판정이 확정된 경우 국
세징수법의 체납처분에 따라 집행할 수 있으므로, 판정된 변상금의 배
상을 구하는 민사상 손해배상청구는 권리보호의 필요가 없고,27) 국유재
산의 무단사용자가 국유재산법상 변상금을 체납한 경우에는 관리청은
관할 세무서장 또는 지방자치단체장에게 위임해서 국세징수법의 체납
처분 규정에 따라 징수할 수 있으므로, 변상금 청구를 민사소송의 방법
으로 할 수는 없다고 보았다.28) 또한 대법원은 대한주택공사가 대집행
권한을 위탁받아 대집행을 실시하기 위하여 지출한 비용은 민사소송이
아니라 행정대집행법이 정하고 있는 간이하고 경제적인 특별구제절차
인 국세징수법의 예에 따라 징수할 수 있으므로, 민법 제750조에 따른
손해배상으로서 대집행비용의 상환을 구하는 청구는 소의 이익이 없어
부적법하다고 보았다.29)

다만 대법원은 행정청이 행정대집행을 실시하지 않는 경우 행정청
에게 토지의 사용청구권을 가지는 자는 그 청구권을 보전하기 위해서
국가를 대위해서 토지점유자를 상대로 민사소송의 방법으로 그 지상 시
설물의 철거를 구하는 이외에는 이를 실현할 수 있는 다른 절차와 방법

---

26) 대법원 2005. 5. 13. 선고 2004다8630 판결. "산재법이 위와 같이 개정되기 전에는
　　과오급된 보험급여를 환수할 산재법상의 근거 규정이 없어 민사소송을 통하여 민
　　법상의 부당이득반환청구를 할 수 있었을 뿐(이다)"
27) 대법원 1970. 4. 14. 선고 67다2138 판결.
28) 대법원 2000. 11. 24. 선고 2000다28568 판결.
29) 대법원 2011. 9. 8. 선고 2010다48240 판결.

이 없어 그 보전의 필요성이 인정되므로, 국가를 대위해서 토지점유자를 상대로 민사소송의 방법으로 그 지상 시설물의 철거를 구할 수 있다고 보았다.30)

이처럼 대법원의 주류적인 판례는 소의 이익(권리보호의 필요성)을 근거로 공법과 사법은 소송당사자의 임의적인 선택에 따라 어느 것이든 적용할 수 있는 관계가 아니라, 적용될 공법 규정이 존재한다면 공법 규정이 반드시 먼저 적용되어야 한다는 입장이다.31)

행정청이 행정상 강제집행뿐만 아니라 민사상 강제집행으로도 공법상 의무이행을 확보할 수 있더라도, 행정상 강제집행수단이 법정되어 있고 그 수단의 행사가 불가능하지 않는 경우에는 민사상 강제집행의 방법으로 공법상 의무이행을 확보할 수는 없다고 보아야 한다. 즉, 행정상 강제집행수단과 민사상 강제집행수단이 선택적인 관계에 있다고 볼 수는 없고, 행정상 강제집행수단을 우선 적용해야 한다. 만약 양자가 선택적인 관계에 있다고 본다면, 행정주체가 행정상 강제집행수단에 적용되는 행정법상 원칙과 규율을 회피하기 위해서 민사상 강제집행수단을 악용할 우려가 있다. 또한 행정목적을 신속하고 효율적으로 달성하기 위해서 행정상 강제집행수단을 규정한 입법의도가 반감될 수 있다.

다만 대상판결처럼 청산금 징수를 위탁받은 성남시장이 이를 거절한 경우가 행정상 강제집행이 불가능한 상황이라고 볼 수 있는지는 추가로 검토가 필요하다. 도시정비법은 정비조합에게 부과금·청산금을 부과·징수할 수 있는 권한을 인정하면서도 조합원이 부과금·청산금을 체

---

30) 대법원 2009. 6. 11. 선고 2009다1122 판결.
31) 이상덕, 앞의 논문, 212면. 다만 대법원 2014. 7. 16. 선고 2011다76402 전원합의체 판결은 변상금과 민사상 부당이득금과 액수가 다르고 성립요건도 일치하지 아니하므로, 변상금 부과·징수권의 행사와는 별도로 민사상 부당이득반환청구의 소를 제기할 수 있다고 판단하였다. 그러나 위 전원합의체 판결 선고 이후에 행정상 강제집행수단의 우선 적용을 전제로 하는 대상판결과 관련판결이 잇따라 선고된 사실로 보아 위 전원합의체 판결을 대법원의 주류적인 판례로 보기는 어렵다.

납하는 경우에는 그 징수를 시장·군수등에게 위탁할 수 있도록 규정하고 있다. 대상판결의 타당성은 성남시장이 청산금의 징수위탁을 거절한 경우에 원고 조합이 공법상 당사자소송을 제기해서 집행권원을 얻고, 그 집행권원으로 민사상 강제집행을 위임하는 방법 외에는 달리 청산금을 징수할 수 있는 방법이 없는지에 달렸다고 볼 수 있다.

2. 정비조합과 행정상 강제집행

(1) 행정권한의 위임과 위탁

정비조합은 부과금과 청산금 부과·징수의 법률관계에서 행정주체의 지위를 가지고, 정비조합의 부과금·청산금 부과처분은 행정처분에 해당한다. 위탁이란 법률에 규정된 행정기관의 장이 갖는 권한 중 일부를 다른 행정기관의 장에게 맡겨서 다른 행정기관의 장이 그 책임 아래 권한을 행사하도록 하는 것을 말한다(행정권한의 위임 및 위탁에 관한 규정 제2조 제2호).[32] 그러므로 정비조합이 부과금·청산금의 징수 권한을 시장·군수등에게 위탁한다면 이는 행정기관 사이의 행정권한 위탁이라고 볼 수 있고, 가능한 범위에서 행정권한의 위임 및 위탁에 관한 규정을 적용 또는 유추적용할 수 있을 것이다.

행정권한의 위탁은 법률이 정한 권한을 이전하는 것이므로 법률에 근거가 있어야 한다.[33] 도시정비법은 부과금과 청산금 징수 권한을 시장·군수등에게 위탁할 수 있는 근거 조항(제90조와 제93조)을 두고 있다.

---

[32] 반면에 '위임'은 각종 법률에 규정된 행정기관의 장이 갖는 권한 중 일부를 그 보조기관 또는 하급행정기관의 장이나 지방자치단체의 장에게 맡겨서 그의 책임 아래 권한을 행사하도록 하는 것을 말한다(행정권한의 위임 및 위탁에 관한 규정 제2조 제1호). 위임과 위탁은 법적성질에 차이가 없다.

[33] 대법원 1992. 4. 24. 선고 91누5792 판결. "행정권한의 위임은 행정관청이 법률에 따라 특정한 권한을 다른 행정관청에 이전하여 수임관청의 권한으로 행사하도록 하는 것이어서 권한의 법적인 귀속을 변경하는 것이므로 법률의 위임을 허용하고 있는 경우에 한하여 인정된다"

자신의 권한을 위탁한 행정기관은 위탁한 권한을 스스로 행사할 수 없으므로,34) 시장·군수등에게 부과금·청산금 징수를 위탁한 정비조합은 직접 부과금·청산금을 징수할 수 없다.

행정권한의 위탁은 법령상 권한은 위탁기관에게 그대로 둔 채 별도의 위탁근거규정에 따라 수탁기관에게 그 권한을 잠정적으로 이전하는 것이므로, 모법(수권규범)의 변경에 따른 권한의 확정적 이전을 의미하는 권한의 이양과는 다르다.35)

행정권한의 위탁은 위탁해제 또는 종기의 도래 등의 사유로 종료되고, 위탁되었던 권한은 다시 위탁기관에게 회복된다. 위탁해제에는 법령의 근거가 필요하지 않다고 보는 견해도 있다.36) 그러나 제3자의 입장에서는 위탁해제 사실이 대외적으로 공표되지 않는 이상 그 사실을 알기 어려우므로, 위탁이 직접 법령에 따라 이루어진 경우에는 법령의 형식으로, 위탁기관의 의사표시에 따라 이루어진 경우에는 그 의사표시의 공시로 위탁해제가 이루어져야 한다고 해석할 필요가 있다.37)

(2) 시장·군수 등의 징수의무와 정비조합의 직접 징수가능성

도시정비법은 정비조합이 부과금이나 청산금의 징수를 "위탁할 수 있다"고 규정하면서, 정비조합의 징수위탁을 받은 시장·군수등은 부과금이나 청산금을 지방세 체납처분의 예에 따라 "징수할 수 있다"고 규정하고 있다.

---

34) 대법원 1992. 9. 22. 선고 91누11292 판결. "구 도시계획법(1991.12.14. 법률 제4427호로 개정되기 전의 것) 제10조 제1항, 같은 법 시행령(1988. 2. 16. 대통령령 제12397호로 개정되기 진의 것) 세6소 제1항 제1호 나목의 (13)에 의하면, 유원지에 대한 도시계획시설의 설치, 정비, 개량에 관한 계획의 결정 및 변경결정에 관한 권한은 건설부장관으로부터 시, 도지사에게 위임된 것이고, 이와 같이 권한외 위임이 행하여진 때에는 위임관청은 그 사무를 처리할 권한을 잃는다"
35) 김동희, 앞의 책, 21면; 홍정선, 행정법원론(하), 박영사, 2017. 24면.
36) 박균성, 행정법론(하), 박영사, 2017. 39면.
37) 김동희, 앞의 책, 26면.

이러한 도시정비법의 규정을 두고 다음과 같은 해석을 생각해 볼 수 있다.38) ① 정비조합이 부과금·청산금의 징수를 위탁하지 않고 직접 조합원을 상대로 부과금이나 청산금을 징수할 수 있다. ② 정비조합은 부과금·청산금의 징수를 위탁해야만 하고, 징수를 위탁받은 시장·군수 등은 그 징수를 거절할 수 없다. ③ 정비조합은 부과금·청산금의 징수를 위탁해야 하지만 시장·군수등은 그 징수를 거절할 수 있는데, 이러한 경우에 정비조합은 직접 조합원을 상대로 부과금이나 청산금을 징수할 수 있다. ④ 정비조합은 부과금·청산금의 징수를 위탁해야 하지만 시장·군수등은 그 징수를 거절할 수 있는데, 이러한 경우에도 정비조합은 직접 조합원을 상대로 부과금이나 청산금을 징수할 수 없다. 대상판결은 ④의 입장으로 보인다.

1) 해석①의 타당성

도시정비법은 정비조합이 부과금과 청산금의 징수를 "위탁할 수 있다"고 규정하고 있다. 그러나 사인(私人)으로 구성되어 정비사업이 계속되는 동안만 존속하는 단체인 정비조합에게 체납처분을 할 수 있는 전문성과 역량을 기대하기는 어렵다. 또한 전통적인 의미의 행정주체가 아닌 정비조합이 부과금·청산금을 직접 징수하는 경우에는 공정성 논란과 조합원들의 반발이 촉발될 가능성이 있다. 그러므로 정비조합은 조합원을 상대로 직접 부과금과 청산금을 징수할 수는 없고, 시장·군수 등에게 반드시 그 징수를 위탁해야 한다고 해석해야 한다.

---

38) 법률 조문이 '할 수 있다'고 규정되어 있으면 재량행위로, '해야 한다'고 규정되어 있으면 기속행위로 볼 여지가 많다. 그러나 입법자가 반드시 그러한 의도로 조문을 만들었다고 단정할 수는 없고, 때에 따라서는 그와 같이 해석할 경우 불합리한 결과가 나타나기도 한다. 따라서 법률조문의 입법목적·연혁, 국민의 권리의무에 미치는 영향 등을 종합적으로 고려해서 재량행위인지 기속행위인지를 판단해야 한다.

2) 해석②의 타당성

정비조합이 부과금·청산금의 징수를 반드시 시장·군수등에게 위탁해야 한다고 해석한다면, 위탁의 근거 법령인 도시정비법의 개정 없이는 정비조합이 징수권한을 회복할 수 없다고 보아야 한다. 그러므로 이러한 경우에는 징수위탁을 받은 시장·군수등이 부과금과 청산금의 징수를 거절할 수 없다고 해석해야 한다.

행정권한의 위임 및 위탁에 관한 규정은 수탁기관에게 수탁사무를 성실하게 수행할 의무를 부여하고(제5조), 수탁기관이 권한위탁을 거절할 수 있는 근거 규정을 두고 있지 않다. 또한 도시정비법은 정비조합에게 직접 부과금·청산금을 징수하지 못하게 하는 대신 그 징수를 위탁하도록 하였는데 시장·군수등이 그 징수를 거절할 수 있다고 본다면, 정비조합은 사실상 행정상 강제집행수단으로는 부과금이나 청산금을 징수할 수 없게 된다. 이는 도시정비법이 규정하고 있는 정비조합의 부과금·청산금 부과·징수권을 유명무실하게 만드는 결과를 가져온다. 그리고 정비조합은 관리처분계획을 수립해서 시장·군수등의 인가를 받아야 하는데(도시정비법 제74조 제1항), 이 과정에서 시장·군수등은 관리처분계획에 포함되어 있는 '정비사업의 추산액 및 그에 따른 조합원 분담규모 및 분담시기'(제6호) 즉, 부과금과 청산금의 배분비율, 납부시기, 납부금액 등이 적절한지를 점검한다. 이처럼 시장·군수등이 관리처분계획 인가 단계에서 이미 부과금과 청산금 부과와 그 금액의 적절성을 통제하였으면서도, 이후에 그 징수위탁을 거절한다면 이는 선행행위와 모순되는 행위일 뿐만 아니라 행정목적 달성에 적합하다고 볼 수도 없다. 그러므로 시장·군수등은 정비소합의 징수위탁에 따라 부과금·청산금을 징수할 의무를 부담해야 타당하다.

관련 판결인 대법원 2017. 4. 28. 선고 2013다1211 판결의 원심 판결[39]은 이러한 관점에서 청산금 징수위탁은 법률로 특별한 위탁 규정

을 둔 것이므로 관할 시장 등은 시행자의 위탁이 있는 경우 그 징수 사
무를 처리해야 한다고 보아 시행자의 소를 각하했다.

다만, 부과금 · 청산금 징수위탁을 받은 시장 · 군수등의 징수의무를
인정하더라도, 현행법상으로는 시장·군수등이 징수를 거절하거나 지연
시키는 경우에 시장 · 군수등에게 그 의무이행을 강제할 적절한 방법이
없다.

3) 해석③의 타당성

만약 시장·군수등이 정비조합의 징수위탁을 거절할 수 있다고 본다
면, 정비조합이 조합원을 상대로 직접 부과금이나 청산금을 징수할 수
있도록 허용할 필요성이 보다 커진다. 그러나 도시정비법이 정비조합에
게 부과금·청산금의 징수를 시장 · 군수등에게 반드시 위탁하도록 했다
고 보아야 하는 이유를 생각한다면, 시장 · 군수등이 부과금 · 청산금의
징수를 거절하더라도 정비조합이 조합원에게 직접 부과금 · 청산금을 징
수할 수 있다고 해석하기는 어렵다. 또한 도시정비법이 부과금 · 청산금
의 징수위탁 규정을 두고 있는 이상, 별도의 법령상 근거 없이 정비조
합이 임의로 그 징수위탁을 해제하거나 징수권을 회복할 수 있다고 보
기도 어렵다.

일본 도시재개발법은 시정촌40)장(市町村長)이 조합의 부과금 등 또
는 청산금 징수 신청을 받은 날부터 30일 이내에 체납처분에 착수하지
않거나 90일 이내에 이를 종료하지 않은 때에는 조합의 이사장은 도도
부현41)지사(都道府県知事)의 인가를 받아 지방세 체납처분을 할 수 있도
록 규정하여(제41조 제3항, 제106조 제6항), 정비조합이 직접 부과금·청산
금을 징수할 수 있는 근거 규정을 두고 있으나, 도시정비법은 이러한
규정을 두고 있지 않다. 구 토지구획정리사업법, 구 도시재개발법은 부

---

39) 서울고등법원 2012. 12. 7. 선고 2012나34001 판결.
40) 기초자치단체로서 우리나라의 시 · 군 등과 유사하다.
41) 광역자치단체로서 우리나라의 특별시 · 광역시 · 도 등과 유사하다.

과금·청산금의 징수위탁 규정을 도입하면서도, 정비조합이 직접 부과금·청산금을 징수할 수 있는 근거규정은 도입하지 않았다. 그 이유는 앞서 살펴본 대로, 정비조합이 직접 부과금·청산금을 징수하기에는 그 전문성과 역량이 부족하고, 정비조합에게 부과금·청산금의 직접 징수를 허용할 경우에는 자의적인 집행의 우려가 있기 때문에 시장·군수등의 공적인 주체가 부과금·청산금 징수과정에 개입할 필요성을 인정하였기 때문으로 볼 수 있다.

도시정비법은 위와 같은 사정을 고려해서, 정비조합에게 부과금·청산금 부과·징수 권한을 부여하되 실제 징수는 시장·군수등에게 위탁하는 방법으로만 할 수 있도록 하는 과거 법률들의 태도를 그대로 견지하고 있다고 볼 수 있다. 즉, 대상 판결이 말하는 '간이하고 경제적인 특별구제절차'는 부과금·청산금의 징수위탁을 의미할 뿐이고 부과금·청산금의 직접 징수를 의미하지는 않는다고 해석해야 한다.

그러므로 향후 사회인식의 변화와 정책적 결단에 따라 정비조합에게 부과금·청산금의 직접 징수를 인정하는 명문규정이 도입되기 전까지는, 시장·군수등이 정비조합의 징수위탁을 거절하더라도 정비조합이 직접 조합원을 상대로 부과금·청산금을 징수할 수는 없다고 보아야 한다.

4) 해석④의 타당성

대상판결은 시장·군수등이 정비조합의 징수위탁을 거절할 수 있다고 보면서도, 이러한 경우에도 정비조합이 직접 부과금·청산금을 징수할 수 없다고 보았다. 만약 대상판결이 정비조합의 직접 징수를 인정하였다면, 행정상 강제집행수단을 민사상 강제집행수단보다 우선 적용해야 한다는 대법원의 입장에 나라 공법상 당사자소송을 제기하기에 앞서 우선적으로 정비조합이 부과금·청산금을 직접 징수해야 한다고 보았을 것이기 때문이다.

대상판결의 결론은 현실을 고려한 측면이 강하다. 현행 도시정비법상 시장·군수등이 정비조합의 징수위탁을 거절할 수 없다고 해석하더라도, 시장·군수등이 체납처분을 하지 않거나 지연시킬 경우 그 의무이행을 강제할 적절한 방법이 없다. 또한 시장·군수등이 정비조합의 징수위탁을 거절하더라도 명문의 규정이 없는 한 정비조합이 행정상 강제집행으로 부과금과 청산금을 직접 징수할 수 있다고 보기도 어렵다. 대상판결은 이러한 사정을 고려해서 시장·군수등이 징수위탁을 거절할 수 있다고 인정하면서도, 정비조합이 조합원을 상대로 직접 행정상 강제징수를 할 수는 없다고 보아, 행정상 강제징수가 불가능한 상황이라고 판단한 것으로 보인다.

3. 행정처분과 민사상 집행권원

(1) 행정상 강제집행과 민사상 강제집행

도시정비법상 부과금과 청산금 부과·징수는 행정청인 정비조합이 우월한 지위에서 법률관계를 일방적으로 형성·변경하는 고권적 결정인데, 이러한 고권적 결정에는 근거 법령에서 그 존부 또는 금액을 확정하는 권한(확정권)과 임의로 이행하지 않는 경우에 행정청 스스로의 손으로 강제로 실현할 수 있는 권한(강제징수권·자력집행권)이 부여된다.[42] 근거법령에 따라 자기집행력이 부여된 행정처분의 경우, 행정청은 처분상대방이 임의로 이행하지 않을 때에는 법원에 집행권원 부여를 청구할 필요가 없고, 행정처분서가 바로 집행권원이 된다.[43] 반면 민사상 강제집행은 의무불이행이 있는 경우에 의무의 이행을 강제하는 의무이행확보수단인 점에서는 행정상 강제집행과 같지만, 법원에 집행권원 부여를 청구해야 한다는 점에서 행정상 강제집행과 구별된다. 행정상 강제집행이 인정되는 이유는 행정목적을 신속하고 효율적으로 달성하도록 하려

---

42) 대법원 2005. 5. 13. 선고 2004다8630 판결.
43) 이상덕, 앞의 논문, 221면.

는 것이다.[44] 그러므로 행정상 강제집행이 인정되는 경우에는 법원에 집행권원 부여를 청구하는 절차 없이 신속하게 강제집행을 진행할 수 있다.

행정상 강제징수란 국민이 국가 등 행정주체에게 부담하고 있는 공법상 금전급부의무를 이행하지 않은 경우에 행정청이 의무자의 재산에 실력을 행사하여 의무가 이행된 것과 동일한 상태를 실현하는 행정상 강제집행수단을 말한다. 국세납부의무를 불이행하는 경우 국세징수법에서 일반적으로 강제징수를 인정하고 있고, 다른 공법상 금전급부의무를 불이행하는 경우에는 통상 관련 개별법 규정(지방세법 제28조 제4항, 공익사업을 위한 토지 등의 취득 및 보상에 관한 법률 제99조 등)에서 국세징수법상 강제징수 조항을 준용하고 있다.[45] 국세징수법상 강제징수 절차는 ① 독촉, ② 재산의 압류, ③ 압류재산의 매각(환가처분), ④ 청산(충당)으로 이루어지는데, 이 중 재산의 압류, 압류재산의 매각, 청산을 체납처분이라 한다.

(2) 부과금·청산금 부과처분서과 민사상 집행권원

정비조합은 부과금이나 청산금을 부과·징수할 수 있는 권한을 가지고 있으므로, 만약 시장·군수등이 징수위탁을 거절하지 않았다면 부과금·청산금 부과처분서가 바로 집행권원이 되고, 정비조합은 별도로 법원에 집행권원을 부여해 달라는 청구를 할 필요가 없다. 그러므로 시장·군수등이 부과금·청산금 징수위탁을 거절하는 경우에도, 정비조합이 집행권원을 얻기 위해서 다시 공법상 당사자소송을 제기하지 않고 직접 집행기관에 집행위임을 하는 방법으로 부과금이나 청산금을 징수할 수 있는지 살펴볼 필요가 있다.

집행권원은 일정한 사법상 이행청구권의 존재와 범위를 표시하고

---

44) 박균성, 행정법론(상), 박영사, 2017. 539면.
45) 박균성, 위의 책, 559~560면.

그 청구권에 집행력을 인정한 공증의 문서를 말한다. 구체적으로 어떠한 증서가 집행권원이 되는지는 민사집행법과 그 밖의 법률에 정해져 있다.[46] 민사집행법과 민사소송법에 규정된 집행권원으로는 확정된 종국판결(민사집행법 제24조), 소송상 화해조서, 제소 전 화해조서(민사집행법 제56조 제5호), 확정된 지급명령(민사집행법 제56조 제3호), 가압류명령·가처분명령(민사집행법 제291조, 제301조), 확정된 화해권고결정(민사소송법 제231조) 등이 있다.[47] 그 밖의 법률에 규정된 집행권원으로는 조정조서(민사조정법 제29조)와 확정된 중앙토지수용위원회의 재결서 정본(공익사업을 위한 토지 등의 취득 및 보상에 관한 법률 제86조 제1항[48])), 확정된 조정에 갈음하는 결정(민사조정법 제30조, 제34조 제4항) 등이 있다.

도시정비법은 정비사업의 시행으로 지상권·전세권 또는 임차권의 설정 목적을 달성할 수 없는 때에는 그 권리자가 계약을 해지할 수 있도록 하고 있는데(제70조 제1항), 계약을 해지할 수 있는 자는 전세금·보증금, 그 밖의 계약상 금전반환청구권을 사업시행자에게 행사할 수 있다(제70조 제2항). 권리자의 금전반환청구권 행사로 해당 금전을 지급한 사업시행자는 해당 토지등소유자에게 구상할 수 있는데, 사업시행자는 구상이 되지 않을 때에는 해당 토지등소유자에게 귀속될 대지 또는 건축물을 압류할 수 있다(제70조 제3, 4항). 위 조항은 사업시행자에게 집행권원 없이도 가압류가 아닌 본압류를 할 수 있는 권한을 부여하고, 그 압류에 저당권과 동일한 효력을 부여했다고 해석할 수 있다. 사업시행자는 압류신청을 하면서 집행권원 없이 대위변제증명서만을 제출하면 된다.[49] 그러나 위 조항은 정비사업의 시행으로 지상권·전세권 또는

46) 법원행정처, 법원실무제요 민사집행[Ⅰ], 2014. 154면
47) 법원행정처, 앞의 책, 161면.
48) 제85조 제1항에 따른 기간 이내에 소송이 제기되지 아니하거나 그 밖의 사유로 이의신청에 대한 재결이 확정된 때에는 민사소송법상의 확정판결이 있은 것으로 보며, 재결서 정본은 집행력 있는 판결의 정본과 동일한 효력을 가진다.
49) 이우재, 도시 및 주거환경정비법(下), 진원사, 2009. 173~174면.

임차권의 설정 목적을 달성할 수 없는 상황에서 구상권을 행사할 때에
만 적용이 가능하므로, 부과금·청산금 부과처분서와 같은 행정처분서
를 집행권원으로 보는 일반적인 규정이라고 볼 수는 없다.

이처럼 부과금·청산금 부과처분서를 민사상 집행권으로 규정하는
조항이 없는 이상, 시장·군수등이 부과금·청산금 징수위탁을 거절하더라
도 정비조합이 부과금·청산금 부과처분서를 민사상 집행권원으로 삼아
집행기관에 집행위임을 할 수는 없다.

4. 소결

앞서 살펴본 것처럼 성남시장이 청산금 징수위탁을 거절한 상황에
서 성남시장에게 청산금 징수를 강제할 수 있는 방법이 없고, 원고 조
합이 직접 지방세 체납처분의 예에 따라 청산금을 징수할 수 있다고 보
기도 어렵다. 원고 조합이 청산금 부과처분서를 집행권원으로 삼아 집
행기관에 집행위임을 하는 방법으로 민사상 강제집행을 할 수도 없다.
이러한 현실을 고려하면 원고 조합에게 공법상 당사자소송을 제기하도
록 한 대상판결은 타당하다고 볼 수 있다.

그러나 원고 조합은 원래 별도의 집행권원 없이 시장·군수등에게
징수위탁을 하는 것만으로 청산금을 징수할 수 있었다. 그런데 원고 조
합의 잘못과는 무관하게 단지 성남시장이 원고 조합의 청산금 징수위탁
을 거절하였다는 이유만으로, 원고 조합이 상당한 기간이 소요될지도
모르는 공법상 당사자소송을 제기해서 민사상 집행권원을 확보해야 하
는 상황은 결코 바람직하다고 볼 수 없다.

V. 부과금 · 청산금 징수절차의 개선방안

1. 부과금 · 청산금 부과처분의 구성요건적 효력과 공법상 당사자소송

전통적인 견해에 따르면 공정력은 행정행위에 하자가 있더라도 그 하자가 중대하고 명백해서 당연무효가 아닌 한 권한 있는 기관이 취소하기 전까지는 상대방과 이해관계인뿐만 아니라 다른 행정청과 법원에게도 유효하게 통용되는 힘을 말한다.50) 반면 최근의 유력한 견해는 행정행위의 상대방 또는 이해관계인을 구속하는 힘만을 공정력이라고 보고, 제3의 국가기관을 구속하는 힘은 구성요건적 효력으로 구별한다.51) 공정력은 행정행위의 위법성을 둘러싸고 행정기관과 국민 사이에 다툼이 있을 때 분쟁해결기관인 법원의 판결이 있기 전까지 행정기관의 의사에 우월성을 인정해서 행정행위를 잠정적으로 통용시키는 힘으로써 법적안정성과 쟁송가능성을 기초로 하는 절차적 효력인 반면, 구성요건적 효력은 기관 사이의 권한존중, 헌법상 권력분립원리를 기초로 행정행위의 존재와 내용이 다른 국가기관을 구속하는 효력으로써 실체적 구속력이므로, 이를 구별하는 것이 타당하다.52)

부과금·청산금 부과처분은 정비조합의 행정행위로서 제3의 국가기관인 법원을 구속하는 구성요건적 효력을 갖는다. 법원은 부과금·청산금 부과처분에 하자가 있더라도 무효가 아닌 한 그 존재와 내용을 존중하고, 이를 판단의 기초 또는 구성요건으로 삼아야 한다. 또한 정비조합은 단지 행정상 강제집행수단으로 징수할 수 있었던 부과금·청산금을 민사상 강제집행으로 징수하기 위해서 필요한 집행권원을 얻으려는 목

---

50) 김동희, 행정법 I, 박영사, 2017. 324면, 332~333면.
51) 박균성, 앞의 책[행정법론(상)], 135~136면.
52) 박균성, 앞의 책[행정법론(상)], 137면; 홍정선, 행정법원론(상), 박영사, 2012. 382면.

적에서 공법상 당사자소송을 제기하였을 뿐이다.

그러므로 정비조합이 제기한 공법상 당사자소송을 심리하는 법원은 부과금·청산금 부과처분의 구성요건적 효력에 따라 부과금·청산금 납부의무의 존재, 부과금·청산금 액수의 적절성 등을 별도로 심리하지 않은 채 신속하게 1회 변론기일에서 변론을 종결하고 부과금이나 청산금 부과처분의 내용대로 정비조합의 부과금·청산금 지급청구를 인용할 필요가 있다.

정비조합이 제기한 공법상 당사자소송이 민사상 집행권원 확보라는 목적을 달성하기 위해서 가능한 한 신속하게 운용된다면, 시장·군수 등의 부과금·청산금 징수위탁 거절 때문에 발생한 문제를 어느 정도 해결할 수 있을 것이다.

물론 정비조합이 산정한 부과금·청산금의 액수 등을 신뢰할 수 없으므로 공법상 당사자소송에서 법원이 다시 공정하게 부과금·청산금의 액수 등을 심리해야 한다는 견해가 있을 수 있다. 그러나 부과금·청산금의 액수는 조합원 총회에서 조합원 과반수의 출석과 출석 조합원의 과반수 찬성으로 정해질 뿐만 아니라, 관리처분계획인가 과정에서 시장·군수등에게 그 적절성을 통제받는다. 그리고 조합원에게는 이미 부과금·청산금 부과처분이 내려졌을 당시 항고소송으로 부과금·청산금 부과처분의 위법성을 다툴 수 있는 기회가 주어졌다. 그러므로 시장·군수등의 징수위탁 거절 때문에 우연히 진행된 공법상 당사자소송에서 조합원에게 다시 부과금·청산금의 액수를 다툴 수 있는 기회를 부여하지 않는다고 해서, 이를 부당하다고 보기는 어렵다.

다만, 재판운용을 통한 개선방안은 개별사건의 구체적인 사실관계, 당사자의 대응, 재판부의 성향 등에 따라 편차를 보일 수 있으므로, 근본적인 해결방법으로 보기는 어렵다.

2. 부과금 · 청산금 징수위탁 관련 규정의 개정 등

(1) 시장 · 군수의 부과금 · 청산금 징수의무 명문화

현행 도시정비법 제90조 제1항, 제93조 제5항은 시장·군수등이 부과금이나 청산금을 지방세 체납처분의 예에 따라 부과·징수할 수 있다고 규정하고 있으므로, 대상판결과 같이 시장·군수등이 정비조합의 부과금·청산금 징수위탁을 거절할 수 있다고 해석할 여지가 있다. 그러므로 시장·군수등이 정비조합의 부과금·청산금 징수위탁을 받은 경우에는 징수의무를 부담하도록 도시정비법 제90조 제1항, 제93조 제5항을 개정할 필요가 있다.

일본 도시재개발법 제41조 제2항, 제106조 제6항은 조합이 부과금 등·청산금의 징수를 신청한 때에는 시정촌장이 지방세 체납처분의 예에 따라서 "체납처분을 하여야 한다"고 규정하고 있는데, 이 조항은 조합으로부터 부과금 등·청산금 징수를 신청받은 시정촌장에게 체납처분의 의무를 부여하고 있는 것으로 보인다.

정비조합이 체납처분을 할 수 있는 전문성과 역량을 갖추었다고 보기 어렵고 정비조합이 직접 부과금·청산금을 징수할 경우 공정성 시비와 조합원의 반발이 촉발될 수 있는 우려가 있는 이상, 시장·군수등에게 부과금·청산금 징수 의무를 부과하는 방법이 가장 실효성이 있다고 볼 수 있다. 다만, 시장·군수등의 부과금·청산금 징수의무 이행을 확보하기 위해서는 일본 도시재개발법처럼 시장·군수등이 일정한 기간 안에 부과금·청산금 징수를 위한 체납처분을 시작하고, 징수절차를 완료하도록 규정할 필요가 있다. 또한 만약 시장·군수등이 징수의무를 이행하지 않거나 지연하는 경우에는, 시장·군수등에게 부과금·청산금 징수위탁 거절이나 지연 때문에 정비조합이 입은 손해를 배상하도록 하거나 시장·군수등의 상급기관으로 볼 수 있는 광역지방자체단체가 시장·군수를 대신해서 체납처분을 하도록 명문화할 필요가 있다.

(2) 조합의 부과금 · 청산금 징수권한 명문화

시장 · 군수에게 부과금 · 청산금 징수의무를 부과하기 어렵다면, 일본 도시재개발법처럼 시장 · 군수등이 징수위탁을 거절하거나 체납처분을 지연시키는 경우, 정비조합이 직접 조합원을 상대로 부과금·청산금을 징수하도록 명문화하는 방법도 생각해 볼 수 있다.

그러나 정비조합이 직접 행정상 강제징수를 하도록 한다면 조합원의 반발, 공정성이나 전문성 결여 등의 문제가 발생할 우려가 있다. 이러한 우려에 대한 사회적 합의, 정책적 결단이 이루어지지 않는 이상, 정비조합이 직접 조합원을 상대로 부과금 · 청산금을 징수하도록 명문화하는 방안은 적절하다고 보기 어렵다. 또한 기왕 정비조합에게 직접 부과금 · 청산금을 징수할 수 있는 권한을 부여하고자 한다면, 차라리 시장·군수등에게 부과금 · 청산금 징수를 위탁할 필요 없이 바로 정비조합이 체납처분을 하도록 하는 것이 효율적이라고 볼 수 있다.

(3) 부과금 · 청산금 부과처분서의 집행권원 명문화

시장·군수등에게 부과금·청산금 징수의무를 부과하기 어렵다면, 최소한 정비조합이 별도로 공법상 당사자소송을 제기하지 않고 바로 집행기관에 집행위임을 할 수 있도록 도시정비법을 개정할 필요가 있다. 정비조합의 부과금 · 청산금 부과처분에는 강제징수권 · 자력집행권이 포함되어 있으므로 별도의 집행권원 없이 청산금을 징수할 수 있다. 그러나 정비조합의 잘못과 무관하게 단지 시장·군수등이 부과금·청산금 징수위탁을 거절하였기 때문에 정비조합이 집행권원을 얻기 위해서 공법상 당사자소송을 제기해야 한다는 것은 타당하다고 볼 수 없다.

따라서 정비조합이 선택적으로 시장·군수등을 상대로 부과금·청산금을 징수위탁하거나 부과금 · 청산금 부과처분서를 집행권원으로 삼아 집행기관에 집행위임을 할 수 있도록 도시정비법을 개정할 필요가 있다. 선택적으로 규정하기 어렵다면 최소한 시장·군수등이 부과금·청산금 징수위탁을 거절한 경우에는 부과금·청산금 부과처분서를 집행권원으로 보아 집행위임이 가능하도록 개정할 필요가 있다.

(4) 조합원 분양계약의 양성화

시장·군수등은 정비사업의 공사가 완료된 때에는 준공검사를 실시하여 준공을 인가하고, 공사 완료를 고시해야 한다(도시정비법 제83조 제3항). 사업시행자는 관리처분계획에 따라 공사가 완료된 대지 또는 건축물을 조합원에게 공급한다. 실무상 이를 '조합원 분양'이라 부른다(도시정비법 제74조 제1항 제3호, 제79조 제2항). 사업시행자는 정비사업비를 마련하기 위해서 대지 또는 건축물 중에서 조합원에게 공급되지 않고 남은 물량을 조합원이 아닌 사람에게 매도하는데, 실무상 이를 '일반 분양'이라 부른다(도시정비법 제74조 제1항 가목, 제79조 제7항).

조합원 분양계약은 정비조합이 대지 또는 건축물을 공급하고, 조합원은 그 대가로 일정한 금원을 지급하는 내용의 계약으로서,[53] 관리처분계획인가의 고시 이후에 체결된다. 정비사업에서 조합원을 상대로 하는 대지 또는 건축물 공급은 관리처분계획에 따라 이루어지므로(도시정비법 제74조 제1항), 조합원 분양계약이라는 별도의 행위는 불필요하다. 조합원 분양계약에 따라 조합원이 납부하는 분양대금은 조합정관과 관리처분계획에서 정해놓은 조합원 분담금에 해당한다.

조합원 분양계약에는 공급받을 주택의 동·호수, 공급받을 주택의 전용·공용면적, 지하주차장 등 기타 공용면적, 대지지분, 조합원 분담금 총액, 분담금 납부일, 분담금 납부방법 등이 포함되어 있다. 관리처분계획에는 분양설계, 분양대상자별 분양예정인 대지 또는 건축물의 추산액, 정비사업비의 추산액 등이 포함된다(도시정비법 제74조 제1항). 그

---

[53] 김종보, 앞의 논문, 14면.

러므로 조합원 분양계약의 내용 중 주택의 동·호수54), 주택의 전용·공용
면적, 지하주차장 등 기타 공용면적, 대지지분, 조합원 분담금 총액 등
은 관리처분계획의 확인에 불과하다. 그러나 조합원 분양계약의 내용
중 분담금 납부일, 분담금 납부방법 등은 관리처분계획에 포함되어 있
지 않는데, 이 부분이 문제다.

조합원 분양계약의 궁극적인 목적은 조합원이 조합원 분담금을 납
부하는 시기를 이전고시 이전으로 앞당기는 것이다. 조합원은 사업시행
자의 부과금 부과처분이 없다면 이전고시 이후에 청산금의 형태로 분담
금을 납부하게 된다. 즉, 도시정비법은 원칙적으로 조합원이 이전고시
이후에 청산절차를 통해서 분담금을 납부하도록 하고 있고, 예외적으로
부과금을 부과하거나 청산금을 분할하여 사전에 납부하도록 한 경우에
는 이전고시 이전이라도 분담금을 일부 또는 전부 납부하도록 하고 있
다. 그러나 조합원 분양계약은 조합원에게 이전고시 이전에 분양대금
즉, 조합원 분담금을 전액 납부하도록 하고 있으므로,55) 조합원 분담금
의 납부시점을 이전고시 이전으로 앞당기는 결과를 가져온다. 조합원
분양계약은 행정처분의 형식으로 하도록 법정되어 있는 부과금 부과·징
수, 청산금 분할징수를 특별한 사정없이 민사상 계약인 조합원 분양계
약으로 하였으므로, 해석상 현행 도시정비법에 위배되어 무효라고 해석
될 가능성이 높다.

또한 도시정비법은 부과금의 금액과 징수방법(제12호), 청산금의 징

---

54) 조합원에게 공급되는 주택의 동·호수는 관리처분계획의 내용을 구성하므로 관리처
분계획의 수립단계에서 정해져야 한다. 그러나 실무에서는 기술적인 이유로 관리
처분계획이 인가되고 나면 일정한 기간에 동·호수 추첨회의를 개최하여 분양되는
주택의 동·호수를 확정하고 있다. 동·호수 추첨회의 결과 확정된 동·호수는 관리처
분계획과 일체가 되어 그 내용을 이루다고 해석해야 한다. 실무상 동·호수 추첨
이후에 관리처분계획을 변경해서 동·호수 추첨결과를 관리처분계획에 반영하는
경우가 많다[김종보·전연규, 새로운 재건축·재개발 이야기 - 하권, 사단법인 한국
도시개발연구포럼, 2010. 575~576면].
55) 김종보, 앞의 논문, 16면.

수·지급(제11호)을 조합원 총회의 의결사항으로 정하고 있으므로(도시정비법 제45조 제1항), 정비조합이 부과금·청산금을 부과·징수하려면 조합원 총회의결이 있어야 한다. 조합원 분양계약은 실질적으로 소합원 분담금, 즉 부과금·청산금의 징수에 해당하는데 실무상 조합원 분양계약은 별도의 조합원 총회의결 없이 체결되고 있다. 이러한 측면에서도 조합원 분양계약은 현행 도시정비법의 해석상 무효라고 해석될 가능성이 높다.

그러나 조합원 분양계약이 실무상 광범위하게 이루어지고 있고, 공법과 사법의 관계가 상호보완적이라는 점을 고려하면, 부과금·청산금을 조합원 분양계약이라는 형태로 납부할 수 있도록 도시정비법을 개정하는 행위 자체가 허용되지 않는다고 해석할 필요는 없다. 그러므로 도시정비법에서 조합원 분양계약을 명문으로 허용하고, 대신 조합원 총회의결을 통해서 정비조합이 행정처분의 형식으로 부과금·청산금을 부과·징수할지, 조합원 분양계약의 형태로 부과금·청산금을 납부하도록 할지 선택할 수 있도록 도시정비법을 개정할 필요가 있다.

Ⅵ. 결론

부과금·청산금의 징수위탁은 구 토지구획정리사업법에 도입된 이후 현행 도시정비법에 이르기까지 그 형태를 유지하고 있다. 공법과 사법은 모두 행정목적을 달성하기 위해서 상호 보완하는 관계에 있다는 점을 고려하면, 공법상 의무이행을 확보하기 위해서 행정상 강제집행수단이 규정되어 있지 않거나 규정되어 있더라도 그 행사가 불가능한 경우에는 민사상 강제집행수단으로 공법상 의무이행을 확보하는 것도 허용되어야 한다.

현행법상 부과금·청산금 징수를 위탁받은 시장·군수등이 부과금·

청산금 징수를 거절하거나 지연하는 경우, 시장·군수등의 부과금·청산금 징수의무 이행을 확보할 수 있는 적절한 수단이 없다. 또한 일본 도시재개발법과 같은 명문 규정이 없는 이상, 정비조합이 직접 조합원을 상대로 지방세 체납처분의 예에 따라 부과금이나 청산금을 징수할 수 있다고 해석하기는 어렵다. 대상판결은 시장·군수등이 정비조합의 부과금·청산금 징수위탁을 거절할 수 있다고 보면서도, 정비조합이 직접 조합원을 상대로 부과금이나 청산금을 징수하도록 허용하는 대신, 공법상 당사자소송을 제기하도록 하였다. 이는 시장·군수등이 부과금·청산금 징수위탁을 거절한 경우 사실상 행정상 강제징수가 불가능한 현실을 고려한 결과로 보이므로, 대상판결의 결론은 타당하다고 볼 수 있다.

다만, 별도의 집행권원 없이도 부과금·청산금을 징수위탁할 수 있었던 정비조합이 시장·군수등의 징수위탁 거절이라는 우연한 사정 때문에 다시 공법상 당사자소송을 제기해서 집행권원을 확보하고 집행기관에 집행위임을 하도록 하는 것은 적절하다고 볼 수 없다. 정비조합이 공법상 당사자소송을 제기하는 경우, 가능한 한 신속하게 재판을 진행하고 부과금·청산금 부과처분서의 구성요건적 효력에 따라 부과금·청산금 납부의무의 존재, 납부해야 할 부과금·청산금의 액수를 부과금·청산금 부과처분에 따라 인정하는 방법으로 정비조합이 집행권원을 확보할 수 있도록 해야 한다.

또한 도시정비법을 개정해서 부과금·청산금의 징수를 위탁받은 시장·군수등이 그 징수를 거절하거나 지연할 수 없도록 하고, 만약 일정한 기간 안에 체납처분을 시작하거나 완료하지 못한다면 시장·군수등이 정비조합에게 손해를 배상하거나 광역지방자치단체기 체납처분을 하도록 할 필요가 있다.

시장·군수등에게 부과금·청산금 징수의무를 부과하기 어렵다면, 정비조합이 선택적으로 시장·군수등을 상대로 부과금·청산금을 징수위탁하거나 부과금·청산금 부과처분서를 집행권원으로 삼아 집행기관에 집행위임을 할 수 있도록 도시정비법을 개정할 필요가 있다. 최소한 시장·군수등이 부과금·청산금 징수위탁을 거절한 경우에는 부과금·청산금 부과처분서를 집행권원으로 보아 집행위임이 가능하도록 해야 한다.

　　이에 더해서 그 동안 도시정비법에 위배되어 무효라고 지적되어 왔던 조합원 분양계약을 명문화해서 정비조합이 부과금·청산금을 부과하고 그 징수를 시장·군수등에게 위탁할지, 조합원 분양계약을 통해서 민사상 계약의 형태로 부과금·청산금을 납부 받을지 선택할 수 있도록 하는 방법도 고려할 필요가 있다.

참고문헌

김동희, 행정법Ⅰ, 박영사, 2017.
_____, 행정법Ⅱ, 박영사, 2017.
김종보, 건설법의 이해, 피데스, 2018.
김종보·전연규, 새로운 재건축·재개발 이야기Ⅰ － 하권, 사단법인 한국도
　　시개발연구포럼, 2010.
박균성, 행정법론(상), 박영사, 2017.
_____, 행정법론(하), 박영사, 2017.
박정훈, 행정법의 체계와 방법론, 박영사, 2011.
_____, 행정소송의 구조와 기능, 박영사, 2011.
법원행정처, 법원실무제요 민사집행[Ⅰ], 2014.
이우재, 도시 및 주거환경정비법(下), 진원사, 2009.
홍정선, 행정법원론(상), 박영사, 2012.
_____, 행정법원론(하), 박영사, 2017.

김종보, "조합원 분양계약의 위법성", 사법 제23호, 사법발전재단, 2013.
박원근, "국유재산의 무단점유자에 대하여 변상금 부과·징수권의 행사와
　　별도로 민사상 부당이득반환청구권을 행사할 수 있는지 여부", 판례
　　연구 제27호, 부산판례연구회, 2016.
이상덕, "건물철거 행정대집행에서 철거의무자 퇴거의 강제방법", 대법원
　　판례해설 제111호, 2017.
장현철, 정비사업조합의 법직성질과 현금청산금액 산정, 행정법연구 제54
　　호, 사단법인 행정법이론실무학회, 2018.

국문초록

대법원은 주택재건축사업에서 시장·군수등이 주택재건축조합의 청산금 징수위탁을 거절한 경우에, 주택재건축조합이 조합원을 상대로 공법상 당사자소송을 제기할 수 있다고 보았다. 공법과 사법은 모두 하나의 행정목적을 달성하기 위해서 상호 보완하는 관계에 있으므로, 공법상 의무이행을 확보하기 위해서 행정상 강제집행수단이 규정되어 있지 않거나 규정되어 있더라도 그 행사가 불가능한 경우에는 민사상 강제집행수단으로 공법상 의무이행을 확보하는 것도 허용되어야 한다. 현행법상 부과금·청산금 징수를 위탁받은 시장·군수등이 부과금·청산금 징수를 거절하거나 지연시키는 경우, 시장·군수등의 부과금·청산금 징수의무 이행을 확보할 수 있는 적절한 수단이 없다. 또한 명문의 규정이 없는 이상, 정비조합이 직접 조합원을 상대로 지방세 체납처분의 예에 따라 부과금이나 청산금을 징수할 수는 있다고 해석하기는 어렵다. 그러므로 시장·군수등이 부과금·청산금 징수위탁을 거절하는 경우는 사실상 행정상 강제징수가 불가능한 상황에 해당한다. 이러한 측면에서 정비조합에게 조합원을 상대로 공법상 당사자소송을 제기할 수 있다고 판단한 대법원 판결은 타당하다고 볼 수 있다.

다만, 별도의 집행권원 없이 부과금·청산금을 징수위탁하는 방법으로 부과금·청산금을 징수할 수 있었던 정비조합이 시장·군수등의 징수위탁 거절이라는 우연한 사정 때문에 다시 공법상 당사자소송을 제기해서 집행권원을 확보해야 한다는 것은 적절하다고 볼 수 없다. 정비조합이 공법상 당사자소송을 제기하는 경우, 부과금·청산금 부과처분서의 구성요건적 효력에 따라 부과금·청산금 납부의무의 존재, 납부해야 할 부과금·청산금의 액수를 부과금·청산금 부과처분서에 따라 인정하는 방법으로 가능한 한 신속하게 정비조합이 집행권원을 확보할 수 있도록 해야 한다.

또한 부과금·청산금의 징수를 위탁받은 시장·군수등이 그 징수를 거절하거나 지연할 수 없도록 도시정비법을 개정하고, 일정한 기간 안에 체납처분을 시작하거나 완료하지 못한 경우에는 시장·군수등이 정비조합에게 손해를 배상하거나 광역지방자치단체가 대신 체납처분을 하도록 할 필요가 있다. 시장·군수등에게 부과금·청산금 징수의무를 부과하기 어렵다면, 정비조합이 선택적으로 시장·군수등을 상대로 부과금·청산금을 징수위탁하거나 부과금·청산금 부과처분서를 집행권원으로 삼아 집행기관에 집행위임을 할 수 있도록 도시정비법을 개정할 필요가 있다. 최소한 시장·군수등이 부과금·청산금 징수위탁을 거절한 경우에는 부과금·청산금 부과처분서를 집행권원으로 보아 집행위임이 가능하도록 할 필요가 있다. 이에 더해서 그 동안 도시정비법에 위배되어 무효라고 지적되어 왔던 조합원 분양계약을 명문화해서 정비조합이 부과금·청산금의 징수를 시장·군수등에게 위탁할지, 조합원 분양계약을 통해서 민사상 계약의 형태로 부과금·청산금을 납부받을지 선택할 수 있도록 하는 방법도 고려할 필요가 있다.

주제어: 부과금, 청산금, 공법과 사법의 관계, 징수위탁, 집행권원

Abstract

Collection Entrust and Improvement of Imposition and Settlement Money in Act On The Maintenance and Improvement Of Urban Areas and Dwelling Conditions For Residents

Jang Hyon Chol*

The Supreme Court found that the Housing Reconstruction Association could file Party Suit against association members in case the head of Si/Gun etc. refused to entrust collection of settlement money to the Housing Reconstruction Association. Since the public law and the private law are complementary to each other in order to achieve one administrative purpose, if the Method of Enforced Management is not prescribed to secure the performance of the obligations under the public law or even if prescribed but exercise is not possible, It should be allowed to perform the obligations under the private law. There is no adequate means to secure the performance of obligations such as head of Si/Gun etc. in the case that head of Si/Gun etc. refuse or delay the entrustment collection of imposition or settlement money under the current law. In addition, unless there is a regulation, the Rearrangement Association should not be able to collect imposition or settlement money directly by referring to the practices of dispositions on default of local taxes. Therefore, when the head of

---

* Yulchon Attorney at Law, Senior Attorney.

Si/Gun etc. refuse to entrust collection of imposition or settlement money, it is practically impossible to forcibly collect imposition or settlement money by the Method of Enforced Management. Therefore, the Supreme Court judicial precedent that it is possible to file a Party Suit against a member of the association is reasonable.

However, Rearrangement Association could have gained imposition or settlement money without executive titles. So, It is not appropriate for Rearrangement Association to secure collection of imposition and settlement money by file a Party Suit against the member of association, due to the accidental charge that head of Si/Gun etc. refuse the entrustment collection of imposition or settlement money. In the case where the Rearrangement Association filed a Party Suit against a member, the existence of the obligation to pay the imposition and settlement money should be concluded in accordance with the official rights of the bills.

In addition, It is necessary to amend Act On The Maintenance and Improvement Of Urban Areas and Dwelling Conditions For Residents, that the head of Si/Gun etc. are not able to refuse or delay the collection of imposition and settlement money. And if the head of Si/Gun etc. don't initiate or complete the collectoion within a certain period of time, It is necessary for head of Si/Gun etc. to compensate for the damage or let the regional local government collect of it on its behalf.

In the event that it is not possible to impose a collection obligation on the Si/Gun etc., it is necessary to amend Act On The Maintenance and Improvement Of Urban Areas and Dwelling Conditions For Residents so that the Rearrangement Association can collect direct imposition and settlement money or uses the bills and settlement bills for execution titles. In addition to this, it is necessary that the Members parceling−out contract, which has been pointed out as invalid in violation of the Act On The Maintenance and Improvement Of Urban Areas and Dwelling Conditions For Residents has been designated valid, and the Rearrangement association has decided to entrust the collection of the imposition and settlement money to the Si/Gun etc. or make a Members parceling−out contract.

Keywords: imposition money, settlement money, relationship between public and private law, entrust collecting, executive titles.

투고일   2018. 12. 7.
심사일   2018. 12. 22.
게재확정일 2018. 12. 27.

附　　錄

研究倫理委員會 規程
研究論集 刊行 및 編輯規則
「行政判例研究」 原稿作成要領
歷代 任員 名單
月例 集會 記錄

研究倫理委員會 規程

제1장 총 칙

제1조 (목적)

이 규정은 사단법인 한국행정판례연구회(이하 "학회"라 한다) 정관 제26조에 의하여 연구의 진실성을 확보하기 위하여 설치하는 연구윤리위원회(이하 "위원회"라 한다)의 구성 및 운영에 관한 기본적인 사항을 정함을 목적으로 한다.

제2조 (적용대상)

이 규정은 학회의 정회원·준회원 및 특별회원(이하 "회원"이라 한다)에 대하여 적용한다.

제3조 (적용범위)

연구윤리의 확립 및 연구진실성의 검증과 관련하여 다른 특별한 규정이 없는 한 이 규정에 따른다.

제4조 (용어의 정의)

이 규정에서 사용하는 용어의 정의는 다음과 같다.

1. "연구부정행위"는 연구를 제안, 수행, 발표하는 과정에서 연구목적과 무관하게 고의 또는 중대한 과실로 행하여진 위조·변조·표절·부당한 저자표시 등 연구의 진실성을 심각하게 해치는 행위를 말한다.

2. "위조"는 존재하지 않는 자료나 연구결과를 허위로 만들고 이를 기록하거나 보고하는 행위를 말한다.

3. "변조"는 연구와 관련된 자료, 과정, 결과를 사실과 다르게

변경하거나 누락시켜 연구가 진실에 부합하지 않도록 하는 행위를
말한다.

4. "표절"은 타인의 아이디어, 연구 과정 및 연구결과 등을 정
당한 승인 또는 적절한 인용표시 없이 연구에 사용하는 행
위를 말한다.

5. "부당한 저자 표시"는 연구내용 또는 결과에 대하여 학술적
공헌 또는 기여를 한 자에게 정당한 이유 없이 저자 자격을
부여하지 않거나, 학술적 공헌 또는 기여를 하지 않은 자에
게 감사의 표시 또는 예우 등을 이유로 저자 자격을 부여하
는 행위를 말한다.

제 2 장   연구윤리위원회의 구성 및 운영

제 5 조 (기능)

위원회는 학회 회원의 연구윤리와 관련된 다음 각 호의 사항을 심
의 · 의결한다.

1. 연구윤리 · 진실성 관련 제도의 수립 및 운영 등 연구윤리확
립에 관한 사항
2. 연구윤리 · 진실성 관련 규정의 제·개정에 관한 사항
3. 연구부정행위의 예방 · 조사에 관한 사항
4. 제보자 및 피조사자 보호에 관한 사항
5. 연구진실성의 검증·결과처리 및 후속조치에 관한 사항
6. 기타 위원장이 부의하는 사항

제 6 조 (구성)

① 위원회는 위원장과 부위원장 각 1인을 포함하여 7인 이내의 위
원으로 구성한다.

② 위원장은 부회장 중에서, 부위원장은 위원 중에서 회장이 지명

한다.

③ 부위원장은 위원장을 보좌하고 위원장의 유고시에 위원장의 직무를 대행한다.

④ 위원은 정회원 중에서 회장이 위촉한다.

⑤ 위원장과 부위원장 및 위원의 임기는 1년으로 하되 연임할 수 있다.

⑥ 위원회의 제반업무를 처리하기 위해 위원장이 위원 중에서 지명하는 간사 1인을 둘 수 있다.

⑦ 위원장은 위원회의 의견을 들어 전문위원을 위촉할 수 있다.

제 7 조 (회의)

① 위원장은 필요한 경우 위원회의 회의를 소집하고 그 의장이 된다.

② 회의는 재적위원 과반수 출석과 출석위원 과반수 찬성으로 의결한다. 단 위임장은 위원회의 성립에 있어 출석으로 인정하되 의결권은 부여하지 않는다.

③ 회의는 비공개를 원칙으로 하되, 필요한 경우에는 위원이 아닌 자를 참석시켜 의견을 진술하게 할 수 있다.

제 3 장   연구진실성의 검증

제 8 조 (연구부정행위의 조사)

① 위원회는 구체적인 제보가 있거나 상당한 의혹이 있는 경우에는 연구부정행위의 존재 여부를 조사하여야 한다.

② 위원회는 조사과정에서 제보자·피조사자·증인 및 참고인에 대하여 진술을 위한 출석과 자료의 제출을 요구할 수 있다.

③ 위원회는 연구기록이나 증거의 멸실, 파손, 은닉 또는 변조 등을 방지하기 위하여 상당한 조치를 취할 수 있다.

제 9 조 (제보자와 피조사자의 권리 보호)

① 위워회는 어떠한 경우에도 제보자의 신원을 직·간접적으로 노출시켜서는 안 된다. 다만, 제보 내용이 허위인 줄 알았거나 알 수 있었음에도 불구하고 이를 신고한 경우에는 보호 대상에 포함되지 않는다.

② 위원회는 연구부정행위 여부에 대한 검증과정이 종료될 때까지 피조사자의 명예나 권리가 침해되지 않도록 노력하여야 한다.

제10조 (비밀엄수)

① 위원회의 위원은 연구부정행위의 조사, 판정 및 제재조치의 건의 등과 관련한 일체의 사항을 비밀로 하며, 검증과정에 직·간접적으로 참여한 자는 검증과정에서 취득한 정보를 누설하여서는 아니 된다.

② 위원장은 제 1 항에 규정된 사항으로서 합당한 공개의 필요성이 있는 때에는 위원회의 의결을 거쳐 공개할 수 있다. 다만, 제보자·조사위원·증인·참고인·자문에 참여한 자의 명단 등 신원과 관련된 정보가 당사자에게 부당한 불이익을 줄 가능성이 있는 때에는 공개하지 아니한다.

제11조 (제척·기피·회피)

① 위원은 검증사건과 직접적인 이해관계가 있는 때에는 당해 사건의 조사·심의 및 의결에 관여하지 못한다. ② 제보자 또는 피조사자는 위원에게 공정성을 기대하기 어려운 사정이 있는 때에는 그 이유를 밝혀 당해 위원의 기피를 신청할 수 있다. 위원회에서 기피 신청이 인용된 때에는 기피 신청된 위원은 당해 사건의 조사·심의 및 의결에 관여하지 못한다.

③ 위원은 제 1 항 또는 제 2 항의 사유가 있다고 판단하는 때에는 회피하여야 한다.

④ 위원장은 위원이 검증사건과 직접적인 이해관계가 있다고 인정하는 때에는 당해 검증사건과 관련하여 위원의 자격을 정지할 수 있다.

제12조 (의견진술, 이의제기 및 변론기회의 보장)

위원회는 제보자와 피조사자에게 관련 절차를 사전에 알려주어야 하며, 의견진술, 이의제기 및 변론의 기회를 동등하게 보장하여야 한다.

제13조 (판정)

① 위원회는 위원들의 조사와 심의 결과, 제보자와 피조사자의 의견진술, 이의제기 및 변론의 내용을 토대로 검증대상행위의 연구부정행위 해당 여부를 판정한다.

② 위원회가 검증대상행위의 연구부정행위 해당을 확인하는 판정을 하는 경우에는 재적위원 과반수 출석과 출석위원 3분의 2 이상의 찬성으로 한다.

제4장   검증에 따른 조치

제14조 (판정에 따른 조치)

① 위원장은 제13조 제1항의 규정에 의한 판정결과를 회장에게 통보하고, 검증대상행위가 연구부정행위에 해당한다고 판정된 경우에는 위원회의 심의를 거쳐 그 판정결과에 따라 필요한 조치를 건의할 수 있다.

② 회장은 제1항의 건의가 있는 경우에는 다음 각 호 중 어느 하나의 제재조치를 하거나 이를 병과할 수 있다.

1. 연구부정논문의 게재취소
2. 연구부정논문의 게재취소사실의 공지
3. 회원의 제명절차에의 회부

4. 관계 기관에의 통보

5. 기타 적절한 조치

③ 전항 제2호의 공지는 저자명, 논문명, 논문의 수록 권·호수, 취소일자, 취소이유 등이 포함되어야 한다.

④ 회장은 학회의 연구윤리와 관련하여 고의 또는 중대한 과실로 진실과 다른 제보를 하거나 허위의 사실을 유포한 자가 회원인 경우 이를 제명절차에 회부할 수 있다.

제15조 (조사결과 및 제재조치의 통지)

회장은 위원회의 조사결과 및 제재조치에 대하여 제보자 및 피조사자 등에게 지체없이 서면으로 통지한다.

제16조 (재심의)

피조사자 또는 제보자가 판정결과 및 제재조치에 대해 불복할 경우 제15조의 통지를 받은 날부터 20일 이내에 이유를 기재한 서면으로 재심의를 요청할 수 있다.

제17조 (명예회복 등 후속조치)

검증대상행위가 연구부정행위에 해당하지 아니한다고 판정된 경우에는 학회 및 위원회는 피조사자의 명예회복을 위해 노력하여야 하며 적절한 후속조치를 취하여야한다.

제18조 (기록의 보관) ① 학회는 조사와 관련된 기록은 조사 종료 시점을 기준으로 5년간 보관하여야 한다.

부   칙

제1조 (시행일) 이 규정은 2007년 11월 29일부터 시행한다.

研究論集 刊行 및 編輯規則

제정: 1999. 08. 20.

제1차 개정: 2003. 08. 22.

제2차 개정: 2004. 04. 16.

제3차 개정: 2005. 03. 18.

전문개정: 2008. 05. 26.

제5차 개정: 2009. 12. 18.

제1장 총 칙

제1조 (目的)

이 규칙은 사단법인 한국행정판례연구회(이하 "학회"라 한다)의 정관 제27조의 규정에 따라 연구논집(이하 '논집'이라 한다)을 간행 및 편집함에 있어서 필요한 사항을 정함을 목적으로 한다.

제2조 (題號)

논집의 제호는 '行政判例研究'(Studies on Public Administra－tion Cases)라 한다.

제3조 (刊行週期)

① 논집은 연 2회 정기적으로 매년 6월 30일, 12월 31일에 간행함을 원칙으로 한다.

② 전항의 정기간행 이외에 필요한 경우는 특별호를 간행할 수 있다.

제 4 조 (刊行形式)

　논집의 간행형식은 다음 각 호의 어느 하나에 의한다.

　　1. 등록된 출판사와의 출판권 설정의 형식

　　2. 자비출판의 형식

제 5 조 (收錄對象)

　① 논집에 수록할 논문은 다음과 같다.

　　1. 발표논문: 학회의 연구발표회에서 발표하고 제출한 논문으로
　　　서 편집위원회의 심사절차를 거쳐 게재확정된 논문

　　2. 제출논문: 회원 또는 비회원이 논집게재를 위하여 따로 제출
　　　한 논문으로서 편집위원회의 심사절차를 거쳐 게재확정된
　　　논문

　　3. 그 밖에 편집위원회의 심사절차와 간행위원회의 의결을 거쳐
　　　수록하기로 한 논문 등

　② 논집에는 부록으로서 다음의 문건을 수록할 수 있다.

　　1. 학회의 정관, 회칙 및 각종 규칙

　　2. 학회의 역사 또는 활동상황

　　3. 학회의 각종 통계

　③ 논집에는 간행비용의 조달을 위하여 광고를 게재할 수 있다.

제 6 조 (收錄論文要件)

　논집에 수록할 논문은 다음 각호의 요건을 갖춘 것이어야 한다.

　　1. 행정판례의 평석 또는 연구에 관한 논문일 것

　　2. 다른 학술지 등에 발표한 일이 없는 논문일 것

　　3. 이 규정 또는 별도의 공고에 의한 원고작성요령 및 심사기준
　에 부합하는 학술연구로서의 형식과 품격을 갖춘 논문일 것

제 7 조 (著作權)

① 논집의 편자는 학회의 명의로 하고, 논집의 개별 논문에는 집필자(저작자)를 명기한다.

② 학회는 논집의 편집저작권을 보유한다.

제 2 장   刊行委員會와 編輯委員會

제 8 조 (刊行 및 編輯主管)

① 논집의 간행 및 편집에 관한 업무를 관장하기 위하여 학회에 간 행위원회와 편집위원회를 둔다.

② 간행위원회는 논집의 간행에 관한 중요한 사항을 심의·의결한다.

③ 편집위원회는 간행위원회의 결정에 따라 논집의 편집에 관한 업무를 행한다.

제 9 조 (刊行委員會의 構成과 職務 등)

① 간행위원회는 편집위원을 포함하여 회장이 위촉하는 적정한 수의 위원으로 구성하고 임기는 1년으로 하되 연임할 수 있다.

② 간행위원회는 위원장, 부위원장 및 간사 각 1인을 둔다.

③ 간행위원장은 위원 중에서 호선하고, 부위원장은 학회의 출판담당 상임이사로 하고, 간사는 위원 중에서 위원장이 위촉한다.

④ 간행위원회는 다음의 사항을 심의·의결한다.

　　1. 논집의 간행계획에 관한 사항

　　2. 논집의 특별호의 기획 등에 관한 사항

　　3. 이 규칙의 개정에 관한 사항

　　4. 출판권을 설정할 출판사의 선정에 관한 사항

　　5. 그 밖에 논집의 간행과 관련된 중요한 사항

⑤ 간행위원회는 다음 각 호의 경우에 위원장이 소집하고, 간행위원회는 위원 과반수의 출석과 출석위원 과반수의 찬성으로 의결

한다.
  1. 회장 또는 위원장이 필요하다고 판단하는 경우
  2. 위원 과반수의 요구가 있는 경우

제10조 (編輯委員會의 構成과 職務 등)
  ① 편집위원회는 학회의 출판담당 상임이사를 포함하여 회장이 이
사회의 승인을 얻어 선임하는 10인 내외의 위원으로 구성하고
임기는 3년으로 한다.
  ② 편집위원회는 위원장, 부위원장 및 간사 각 1인을 둔다.
  ③ 편집위원장은 위원 중에서 호선하고, 부위원장은 학회의 출판담
당 상임이사로 하고, 간사는 위원 중에서 위원장이 위촉한다.
  ④ 편집위원회는 다음의 사항을 행한다.
    1. 이 규칙에 의하는 외에 논집에 수록할 논문의 원고작성요령
       및 심사기준에 관한 세칙의 제정 및 개정
    2. 논문심사위원의 위촉
    3. 논문심사의 의뢰 및 취합, 종합판정, 수정요청 및 수정후재심
       사, 논집에의 게재확정 또는 거부 등 논문심사절차의 진행
    4. 논집의 편집 및 교정
    5. 그 밖에 논집의 편집과 관련된 사항
  ⑤ 편집위원회는 다음 각 호의 경우에 위원장이 소집하고, 위원 과
반수의 출석과 출석위원 과반수의 찬성으로 의결한다.
    1. 회장 또는 위원장이 필요하다고 판단하는 경우
    2. 위원 과반수의 요구가 있는 경우

제3장 論文의 提出과 審査節次 등

제11조 (論文提出의 基準)

① 논문원고의 분량은 A4용지 20매(200자 원고지 150매) 내외로 한다.

② 논문의 원고는 (주)한글과 컴퓨터의 "문서파일(HWP)"로 작성하고 한글사용을 원칙으로 하되, 필요한 경우 국한문혼용 또는 외국어를 사용할 수 있다.

③ 논문원고의 구성은 다음 각 호의 순서에 의한다.

    1. 제목

    2. 목차

    3. 본문

    4. 한글초록·주제어

    5. 외국어초록·주제어

    6. 참고문헌

    7. 부록(필요한 경우)

④ 논문은 제1항 내지 제3항 이외에 편집위원회가 따로 정하는 원고작성요령 또는 심사기준에 관한 세칙을 준수하고, 원고는 편집위원회가 정하여 공고하는 기한 내에 출판간사를 통하여 출판담당 상임이사에게 제출하여야 한다.

제12조 (論文審査節次의 開始)

① 논문접수가 완료되면 출판담당 상임이사는 심사절차에 필요한 서류를 작성하여 편집위원장에게 보고하여야 한다.

② 편집위원장은 전항의 보고를 받으면 편집위원회를 소집하여 논문심사절차를 진행하여야 한다.

제13조 (論文審査委員의 委囑과 審査 依賴 등)

① 편집위원회는 간행위원, 편집위원 기타 해당 분야의 전문가 중에서 심사대상 논문 한 편당 3인의 논문심사위원을 위촉하여 심사를 의뢰한다.

② 제1항의 규정에 의하여 위촉되어 심사를 의뢰받는 논문심사위원이 심사대상 논문 또는 그 제출자와 특별한 관계가 명백하게 있어 논문심사의 공정성을 해할 우려가 있는 사람이어서는 안 된다.

제14조 (秘密維持) ① 편집위원장은 논문심사위원의 선정 및 심사의 진행에 관한 사항이 외부로 누설되지 않도록 필요한 조치를 취하여야 한다.

② 편집위원 및 논문심사위원은 논문심사에 관한 사항을 외부로 누설해서는 안 된다.

제15조 (論文審査의 基準) 논문심사위원이 논집에 수록할 논문을 심사함에 있어서는 다음 각 호의 기준을 종합적으로 고려하여 심사의견을 제출하여야 한다.

　　1. 제6조에 정한 수록요건

　　2. 제11조에 정한 논문제출기준

　　3. 연구내용의 전문성과 창의성 및 논리적 체계성

　　4. 연구내용의 근거제시의 적절성 및 객관성

제16조 (論文審査委員別 論文審査의 判定) ① 논문심사위원은 제15조의 논문심사기준에 따라 [별표 1]의 [논문심사서](서식)에 심사의견을 기술하여 제출하여야 한다.

② 논문심사위원은 심사대상 논문에 대하여 다음 각호에 따라 '판정의견'을 제출한다.

　　1. '게재적합': 논집에의 게재가 적합하다고 판단하는 경우

　　2. '게재부적합': 논집에의 게재가 부적합하다고 판단하는 경우

　　3. '수정후게재': 논문내용의 수정·보완 후 논집에의 게재가 적합
　　　하다고 판단하는 경우

③ 전항 제1호에 의한 '게재적합' 판정의 경우에도 논문심사위원은
수정·보완이 필요한 경미한 사항을 기술할 수 있다.

④ 제2항 제2호에 의한 '게재부적합' 판정 및 제3호에 의한 '수
정후게재' 판정의 경우에는 각각 부적합사유와 논문내용의 수정·보
완할 점을 구체적으로 명기하여야 한다.

제17조 (編輯委員會의 綜合判定 및 再審査)　① 편집위원회는 논문
심사위원 3인의 논문심사서가 접수되면 [별표 2]의 종합판정기준에
의하여 '게재확정', '수정후게재', '수정후재심사' 또는 '불게재'로 종
합판정을 하고, 그 결과 및 논문심사위원의 심사의견을 논문제출자
에게 통보한다.

② 편집위원회의 종합판정 결과, '수정후재심사'로 판정된 논문에 대
하여는 재심사절차를 진행한다. 이때 최초심사에서 '게재적합' 또는
'수정후게재' 판정을 한 심사위원은 교체하지 아니하고, '게재부적합'
판정을 한 논문심사위원은 다른 사람으로 교체하여 심사를 의뢰한다.

③ 전항의 논문을 재심사하는 논문심사위원은 '게재적합' 또는 '게
재부적합'으로만 판정하며, 편집위원회는 재심사의 결과 '게재적합'
이 둘 이상이면 '게재확정'으로 최종 판정한다.

제18조 (修正要請 등)

① 편집위원장은 제17조의 규정에 의해 '수정후게재/ 또는 '수정후
재심사' 판정을 받은 논문에 대하여 수정을 요청하여야 한다.

② 편집위원상은 제17조의 규정에 의해 '게재확정'으로 판정된 논
문에 대하여도 편집위원회의 판단에 따라 수정이 필요하다고 인정
하는 때에는 내봉상 수청을 요청할 수 있다.

③ 편집위원회는 집필자가 전항의 수정요청에 따르지 않거나 재심

사를 위해 고지된 기한 내에 수정된 논문을 제출하지 않을 때에는 처음 제출된 논문을 '불게재'로 최종 판정한다.

제 4 장 기　타

제19조 (審査謝禮費의 支給) 논문심사위원에게 논집의 간행·편집을 위한 예산의 범위 안에서 심사사례비를 지급할 수 있다.

제20조(輔助要員) 학회는 논집의 간행·편집을 위하여 필요하다고 인정하는 때에는 원고의 편집, 인쇄본의 교정, 부록의 작성 등에 관한 보조요원을 고용할 수 있다.

제21조 (刊行·編輯財源) ① 논집의 간행·편집에 필요한 재원은 다음 각호에 의한다.

　　1. 출판수입
　　2. 광고수입
　　3. 판매수입
　　4. 논문게재료
　　5. 외부 지원금
　　6. 기타 학회의 재원

② 논문 집필자에 대한 원고료는 따로 지급하지 아니한다.

제22조 (論集의 配布)　① 간행된 논집은 회원에게 배포한다.

② 논문의 집필자에게는 전항의 배포본 외에 일정한 부수의 증정본을 교부할 수 있다.

附　則 (1999. 8. 20. 제정)

이 규칙은 1999년 8 월 20일부터 시행한다.

附　　則

이 규칙은 2003년 8 월 22일부터 시행한다
.

附　　則

이 규칙은 2004년 4 월 17일부터 시행한다.

附　　則

이 규칙은 2005년 3 월 19일부터 시행한다.

附　　則

이 규칙은 2008년 5 월 26일부터 시행한다.

附　　則

이 규칙은 2009년 12월 18일부터 시행한다.

[별표 1 : 논문심사서(서식)]

「行政判例研究」 게재신청논문 심사서

社團法人 韓國行政判例研究會

게재논집	行政判例研究　제15-2집	심 사 일	2010.　．　．
심사위원	소 속		직 위	
		성 명	(인)
게재신청논문 [심사대상논문]			
판정의견	1. 게재적합　(　　　): 논집의 게재가 가능하다고 판단 하는 경우 2. 게재부적합 (　　　): 논집의 게재가 불가능하다고 판 단하는 경우 3. 수정후게재 (　　　): 논문내용의 수정·보완 후 논집 의 게재가 가능하다고 판단하는 경우		
심사의견			
심사기준	• 행정판례의 평석 또는 연구에 관한 논문일 것 • 다른 학술지 등에 발표한 일이 없는 논문일 것 • 연구내용의 전문성과 창의성 및 논리적 체계성이 인정 되는 논문일 것 • 연구내용의 근거제시가 적절성과 객관성을 갖춘 논문 일 것		

※ 심사의견 작성시 유의사항 ※

▷ '게재적합' 판정의 경우에도 수정·보완이 필요한 사항을 기술할 수 있습니다.

▷ '게재부적합' 및 '수정후 게재' 판정의 경우에는 각각 부적합사유와 논문내용의 수정·보완할 점을 구체적으로 명기하여 주십시오.

▷ 표 안의 공간이 부족하면 별지를 이용해 주십시오.

[별표 2: 종합판정기준]

	심사위원의 판정			편집위원회 종합판정
1	○	○	○	게재확정
2	○	○	△	
3	○	△	△	수정후게재
4	△	△	△	
5	○	○	×	
6	○	△	×	수정후재심사
7	△	△	×	
8	○	×	×	
9	△	×	×	불게재
10	×	×	×	

○ ="게재적합"　△ ="수정후게재"　× ="게재부적합"

「行政判例研究」原稿作成要領

I. 원고작성기준

1. 원고는 워드프로세서 프로그램인 [한글]로 작성하여 전자우편을 통해 출판간사에게 제출한다.

2. 원고분량은 도표, 사진, 참고문헌 포함하여 200자 원고지 150매 내외로 한다.

3. 원고는 「원고표지 - 제목 - 저자 - 목차(로마자표시와 아라비아숫자까지) - 본문 - 참고문헌 - 국문 초록 - 국문 주제어(5개 내외) - 외국문 초록 - 외국문 주제어(5개 내외)」의 순으로 작성한다.

4. 원고의 표지에는 논문제목, 저자명, 소속기관과 직책, 주소, 전화번호(사무실, 핸드폰)와 e-mail주소를 기재하여야 한다.

5. 외국문 초록(논문제목, 저자명, 소속 및 직위 포함)은 영어를 사용하는 것이 원칙이지만, 논문의 내용에 따라서 독일어, 프랑스어, 중국어, 일본어를 사용할 수도 있다.

6. 논문의 저자가 2인 이상인 경우 주저자(First Author)와 공동저자(Corresponding Author)를 구분하고, 주저자·공동저자의 순서로 표기하여야 한다. 특별한 표시가 없는 경우에는 제일 앞에 기재된 자를 주저자로 본다.

7. 목차는 로마숫자(보기 : I, II), 아라비아숫자(보기 : 1, 2), 괄호숫자(보기: (1), (2)), 반괄호숫자(보기 : 1), 2), 원숫자(보기 : ①, ②)의 순으로 한다. 그 이후의 목차번호는 논문제출자가 임의로 정하여 사용할 수 있다.

II. 각주작성기준

1. 기본원칙
   ⑴ 본문과 관련한 저술을 소개하거나 부연이 필요한 경우 각주로 처리한다. 각주는 일련번호를 사용하여 작성한다.
   ⑵ 각주의 인명, 서명, 논문명 등은 원어대로 씀을 원칙으로 한다.
   ⑶ 외국 잡지의 경우 처음 인용시 잡지명을 전부 기재하고 그 이후 각 주에서는 약어로 표시한다.

2. 처음 인용할 경우의 각주 표기 방법
   ⑴ 저서: 저자명, 서명, 출판사, 출판년도, 면수.
   번역서의 경우 저자명은 본래의 이름으로 표기하고, 저자명과 서명 사이에 옮긴이의 이름을 쓰고 "옮김"을 덧붙인다.
   엮은 책의 경우 저자명과 서명 사이에 엮은이의 이름을 쓰고 "엮음"을 덧붙인다. 저자와 엮은이가 같은 경우 엮은이를 생략할 수 있다.
   ⑵ 정기간행물: 저자명, "논문제목", 「잡지명」, 제00권 제00호, 출판연도, 면수.
   번역문헌의 경우 저자명과 논문제목 사이에 역자명을 쓰고 "옮김"을 덧붙인다.
   ⑶ 기념논문집: 저자명, "논문제목", 기념논문집명(000선생00기념논문집), 출판사, 출판년도, 면수.
   ⑷ 판결 인용: 다음과 같이 대법원과 헌법재판소의 양식에 준하여 작성한다.
   판결 : 대법원 2000. 00. 00, 선고 00두0000 판견.
   결정 : 대법원 2000. 00. 00.자 00아0000 결정.
   헌법재판소 결정 : 헌법재판소 2000. 00. 00. 선고 00헌가00

결정.

(5) 외국문헌 : 그 나라의 표준표기방식에 의한다.

(6) 외국판결 : 그 나라의 표준표기방식에 의한다.

(7) 신문기사는 기사면수를 따로 밝히지 않는다(신문명 0000. 00. 00.자). 다만, 필요한 경우 글쓴이와 글제목을 밝힐 수 있다.

(8) 인터넷에서의 자료인용은 원칙적으로 다음과 같이 표기한다. 저자 혹은 서버관리주체, 자료명, 해당 URL(검색일자)

(9) 국문 또는 한자로 표기되는 저서나 논문을 인용할 때는 면으로(120면, 120면-122면), 로마자로 표기되는 저서나 논문을 인용할 때는 p.(p. 120, pp. 121-135) 또는 S.(S. 120, S. 121 ff.)로 인용면수를 표기한다.

3. 앞의 각주 혹은 각주에서 제시된 문헌을 다시 인용할 경우 다음과 같이 표기한다. 국내문헌, 외국문헌 모두 같다. 다만, 저자나 문헌 혹은 양자 모두가 여럿인 경우 이에 따르지 않고 각각 필요한 저자명, 문헌명 등을 덧붙여 표기함으로써 구별한다.

(1) 바로 위의 각주가 아닌 앞의 각주의 문헌을 다시 인용할 경우

1) 저서인용: 저자명, 앞의 책, 면수

2) 논문인용: 저자명, 앞의 글, 면수

3) 논문 이외의 글 인용: 저자명, 앞의 글, 면수

(2) 바로 위의 각주에 인용된 문헌을 다시 인용할 경우에는 "위의 책, 면수", "위의 글, 면수"로 표시한다.

(3) 하나의 각주에서 앞서 인용한 문헌을 다시 인용할 경우에는 "같은 책, 면수", "같은 글, 면수"로 표시한다.

4. 기타

(1) 3인 공저까지는 저자명을 모두 표기하되, 저자간의 표시는 "/"

로 구분하고 "/" 이후에는 한 칸을 띄어 쓴다. 4인 이상의 경우
성을 온전히 표기하되, 중간이름은 첫글자만을 표기한다.

(2) 부제의 표기가 필요한 경우 원래 문헌의 표기양식과 관계없이
원칙적으로 콜론으로 연결한다.

(3) 글의 성격상 전거만을 밝히는 각주가 너무 많을 경우 약자를
사용하여 본문에서 그 전거를 밝힐 수 있다.

(4) 여러 문헌의 소개는 세미콜론(;)으로 하고, 재인용의 경우 원
전과 재인용출처 사이를 콜론(:)으로 연결한다.

III. 참고문헌작성기준

1. 순서
국문, 외국문헌 순으로 정리하되, 단행본, 논문, 자료의 순으로
정리한다.

2. 국내문헌
(1) 단행본: 저자, 서명, 출판사, 출판연도.
(2) 논문: 저자명, "논문제목", 잡지명 제00권 제00호, 출판연도.

3. 외국문헌
그 나라의 표준적인 인용방법과 순서에 따라 정리한다.

歷代 任員 名單

■ 초대(1984. 10. 29.)

회　　장　金道昶
부 회 장　徐元宇·崔光律(1987. 11. 27.부터)

■ 제 2 대(1988. 12. 9.)

회　　장　金道昶
부 회 장　徐元宇·崔光律
감　　사　李尙圭
상임이사　李鴻薰(총무), 金南辰(연구), 朴鈗炘(출판), 梁承斗(섭외)
이　　사　金東熙, 金斗千, 金英勳, 金元主, 金伊烈, 金鐵容, 石琮顯,
　　　　　 芮鍾德, 李康爀, 李升煥, 趙慶根, 崔松和, 韓昌奎, 黃祐呂

■ 제 3 대(1990. 2. 23.)

회　　장　金道昶
부 회 장　徐元宇·崔光律
감　　사　金鐵容
상임이사　李鴻薰(총무), 黃祐呂(총무), 金南辰(연구), 朴鈗炘(출판),
　　　　　 梁承斗(섭외)
이　　사　金東熙, 金斗千, 金英勳, 金元主, 金伊烈, 石琮顯, 芮鍾德,
　　　　　 李康爀, 李升煥, 李鴻薰
(1991. 1. 25.부터) 趙慶根, 崔松和, 韓昌奎, 黃祐呂

■ 제 4 대(1993. 2. 23.)

회   장   金道昶
부 회 장   徐元宇·崔光律
감   사   金鐵容
상임이사   李鴻薰(총무), 金南辰(연구), 朴鈗炘(출판), 梁承斗(섭외)
이   사   金東熙, 金英勳, 金元主, 朴松圭, 卞在玉, 石琮顯, 孫智烈,
          芮鍾德, 李康國, 李康爀, 李京運, 李淳容, 李重光, 李鴻薰,
          趙慶根, 趙憲銖, 千柄泰, 崔松和, 韓昌奎, 黃祐呂

■ 제 5 대(1996. 2. 23.)

명예회장   金道昶
고   문   徐元宇·金鐵容
회   장   崔光律
부 회 장   金南辰·徐廷友
감   사   韓昌奎
상임이사   金東熙(총무), 金元主(연구), 李康國(출판), 梁承斗(섭외)
이   사   金英勳, 朴松圭, 朴鈗炘, 卞在玉, 石琮顯, 李康爀, 李京運,
          李淳容, 李升煥, 李重光, 李鴻薰, 趙慶根, 趙憲銖, 千柄泰,
          崔松和, 黃祐呂

■ 제 6 대(1999. 2. 19.)

명예회장   金道昶
고   문   徐元宇, 金鐵容, 金南辰, 徐廷友, 韓昌奎
회   장   崔光律
부 회 장   梁承斗, 李康國
감   사   金元土
상임이사   李鴻薰(총무), 金東熙(연구), 崔松和(출판), 金善旭(섭외)

이　　　사　金東建, 金英勳, 南勝吉, 朴松圭, 朴銳炘, 白潤基, 卞海喆,
　　　　　　 石琮顯, 李京運, 李光潤, 李升煥, 李重光, 鄭然彧, 趙憲銖,
　　　　　　 洪準亨, 黃祐呂

■ 제 7 대(2002. 2. 15.)

명예회장　金道昶
고　　　문　金南辰, 金元主, 徐元宇, 徐廷友, 梁承斗, 李康國, 崔光律,
　　　　　　 韓昌奎
회　　　장　金鐵容
부 회 장　金東建, 崔松和
감　　　사　金東熙
상임이사　金善旭(총무), 朴正勳(연구), 李光潤(출판), 李京運(섭외)
이　　　사　金英勳, 金海龍, 南勝吉, 朴均省, 朴銳炘, 白潤基, 卞海喆,
　　　　　　 石琮顯, 李東洽, 李範柱, 李重光, 李鴻薰, 鄭夏重, 趙憲銖,
　　　　　　 洪準亨, 黃祐呂

■ 제 8 대(2005. 2. 21. / 2008. 2. 20.) *

명예회장　金道昶(2005. 7. 17. 별세)
고　　　문　金南辰, 金元主, 徐元宇(2005. 10. 16. 별세), 徐廷友, 梁承斗,
　　　　　　 李康國, 崔光律, 韓昌奎, 金鐵容, 金英勳, 朴銳炘, 金東熙
회　　　장　崔松和
부 회 장　李鴻薰, 鄭夏重
감　　　사　金東建, 李京運,
상임이사　李光潤(총무), 安哲相(기획), 洪準亨/吳峻根(연구),
　　　　　　 金性洙(출판), 徐基錫(섭외)
이　　　사　金善旭, 金海龍, 南勝吉, 朴均省, 朴秀赫, 朴正勳, 白潤基,
　　　　　　 卞海喆, 石琮顯, 石鎬哲, 蘇淳茂, 柳至泰, 尹炯漢, 李東洽,
　　　　　　 李範柱, 李殷祈, 李重光, 趙龍鎬, 趙憲銖, 崔正一, 黃祐呂,

金香基, 裵柄皓, 劉南碩
간　　　사　李元雨 / 金鐘甫(총무), 李賢修(연구), 金重權(재무),
　　　　　　宣正源 / 李熙貞(출판), 권은민(섭외)
　* 위 '회장', '부회장', '상임이사', '이사'는 2007. 4. 20. 제정된 사단법인 한국행정
판례연구회 정관 제13조, 제14조, 제15조의 '이사장 겸 회장', '이사 겸 부회장',
'이사 겸 상임이사', '운영이사'임.

■제 9 대(2008. 2. 15. / 2011. 2. 14.)

고　　　문　金南辰, 金東熙, 金英勳, 金元主, 金鐵容, 朴鈗炘, 徐廷友,
　　　　　　梁承斗, 李康國, 李鴻薰, 鄭夏重, 崔光律, 韓昌奎
회　　　장　崔松和
부 회 장　李京運, 徐基錫
감　　　사　金東建, 金善旭
이사 겸 상임이사　慶　健(총무), 安哲相(기획), 朴均省(연구), 韓堅愚
　　　　　　(출판), 權純一(섭외/연구)
운영이사　具旭書, 권은민, 金光洙, 金性洙, 金連泰, 金容燮, 金容贊,
　　　　　　金裕煥, 金義煥, 金重權, 金敞祚, 金海龍, 金香基, 金鉉峻,
　　　　　　朴正勳, 朴海植, 裵柄皓, 白潤基, 卞海喆, 石琮顯, 石鎬哲,
　　　　　　成百玹, 蘇淳茂, 申東昇, 辛奉起, 吳峻根, 劉南碩, 俞珍式,
　　　　　　尹炯漢, 李光潤, 李承寧, 李元雨, 李殷祈, 李重光, 鄭鍾舘,
　　　　　　鄭準鉉, 趙龍鎬, 曺海鉉, 趙憲銖, 崔正一, 洪準亨
간　　　사　張暻源·李殷相·安東寅(총무), 鄭亨植·장상균(기획), 金泰昊
　　　　　　(기획/연구), 金聖泰·崔善雄·鄭南哲(연구), 李熙貞·河明鎬·崔
　　　　　　桂暎(출판), 林聖勳(섭외), 박재윤(총무)

■제 10 대(2011. 2. 15. /2014. 2. 14)

명예회장　金鐵容, 崔光律

고   문   金南辰, 金東建, 金東熙, 金英勳, 金元主, 朴鈗炘, 徐廷友, 梁
                承斗, 李康國, 李京運, 鄭夏重, 崔松和, 韓昌奎

회   장   李鴻薰

부 회 장   徐基錫, 李光潤

감   사   金善旭, 蘇淳茂

이사 겸 상임이사   金重權(총무), 安哲相(기획), 劉南碩, 金容燮(연구), 金
                鐘甫(출판), 金敞祚, 金義煥(섭외/연구)

운영이사   姜錫勳, 慶   健, 具旭書, 權純一, 權殷玟, 琴泰煥, 金光洙, 金
                性洙, 金連泰, 金容燮, 金容贊, 金海龍, 金香基, 金鉉峻, 朴均
                省, 朴正勳, 朴海植, 裵柄皓, 白潤基, 卞海喆, 石琮顯, 石鎬哲,
                宣正源, 成百玹, 申東昇, 辛奉起, 呂相薰, 吳峻根, 俞珍式, 尹
                炯漢, 李承寧, 李元雨, 李殷祈, 李重光, 李賢修, 李熙貞, 林永
                浩, 鄭南哲, 鄭鍾舘, 鄭準鉉, 鄭亨植, 趙龍鎬, 曺海鉉, 趙憲銖,
                崔正一, 洪準亨, 韓堅愚, 河明鎬

간   사   安東寅, 李義俊(총무), 蔣尙均(기획), 金泰昊, 朴在胤(연구), 朴
                玄廷, 姜知恩(출판), 李殷相(섭외)

■제 11 대(2014. 2. 15. /2017. 2. 14.)

명예회장   金鐵容, 崔光律

고   문   金南辰, 金東建, 金東熙, 金英勳, 金元主, 朴鈗炘, 徐廷友, 梁
                承斗, 李康國, 李京運, 崔松和, 韓昌奎 李光潤, 徐基錫

회   장   鄭夏重

부 회 장   安哲相, 朴正勳

감   사   蘇淳茂, 白潤基

상임이사   李熙貞(총무), 鄭鎬庚(연구), 李承寧, 康鉉浩(기획) 金義煥, 鄭
                夏明(섭외), 鄭南哲(출판)

운영이사   姜錫勳, 慶   健, 具旭書, 權殷玟, 琴泰煥, 金光洙, 金國鉉,

　　　　金南撤,　金炳圻,　金性洙,　金聖泰,　金秀珍,　金連泰,　金容燮,
　　　　金容贊,　金裕煥,　金重權,　金鐘甫,　金敏祚,　金致煥,　金海龍,
　　　　金香基,　金鉉峻,　文尙德,　朴均省,　朴海植,　裵柄皓,　卞海喆,
　　　　石鎬哲,　宣正源,　宋鎭賢,　成百玹,　申東昇,　辛奉起,　呂相薰,
　　　　吳峻根,　俞珍式,　柳哲馨,　尹炯漢,　李東植,　李元雨,　李殷祈,
　　　　李重光,　李賢修,　林永浩,　張暻源,　藏尙均,　田聖銖,　田　　勳,
　　　　鄭鍾錧,　鄭準鉉,　鄭亨植,　趙成奎,　趙龍鎬,　曺海鉉,　趙憲銖,
　　　　趙弘植,　朱한길,　崔峰碩,　崔善雄,　崔正一,　洪準亨,　韓堅愚,
　　　　河明鎬,　河宗大,　黃彰根

간　　　사　房東熙,　崔允寧(총무),　崔桂暎,　張承�

 (연구),　洪先基(기획)
　　　　　桂仁國,　李惠診(출판)

■제12대(2017. 2. 17. / 2020.2.16.)

명예회장　金鐵容,　崔光律
고　　　문　金南辰,　金東熙,　金英勳,　朴銳炘,　徐基錫,　徐廷友,　蘇淳茂,
　　　　　李康國,　李京運,　李光潤,　李鴻薰,　鄭夏重,　崔松和,　韓昌奎
회　　　장　金東建
부 회 장　朴正勳,　李承寧,　金重權
감　　　사　李殷祈,　孫台浩
상임이사　金敏祚/李鎭萬(기획),　俞珍式/徐圭永(섭외),
　　　　　李熙貞/張暻源(총무),　李賢修/河明鎬(연구),　崔瑨修(출판)
운영이사　姜基弘,　姜錫勳,　康鉉浩,　慶　健,　具旭書,　權殷旼,　琴泰煥,
　　　　　金光洙,　金國鉉,　金南撤,　金炳圻,　金聲培,　金性洙,　金聖泰,
　　　　　金秀珍,　金連泰,　金容燮,　金容贊,　金裕煥,　金義煥,　金鐘甫,
　　　　　金致煥,　金海龍,　金香基,　金鉉峻,　文尙德,　朴均省,　朴海植,
　　　　　房東熙,　裵柄皓,　白潤基,　石鎬哲,　宣正源,　成百玹,　成重卓,
　　　　　宋鎭賢,　申東昇,　辛奉起,　安東寅,　呂相薰,　吳峻根,　柳哲馨,

月例 集會 記錄

순번	연월일	발표자	발 표 제 목
1-1	84.12.11.	金南辰	聽問을 결한 行政處分의 違法性
-2		李鴻薰	都市計劃과 行政拒否處分
2-1	85.2.22.	崔世英	行政規則의 法規性 認定 與否
-2		崔光律	實地讓渡價額을 넘는 讓渡差益의 인정여부
3-1	3.29.	石琮顯	都市計劃決定의 法的 性質
-2		金東建	違法한 旅館建物의 건축과 營業許可의 취소
4-1	4.26.	徐元宇	當然無效의 行政訴訟과 事情判決
-2		黃祐呂	아파트地區내의 土地와 空閑地稅
5-1	5.31.	朴鈗炘	林産物團束에관한法律 제7조에 대한 違法性 認定의 與否
-2		姜求哲	行政訴訟에 있어서의 立證責任의 문제
6-1	6.28.	金鐵容	酒類販賣業 免許處分 撤回의 근거와 撤回權 留保의 한계
-2		盧塋保	國稅基本法 제42조 소정의 讓渡擔保財産의 의미
7-1	9.27.	金道昶	信賴保護에 관한 行政判例의 최근 동향
-2		金東熙	自動車運輸事業法 제31조 등에 관한 處分要

순번	연월일	발표자	발 표 제 목
			領의 성질
8-1	10.25.	李尚圭	入札參加資格 制限行爲의 법적 성질
-2		李相敦	公有水面埋立에 따른 不動産所有權 國家歸屬의 무효확인
9-1	11.22.	梁承斗	抗告訴訟의 提起要件
-2		韓昌奎	地目變更 拒否의 성질
10	86.1.31.	李相赫	行政訴訟에 있어서의 訴의 利益의 문제
11	2.28	崔松和	運轉免許 缺格者에 대한 면허의 효력
12	3.28	金道昶	憲法上의 違憲審査權의 所在
13	4.25.	趙慶根	美聯邦情報公開法에 대한 약간의 고찰
14	5.30.	張台柱	西獨에 있어서 隣人保護에 관한 判例의 최근 동향
15	6.27.	金斗千	僞裝事業者와 買入稅額 控除
外1	9.30.	藤田宙靖	日本의 最近行政判例 동향
16	10.31.	金英勳	注油所 許可와 瑕疵의 承繼
17	11.28.	芮鍾德	漁業免許의 취소와 裁量權의 濫用
外2	87.3.21.	鹽野宏	日本 行政法學界의 現況
		園部逸夫	새 行政訴訟法 시행 1년을 보고
18	4.25.	金道昶	知的財産權의 문제들
19-1	4.22.	李升煥	商標法에 관한 최근판례의 동향
-2			工場登錄 拒否處分과 소의 이익
20	5.29.	金南辰	執行停止의 요건과 本案理由와의 관계
21	9.25.	崔光律	日本公法學會 總會參觀 등에 관한 보고
22-1	10.30.	金道昶	地方自治權의 강화와 行政權限의 위임에 관한 문제
-2			
23	11.27.	金鐵容	不作爲를 구하는 訴의 가부

순번	연월일	발표자	발 표 제 목
24	88.2.26.	金時秀	租稅賦課處分에 있어서의 當初處分과 更正拒否處分의 법률관계
25-1	3.25.	徐元宇	최근 日本公法學界의 동향
-2		朴鈗炘	平澤港 漁業補償 문제
外3	4.29.	成田賴明	日本 行政法學과 行政判例의 최근 동향
26	5.27.	李尙圭	防衛稅 過誤納 還給拒否處分의 취소
27	6.24.	徐元宇	運輸事業計劃 변경인가처분의 취소
28	8.26.	金完燮	처분후의 事情變更과 소의 이익
29	10.7.	石琮顯	行政處分(訓令)의 법적 성질
30	10.28.	李鴻薰	土地收用裁決處分의 취소
31	11.17.	朴鈗炘	行政計劃의 법적 성질
32	89.1.27.	金東熙	載量行爲에 대한 司法的統制의 한계
33	2.24.	李碩祐	國稅還給申請權의 인정 여부
34	3.24.	朴松圭	國産新技術製品 保護決定處分의 일부취소
35-1	4.28.	金鐵容	독일 行政法學界의 최근동향
-2		千柄泰	제3자의 行政審判前置節次 이행 여부
36	5.26.	金善旭	公務員의 團體行動의 違法性
37	6.30.	金元主	租稅行政과 信義誠實의 원칙
38	8.25.	趙憲銖	國稅還給拒否處分의 법적 성질
39	9.29.	鄭準鉉	刑事訴追와 行政處分의 효력
40	10.27.	韓堅愚	行政規則(訓令)의 성질
41	11.24.	金斗千	相續稅法 제32조의2의 違憲 여부
外4	12.27.	小早川光朗	日本 行政法學界의 최근 동향
42	90.1.19.	金鐵容	豫防的 不作爲訴訟의 許容 여부
43	2.23.	李光潤	營造物行爲의 법적 성질
44	3.30.	南勝吉	行政刑罰의 범위

순번	연월일	발표자	발 표 제 목
45	4.27.	黃祐呂	法律의 遡及效
46	5.25.	朴均省	行政訴訟과 訴의 이익
47	6.29.	卞在玉	軍檢察官의 公訴權行使에 관한 憲法訴願
48	8.31.	成樂寅	結社의 自由의 事前制限
49	9.28.	辛奉起	憲法訴願과 辯護士 强制主義
50	10.26.	朴圭河	行政官廳의 權限의 委任·再委任
51	11.30.	朴國洙	行政行爲의 公定力과 國家賠償責任
52	91.1.25.	梁承斗	土地去來許可의 법적 성질
53	2.22.	徐元宇	建築許可 保留의 위법성 문제
外5-1	3.29.	南博方	處分取消訴訟과 裁決取消訴訟
-2		藤田宙靖	日本 土地法制의 현황과 課題
54	4.26.	吳峻根	遺傳子工學的 施設 設置許可와 法律留保
55	5.31.	金南辰	拒否行爲의 行政處分性과 "법률상 이익 있는 자"의 의미
56	6.28.	鄭然彧	無效確認訴訟과 訴의 이익
57	8.30.	金性洙	主觀的公權과 基本權
58	9.27.	金英勳	運轉免許 取消處分의 취소
59	10.25.	石琮顯	基準地價告示地域 내의 收用補償額 算定基準에 관한 판례동향
60	11.29.	朴鈗炘	工事中止處分의 취소
61	92.1.31.	卞海喆	公物에 대한 强制執行
62	2.28.	李康國	違憲法律의 효력－그 遡及效의 범위와 관련하여
63	3.27	金善旭	公勤務에 관한 女性支援指針과 憲法上의 平等原則
64	4.24.	全光錫	不合致決定의 허용 여부
65	5.29.	崔正一	行政規則의 법적성질 및 효력

순번	연월일	발표자	발 표 제 목
66	6.26.	李琦雨	獨逸 Münster 高等行政裁判所 1964.1.8. 판결
67	8.28.	朴鈗炘	地方自治團體의 자주적인 條例制定權과 規律 문제
68	9.18.	金元主	讓渡所得稅 등 賦課處分의 취소
69	10.16.	洪準亨	結果除去請求權과 行政介入請求權
70	11.20.	金時秀	土地收用裁決處分의 취소
71	93.1.15.	金海龍	環境技術관계 行政決定에 대한 司法的 統制의 범위
72	2.19.	李重光	租稅法上 不當利得 返還請求權
73	3.19.	高永訓	行政規則에 의한 行政府의 立法行爲外
外6	4.16.	J.Anouil	EC法의 現在와 將來
74	5.21.	柳至泰	行政訴訟에서의 行政行爲 根據變更에 관한 판례분석
75	6.18.	徐元宇	原處分主義와 被告適格
76	8.20.	朴均省	國家의 公務員에 대한 求償權
77	9.17.	金東熙	敎員任用義務不履行 違法確認訴訟
78	10.15.	盧永錄	建設業免許 取消處分의 취소
79	94.1.21.	徐廷友	無效確認을 구하는 의미의 租稅取消訴訟과 租稅還給金 消滅時效의 起算點
80	2.18.	洪準亨	判斷餘地의 한계
81	3.18.	裵輔允	憲法訴願 審判請求 却下決定에 대한 헌법소원
82	4.15.	金善旭	舊東獨判事의 獨逸判事任用에 관한 決定과 그 不服에 대한 管轄權
83	5.20.	李京運	學則의 법적 성질
84	6.17.	朴松圭	任用行爲取消處分의 취소
85	8.19.	金鐵容	公務員 個人의 不法行爲責任

순번	연월일	발표자	발 표 제 목
86	9.30.	卞在玉	日本 家永敎科書檢定 第一次訴訟 上告審 判決의 評釋
87	10.21.	金香基	無名抗告訴訟의 可否
88	11.18.	李康國	行政行爲의 瑕疵의 治癒
89	95.1.20.	趙憲銖	取消判決의 遡及效
90	2.17.	朴秀赫	獨逸 統一條約과 補償法上의 原狀回復 排除 規定의 合憲 여부
外7	3.17.	小高剛	損失補償에 관한 日本 最高裁判所 判決의 분석
91	4.21.	崔松和	行政處分의 理由明示義務에 관한 판례
92	5.19.	崔正一	石油販賣業의 양도와 歸責事由의 승계
93	6.16.	鄭夏重	國家賠償法 제5조에 의한 배상책임의 성격
94	8.18.	吳振煥	無效인 條例에 근거한 行政處分의 효력
95	9.15.	金敞祚	日本 長良川 安八水害 賠償判決
96	10.20.	黃祐呂	非常高等軍法會議 判決의 破棄와 還送法院
97	11.17.	白潤基	地方自治法 제98조 및 제159조에 의한 訴訟
98	96.1.19.	徐元宇	營業停止期間徒過後의 取消訴訟과 訴의 이익
99	2.23.	金海龍	計劃變更 내지 保障請求權의 성립요건
外8	3.19.	鹽野宏	日本 行政法 判例의 近年動向 - 行政訴訟을 중심으로
100	4.19.	金東熙	國家賠償과 公務員에 대한 求償
101	5.17.	梁承斗	敎員懲戒와 그 救濟制度
102	6.28.	金容燮	運轉免許取消·停止處分의 法的 性質 및 그 한계
103	8.16.	李京運	轉補發令의 處分性
104	9.20.	盧永錄	申告納稅方式의 租稅와 그 瑕疵의 판단기준
105	10.18.	金敞祚	道路公害와 道路設置·管理者의 賠償責任

순번	연월일	발표자	발 표 제 목
106	11.15.	金裕煥	形式的 拒否處分에 대한 取消訴訟의 審理범위
107	97.1.17.	裵柄皓	北韓國籍住民에 대한 强制退去命令의 적법성
108	2.21.	趙龍鎬	公衆保健醫師 採用契約解止에 대한 爭訟
109	3.21.	金鐵容	行政節次法의 내용
110	4.18.	趙憲銖	建築物臺帳 職權訂正行爲의 처분성
111	5.16.	鄭夏重	交通標識板의 법적성격
112	6.20.	裵輔允	違憲決定과 行政處分의 효력
113	8.22.	吳峻根	聽聞의 실시요건
114	9.19.	金善旭	옴부즈만條例案 再議決 無效確認判決의 문제점
115	10.17.	李光潤	機關訴訟의 성질
116	11.21.	朴正勳	敎授再任用拒否의 처분성
117	98.1.16.	白潤基	當事者訴訟의 대상
118	2.20.	辛奉起	機關訴訟 주문의 형식
119	3.20.	洪準亨	行政法院 出帆의 意義와 행정법원의 課題
120	4.17.	宣正源	오스트리아와 독일의 不作爲訴訟에 관한 고찰
121	5.16.	李東洽	刑事記錄 열람·등사 거부처분
122	6.19.	金東建	環境行政訴訟과 地域住民의 原告適格
123	98.8.21.	金南辰	法規命令과 行政規則의 구별
124	9.18.	金敞祚	河川 管理 責任
125	10.16.	金容燮	行政審判의 裁決에 대한 取消訴訟
126	11.20.	徐廷友	垈地造成事業計劃 승인처분의 재량행위
127	99.1.15.	南勝吉	處分의 기준을 규정한 施行規則(部令)의 성격
128	2.19.	金裕煥	違憲法律에 根據한 行政處分의 效力
129	3.19.	鄭夏重	多段階行政節次에 있어서 事前決定과 部分許可의 意味

순번	연월일	발표자	발 표 제 목
130	4.16.	裵輔允	南北交流協力 등 統一에 관한 법적 문제
131	5.21.	康鉉浩	計劃承認과 司法的 統制
132	6.18.	俞珍式	行政指導와 違法性阻却事由
133	8.20.	朴正勳	侵益的 行政行爲의 公定力과 刑事裁判
134	9.17.	金東熙	建築許可신청서 返戾처분취소
		金南澈	行政審判法 제37조 제2항에 의한 自治權侵害의 가능성
135	10.15.	金炳圻	條例에 대한 再議要求事由와 大法院提訴
		權殷玟	公賣決定·通知의 처분성 및 소송상 문제점
136	11.19.	石鎬哲	羈束力의 범위로서의 처분사유의 동일
		金珉昊	직무와 관련된 不法行爲에 있어 공무원 개인의 책임
137	00.1.21.	尹炯漢	任用缺格과 退職給與
		裵柄皓	還買權소송의 管轄문제
138	2.18.	趙憲銖	個人事業의 法人轉換과 租稅減免
		金連泰	조세행정에 있어서 경정처분의 효력
139	3.17.	俞珍式	自動車運輸事業 면허처분에 있어서 競業, 競願의 범위
		慶 健	情報公開請求權의 憲法的 根據와 그 制限
140	4.21.	朴正勳	拒否處分 取消訴訟에 있어 違法判斷의 基準時와 訴의 利益
		金柄圻	行政訴訟上 執行停止의 要件으로서의 '回復하기 어려운 損害'와 그 立證責任
141	5.19.	洪準亨	不可變力, 信賴保護, 그리고 行政上 二重危險의 禁止
		康鉉浩	建築變更許可와 附款

순번	연월일	발표자	발 표 제 목
142	6.16.	趙龍鎬	寄附金品募集許可의 法的性質
		金容燮	行政上 公表
143	8.18.	朴松圭	盜難당한 自動車에 대한 自動車稅와 免許稅
		權殷玟	廢棄物處理業 許可權者가 한 '不適正通報'의 法的性質
144	9.22.	石鎬哲	公法的 側面에서 본 日照權 保護
145	10.20.	蘇淳茂	後發的 事由에 의한 更正請求權을 條理上 인정할 수 있는지 與否
		金光洙	土地形質變更許可와 信賴保護原則
146	11.17.	朴銃炘	慣行漁業權
		宣正源	複合民願과 認·許可擬制
147	01.1.19.	崔松和	판례에 있어서 공익
		李光潤	도로가 행정재산이 되기 위한 요건 및 잡종재산에 대한 시효취득
148	2.16.	金鐵容	개발제한 구역의 시정과 손실 보상
		鄭夏重	부관에 대한 행정소송
149	3. 8.	金性洙	독일연방헌재의 폐기물법에 대한 결정과 환경법상 협력의 원칙
		李東植	중소기업에 대한 조세 특례와 종업원의 전출.파견
150	4.20.	李京運	주택건설사업계획 사전결정의 구속력
		裵輔允	2000년 미국대통령 선거 소송 사건
151	5. 9.	李東洽	위헌법률에 근거한 처분에 대한 집행력 허용여부
		金珉昊	상속세 및 증여세법상 증여의 의미
152	6.15.	李元雨	정부투자기관의 부정당업자 제재조치의 법적

순번	연월일	발표자	발 표 제 목
			성질
		朴榮萬	군사시설보호법상의 협의와 항고소송
153	8.17.	崔正一	법규명령형식의 재량준칙의 법적성질 및 효력
		趙憲銖	유적발굴허가와 행정청의 재량
154	9.21.	金東熙	국가배상법 제5조상의 영조물의 설치·관리 상 하자의 관념
		金東建	대법원 판례상의 재량행위
155	10.10.	吳峻根	행정절차법 시행이후의 행정절차 관련 주요 행정판례 동향분석
		柳至泰	공물법의 체계에 관한 판례 검토
156	11. 7.	白潤基	행정소송에 있어서 건축주와 인근주민의 이익의 충돌과 그 조화
		徐廷範	국가배상에 있어서 위법성과 과실의 일원화에 관하여
157	02.1.18.	金善旭	독일헌법상의 직업공무원제도와 시간제공무원
		朴正勳	처분사유의 추가·변경 - 제재철회와 공익상 철회
158	2.15.	辛奉起	일본의 기관소송 법제와 판례
		權殷玟	원천징수행위의 처분성과 원천징수의무자의 불복방법
159	3.15.	朴均省	환경영향평가의 하자와 사업계획승인처분의 효력
		金鐘甫	관리처분계획의 처분성과 그 공정력의 범위
160	4.19.	崔光律	농지전용에 관한 위임명령의 한계
		俞珍式	건축법상 일조보호규정의 私法上의 의미
161	5.17.	朴鈗炘	국가배상법 제2조 제1항 단서에 대한 헌법재

순번	연월일	발표자	발 표 제 목
			판소의 한정위헌결정 및 관련 대법원판례에 대한 평석
		宣正源	행정의 공증에 대한 사법적 통제의 의미와 기능의 명확화
162	6.21.	金元主	도로배연에 의한 대기오염과 인과관계
		康鉉浩	재량준칙의 법적 성격
163	7.19.	裵柄皓	회의록과 정보공개법상 비공개대상정보
		慶 健	공문서관리의 잘못과 국가배상책임
164	8.16.	金容燮	거부처분취소판결의 기속력
		金炳圻	보완요구의 '부작위'성과 재결의 기속력
165	9.13.	尹炯漢	기납부 택지초과소유부담금 환급청구권의 성질과 환급가산금의 이자율
		鄭夏明	미국연방대법원의 이른바 임시규제적 수용에 관한 새로운 판결례
166	10.18.	李鴻薰	공용지하사용과 간접손실보상
		金光洙	국가배상소송과 헌법소원심판의 관계
167	11.15.	徐元宇	행정법규위반행위의 사법적 효력
		李康國	조세채무의 성립과 확정
168	12.20.	蘇淳茂	인텔리전트빌딩에 대한 재산세중과시행규칙의 유효성 여부
169	03.1.17.	金敞祚	정보공개제도상의 비공개사유와 본인개시청구
		金聖泰	운전면허수시적성검사와 개인 정보보호
170	2.21.	金東熙	기속재량행위와 관련된 몇 가지 논점 또는 의문점
		曹海鉉	행정처분의 근거 및 이유제시의 정도
171	3.21.	白潤基	불합격처분에 대한 효력정지결정에 대한 고찰

순번	연월일	발표자	발 표 제 목
		宣正源	행정입법에 대한 부수적 통제
172	5.16.	李元雨	한국증권업협회의 협회등록최소결정의 법적 성질
		金容贊	정보공개청구사건에서의 몇 가지 쟁점
173	6.20.	金重權	이른바 "수리를 요하는 신고"의 문제점에 관한 소고
		洪準亨	평생교육시설 설치자 지위승계와 설치자 변경 신청서 반려처분의 적법 여부
174	7.18.	金鐵容	학교법인임원취임승인취소처분과 행정절차법
		金秀珍	성별에 따른 상이한 창업지원금신청기간설정과 국가의 평등보장의무
175	8.22.	鄭夏重	법관의 재판작용에 대한 국가배상책임
		金鐘甫	정비조합(재건축, 재개발조합) 인가의 법적 성격
176	9.19.	金炳圻	수익적 행정행위의 철회의 법적 성질과 철회사유
		朴榮萬	군사시설보호구역설정행위의 법적 성격
177	10. 9	朴正勳	취소판결의 기판력과 기속력
		李東植	구 소득세법 제101조 제2항에 따른 양도소득세부과와 이중과세 문제
178	11.21.	李東洽	최근 행정소송의 주요사례
		慶 健	하천구역으로 편입된 토지에 대한 손실보상
179	12.19.	朴均省	거부처분취소판결의 기속력과 간접강제
180	04.1.16.	李光潤	광역지방자치단체와 기초지방자치단체의 성격
		朴海植	행정소송법상 간접강제결정에 기한 배상금의 성질
181	2.20.	金海龍	행정계획에 대한 사법심사에 있어서 법원의

순번	연월일	발표자	발 표 제 목
			석명권행사 한계와 입증책임
		李賢修	영업양도와 공법상 지위의 승계
182	3.19.	俞珍式	기부채납부관을 둘러싼 법률문제
		鄭泰學	매입세액의 공제와 세금계산서의 작성·교부 시기
183	4.16.	柳至泰	행정행위의 취소의 취소
		金致煥	통지의 법적 성질
184	5.21.	鄭準鉉	단순하자 있는 행정명령을 위반한 행위의 가벌성
		權殷玟	압류처분취소소송에서 부과처분의 근거법률이 위헌이라는 주장이 허용되는지 여부
185	6.18.	趙憲銖	사업양도와 제2차 납세의무
		金連泰	과징금 부과처분에 대한 집행정지결정의 효력
186	7.16.	金容燮	보조금 교부결정을 둘러싼 법적 문제
		林聖勳	영내 구타·가혹 행위로 인한 자살에 대한 배상과 보상
187	8.20.	李京運	교수재임용거부처분취소
		曹媛卿	국가공무원법 제69조 위헌제청
188	9.17.	鄭成太	법규명령의 처분성
		金敞祚	원자로 설치허가 무효확인소송
189	04.10.15.	崔正一	법령보충적행정규칙의 법적 성질 및 효력
		李湖暎	독점규제법상 특수관계인에 대한 부당지원행위의 규제
190	11.19.	金香基	재결에 대한 취소소송
		劉南碩	집행정지의 요건으로서 "회복하기 어려운 손해를 예방하기 위한 긴급한 필요"와 그 고려

순번	연월일	발표자	발 표 제 목
			사항으로서의 '승소가능성'
191	12.17.	尹炯漢	사전통지의 대상과 흠결의 효과
192	05.1.31.	鄭鎬慶	행정소송의 협의의 소의 이익과 헌법소원의 보충성
		金重權	국토이용계획변경신청권의 예외적 인정의 문제점에 관한 소고
193	2.18.	宣正源	하자승계론에 몇 가지 쟁점에 관한 검토
		李熙貞	공법상 계약의 해지와 의견청취절차
194	3.18.	安哲相	취소소송 사이의 소의 변경과 새로운 소의 제소기간
		康鉉浩	민간투자법제에 따른 우선협상대상자지정의 법적 제문제
195	4.15.	吳峻根	재량행위의 판단기준과 재량행위 투명화를 위한 법제정비
		李根壽	대집행의 법적 성격
196	5.20.	河宗大	금산법에 기한 계약이전결정 등의 처분과 주주의 원고적격
		金鐘甫	토지형질변경의 법적 성격
197	6.17.	朴海植	제재적 행정처분의 효력기간 경과와 법률상 이익
		李桂洙	공무원의 정치적 자유와 정치운동금지의무
198	8.19.	金容燮	재결의 기속력의 주관적 범위를 둘러싼 논의
		徐正旭	공시지가와 하자의 승계
199	9.16.	金鉉峻	용도지역 지정·변경행위의 법적 성질과 그에 대한 사법심사
		趙成奎	직접민주주의와 조례제정권의 한계

순번	연월일	발표자	발 표 제 목
200	10.21.	金光洙	공직선거법과 행정형벌
		崔桂暎	용도폐지된 공공시설에 대한 무상양도신청거부의 처분성
201	11.12.	鄭夏重	행정판례의 발전과 전망
		朴正勳	행정판례의 발전과 전망
		尹炯漢	행정재판제도의 발전과 행정판례
		朴海植	행정재판제도의 발전과 행정판례
202	12.16.	鄭泰容	행정심판청구인적격에 관한 몇 가지 사례
203	06. 1.20	朴均省	행정상 즉시강제의 통제 — 비례원칙, 영장주의, 적법절차의 원칙과 관련하여 —
		權殷玟	기본행위인 영업권 양도계약이 무효라고 주장하는 경우에 행정청이 한 변경신고수리처분에 대한 불복방법 등
204	2.17.	曹海鉉	민주화운동관련자명예회복및보상등에관한법률에 기한 행정소송의 형태
		金重權	사권형성적 행정행위와 그 폐지의 문제점에 관한 소고
205	06.3.17.	朴正勳	불확정개념과 재량 — 법규의 적용에 관한 행정의 우선권
		李相憙	한국지역난방공사 공급규정 변경신고를 산업자원부장관이 수리한 행위의 법적 성질
206	4.21	俞珍式	공유수면매립법상 사정변경에 의한 매립면허의 취소신청
		林永浩	채석허가기간의 만료와 채석허가취소처분에 대한 소의 이익
207	5.19	嚴基變	공정거래법상 사업자단체의 부당제한행위의

순번	연월일	발표자	발 표 제 목
		李賢修	성립요건 납입고지에 의한 변상금부과처분의 취소와 소멸시효의 중단
208	6. 16.	金鐘甫	재건축 창립총회의 이중기능
		鄭夏明	미국 연방대법원의 행정입법재량통제
209	8. 17.	裵柄皓	개정 하천법 부칙 제2조의 손실보상과 당사 자 소송
		金裕煥	공공갈등의 사법적 해결 ― 의미와 한계
210	9. 15.	金容燮	텔레비전 수신료와 관련된 행정법적 쟁점
		崔桂暎	행정처분과 형벌
211	10. 20.	金海龍	처분기간이 경과된 행정처분을 다툴 법률상 이익(행정소송법 제12조 후문 관련)과 제재적
		石鎬哲	처분기준을 정한 부령의 법규성 인정 문제
212	11. 17.	宣正源	입헌주의적 지방자치와 조직고권
		李熙貞	주민투표권 침해에 대한 사법심사
213	06.12.8.-		법제처 · 한국행정판례연구회 공동주관 관학 협동워크샵
	9.	朴 仁	법령보충적 성격의 행정규칙의 현황과 문제점
		林永浩	법령보충적 성격의 행정규칙에 대한 판례분석
		鄭南哲	법령보충적 성격의 행정규칙의 정비방향과 위임사항의 한계
		金重權	민주적 법치국가에서 의회와 행정의 공관적 법정립에 따른 법제처의 역할에 관한 소고
		金海龍	국토계획 관련법제의 문제점과 개선방안
214	07.1.19.	張暻源	독일 맥주순수령 판결을 통해 본 유럽과 독 일의 경제행정법

순번	연월일	발표자	발 표 제 목
		權純一	재정경제부령에 의한 덤핑방지관세부과조치의 처분성 재론 – 기능적 관점에서 –
215	2.23.	鄭準鉉	소위 '공익사업법'상 협의취득의 법적 성질
		裵輔允	구 농어촌정비법 제93조 제1항의 국공유지 양증여의 창설환지 등의 문제점
216	3.16.	朴榮萬	법령의 개정과 신뢰보호의 원칙
		金重權	행정입법적 고시의 처분성인정과 관련한 문제점에 관한 소고
217	4.20.	金容贊	국가지정문화재현상변경허가처분의 재량행위성
		李湖暎	합의추정된 가격담합의 과징금산정
218	5.18	金敞㤠	공인중개사시험불합격처분 취소소송
		李宣憙	행정청의 고시와 원고적격
219	6.15.	李光潤	제재적 처분기준의 성격과 제재기간 경과후의 소익
		金暎賢	행정소송의 피고적격
220	07.8.17.	金義煥	정보공개법상의 공공기관 및 정보공개청구와 권리남용
		金秀珍	행정서류의 외국으로의 송달
221	9.21.	蘇淳茂	명의신탁 주식에 대한 증여의제에 있어서 조세회피목적의 해석
		慶 健	관계기관과의 협의를 거치지 아니한 조례의 효력
222	10.19.	成百玹	공특법상 '이주대책'과 공급규칙상 '특별공급'과의 관계
		金南澈	건축허가의 법적 성질에 대한 판례의 검토
223	11.16.	金性洙	민간투자사업의 성격과 사업자 선정의 법적

순번	연월일	발표자	발 표 제 목
			과제
224	12.21.	趙憲銖	병역의무 이행과 불이익 처우 금지의 관계
225	08.1.18.	金南辰	국가의 경찰법, 질서법상의 책임
		李殷祈	폐기물관리법제와 폐기물처리조치명령취소처분
		鄭成太	대형국책사업에 대한 사법심사(일명 새만금사건을 중심으로)
226	2.15.	辛奉起	한국 행정판례에 있어서 형량하자론의 도입과 평가
		鄭鍾舘	하천법상의 손실보상
227	3.21.	鄭夏重	사립학교법상의 임시이사의 이사선임권한
		林聖勳	행정입법 부작위에 관한 몇가지 문제점
228	4.18.	金光洙	자치사무에 대한 국가감독의 한계
		金熙喆	토지수용으로 인한 손실보상금 산정
229	5.16.	申東昇	행정행위 하자승계와 선결문제
		趙成奎	과징금의 법적 성질과 부과기준
230	6.20.	姜錫勳	위임입법의 방식 및 해석론에 관한 고찰
		鄭南哲	명확성원칙의 판단기준과 사법심사의 한계
231	8.22.	鄭泰學	조세통칙과 신의성실의 원칙
		李京運	부관으로서의 기한
232	9.19.	朴尙勳	시간강사의 근로자성
		金善旭	지방자치단체장의 소속공무원에 대한 징계권과 직무유기
233	10.17.	趙允熙	정보통신부 장관의 위성망국제등록신청과 항고소송의 대상
		金鉉峻	환경사법 액세스권 보장을 위한 "법률상 이익"의 해석

순번	연월일	발표자	발 표 제 목
234	11.21.	裵輔允	권한쟁의심판의 제3자 소송담당
		李賢修	공물의 성립요건
235	12.19.	金鐵容	행정청의 처분근거·이유제시의무와 처분근거·이유제시의 정도
236	09.1.16.	金炳圻	행정법상 신뢰보호원칙
		劉慶才	원인자부담금
237	2.20.	金聖泰	도로교통법 제58조 위헌확인
		林永浩	공매 통지의 법적 성격
238	3.20.	崔桂暎	위헌결정의 효력과 취소소송의 제소기간
		金尙煥	법규명령에 대한 헌법소원의 적법요건
239	4.17.	朴均省	직무상 의무위반으로 인한 국가배상책임
		金國鉉	사망자의 법규위반으로 인한 제재사유의 승계
240	5.15.	金容燮	택지개발업무처리지침 위반과 영업소 폐쇄
		金炅蘭	개발제한구역의 해제와 원고적격
241	6.19.	朴正勳	무효확인소송의 보충성
		曹海鉉	민주화운동관련자 명예회복 및 보상 등에 관한 법률에 의한 보상금의 지급을 구하는 소송의 형태
242	8.21.	鄭泰容	행정심판 재결 확정력의 의미
		安哲相	지방계약직 공무원의 징계
243	9.18.	金鐘甫	「도시 및 주거환경정비법」상 정비기반시설의 귀속 관계
		徐基錫	국회의 입법행위 또는 입법부작위로 인한 국가배상책임
244	10.16.	河明鎬	법인에 대한 양벌규정의 위헌여부
		趙龍鎬	표준지공시지가 하자의 승계

순번	연월일	발표자	발 표 제 목
245	11.20.	金連泰	한국마사회의 조교사 및 기수의 면허부여 또는 취소의 처분성
		金義煥	행정상 법률관계에 있어서의 소멸시효의 원용과 신의성실의 원칙
246	12.18.	朴鈗炘	주거이전비 보상의 법적 절차, 성격 및 소송법적 쟁점
247	10.1.15	林宰洪	출입국관리법상 난민인정행위의 법적 성격과 난민인정요건
		金泰昊	하자있는 수익적 행정처분의 직권취소
248	2.19	金南澈	국가기관의 지방자치단체에 대한 감독·감사권한
		權殷玟	미국산 쇠고기 수입 고시의 법적 문제
249	3.19	金聲培	수용재결과 헌법상 정교분리원칙
		姜相旭	건축물대장 용도변경신청 거부의 처분성
250	4.16	李宣憙	공정거래법상 시정조치로서 정보교환 금지명령
		金鍾泌	이주대책대상자제외처분 취소소송의 쟁점
251	5.14	鄭夏重	공법상 부당이득반환청구권의 독자성
		魯坰泌	관리처분계획안에 대한 총회결의 무효확인을 다투는 소송방법
252	6.18	金秀珍	합의제 행정기관의 설치에 관한 조례 제정의 허용 여부
253	8.20	白濟欽 崔正一	과세처분에 대한 증액경정처분과 행정소송 경원자 소송에서의 원고적격과 사정판결제도의 위헌 여부
254	9.17	蔣尙均 金敞祚 河宗大	승진임용신청에 대한 부작위위법확인소송 강의전담교원제와 해직처분 행정처분으로서의 통보 및 신고의 수리

순번	연월일	발표자	발 표 제 목
255	10.15	최진수	징발매수재산의 환매권
		朴海植	주민등록전입신고 수리 여부에 대한 심사범위와 대상
256	11.12	金容燮	부당결부금지원칙과 부관
		朴尙勳	공무원에 대한 불이익한 전보인사 조치와 손해배상
257	12.10	金東熙	제재적 재량처분의 기준을 정한 부령
258	11.1.14	成智鏞	위임입법의 한계와 행정입법에 대한 사법심사
		安東寅	법령의 개정과 신뢰보호원칙 — 신뢰보호원칙의 적극적 활용에 대한 관견 —
259	2.18	崔桂暎	민간기업에 의한 수용
		金泰昊	사전환경성검토와 사법심사
260	3.18	金鉉峻	규제권한 불행사에 의한 국가배상책임의 구조와 위법성 판단기준
		朴在胤	지방자치단체 자치감사의 범위와 한계
261	4.15	金重權	민간투자사업의 법적 절차와 처분하자
		徐輔國	행정입법의 부작위에 대한 헌법소원과 행정소송
262	5.20	李熙貞	귀화허가의 법적 성질
		尹仁聖	독점규제 및 공정거래에 관한 법률 제3조의2 제1항 제5호 후단에 규정된 "부당하게 소비자의 이익을 현저히 저해할 우려가 있는 행위"에 관한 소고
263	6.17	朴均省	납골당설치신고 수리거부의 법적 성질 및 적법성 판단
		姜錫勳	재조사결정의 법적 성격과 제소기간의 기산점
264	8.19	金光洙	임시이사의법적 지원

순번	연월일	발표자	발 표 제 목
265	9.16	趙允熙	불복절차 도중의 과세처분 취소와 재처분금지
		鄭準鉉	개인택시사업면허 양도시 하자의 승계
		김용하	잔여지 수용청구권의 행사방법 및 불복수단
266	10.21	崔峰碩	과징금 부과처분의 재량권 일탈·남용
		朴榮萬	군인공무원관계와 기본권 보장
267	11.11	俞珍式	정보공개법상 비공개사유
		주한길	행정소송법상 집행정지의 요건
268	12.16	琴泰煥	최근 외국 행정판례의 동향 및 분석
		金致煥	미국, 일본, 프랑스, 독일
		田勳	
		李殷相	
		李鴻薰	사회발전과 행정판결
269	12.1.27	裵炳皓	재개발조합설립인가 등에 관한 소송의 방법
		河明鎬	사회보장행정에서 권리의 체계와 구제
270	2.17	朴玄廷	건축법 위반과 이행강제금
		金善娥	출퇴근 재해의 인정범위
271	3.16	金重權	국가배상법상 중과실의 의미
		徐泰煥	행정소송법상 직권심리주의의 의미와 범위
272	4.20	李湖暎	시장지배적사업자의 기술적 보호조치와 공정거래법
		李玩憙	공정거래법상 신고자 감면제도
273	5.18	李東植	세무조사 결정통지의 처분성
		鄭基相	조세소송에서 실의성실원칙
274	6.15	許康茂	생활대책대상자선정거부의 처분성과 신청권의 존부
		朴貞杬	기대권의 법리와 교원재임용거부 및 부당한 근로계약 갱신 거절의 효력
275	8.17	金敏昨	정보공개법상 비공개사유로서 법인 등의 경

순번	연월일	발표자	발 표 제 목
			영·영업상 비밀에 관한 사항
276	9.21	成承桓	경찰권 발동의 한계와 기본권
		金宣希	도시정비법상 조합설립인가처분과 변경인가처분
		李相憙	국가와 지방자치단체의 보조금 지원과 지원거부의 처분성
277	10.19	康鉉浩	건축법상 인허가의제의 효과를 수반하는 신고
278	11.16	尹景雅	결손처분과 그 취소 및 공매통지의 처분성
		金容燮	원격평생교육시설 신고 및 그 수리거부
279	12.21	李義俊	사업시행자의 생활기본시설 설치 의무
		琴泰煥	미국, 일본, 프랑스, 독일의 최근 행정판례동향
		金致煥	
		田 勳	
		李殷相	
		崔松和	행정판례의 회고와 전망
280	13.1.18	崔桂暎	행정처분의 위법성과 국가배상책임
		金泰昊	정보공개법상 비공개사유로서 '진행 중인 재판에 관련된 정보'
281	2.15	金致煥	주민소송의 대상
		朴在胤	체육시설을 위한 수용
282	3.15	金聲培	국가유공자요건비해당결정처분
		金東國	해임처분무효
283	4.19	徐輔國	압류등처분무효확인
		崔柄律	자동차운전면허취소처분취소
284	5.24	裵柄晧	국가배상청구권의 소멸시효
		朴海植	감면불인정처분등취소
285	6.21	朴均省	국방·군사시설사업실시계획승인처분무효확인 등

순번	연월일	발표자	발 표 제 목
		金慧眞	형의 집행 및 수용자의 처우에 관한 법률 제45조 제1항 위헌확인
286	8.16	俞珍式	여객자동차운수사업법 제14조 등 위헌확인 등
		김필용	증여세부과처분취소
287	9.27	慶建	정보공개청구거부처분취소
		이산해	과징금부과처분취소 · 부당이득환수처분취소
288	10.18	金裕煥	직권면직취소
		許盛旭	관리처분계획무효확인
289	11.15	金炳圻	완충녹지지정의 해제신청거부처분의 취소
		成重卓	조합설립인가처분무효확인
290	12.20	金聲培	미국, 일본, 프랑스, 독일의 최근 행정판례 동향
		金致煥	
		吳丞奎	
		桂仁國	
		鄭夏重	행정판례에 있어서 몇 가지 쟁점에 관한 소고
291	14. 1. 17	金相贊	국가공무원 복무규정 제3조 제2항 등 위헌확인
		金容河	사업시행승인처분취소
292	2.21	姜知恩	주택건설사업승인불허가처분 취소 등
		金世鉉	소득금액변동통지와 하자의 승계 판례변경에 따른 신뢰성 보호 문제
293	3.21	金重權	지방자치단체의 구역관할결정의 제 문제에 관한 소고
		李相悳	체납자 출국금지처분의 요건과 재량통제
294	4.18	俞珍式	정보공개거부처분취소
		金惠眞	백두대간보호에관한법률 제7조 제1항 제6호 위헌소원

순번	연월일	발표자	발 표 제 목
295	5.16	安東寅	토지대장의 직권말소 및 기재사항 변경거부의 처분성
		河泰興	증액경정처분의 취소를 구하는 항고소송에서 납세의무자가 다툴 수 있는 불복사유의 범위
296	6.20	金容燮	독립유공자법적용배제결정 – 처분취소소송에 있어 선행처분의 위법성승계
		李承勳	조합설립추진위원회 설립승인 무효 확인
297	8.22	鄭鎬庚	不利益處分原狀回復 등 要求處分取消
		이병희	解任處分取消決定取消
298	9.19	崔峰碩	職務履行命令取消
		文俊弼	還買代金增減
299	10.17	朴均省	行政判例 30年의 回顧와 展望: 행정법총론 I
		金重權	行政判例의 回顧와 展望 – 행정절차, 정보공개, 행정조사, 행정의 실효성확보의 분야
		洪準亨	行政判例 30年의 回顧와 展望 – 행정구제법: 한국행정판례의 정체성을 찾아서
300	11.21	康鉉浩	不正當業者制裁處分取消
		李承寧	讓受金
301	12.19	金聲培	美國의 最近 行政判例動向
		吳丞奎	프랑스의 最近 行政判例動向
		桂仁國	獨逸의 最近 行政判例動向
		咸仁善	日本의 最近 行政判例動向
		朴鈗炘	온실가스 배출거래권 제도 도입에 즈음하여
302	15. 1.23	金泰昊	수정명령 취소
		李義俊	손해배상(기)
303	2.27	朴玄廷	정비사업조합설립과 토지 또는 건축물을 소유

순번	연월일	발표자	발 표 제 목
			한 국가·지방자치단체의 지위
		李羲俊	건축허가처분취소
304	3.20	俞珍式	공공감사법의 재심의신청과 행정심판에 관한 제소기간의 특례
		金世鉉	명의신탁과 양도소득세의 납세의무자
305	4.17	朴均省	노동조합설립신고반려처분취소
		金海磨中	국세부과취소
306	5.15	崔峰碩	직무이행명령취소청구
		박준희	지역균형개발 및 지방중소기업 육성에 관한 법률 제16조 제1항 제4호 등 위헌소원
307	6.19	裵柄皓	인신보호법 제2조 제1항 위헌확인
		金東柱	생태자연도등급조정처분무효확인
		裵柄皓	인신보호법 제2조 제1항 위헌확인
		김동주	생태자연도등급조정처분무효확인
308	8.29		牧村 金道昶 박사 10주기 기념 학술대회
309	9.18	崔桂暎	정보비공개결정처분취소
		정지영	부당이득금반환
310	10.16	鄭夏明	예방접종으로 인한 장애인정거부처분취소
		郭相鉉	급여제한및 환수처분취소
311		鄭鎬庚	독립유공자서훈취소결정무효확인등
		김혜성	직위해제처분취소
312		金聲培	최근(2014/2015) 미국 행정판례의 동향 및 분석 연구
		咸仁善	일본의 최근(2014) 행정판례의 동향 및 분석
		吳丞奎	2014년 프랑스 행정판례의 동향 연구
		桂仁國	국가의 종교적·윤리적 중립성과 윤리과목

순번	연월일	발표자	발 표 제 목
			편성 요구권
		金海龍	행정재판과 법치주의 확립
313	16. 1.22	金泰昊	주민소송(부당이득 반환)
		朴淵昱	건축협의취소처분취소
314	2.26	李熙貞	보상금환수처분취소
		李義俊	변상금부과처분취소
315	3.18	成重卓	영업시간제한등처분취소
		임지영	조정반지정거부처분
316	4.15	裵柄皓	하천공사시행계획취소청구
		李用雨	세무조사결정행정처분취소
317	5.20	金南澈	과징금납부명령등취소청구의소
		李煌熙	홍▽군과 태△군 등 간의 권한쟁의
318	6.11	金重權	환경기술개발사업중단처분취소
		崔瑨修	관리처분계획안에대한총회결의효력정지가처분
		강주영	시설개수명령처분취소
		角松生史	일본 행정소송법개정의 성과와 한계
319	8.19	咸仁善	조례안의결무효확인 <학생인권조례안 사건>
		金世鉉	교육세경정거부처분취소
320	9.23	金容燮	독립유공자서훈취소처분의 취소
		李殷相	주유소운영사업자불선정처분취소
321	10.21	李光潤	부당이득금등
		이승민	형식적 불법과 실질적 불법
322	11.25	俞珍式	학칙개정처분무효확인
		윤진규	부당이득금
			채무부존재확인
323	12.15	李京運	교육판례의 회고와 전망

순번	연월일	발표자	발 표 제 목
		朴均省	사법의 기능과 행정판례
		咸仁善	일본의 최근 행정판례
		金聲培	미국의 최근 행정판례
		桂仁國	독일의 최근 행정판례
		吳丞奎	프랑스의 최근 행정판례
324	17. 1.20.	成奉根	취급거부명령처분취소
		尹焌碩	취득세등부과처분취소
325	2.17.	鄭永哲	도시계획시설결정폐지신청거부처분취소
		이희준	손해배상(기)
326	3.17.	朴在胤	직무이행명령취소
		정은영	습지보전법 제20조의2 제1항 위헌소원
327	4.21.	金容燮	시정명령처분취소
		장승혁	산재법 제37조 위헌소원
328	5.19.	박정훈	감차명령처분취소
		金世鉉	법인세등부과처분취소
329	6.16.	裵柄晧	조례안재의결무효확인
		송시강	개발부담금환급거부취소
330	8.8.	함인선	부당이득금반환
		김형수	개발부담금환급거부취소
331	9.15.	성중탁	출입국관리법 제63조 제1항 위헌소원
		이은상	보험료채무부존재확인
332	10.20.	유진식	정보공개청구기각처분취소
		김상찬	영업정지처분취소
333	11.24.	안동인	치과의사 안면보톡스시술사건
		김선욱	부가가치세경정거부처분취소
334	12.14.	김동희	행정판례를 둘러싼 학계와 법조계의 대화에

순번	연월일	발표자	발 표 제 목
			관한 몇 가지 생각
		정태용	행정부 공무원의 시각에서 본 행정판례
		함인선	일본의 최근 행정판례
		김성배	미국의 최근 행정판례
		계인국	독일의 최근 행정판례
		김혜진	프랑스의 최근 행정판례
335	18. 1.19.	성봉근	민사사건에 있어 공법적 영향
		박호경	조례무효확인
336	3.16.	김치환	산재보험적용사업장변경불승인처분취소
		신철순	폐업처분무효확인등
337	4.20.	박정훈	입찰참가자격제한처분취소
		신상민	건축허가철회신청거부처분취소의소
338	5.18.	최봉석	직권취소처분취소청구의소
		윤준석	증여세부과처분취소
339	6.15.	김대인	직권취소처분취소청구의소
		문중흠	증여세부과처분취소
340	8.17.	이혜진	정직처분취소
		김형수	이동통신단말장치 유통구조 개선에 관한 법률 제4조 제1항 등 위헌확인
341	9.28.	김현준	재직기간합산불승인처분취소
		김세현	양도소득세부과처분취소
342	10.19.	김창조	주민등록번호변경신청거부처분취소
		장현철	청산금
343	11.16	강현호	손해배상
		임성훈	부당이득반환등
344	12.21	김재선	미국의 최근 행정판례

순번	연월일	발표자	발 표 제 목
		계인국	독일의 최근 행정판례
		박현정	프랑스의 최근 행정판례

行政判例研究 I～XXⅢ-2 總目次

行政判例研究 I ~ XXⅢ-2 總目次

[第 Ⅳ 卷]

Ⅱ. 行政行爲

Ⅲ. 行政計劃

Ⅳ. 行政節次

Ⅴ. 行政訴訟

Ⅵ. 損害塡補

Ⅱ. 行政行爲

Ⅲ. 行政節次

Ⅳ. 行政上 損害塡補

Ⅴ. 行政訴訟

Ⅵ. 建築行政法

Ⅶ. 環境行政法

[第ⅠⅩ卷]

[第 X 卷]

[第XI卷]

II. 行政行爲의 附款

III. 行政行爲의 瑕疵

IV. 行政의 實效性確保手段

V. 行政上 損害塡補

VI. 公務員法

VII. 外國判例 및 外國法制 研究

[第XV-1卷]

I. 行政法의 基本原理

[第XV-2卷]

[第XVI-1卷]

Ⅰ. 行政法의 基本原理

Ⅱ. 行政立法

Ⅲ. 行政行爲

Ⅳ. 損害塡補

Ⅴ. 地方自治法

[第 XVⅡ －1卷]

Ⅰ. 行政行爲의 附款

Ⅱ. 行政計劃

Ⅲ. 行政의 實效性 確保手段

Ⅳ. 取消訴訟의 對象

Ⅴ. 行政訴訟의 類型

Ⅵ. 地方自治法

Ⅶ. 經濟行政法

[第XX-2卷]

[第XXI-1卷]

[第XXⅠ-2卷]

主題別 總目次(行政判例研究 Ⅰ ~ XXⅢ-2)

行政立法

行政行爲의 附款

行政行爲의 類型

行政行爲의 效力

行政行爲의 瑕疵

行政行爲의 職權取消·撤回

行政計劃

行政節次 및 情報公開

取消訴訟의 對象

行政訴訟에 있어서의 訴의 利益

行政訴訟의 審理

行政訴訟과 假救濟

行政訴訟의 類型

損害塡補

秩序行政法

公物·營造物法

環境行政法

助成行政法

經濟行政法

租稅行政法

建築行政法

土地行政法

敎育行政法

文化行政法

勞動行政法

憲法裁判

外國判例 및 外國法制 研究

[特別寄稿] 行政法硏究資料

研究判例 總目次
(行政判例研究 Ⅰ ~ XXⅢ-2)

연방행정법원 2010. 6.30. 판결 − 5 C 3.09　 XVI−2−353

연방행정법원 2010. 8.19. 판결 − 2 C 5/10 und 13/10　XVI−2−350

연방행정법원 2010. 9.23. 판결 − 3 C 32.09　 XVI−2−336

연방행정법원 2010. 9.29. 판결 − 5 C 20/09　 XVI−2−343

연방행정법원 2010. 10.27. 판결 − 6 C 12/09, 17/09 und 21/09　XVI−2−338

연방행정법원 2010. 10.28. 판결 − 2 C 10/09, 21/09, 47/09, 52/09 und 56/09
　　XVI−2−346

연방행정법원 2010. 11.4. 판결 − 2 C 16/09　 XVI−2−348

연방행정법원 2010. 11.16. 판결 − 1 C 20/09 und 21/09　 XVI−2−340

연방행정법원 2010. 11.18. 판결 − 4 C 10/09　 XVI−2−326

연방행정법원 2010. 11.24. 판결 − 9 A 13/09 und 14/09　 XVI−2−326

연방행정법원 2010. 11.24. 판결 − 8 C 13/09, 14/09 und 15/09　 XVI−2−330

BVerwG, Urteile vom 13. Oktober 2011-4 A 4000.10 und 4001.10　XVII-2-593

BVerwG, Urteil vom 28. Juli 2011-7 C 7.10　XVII-2-595

BVerwG, Urteil vom 22. Juli 2011-4 CN 4.10　XVII-2-598

BVerwG, Urteil vom 23. Februar 2011-8 C 50.09 und 51.09　XVII-2-600

BVerwG, Urteile vom 17. August 2011-6 C 9.10　XVII-2-602

BVerwG, Urteile vom 31. August 2011-8 C 8.10 und 9.10　XVII-2-604

BVerwG, Urteile vom 25. August 2011-3 C 25.10, 28.10 und 9.11　XVII-2-606

BVerwG, Urteile vom 26. Mai 2011-3 C 21.10 und 22.10　XVII-2-608

BVerwG, Urteil vom 30. November 2011-6 C 20.10　XVII-2-610

BVerwG, Urteil vom 24. November 2011-7 C 12.10　XVII-2-611

BVerwG, Urteile vom 3. November 2011-7 C 3.11 und 4.11　XVII-2-613

BVerwG, Urteile vom 19. April 2011-1 C 2.10 und 16.10　XVII-2-615

BVerwG, Urteil vom 25. Oktober 2011-1 C 13.10　XVII-2-617

BVerwG, Urteil vom 1. September 2011-5 C 27.10　XVII-2-619

BVerwG, Urteile vom 3. Maz 2011-5 C 15.10 ung 16.10　XVII-2-621

BVerwG, Urteil vom 30. Juni 2011-2 C 19.10 ⅩⅦ-2-622

연방행정법원 2012.1.25. 판결(BVerwG 6 C 9.11) ⅩⅧ-2-455

연방행정법원 2012.2.2. 판결(BVerwG 4 C 14. 10) ⅩⅧ-2-444

연방행정법원 2012.2.29. 판결(BVerwG 7 C 8. 11) ⅩⅧ-2-448

연방행정법원 2012.3.22. 판결(BVerwG 3 C 16. 11) ⅩⅧ-2-450

연방행정법원 2012.3.22. 판결(BVerwG 7 C 1. 11) ⅩⅧ-2-462

연방행정법원 2012.4.4. 판결(BVerwG 4 C 8.09 und 9. 09, 1. 10 - 6. 10)
　ⅩⅧ-2-464

연방행정법원 2012.5.23. 판결(BVerwG 6 C 8.11) ⅩⅧ-2-442

연방행정법원 2012.7.19. 판결(BVerwG 5 C 1. 12) ⅩⅧ-2-453

연방행정법원 2012.7.10. 판결(BVerwG 7 A 11. 11, 12. 11) ⅩⅧ-2-458

연방행정법원 2012.9.26. 판결(BVerwG 2 C 74. 10) ⅩⅧ-2-461

연방행정법원 2012.10.10. 판결(BVerwG 9 A 10. 11, 18. 11 - 20. 11) ⅩⅧ-2-466

연방행정법원 2012.10.18. 판결(BVerwG 3 C 25. 11) ⅩⅧ-2-468

연방행정법원 2012.11.28. 판결(BVerwG 8 C 21. 11) ⅩⅧ-2-45

만하임 고등행정법원 1987. 1.20. 결정(VBIBW 1987, 423＝NVwZ 1987, 1101) Ⅱ-23

카쎌 고등행정법원 1989.11. 6. 결정(NJW 1990, 336) Ⅰ-265

BVerwG 4 C 3. 12 - Urteil vom 10. April 2013 XIX-2-343

BVerwG 8 C 10. 12, 12. 12 und 17. 12 - Urteile vom 20. Juni 2013 XIX-2-343

BVerwG 5 C 23. 12 D und 27. 12 D - Urteile vom 11. Juli 2013 XIX-2-343

BVerwG 7 A 4. 12 - Urteil vom 18. Juli 2013 XIX-2-343

BVerwG 2 C 12. 11 und 18. 12 - Urteile vom 25. Juli 2013 XIX-2-343

BVerwG 4 C 8. 12 - Urteil vom 12. September 2013 XIX-2-343

BVerwG 3. C 15. 12 - Urteil vom 19. September 2013 XIX-2-343

BVerwG 6 C 11. 13 - Urteil v. 6. April 2014 XX-2-369

BVerwG 1 C 22. 14 - Urteil vom 16. Juli. 2015 XXI-2-407

BVerwG 1 C 32.14 - Urteil vom 27. Okt. 2015 XXI-2-410

BVerwG 1 C 4.15 - Urteil vom 16. Nov. 2015 XXI-2-415

BVerwG 7 C 1.14, 2.14 - Urteile vom 25. Juni 2015 XXI-2-416

BVerwG 7 C 10.13 - Urteil vom 23. Juli 2015 XXI-2-419

BVerwG 2 C 13.14, 15.14, 18.14, 27.14, 28.14, 5.15-7.15, 12.15 - Urteile vom 17. Sep. 2015 XXI-2-422

BVerwG 1 C 3. 15 - Urteil vom Apr. 2016 XXIII-1-443/439

BVerwG 2 C 4.15 - Urteil vom 21. Apr. 2016 XXIII -1-447/439

BVerwG 2 C 11.15 - Urteil vom 11. Okt. 2016 XXIII-1-448/439

BVerwG 3.C 10.14 - Urteil vom 6. Apr. 2016 XXIII-1-450/439

BVerwG 3 C 10.15 - Urteil vom 6. Apr. 2016 XXIII-1-451/439

BVerwG 3 C 16.15 - Urteil vom 8. Sep. 2016 XXIII-1-454/439

BVerwG 4 C 6.15 und 2.16 - Urteile vom 22.Sep. 2016 XXIII-1-455/439

BVerwG 6 C 65.14 und 66.14 - Urteile vom 16. März. 2016 XXIII-1-457/439

BverwG 7 C 4.15 - Urteil vom 30. Jun. 2016 XXIII-1-458/439

BVerwG 6 A 7.14 - Urteil vom 15. Jun. 2016 XXIII-1-459/439

[프랑스판례]
국참사원(Conseil d'État) 1951. 7.28. 판결(Laruelle et Delville, Rec. 464) Ⅱ-243
국참사원 1957. 3.22. 판결(Jeannier, Rec. 196) Ⅱ-243
국참사원 1954. 1.29. 판결(노트르담 뒤 크레스커 학교 사건)(Institution Norte Dame du Kreisker, Rec. 64) Ⅰ-23
헌법위원회(Conseil constitutionnel) 1971. 7.16. 결정(J. O., 1971. 7. 18., p. 7114; Recueil des decisions du Conseil constitutionnel 1971, p. 29) Ⅰ-305
관할재판소(Tribunal de conflits) 1984.11.12. 판결(Interfrost회사 對 F.I.O.M 사건) Ⅰ-239
파훼원(Cour de cassation) 1987.12.21. 판결(지질 및 광물연구소 對 로이드콘티넨탈회사 사건)(Bureau des Recherches Geologiques et Minie res(B.R.G.M.)C/S.A. Lloyd Continental) Ⅱ-55

〔미국판례〕

XVI -2-241

연방대법원 Holder v, Martinez Guitierrez, 132 S.Ct. 2011 XVII-2-423, 567

연빙대법원 Judulang v, Holder, 132 S.Ct. 476 2011 XVII-2-423

연방대법원 Arizona Christian School Tuition Organization v. Winn, 131 S, Ct,
  1436(2011) XVII-2-557

연방대법원 Thompson v, North American Stainless. LP, 131 S. Ct. 863(2011)
  XVII-2-562

연방대법원 United States v, Home Concrete & Supply, LLC, 132 S. Ct. 1836(2012)
  XVII-2-571

연방대법원 Christopher v, Smithkline Beecham Corporation, 132 S. Ct. 2156(2012)
  XVII-2-574

연방대법원 Kloeckner v. Solis, 133 S. Ct. 596, 600-01 (Dec. 10, 2012) XVIII-2-373

연방대법원 United States v. Bormes, 2012 WL 5475774 (Nov.13, 2012) XVIII-2-358

연방대법원 Lefemine v. Wideman, 133 S.Ct. 9 (November 05, 2012) XVIII-2-362

연방대법원 Arkansas Game & Fish Comm'n v. United States, 133 S. Ct. 511
  (Dec. 4, 2012) XVIII-2-367

연방대법원 Sebelius v. Auburn Regional Medical Center, 2013 WL 215485
  (Jan. 22, 2013) XVIII-2-374

연방대법원 Los Angeles County Flood Control District v. Natural Resources Defense
  Council, Inc., 133 S. Ct. 710 (Jan. 8, 2013) XVIII-2-377

연방대법원 Clapper v. Amnesty International USA, 133 S. Ct. 1138 (Feb. 26, 2013)
  XVIII-2-379

연방대법원 Decker v. Northwest Environmental Defense Center, 133 S. Ct. 1326
  (Mar. 20, 2013) XVIII-2-339

연방대법원 Wos v. E.M.A. ex rel. Johnson, 133 S. Ct. 1391, 1402 (Mar. 20, 2013)
  XVIII-2-352

연방대법원 Millbrook v. United States, 133 S.Ct. 1441 (March 27, 2013)

최고재판소 2007. 9.10. 판결(判例時報2020号 10면) XIV-2-306

최고재판소 2008.12. 7. 판결(判例時報1992号 43면) XIV-2-300

최고재판소 2008.11.14. 결정(判例時報1989号 160면) XIV-2-304

최고재판소 2009. 4.17. 判決(判例時報2055号 35면) XV-2-423

최고재판소 2009. 4.28. 判決(判例時報2045号 118면) XV-2-423

최고재판소 2009. 6. 5. 判決(判例時報2053号 41면) XV-2-423

최고재판소 2009. 7. 9. 判決(判例時報2057号 3면) XV-2-423

최고재판소 2009. 7.10. 判決(判例時報2058号 53면) XV-2-423

최고재판소 2009.10.15. 判決(判例タイムズ 1315号 68면) XV-2-423

최고재판소 2009.10.23. 判決(求償金請求事件) XV-2-423

최고재판소 2010. 3. 23. 제3소법정 판결(平21行ヒ) 214号) XVI-2-310

최고재판소 2010. 6. 3. 제1소법정판결(平21 (受) 1338号) XVII-2-289

최고재판소 2000. 7. 16. 제2소법정판결(平20 (行ヒ) 304号) XVI-2-304

최고재판소 2011. 6. 7. 판결(平21 (行ヒ) 91号) XVII-2-500

최고재판소 2011. 6.14. 판결(平22 (行ヒ) 124号) XVII-2-516

최고재판소 2011. 7.27. 결정(平23 (行フ) 1号) XVII-2-525

최고재판소 2011.10.14 판결(平20 (行ヒ) 67号) XVII-2-508

최고재판소 2011.12.15 판결(平22年 (行ツ) 300号, 301号, 平22年 (行ヒ) 308号)
    XVII-2-531

최고재판소 2012.2.3. 제2소법정판결(平23(行ヒ) 18号) XVIII-2-405

최고재판소 2012.2.9. 제1소법정판결(平23(行ツ) 第177号, 平23(行ツ) 第178号, 平23
    (行ヒ) 第182号) XVIII-2-412

최고재판소 2012.2.28. 제3소법정판결(平22(行ツ) 392号, 平22(行ヒ) 第416号)
    XVIII-2-397

최고재판소 2012.4.2. 제2소법정판결(平22(行ヒ) 367号) XVIII-2-397

최고재판소 2012.4.20. 제2소법정판결(平22(行ヒ) 102号) XVIII-2-423

최고재판소 2012.4.23. 제2소법정판결(平22(行ヒ) 136号) XVIII-2-423

XX-2-311

최고재판소 第二小法廷 平成26(2014).7.14. 平成24年(行ヒ)第33号, 判例タイムズ 1407号,
52면. XX-2-311

최고재판소 第二小法廷 平成26(2014).8.19. 平成26年(行ト)第55号, 判例タイムズ 1406号,
50면. XX-2-311

최고재판소 第一小法廷 平成26(2014).10.9. 平成26年(受)第771号, 判例タイムズ 1408号,
32면. XX-2-311

최고재판소 第一小法廷 平成26(2014).10.9. 平成23年(受)第2455号, 判例タイムズ 1408号,
44면. XX-2-311

최고재판소 第三小法廷 平成26(2014).5.27. 平成24年(オ)第888号, 判例タイムズ 1405号,
83면. XX-2-311

최고재판소 第二小法廷決定 平成27(2015).1.22. 平成26年(許)第17号 判例タイムズ1410号
55頁. XXI-2-350

최고재판소 第二小法廷決定 平成27(2015).1.22. 平成26年(許)第26号 判例タイムズ1410号
58頁. XXI-2-350

최고재판소 第三小法廷 平成27(2015).3.3. 平成26年(行ヒ)第225号 民集69巻2号143頁.
XXI-2-343

최고재판소 第二小法廷 平成27(2015).3.27. 平成25年(オ)第1655号 判例タイムズ1414号
131頁. XXI-2-356

최고재판소 第三小法廷 平成27(2015).9.8. 平成26年(行ヒ)第406号 民集69巻6号1607頁.
XXI-2-347

최고재판소 大法廷判決 平成27(2015).12.16. 平成25年(オ)第1079号 判例タイムズ1421号
61頁. XXI-2-367

최고재판소 大法廷判決 平成27(2015).12.16. 平成26年(オ)第1023号 判例タイムズ1421号
84頁. XXI-2-360

최고재판소 最高裁判所第一小法廷 平成28年4月21日, 判例タイムズ1425号 122면
XXⅢ-1-414/407

行政判例研究 XXIII - 2

2018년 12월 25일 초판인쇄
2018년 12월 31일 초판발행

편저자   사단법인 한국행정판례연구회
          대 표 김 동 건
발행인   안종만 · 안상준
발행처   (주)박영사
          서울특별시 종로구 새문안로3길 36, 1601
          전화 (733) 6771   FAX (736) 4818
          등록 1959. 3. 11.   제300-1959-1호(倫)

편저자와
협의하여
인 지 를
생 략 함

www.pybook.co.kr   e-mail: pys@pybook.co.kr

파본은 바꿔 드립니다. 본서의 무단복제행위를 금합니다.

정 가 48,000원   ISBN 979-11-303-3384-7
                        ISBN 978-89-6454-600-0(세트)
                        ISSN 1599-7413 33